21世纪普通高等院校应用型精品教材

21ShiJi PuTong GaoDeng YuanXiao YingYongXing JingPin JiaoCai

主审 赵肖筠

劳动法与社会保障法

安淑珍 郭英杰 张 倜 主编

LAODONGFA YU SHEHUIBAOZHANGFA

经济科学出版社

Economic Science Press

图书在版编目（CIP）数据

劳动法与社会保障法/安淑珍，郭英杰，张偶主编
—北京：经济科学出版社，2011.12（2014.6重印）
21世纪普通高等院校应用型精品教材
ISBN 978 - 7 - 5141 - 1360 - 0

Ⅰ.①劳…　Ⅱ.①安…　②郭…　③张…　Ⅲ.①劳
动法 - 中国 - 高等学校 - 教材②社会保障 - 行政法 -
中国 - 高等学校 - 教材　Ⅳ.①D922.5②D922.182.3

中国版本图书馆 CIP 数据核字（2011）第 257651 号

责任编辑：于海汛
责任校对：徐领柱
版式设计：代小卫
技术编辑：李　鹏

劳动法与社会保障法
安淑珍　郭英杰　张　偶　主编
经济科学出版社出版、发行　新华书店经销
社址：北京市海淀区阜成路甲 28 号　邮编：100142
总编部电话：88191217　发行部电话：88191540
网址：www. esp. com. cn
电子邮件：esp@ esp. com. cn
北京汉德鼎印刷厂印刷
华玉装订厂装订
710 × 1000　16 开　23.75 印张　440000 字
2011 年 12 月第 1 版　2014 年 6 月第 2 次印刷
印数：3001—6000 册
ISBN 978 - 7 - 5141 - 1360 - 0　定价：38.00 元

前言（代序）

只有有尊严的工作，才能有有尊严的生活；只有有完善的社会保障制度，才能有幸福的生活。这是现如今民众的心声。面对我国在一定时期内就业压力大、劳资关系紧张、社会保障体系尚未全面建立的情况下，关注民生、改善民生一直是党中央国务院近年来关注的热点。

2011年3月5日，温家宝总理在第十一届全国人民代表大会第四次会议上所作的《政府工作报告》中指出，经济越发展，越要重视加强社会建设和保障民生。千方百计扩大就业，加强劳动保障监察执法，完善劳动争议处理机制，依法维护劳动者权益，构建和谐劳动关系。"十二五"规划指出，"坚持把保障和改善民生作为加快转变经济发展方式的根本出发点和落脚点。完善保障和改善民生的制度安排，把促进就业放在经济社会发展优先位置。"

2011年，中国特色社会主义法制体制初步建立。劳动法与社会保障法是法律体系中的一个重要组成部分。劳动法是调整劳动关系以及与劳动关系密切联系的其他社会关系的法律规范的总称，以维护劳动者的合法权益为宗旨。我国自1994年全国人大常委会通过《劳动法》以来，全国推行劳动合同制度，并相继出台《劳动合同法》、《劳动争议调解仲裁法》、《就业促进法》等重要法律，为维护用人单位与劳动者的合法权益，促进劳动关系和谐发展起到了重要作用。社会保障是人类社会发展和进步的结果，社会保障法是调整社会保障关系的法律规范的总称。社会保障法产生于1601年英国的《济贫法》，现代意义上的社会保障法出现在19世纪下半叶的德国，20世纪20~40年代，西方发达国家普遍建立了全面的社会保障制度，其中1935年美国的《社会保障法》在社会保障立法史上具有重要的意义。

2000多年前，孟子就提出"老有所养"，但我国的社会保障制度是在新中国成立后才逐步建立。新中国建设60多年的过程中，社会保障制度经历了创立时期、停滞时期和改革发展时期。2010年11月26日通过的《社会保险法》堪称我国社会保障立法的重要里程碑。《社会保险法》作为社会保障体系的核心法律，对养老保险、医疗保险、失业保险、工伤保险、生育保险都做了基本的规定，为我国进一步建立健全社会保障制度奠定了基础。

作为一门核心课程，劳动法部分与社会保障法部分具有很强的独立性。本教材在分析劳动法与社会保障法课程在社会法①法律部门中的基干地位的基础上，结合劳动法与社会保障法课程在法学体系中的作用，将内容分为两编，并突出以下特点：一是内容全面，体系完整，劳动法编包括劳动法原理、劳动法律关系、劳动基准法、职工民主管理制度、劳动争议解决制度等内容；社会保障法编包括社会保障法基本理论、社会保险制度、社会救助制度、社会福利和社会优抚制度。二是反映劳动法与社会保障法方面的最新立法成果，结合社会保险法以及国家"十二五"规划纲要，与时俱进。三是理论与实训有机结合，编者力求从基础理论入手，每章都穿插典型案例，介绍案情，提出思考，尽量做到深入浅出。

本书主要是适用于法学、人力资源管理、工商管理等专业的本科学生和从事劳动与社会保障工作的相关专业人员。

本书由山西大学商务学院、辽宁大学、中北大学、山东德州学院富有经验的教师共同完成。编写分工如下：山西大学商务学院教师：安淑珍（第一章第一节、第二节、第三节，第三章、第六章）；刘恒科（第四章、第五章、第八章）；毛永红（第七章）；郭英杰（第十章）；马瑞霞（第十一章、十二章）。辽宁大学教师：张倜（第一章第四节、第五节，第二章，第九章）。中北大学教师：王改琴（第十三章）。山东德州学院教师：徐丽红（第十四章、第十五章）。全书由安淑珍、郭英杰进行编写规划，安淑珍负责统稿与定稿事宜，由赵肖筠教授主审。

本书的出版，得益于经济科学出版社给予的大力支持，对总编辑吕萍女士、责任编辑于海汛先生对教材编写体例乃至脚注等的细致校对，我们都深表谢意。另外，还要感谢上海财经大学王全兴教授对本教材体例的指导和帮助；感谢山西大学商务学院的有关领导对本书的大力支持。

---

① 1997 年，党的十五大报告提出"加强立法工作，提高立法质量，到 2010 年形成有中国特色社会主义法律体系"，全国人大常委会办公厅研究室随即组建课题组，于 1999 年初发表了"中国特色社会主义法律体系若干问题研究"，提出"以宪法为核心、民商法、经济类、行政类、社会类以及程序类等法律法规齐全"的立法要求。1999 年 4 月 23 日，课题组的王维澄同志在全国人大常委会法制讲座第八讲中，正式提出了宪法及相关法、民法、商法、行政法、经济法、社会法、刑法、诉讼与非诉讼程序法共七个法律部门。2009 年，全国人大常委会办公厅研究室主任沈春耀同志在十一届全国人大常委会专题讲座第九讲中，对社会领域立法和社会法进行了辨析，进一步明确了社会法的范畴。2011 年 3 月，全国人民代表大会正式宣布中国特色社会主义法律体系基本形成，确立了社会法在整个法律体系中的地位，也明确了劳动法、社会保障法是社会法的重要部分。——摘自《中国法学会社会法学研究会 2010 年年会论文集》。

同时，本书的编写过程中，参考和引用了许多已出版的教材、著作及相关论文，在此谨向有关文献的作者表示感谢！

囿于理论水平与实践经验的有限，不足之处在所难免，加之我国社会保障制度正在不断完善的过程中，很多理论仍然有待更深入分析研究，书中错误及不成熟之处还恳请国内外专家学者及同仁能批评指正。

安淑珍

2011 年 12 月

目　　录

劳　动　法　编

第一章　劳动法原理 ………………………………………………… 3

第一节　劳动法概述 …………………………………………… 3

第二节　劳动法的历史沿革 ………………………………… 10

第三节　劳动法的地位、体系和渊源 ……………………… 17

第四节　劳动法的适用范围和功能 ………………………… 21

第五节　劳动法的基本原则 ………………………………… 23

第二章　劳动法律关系 ……………………………………………… 29

第一节　劳动法律关系概述 ………………………………… 29

第二节　劳动法律关系的要素 ……………………………… 31

第三节　劳动法律关系的运行 ……………………………… 46

第三章　劳动合同法律制度 ……………………………………… 50

第一节　劳动合同和劳动合同法概述 ……………………… 50

第二节　劳动合同的订立 …………………………………… 58

第三节　劳动合同的内容 …………………………………… 63

第四节　劳动合同的履行和变更 …………………………… 70

第五节　劳动合同的解除和终止 …………………………… 72

第六节　劳动合同法的特殊规定 …………………………… 82

第四章　用人单位内部劳动规章制度 ·············· 95

第一节　用人单位内部劳动规章概述 ·············· 95

第二节　用人单位内部劳动规章的制定 ·············· 101

第三节　用人单位内部劳动规章的效力 ·············· 109

第五章　工资法律制度 ·············· 115

第一节　工资的概念和法律原则 ·············· 115

第二节　工资的形式和构成 ·············· 120

第三节　最低工资制度 ·············· 124

第四节　工资总量宏观调控制度 ·············· 130

第五节　工资支付保障 ·············· 135

第六章　工作时间与休息休假 ·············· 145

第一节　工作时间制度 ·············· 145

第二节　休息休假制度 ·············· 152

第三节　延长劳动时间制度 ·············· 156

第七章　劳动安全卫生 ·············· 160

第一节　劳动安全卫生概述 ·············· 160

第二节　劳动安全技术规程和卫生规程 ·············· 169

第三节　劳动安全和卫生管理制度 ·············· 174

第四节　女职工和未成年工的特殊劳动保护 ·············· 177

第八章　就业促进制度 ·············· 185

第一节　就业与就业促进 ·············· 185

第二节　就业促进的主体 ·············· 192

第三节　政府就业促进的主要措施 ·············· 198

第九章　劳动争议处理制度 ·············· 218

第一节　劳动争议处理概述 ·············· 218

第二节　劳动争议调解 ·············· 226

第三节　劳动争议仲裁 ·············· 231

第四节　劳动争议诉讼 ……………………………………………… 238

第十章　违反劳动法的责任 ………………………………………… 245

第一节　违反劳动法责任概述 ……………………………………… 245

第二节　用人单位的劳动法律责任 ………………………………… 249

第三节　劳动者及劳动行政部门、有关部门及其工作人员违反

　　　　劳动法的法律责任 ………………………………………… 254

社会保障法编

第十一章　社会保障法概述 ……………………………………… 261

第一节　社会保障与社会保障立法的理论基础 …………………… 261

第二节　国外社会保障立法的历史沿革 …………………………… 266

第三节　我国社会保障立法的历史沿革 …………………………… 269

第十二章　社会保险法 …………………………………………… 273

第一节　社会保险法概述 …………………………………………… 273

第二节　养老保险法律制度 ………………………………………… 281

第三节　医疗保险法律制度 ………………………………………… 288

第四节　工伤保险法律制度 ………………………………………… 294

第五节　失业保险法律制度 ………………………………………… 304

第六节　生育保险法律制度 ………………………………………… 309

第十三章　社会救助法 …………………………………………… 313

第一节　社会救助法相关概念、立法与基本原则 ………………… 313

第二节　社会救助法律制度 ………………………………………… 322

第十四章　社会福利法 …………………………………………… 336

第一节　社会福利法概述 …………………………………………… 336

第二节　社会福利法律制度 ………………………………………… 342

第十五章　社会优抚法 ……………………………………………… 358

　　第一节　社会优抚法概述 ……………………………………… 358

　　第二节　社会优抚法律制度概述 ……………………………… 360

参考文献 ………………………………………………………… 366

劳动法编

第一章　劳动法原理

【本章导读】

本章根据现行有关劳动法律规定以及理论和实务界现有成果，对劳动法的基本原理进行阐述，主要分为五节介绍：劳动法概述；劳动法的历史沿革；劳动法的地位和功能；劳动法的基本原则；劳动法的体系和适用范围。通过本章学习，使读者全面掌握劳动法概念、劳动法的调整对象、劳动法的基本原则、劳动法的地位等基本法律概念和范畴，为全面理解劳动法律制度奠定理论基础。

【重点】 1. 劳动法的调整对象；2. 劳动法的地位；3. 劳动法的基本原则；4. 劳动法的适用范围。

【难点】 劳动的界定、劳动关系的分析、劳动法与其他法律部门的区别、劳动法基本原则的理解和运用、不适用于劳动法的主体范围。

第一节　劳动法概述

自 19 世纪以来，凭借其稳定劳动关系和促进社会经济等特殊作用，劳动法的地位和作用普遍被世界各国所认同。劳动法是我国法律体系中一个重要且独立的法律部门，它以劳动关系以及与劳动关系密切联系的其他社会关系为调整对象。在目前经济全球化的环境之下，我国的劳动关系复杂多样，劳动关系呈现契约化、多元化、动态化、劳动力资源配置市场化、劳动争议处理法制化等局面。并且伴随着这一系列的变化，劳动争议大量出现，劳动者维权意识不断增强，劳动法在现实社会中发挥着日益重要的作用。

一、劳动法中的劳动

广义的劳动，"是谓人间之有意识的一定目的之肉体或精神的操作。"[①] 并不

---

① 史尚宽：《劳动法原论》，正大印书馆 1978 年版，第 1 页。

是所有和劳动相关的社会关系都是由劳动法调整,有些与劳动有关的社会关系由其他法律调整,如民法中的承揽关系等。因为法律对于社会关系的调整时要体现为法定的权利和义务,而法定的权利和义务都是与法定的条件相联系。正是由于法律设定在"劳动"上的特定条件,使"劳动"在劳动法范畴内,拥有特定含义。

本书认为,劳动法中的劳动是指:具备法定条件的劳动者在建立劳动合同或者雇佣关系的基础上,服从用人单位或者劳动使用者管理,从事相关劳动以满足自身及其家庭成员的生活需求。劳动法中的劳动具有如下特征:(1)法定性。从事劳动的人必须具备作为劳动者的法定条件,即达到法定年龄且能以自己的行为去从事相关劳动的人。(2)从属性。劳动者在劳动的过程中将自己置于劳动使用者的控制范围内成为劳动使用者单位的内部一员,劳动使用者可支配劳动者的人身及人格。劳动者在劳动使用者的指挥和监督下从事劳动,劳动使用者拥有对劳动者妨碍企业生产秩序或企业运行的情形时的惩戒权。以此区别双方各自独立、平等的劳务关系。(3)契约性。劳动关系是建立在当事人双方平等协商的基础上的意思表示一致的结果。以此区别基于纯粹身份关系变动的劳动,如服刑犯人的劳改等。(4)社会性。劳动的对象必须是除本人及其家人以外的他人。以此区别于亲属间的扶助。(5)有偿性。劳动者出卖其劳动力使用权,服从劳动使用者的指示,以获得报酬;劳动使用者通过提供劳动报酬的方式,来获得劳动成果。

【思考】 劳动与劳务有何区别?

二、劳动法的概念

关于劳动法的界定,目前学界有若干种说法:第一,"劳动法为关系劳动之法。详言之,劳动法为规律劳动关系及其附随一切关系之法律制度之全体。"[①] 第二,"劳动法是规制产业领域的雇佣劳动关系的法律规范的总称。"[②] 第三,"与雇佣劳动相关的全部法律原则和规则大致和工业法相同。它规定的是雇佣合

---

① 史尚宽:《劳动法原论》,正大印书馆1978年版,第1页。
② 郑尚元:《劳动法》,中国政法大学出版社2004年版,第24页。

同和劳动或工业关系法律方面的问题。"① 第四，"劳动法是关于劳动生活中处于从属地位者（雇员）的雇佣关系的法律规则（从属地位劳动者的特别法）的总和。"② 第五，"劳动法乃是从属劳动关系所产生的一切法律关系为对象的法律。"③ 本书认为，尽管西方学者和我国学者对劳动法的定义有不尽相同之处，但他们对劳动法的定义都是围绕劳动法的调整对象——劳动关系而展开论述，所以本书将劳动法定义为：劳动法是调整劳动关系以及与劳动关系密切联系的其他社会关系的法律规范总和。④ 这意味着劳动法调整着两部分的社会关系，即劳动关系和与劳动关系密切联系的其他社会关系；劳动法不仅包括调整劳动关系的基本法，还涵盖所有具有劳动法性质的规范性文件。

三、劳动法的调整对象

"任何一个法律部门都应有其调整对象，即某种客观存在的特定的社会关系，这是法律存在的根本，如果没有它，那么法律就成了无本之木，无源之水，无法存在。"⑤ 法律的调整对象不仅是一个部门法成立的根本依据，而且也界定了该法所适用的具体范围。尽管西方国家学者和我国学者对劳动法的定义不尽相同，但可以肯定的是，多数学者都认为：劳动法以劳动关系以及与劳动关系密切联系的其他社会关系作为调整对象，使其区别于其他法律，成为一个独立的法律部门。

（一）劳动关系

当前围绕劳动关系的争论，归纳起来主要有以下四种学说。①劳动关系"三方主体说"。其主张"社会劳动关系在主体构成上已经不是劳资双方的构成，而是劳方、资方和政府的三方结构。政府作为三方主体之一，直接介入其中。在社会劳动关系中，政府作为法律关系主体之一，发挥着主导作用。在这个关系中，

---

① 《牛津法律大辞典》，光明日报出版社1988年版，第511页。

② 【德】W. 杜茨：《劳动法》第5版，张国文译，法律出版社2005年版，第1页。

③ 【日】本多淳亮：《劳动法论序说》，劲草书房1985年版，第145页。转引自黄越钦：《劳动法新论》，中国政法大学出版社2003年版，第17页。

④ 国内大多数学者对此观点都持肯定态度。关怀：《劳动法》第2版，中国人民大学出版社2005年版，第29页。王全兴：《劳动法》第2版，法律出版社2004年版，第29页。王昌硕：《劳动和社会保障法学》，中国劳动和社会保障出版社2005年版，第3页。林嘉：《劳动和社会保障法学》，中国人民大学出版社2009年版，第15页。贾俊玲：《劳动法学》，北京大学出版社2009年版，第1页。

⑤ 邱本：《自由竞争与秩序调控》，中国政法大学出版社2001年版，第18页。

公权力的作用更加突出。"① ②单保护说。其主张劳动法应保护劳动者。"从立法假设的角度来看，劳动法是将雇主设定为侵害劳动者权利、引发劳资冲突的最直接主体而来构建法律体制的。因而，劳动法对于雇主而言更多的是限制而不是保护。"② ③劳资冲突说。其主张"劳资关系含有对立意味，因为劳方资方的界限分明，其所展开的关系自然包含一致性与冲突性在内。"③ ④国家本位说。其主张"应对企业实行宽进严出、对员工实行宽进宽出、对劳动管理融入员工主导、对劳动关系实行行政干预，表现出凝固化、理想化、形式化、行政化的倾向，企图给体制回归以想象的空间。"④

　　纵观上述观点立论有明显不足之处："三方主体说"显然混淆了劳动关系的主体与劳动法律关系的主体的区别。国家通过劳动立法明确规定政府的职权，使政府成为劳动法律关系的主体而非劳动关系主体。政府的介入只是外在因素，在劳动关系中起决定作用的还是劳动者和劳动使用者。如果将政府也纳入劳动关系，显然是在走回头老路，使政府不受行政法的规制，造成选择性执法的可能。"单保护说"忽视了劳动关系双方互动协商的关系，显然不利于劳动关系双方在平等的位阶上进行洽谈磋商维系均衡和谐的劳动关系。劳动法以一种显性的方式提出保护劳动者，是着重在劳动力、劳动者为本位的思考。但并不是说用人单位的权益不受保护。"劳资冲突说"夸大了劳资双方利益的冲突性，而忽视了在社会主义条件下二者利益的一致性。其从抽象的视角，认为各阶层劳动者利益一致，没有差别，又以此消彼长的思维方式观察用人单位与劳动者之间的关系。事实上，不仅各阶层的劳动者之间的利益存在差别，而且用人单位与劳动者的利益也是相互依存、相互促进的。一味地强调劳资之间的冲突性，有重回旧体制之嫌，似乎也要为公权力的过度扩张打开方便之门。"国家本位说"从理论上为政府的控制越过宏观的界限提供了法学依据，企图将劳动关系的所有层次纳入公法关系的范畴内。如果将国家有限的公共资源大量投入行政干预中，不但浪费大量执法成本而且收效也可能只有极少。当行政机关承担了根本无法完成的执法任务时，就必然进行一种选择性执法。

　　劳动关系，是劳动者与用人单位在实现劳动过程中发生的社会关系。其基本内容是劳动者提供劳动，用人单位使用该劳动并支付工资。从该意义上说，它是

① 常凯：《劳权论》，中国劳动社会保障出版社2004年版，第83~85页。
② 常凯：《关于劳动合同立法的几个基本问题》，载于《当代法学》2006年第6期。
③ 黄越钦：《劳动法新论》，中国政法大学出版社2003年版，第17页。
④ 董保华：《劳动法的国家观——劳动合同立法争鸣的深层思考》，载于《当代法学》2006年第6期。

一种合同关系，具有合同之债的财产要素。但与民法中债的关系不同的是，它还具有身份和社会公益的要素。劳动者必须亲自提供劳动，而不能由他人代理；在劳动过程中，劳动者与用人单位会形成从属关系，劳动者需服从用人单位的管理。因此，劳动者在提供劳动的同时，与用人单位也建立了身份关系。由于劳动者是社会的大众，劳动者与用人单位的劳动关系是否和谐，与社会大众的生活是否安定有着密切的联系，劳动关系问题也就成为基本的社会问题。因此，劳动关系不应当仅仅看作是劳动者与用人单位之间的关系，还应当着眼于整个社会的公益来看待。

劳动关系具有如下特征：

（1）劳动关系是在社会劳动过程中发生的关系。劳动者进入劳动使用者单位，接受劳动使用者的安排，劳动者提供劳动能力，劳动使用者提供劳动过程所需要的生产条件和工作条件，在劳动组织中和生产资料结合，双方在直接的劳动过程中发生了劳动关系。

（2）劳动关系双方主体恒定。一方是劳动者，另一方是劳动使用者。劳动关系的主体双方，各自具有独立的经济利益，劳动者提供劳动力，要求获得相应的报酬和工作条件；劳动使用者为获得利益，将要求包括降低人工成本的经济利益。

（3）劳动关系具有人身性和财产性双重属性。劳动力作为一种商品，与普通商品最重要的区别在于其与人身的不可分离性和不可储存性。这就使得因这种商品的交易而产生的劳动关系，具有了人身依附性和人格从属性的特征。而这种特征是民事法律关系所不具备的。作为一种商品，劳动力不能储存，只能随着时间的推移而被自然地消耗掉。因劳动力与自然人的人身不可分离，其被使用的过程也就是劳动力的携带者——劳动者给付劳动的过程，由此而使劳动关系具有很显著的人身依附性。

（4）劳动关系兼具从属性和平等性。劳动关系的建立同其他民事关系一样，需经过要约、承诺，双方达成合意才能成立。在我国虽然经历了一段劳动力由国家统一调配的时期，但随着用工制度的改革和劳动力市场的发展，劳动力配置由国家集中的一元化统包统配决策，转变为国家、用人单位、劳动者个人的多元化决策。劳动者作为劳动力所有者，进行着劳动力配置的个体决策。通过这种决策，劳动者选择最适合自己劳动能力发挥的劳动组织。劳动力使用单位也根据它所管理的那部分生产资料的特性以及不断变化着的需要，进行劳动力的选择。因此，劳动关系是按照平等协商的原则建立起来的，这种相互选择的关系是一种平等关系。

（5）劳动法兼容公法属性和私法属性。劳动法是公法与私法的渗透与交融、私法公法化的产物。劳动法设定了国家对存在于经济社会中的雇佣与被雇佣关系实施积极地介入和干预，而且强调保护劳动者的团结权、集体交涉权以及保障争议权等。劳动法根据不同规制对象的性质运用不同的规制手段，采取了民事、行政和刑事等诸规制手段并用的方式。

（二）　与劳动关系有密切联系的社会关系内容和性质[①]

劳动法所调整的其他社会关系，就其内容而言，包括下述主要方面：①劳动力资源开发和配置的社会关系；②工资总量宏观调控和实施工资保障的社会关系；③劳动安全卫生管理和服务的社会关系；④社会保险及其管理的社会关系；⑤集体谈判和协商的社会关系；⑥劳动争议调解和仲裁的社会关系；⑦监督用人单位遵守劳动法的社会关系。

劳动法所调整的其他社会关系，就其性质而言，包括下述几种主要类型：①劳动行政关系，即行政机关和经授权具有行政职能的有关机构与用人单位及其团体、劳动者及其团体和劳动服务主体之间，由于执行劳动行政职能而发生的社会关系；②劳动服务关系，即劳动服务主体与用人单位和劳动者之间由于为其成员劳动关系运行提供社会服务而发生的社会关系；③劳动团体关系，即劳动者团体（工会）与用人单位团体之间，劳动者团体（工会）与其成员或用人单位之间，用人单位团体与其成员或劳动者之间，由于协调劳动关系和维护劳动关系当事人利益而发生的社会关系。④劳动争议处理关系，即劳动争议处理机构与劳动争议当事人（或其他人）之间因调解、仲裁劳动争议而发生的社会关系。

【思考】劳动关系与劳务关系的辨析？

四、劳动法的法律属性与特点[②]

劳动法的法律属性定位是一个涉及劳动法的基本原则和价值判断的问题。劳动法是起源于私法（民法），又最终从私法分离出来的独立法律部门。从法律属性来说，它属于社会法的范畴。简要地回顾劳动法的起源和发展，可以清楚地把

---

① 王全兴：《劳动法》，法律出版社 1997 年版，第 55 页。
② 林嘉：《劳动法的基本理论及其立法完善》，载于《中国工运》2006 年第 7 期。

握劳动法的这一属性。

劳动法产生于欧洲工业革命后。工业革命在推动社会生产力进步的同时，也带来了劳动关系的普遍化。最初，劳动力雇佣关系完全被作为财产关系由民法来调整，受合同自由原则的规制。但实际上，这只是雇主一方的自由，而非劳动者的自由。因为劳资关系是一种不平等的关系，资本的巨大支配力很容易将劳动者的独立转化为对资本的依附。劳动力相对于资本而言，总是处于弱者地位。因此，在自由资本主义时期，劳动者长期忍受着恶劣的工作条件和超长的工作时间，结果导致劳资关系紧张，社会长期处在动荡不安之中。随着工人运动的发展，劳工问题日益成为各国政府关注的社会问题，认识到有必要通过专门立法予以解决。然而，继续在民法范畴内解决劳动关系的调整问题，已经非常困难。为了调整处于强势地位的资本家与处于弱势地位的劳动者之间的关系，需要冲破民法理念和制度的束缚，寻求公共权力的积极介入。这种努力的结果，促使大量以最高工时、最低工资、职业安全等为内容的劳动立法的出现。劳动法的兴起，成为19世纪末20世纪初以来各国法律发展的重要内容，公共力量（国家）和社会力量（工会）在平衡劳资关系上的作用日益强化。

劳动法发端于民法，又超越了民法，并逐渐成为独立的法律部门。从性质上看，劳动法已经不属于私法的范畴，它具有社会法的品格。就劳动法而言，其社会法的属性集中表现为社会利益本位的思想。由于劳动关系是具有普遍意义的社会关系，劳工问题与社会的整体利益有着密切联系。劳动法的产生，就是通过国家干预来平衡劳资双方经济上的不平等。劳动法的立法宗旨就是为了协调劳资关系，保障劳动者的劳动权利，提升劳动者在社会中的地位，它代表了社会大众的普遍需求和社会发展进步的共同价值取向。劳动法以谋求劳动者的整体利益为己任，因此，具有浓厚的社会法色彩。

从劳动法具有的社会法属性出发，可以归纳出劳动法的几个特征：

（1）劳动法的基本价值取向是侧重保护劳动者。劳动关系是一种不平等的关系，资本的巨大支配力很容易把劳动者变成它的附属。要保护劳动者，使其获得有尊严的劳动，就必须通过法律的强制来弥补劳动者的弱势地位，因此，侧重保护劳动者是劳动法与生俱来的使命。但这并不意味着不保护资本者或经营者的利益。一方面，劳动法的制度设计也是为了建立稳定和谐的劳动关系，为了保护用人单位的利益，劳动法也规定了劳动者的许多义务；另一方面，资本者或经营者的利益可以通过其他的法律得到保护，如物权法、合同法、公司法、知识产权法等等。

（2）强制性规范与任意性规范相结合，以强制性规范为主。劳动法大多属于强制性规范，尤其是劳动基准法，它是国家对用人单位设定的义务，用人单位必须严格遵守，不能降低标准，只能在最低标准之上给予劳动者更好的劳动条件和工资福利待遇。即使是调整劳动合同关系的任意性规范，也与调整一般民事合同关系的任意性规范不同。例如，在劳动合同关系中，合同自由原则既要受法定劳动基准的限制，还要受集体合同的限制，凡是与法律相冲突或低于集体合同标准的条款都无效。从这一特征也可看出，劳动法不属于以意思自治为核心理念的私法，而是典型的社会法。

（3）实体法和程序法相统一。一般而言，实体法和程序法是一种互为依存的关系，有一定的实体法，就有与之对应的程序法。例如，民法与民事诉讼法、刑法与刑事诉讼法。劳动法则不然，其本身既有实体性法律规范，也有程序性法律规范，这是由劳动法的特殊性所决定的。由于劳动争议具有复杂性和特殊性，劳动争议的解决程序也有不同于普通民事纠纷和商事仲裁的特点，因此，必须专门作出规定。这就使得劳动法既有实体法的内容，又有程序法的内容。

第二节　劳动法的历史沿革

一、劳动法的起源

劳动是人类社会产生与生存的基本条件。在人类社会发展的不同历史时期，从不自由劳动时代（巴比伦、古希腊等奴隶社会）、租赁劳动时代（罗马帝国时期自由人劳动以租赁形式体现）、团体主义时代（日耳曼法所倡导的忠诚劳动）、雇佣契约时代（自由资本主义时期）、劳动契约时代及当代资讯社会，[①] 人们在劳动过程中必然形成一定形式的社会劳动关系，当这种社会劳动关系发展到一定阶段，就形成了劳动法。

原始社会时期，人们进行群体共同劳动，有着自然分工和一定的劳动协作关系，这种协作关系，不是靠法律调整，而是靠长期形成的、人们需要共同遵守的习惯来维持。

中世纪以前，虽然存在局部的、小范围的劳动关系，但这些劳动关系要么被完全的财产法所调整，要么被完全的身份法所调整，由于劳动力不是完全意义上的法律人格，因此，这些调整劳动关系的法只能属于奴隶社会性质或封建社会性质的法。

---

① 黄越钦：《劳动法新论》，中国政法大学出版社 2003 年版，第 3～10 页。

现代意义劳动法起源于 19 世纪初期的"工厂法","工厂立法"是工人阶级为了维护自身利益而进行长期斗争的结果，它是为了保护工人利益，限制资本家对劳动者剥削程度为内容的法规。以英国立法为开端，在其他工业发达的资本主义国家也先后出现了"工厂法"。德国于 1839 年颁布了《普鲁士工厂矿山规则》，法国于 1841 年和 1879 年分别颁布法律，对限制童工工作时间以及限制女工工作时间和女工的工资等问题作了规定。1848 年加利福尼亚州颁布了一项禁止 9 种工厂使用 12 岁以下儿童的法律。瑞士于 1848 年颁布了第一个限制成年人工作时间的法律。

二、各国劳动法的发展

20 世纪以来劳动法发展以两次世界大战为划分界限分为两个阶段：第一阶段从第一次世界大战至第二次世界大战以前；第二阶段从第二次世界大战后至今。

（一）第一阶段：第一次世界大战至第二次世界大战以前

第一次世界大战后，资本主义国家陆续制定了一些劳动法律，这些立法在一定程度上维护了劳动者的利益，表现了劳动立法的进步。例如第一次世界大战后的德国相继颁布了《失业救济法》、《工人保护法》、《集体合同法》、《工作时间法》，美国颁布的《华格纳法》、《公平标准法》分别承认工人的结社权和集体谈判权和规定了工人最低工资标准和最高时间限额的内容。

社会主义国家苏联于 1922 年颁布了《苏维埃劳动法典》，从立法体例上以法典的形式确立了劳动法的独立地位，不仅类似劳动公法领域的法律规范以独立法律规范的形式得以体现，而且对于"私"领域的劳动关系亦不再适用民法之债权债务关系予以调整，而是以劳动法全面规制劳动关系。

（二）第二阶段：第二次世界大战后至今

第二次世界大战结束后，人类社会总体上进入了一个相对和平、稳定的时期，不少国家在恢复经济、修复制度方面做了相当大的努力，其中劳动法律制度的构建是制度建设的重要内容。但是，第二次世界大战结束后，一些国家的劳动立法也曾出现历史性的倒退，限制罢工、禁止工人利用工会基金从事政治活动，限制工人运动等等。随着 20 世纪 60、70 年代工人运动的兴起，各主要资本主义国家相继颁布了改善工人条件的新法律。

东欧一些国家建立了社会主义政权。这些社会主义国家相继借鉴苏联劳动法的原则和内容，逐步建立和完善了关于劳动方面的立法。社会主义国家均在宪法中对劳动权做了明确的规定，并宣布劳动为公民的光荣义务；均将劳动法典作为劳动立法的基本形式。

尽管各国劳动立法的发展进程有所不同，但从总体来看，可以体现为如下几个发展趋势：

（1）劳动权被纳入宪法体系。例如，德国 1919 年《魏玛宪法》、苏联 1936 年《苏维埃社会主义共和国联盟宪法》、意大利 1947 年《宪法》、德国 1949 年《德国基本法》、日本 1946 年《宪法》、希腊 1975 年《宪法》。

（2）劳动法体系日益完备、适用范围更加扩大。各国通过颁布单行法规、法典等形式形成了完备的劳动法体系，从原来的工业部门拓展到各级经济部门，只要存在雇佣关系就开始制定法律加以规制，几乎涵盖了调整劳动关系的所有内容。例如，美国的《国家劳动关系法》调整集体劳动关系的法律，各国颁布就业和职业平等法，社会保障立法大量出现，强化劳资争议处理机制等。

（3）劳动争议处理专业化发展。为及时处理劳动纠纷，稳定社会秩序，设立专门处理机构，设计一系列完备的程序使处理纠纷程序化、法定化，设立专门受理劳动纠纷的专门机构，如仲裁机构、劳动法院、法庭等等。鼓励律师从事专门代理劳动案件，将劳动纠纷案件纳入法律援助体系中。

（4）劳动关系的法律调整向社会法领域拓展。劳动法由附属于私法到从私法中分离出来，再到具有公法的内容，成为一种公法私法相融合的社会法。社会法是国家为保障社会福利和国民经济正常发展，通过加强对社会生活干预而产生的一种立法。在资本主义国家，社会法是"私法公法化"或"法的社会化"，即原来主要使用任意性规范的领域逐渐为强制性规范所替代，形成公法与私法的相互交错，出现了作为中间领域的社会法。

三、新中国劳动法发展简史[①]

（一）孕育阶段：1949～1977 年

劳动和社会保障法在孕育期的主要特点为：第一，劳动和社会保障法领域基本法律框架尚未形成，调整劳动关系的规范多以一些较低层次的政策和法规为主；第二，受当时社会政治大环境影响，相关法律规范呈现出较强的政治导向性，侧重宣扬社会主旋律，制度规则色彩淡薄。

---

① 冯彦君等：《社会公正和谐的六十年求索》，载于《社会科学战线》2009 年第 6 期。

自 1949 年新中国成立到 1954 年第一部《宪法》颁布，中央政府废除了旧中国不合理的劳动制度，发布了众多劳动就业方面的政策法规，充分保障工人的经济权利和政治权利。其中，最为重要的当属 1950 年 6 月中央政府颁布的《工会法》，该法明确规定了工会组织的法律地位与职责，建立了新型的企业民主管理制度，为我国现行工会法律制度的建立奠定了基础。为解决旧中国遗留下来的严重失业问题，政务院于 1950 年 6 月发布了《关于救济失业工人的指示》，把转业训练作为安置失业工人的重要办法之一。此后，劳动部先后发布了《救济失业工人暂行办法》、《关于失业人员统一登记办法》，政务院于 1952 年 9 月发布了《关于劳动就业问题的决定》，这一系列立法规定有效应对了新中国成立初期的失业问题。在国民经济恢复重建时期，中央政府对安全生产问题十分重视，劳动部于 1950 年 5 月发布了《工厂卫生暂行条例（草案）》，政务院于 1951 年 2 月发布了《劳动保险条例》，这在一定程度上促进了工人劳动条件的改善。面对国营企业劳动关系与私营企业劳资关系并存的局面，劳动部于 1950 年 4 月发布了《关于私营企业中设立劳资协商会议的指示》，于 1950 年 11 月发布了《关于劳动争议解决程序的规定》，政务院于 1954 年 7 月发布了《国有企业内部劳动规则纲要》，这些政策、法规有效贯彻了"劳资两利、公私兼顾"的指导方针。

1954 年第一部《宪法》的颁布实施是我国法制发展史上的重大事件，它奠定了中国宪政制度和法律体系的基础。《宪法》明确规定了中华人民共和国公民有劳动的权利、休息的权利，以及在年老、疾病或者丧失劳动能力时获得物质帮助的权利。同时规定了国家有义务通过国民经济有计划的发展，逐步扩大劳动就业，改善劳动条件和工资待遇，建立社会保障体系，以保证公民享受这些权利。从 1954 年《宪法》颁布到 1966 年"文化大革命"爆发，社会主义建设全面展开。为了在发展生产的基础上逐步改善人民生活水平，国务院于 1956 年先后颁布了《关于工资改革的决定》和《关于工资改革中若干问题的决定》。在劳动保护方面，国务院于 1956 年 5 月颁布了"三大规程"，即《工厂安全卫生规程》、《建筑安装工程安全技术规程》和《工人职员伤亡事故报告规程》。1958 年，国务院颁布了《关于工人、职工退休处理的暂行规定》、《关于企业、事业单位和国家机关中普通工和勤杂工的工资待遇的暂行规定》、《关于国营、公私合营、合作社营、个体经营的企业和事业单位的学徒的学习期限和生活补贴的暂行规定》、《关于工人、职员回家探亲的假期和工资待遇的暂行规定》等四项重要规定。

20 世纪 60 年代，极"左"思潮和多次政治运动严重影响了国家法制建设和经济发展。1966 年"文化大革命"爆发后，全国动乱的形势使各项政策法规陷入停滞，劳动关系的调整处于无政府、无规则状态，大规模的劳动力流动，特别是知识青年上山下乡运动，都往往是以政治号召为依据而推行的社会运动，劳动和社会保障法制建设在这一时期遭到严重破坏。

（二）诞生阶段：1978～1993 年

劳动和社会保障法在诞生阶段的主要特点可以概括为：第一，劳动立法适应社会经济发展需要，立法层级不断提高，劳动关系法律调整框架趋于形成。虽然《劳动法》的制定一波三折，但改革开放后大量劳动法律、法规得以颁行，劳动法制体系初具规模，劳动法作为一个独立的法律部门已经诞生。第二，改革开放后的社会巨变推动了社会保障法律制度的诞生，一种适应社会主义市场经济要求的新型社会保障法律制度逐步建立。

1978 年 12 月 18～22 日，党的十一届三中全会召开，开启了新中国改革开放的大门，奠定了中国民主法制建设的基础。邓小平所作的《解放思想，实事求是，团结一致向前看》的著名讲话，强调了发扬民主和健全法制的重要性，指出需要制定劳动法等诸多法律。叶剑英于 1979 年 7 月 1 日在五届全国人大二次会议上所作的闭幕词也提出要制定劳动法。以此为契机，劳动法作为社会主义法律体系一个重要的组成部分在改革开放后率先进入中国立法者的视野。1979 年 1 月劳动法起草小组成立，全国总工会、农业部、北京大学、北京经济学院、中国政法大学、中国社会科学院法学所等单位的有关同志和专家学者参加立法讨论、起草工作。1979 年 7 月 1 日，《劳动法（草案）》第一稿诞生。自此，我国劳动法制逐步恢复。1983 年 7 月，《劳动法（草案）》送交全国人大常委会审议，由于该草案不能有效反映经济体制和劳动关系结构不断变化的客观现实，其内容仍不够成熟，《劳动法》立法工作被迫停顿下来。虽然如此，《劳动法》立法的不断尝试和努力推动了劳动法学的发展。为了满足立法工作的理论需求，学界对劳动法的法律地位和适用范围问题进行了热烈的讨论。

随着经济体制改革的不断深入，劳动合同制改革势在必行。1986 年 9 月 9 日，国务院颁布了《国营企业实行劳动合同制暂行规定》、《国有企业招用工人暂行规定》、《国营企业辞退违纪职工暂行规定》、《国营企业职工待业保险暂行规定》。这四项法规的颁布标志着我国劳动合同制改革的全面展开，其中重点是改革招工制度、用工制度。

随着劳动法律法规的相继出台，我国劳动法律体系逐步得到完善。这些劳动立法的内容广泛涉及安全生产、工会组织、女职工的特殊保护等重要领域。其中，标志性的法律包括 1992 年 4 月 3 日第七届全国人民代表大会第五次会议通过的《中华人民共和国工会法》和 1992 年 11 月 7 日第七届全国人民代表大会常务委员会第二十八次会议通过的《中华人民共和国矿山安全法》；重要的法规包括国务院 1988 年 6 月 28 日颁布的《女职工劳动保护规定》和 1991 年 4 月 15 日颁布的《禁止使用童工规定》。这些重要立法对保障劳动者的基本权益发挥了至关重要的作用。

1986 年对于社会保障事业来说是一个重要的年份。这一年，第六届全国人民代表大会第四次会议通过了《中华人民共和国国民经济和社会发展第七个五年计划》，该计划第一次在政府文件中专设了"社会保障事业"一章，指明了中国社会保障事业的发展方向和主要任务。20 世纪 80 年代中期，我国已形成以企业为保障主体的社会保障体系。随着经济体制改革的不断深入，"企业办社会"的社会保障体系面临巨大的困境，社会保险、社会救济等各项制度迫切需要改革，这就对理论研究提出了新的更高的要求。20 世纪 90 年代初期，我国提出在社会主义市场经济的背景下重新建立社会保障体系的构想。在社会保障立法方面，越来越重视对社会弱势群体权益的保障，相继制定了《残疾人保障法》、《未成年人保护法》和《妇女权益保障法》等社会保障方面的立法，强化了对社会弱势群体的保障力度。

（三）成长阶段：1994～2006 年

劳动和社会保障法在成长期的主要特点可以概括为：第一，以《劳动法》为基础，以新《工会法》和《劳动争议处理条例》等为配套立法，一个具有中国特色的劳动和社会保障法律体系框架基本形成，劳动执法体制和劳动仲裁诉讼机制也已初步构建起来。第二，社会法被立法机关确认为我国的法律门类之一，从此，以劳动和社会保障法为核心，以诸多弱势群体权益保障法为配套，以促进社会公正和谐为宗旨的社会法在我国法律体系中的地位和价值更为彰显。

1994 年是中国劳动立法发展史上具有标志性意义的年份，第一部劳动法典在这一年诞生。在《劳动法》颁布之前，我国调整劳动关系的规范性文件以法规和规章为主，虽然也形成了一定的规模，但总体上并没有形成逻辑统一、结构严密的制度体系，无法满足劳动体制改革对法律制度的需求。在这样的情况下，我国劳动法学者积极主张加强劳动立法，加快制定劳动基本法。在《劳动法》的制定过程中，劳动法学者始终参与其中，进行了大量的理论探讨和论证。直至 1992 年 10 月《劳动法（草案）》形成，相关的争论一直持续进行着，很多基本问题都难以达成共识，对劳动关系性质的认识和劳动体制改革方向的把握都存有很大的分歧。究其实质，这些分歧根源于我国经济体制改革进程的总体困惑。这一时期，国家关于经济体制改革的市场取向尚不甚明确，《劳动法》的立法宗旨和原则也难以确定，出现了《劳动法》是劳动关系管理法还是劳动者权利保障法的争论。党的十四大为劳动法律制度的改革和发展指明了前进方向，加快了立法进程，也使劳动法学的研究思路更为清晰。在建立社会主义市场经济体制目标的指引下，劳动法学研究终于走出了"计划式管理"抑或"市场化保障"的理论困境。此后，《劳动法》的起草工作顺利展开，劳动法学界关于《劳动法》的讨论也有了明确的指导思想，更为深入细致地探讨了社会主义市场经济条件下《劳动法》的内容结构及具体的条文设计。经过反复研究、论证、修改和补充，《劳动法（草案）》逐步完善。国务院常务会议于 1994 年 1 月 7 日原则上通过了该草案，后经全国人大常委会广泛征集各方意见后，对草案进行了认真的修改、补充，最后于 1994 年 7 月 5 日经全国人大常委会第八次会议审议通过。《劳动法》的颁布是我国法制建设中具有里程碑意义的重大事件，我国劳动法制建设由此登上了一个新的台阶。

2001 年 11 月 10 日，中国成功加入世界贸易组织，这是中国经济发展和法制建设进程中的大事，其对劳动立法和劳动法学研究产生了重大影响。与国际劳工公约的要求相比，我国现行劳工标准在自由结社权、集体谈判权、平等就业权、强迫劳动和童工问题等方面存有较大差距。学界对此进行了相应的研究，提出加快制定劳动和社会保障方面的法律、加快经济建设步伐、提高劳动标准、改善工作环境、完善社会保障体系，使普通劳动者能够享受到改革开放的经济发展成果等主张。

2002 年 3 月 5 日，李鹏委员长在第九届全国人民代表大会第四次会议上所作的全国人大常委会工作报告中明确提出："常委会根据立法工作的实际需要，初步将有中国特色的社会主义法律体系划分为七个法律部门，即宪法及宪法相关法、民法商法、行政法、经济法、社会法、刑法、诉讼与非诉讼程序法。"这是我国首次把社会法列为国家法律门类之一，具有重要的理论意义和实践意义，极大地推动了社会法制和社会法学的发展和繁荣。学界以此为契机，用"社会法"统称劳动法和社会保障法，用社会法学统称劳动法学和社会保障法学。

自 2002 年以来，民生议题逐渐成为中国社会的主流话语。政府关注民生，更需要以制度的形式实现民生。20 世纪 90 年代，随着改革的深化，城乡差别、贫富分化、就业问题、劳资冲突、医疗保障、生产安全等一系列问题不断凸显。迫切的社会需求以及国家对劳动和社会保障法制建设的重视极大地推进了劳动和社会保障法学研究的发展。关于劳动和社会保障法理论和制度的著述不断涌现，法制建设和法学研究受到人们越来越多的关注。

（四）繁荣阶段：2007 年至今

劳动和社会保障法学研究在繁荣期的主要特点可以概括为：《劳动合同法》

等三部重要社会立法的相继出台实现了对原有劳动和社会保障法律制度的反思、调适和完善，这既是对社会法追求社会公正和谐的制度践行，也是对新时期劳动关系法律调整制度需求的满足和回应。

从党的十六大提出"社会更加和谐"的发展要求，到十六届四中全会提出构建社会主义和谐社会的战略任务，再到十六届六中全会通过《中共中央关于构建社会主义和谐社会若干重大问题的决定》，"和谐"已成为中国社会发展的时代主题。党的十七大报告进一步旗帜鲜明地提出，要着力解决人民最关心、最直接、最现实的利益问题，努力形成全体人民各尽其能、各得其所而又和谐相处的局面。

2007 年，三部重要的社会立法——《劳动合同法》、《就业促进法》和《劳动争议调解仲裁法》相继出台，这标志着我国社会法律体系的进一步完善，2007年也因此被学界称为"社会立法年"。可以说，学界为这三部法律的出台做了长期而扎实的理论准备，大到框架结构的安排，小到具体制度的设计，都经历了大量的理论探讨和论证。特别是在《劳动合同法（草案）》起草和审议的过程中，社会各界纷纷提出了不同的利益诉求和立法期待。面对这些诉求和期待，社会法学者始终恪守严谨的学术精神，坚守维护社会弱势群体的理念，积极建言献策，推进了《劳动合同法》的立法进程。虽然社会法学界对于《劳动合同法》制定中的诸多具体制度设计问题存在着激烈的争论，但这些争论恰恰体现出社会法学界百家争鸣的学术氛围，有助于从多角度全面审视《劳动合同法》，发现其不足和漏洞，指明完善的方向。

第三节　劳动法的地位、体系和渊源

一、劳动法的地位

研究劳动法的地位其实质就是分析劳动法在全部法律体系中究竟是一个独立的法律部门，还是从属于其他法律部门。

我国有些学者对劳动法的独立性存在质疑，认为劳动法是从属于其他法律，不具有独立性。主要几种观点包括：

（1）民法组成部分说。该说认为：劳动法从民法产生，与民法有密切的联系，劳动关系当事人的劳动者与用人单位之间具有平等属性，其二者之间通过劳动合同建立劳动关系，而劳动合同属于民事合同的一种。

（2）经济法组成部分说。该说认为：劳动力资源的市场配置以及劳动报酬的社会分配都需要国家的宏观调控，劳动法与经济法都具有国家干预的属性。

（3）行政法组成部分说。该说认为：基于计划经济体制产生，劳动法的重点在于用人单位的行政管制。[①]

同多数学者一样，本书认为劳动法是独立的法律部门。主要基于以下理由：

（1）劳动法有自己特定的调整对象。调整对象是一个法律部门区别于其他法律部门的最根本要素，劳动法的调整对象是劳动关系以及与劳动关系密切联系的其他社会关系。这些关系既兼具公法属性和私法属性属于社会法范畴，也涉及平等和从属的劳动关系，这是和调整刑事关系的刑法，调整民事关系的民法等其他法律部门所区别的本质特征。劳动法通过调整这些关系，增加社会福利、扶助弱势群体、维护社会稳定、保障社会安全。这是其他任何一个法律部门都无法代替的。

（2）劳动法所保护的法益是社会利益。法益简而言之，就是法律所保护的利益。例如，民法的法益就是保护平等民事主体之间人身、财产利益，刑法的法益就是穷尽其他手段只能动用国家刑罚权来加以保护的利益。社会利益涵盖了一般安全、个人生活、保护社会资源的利益以及政治、经济、文化进步方面的利益。如前所述，劳动法是私法公法化的产物，而劳动法所保护的社会利益是个人利益与公共利益整合出来的一种特殊而又独立的利益，劳动法与其所保护的法益相互对应、互为表里、相互依存。劳动法通过为"强资本—弱劳工"之间协调利益冲突提供标准和方法，平衡双方利益，从而使得社会利益得以重整。这是劳动法区别于以民法为代表私法和以刑法为代表公法的本质区别。

（3）劳动法有自己完整的独立体系。从劳动法法源看，既有劳动法典，又有单行法规；既有实体法，又有程序法，还有劳动监察法。从劳动法的内容来看，总则提纲挈领规定了劳动法的目的、原则、作用、适用范围及劳动者的基本权利等；在分则部分有促进就业、劳动合同与集体合同、工作时间与休息休假、工资、劳动安全卫生、特殊劳动保护、职业技能开发、社会保险与职工福利、劳动争议的处理及劳动监督检查等。总则与分则构成了一个完整的法规体系。

二、劳动法的体系

劳动法的体系，是指一国全部劳动法律规范按照一定标准分类组合所形成的，具有一定纵向结构和横向结构的有机整体。其纵向结构，是由不同效力等级

---

① 以上观点引自林嘉：《劳动和社会保障法学》，中国人民大学出版社 2009 年版，第 34 页。

的各种劳动法形式，按照效力等级的高低顺序所组成的"宝塔式"的结构，即宪法、劳动法典、单项劳动法律以及以下各层劳动法规的组合。其横向结构，是由全部劳动法律规范按照一定标准所划分的若干项劳动法律制度所构成。其纵向结构实际上是劳动法形式的问题，因而，关于劳动法体系的研究，通常只研究其横向结构。①

依据劳动法规范的功能来构建一个较为完整的体系。其结构如下：

劳动法规体系
- 一、劳动管理法
  - （一）劳动管理机构设置及职权
  - （二）劳动就业法
- 二、劳动关系法
  - （一）劳动合同法
  - （二）集体合同法
- 三、工会等劳动团体自治法
- 四、劳动基准法
  - （一）工资法
  - （二）工时休假法
  - （三）职业安全卫生法
  - （四）女工未成年工特殊保障法
  - （五）职业训练与职业资格标准法
  - （六）员工奖惩规则法
- 五、社会保险法
  - （一）生育保险法
  - （二）养老保险法
  - （三）失业保险法
  - （四）工伤保险法
  - （五）疾病保险法
  - （六）遗属津贴
- 六、劳动争议处理法
  - （一）劳动争议
    - 调解
    - 仲裁
    - 司法
  - （二）集体合同争议
    - 利益争议
    - 权利争议
- 七、劳动监察法

---

① 王全兴：《劳动法》，法律出版社 1997 年版，第 77 页。

三、劳动法的渊源

劳动法的渊源，又称劳动法的表现形式，是指由我国国家制定或认可的劳动法律规范的表现形式，它包括以下几个方面：

（1）宪法。宪法是一个国家的根本法，它具有最高的法律权威和法律效力。我国宪法有关劳动问题的规定，是劳动法的重要渊源，构成全部劳动法律规范的立法基础。《宪法》第42条、第43条、第44条、第45条第1款、第48条、第53条。

（2）法律。法律包括我国全国人民代表大会及其常委会制定和修改的法律，其效力仅次于宪法。作为劳动法律，在我国有《中华人民共和国劳动法》；有单项法律如在我国有《中华人民共和国工会法》、《中华人民共和国矿山安全法》、《劳动合同法》、《社会保险法》等；还有涉及劳动问题规定的其他法律，如《中华人民共和国妇女权益保护法》、《中华人民共和国公司法》、《中华人民共和国刑法》等。

（3）行政法规。这是指由我国国务院根据宪法和法律的有关原则制定发布的各种劳动行政法规，是当前我国调整劳动关系的重要依据。主要有专门性的行政法规，如《劳动保障监察条例》、《〈劳动合同法〉实施条例》等。还有涉及劳动性质的行政法规，如《标准化法实施条例》等。

（4）部门规章。这是国务院所属部门制定的规范性文件。如《外商投资企业劳动管理规定》、《集体合同规定》等多个配套规章。

（5）地方性法规。按规定地方各级人民代表大会、地方各级人民代表大会常务委员会、县以上各级人民政府，依照法律规定的权限发布的决定也是地方性法规。

（6）地方性规章。地方性规章是指省、自治区、直辖市人民政府及省会、自治区首府所在地的市和经国务院批准的较大的市的人民政府制定的规范性文件。

（7）国际法律文件。国际劳工组织通过的劳工公约经我国政府批准，便在我国产生法律效力，应保证其实施。例如，1984年5月，我国承认的旧中国政府批准的14个国际劳工公约和1987年9月我国政府批准的《残疾人职业康复和就业公约》，2002年6月29日又批准了《禁用童工公约》，目前我国已正式批准了23个国际劳工公约。

（8）司法解释。法定对劳动法律、法规有解释权的国家机关，就劳动法律、法规在执行中的问题所作的具有普遍约束力的解释。如，《最高人民法院关于审理劳动争议案件适用法律若干问题的解释》、《最高人民法院关于审理劳动争议案件适用法律若干问题的解释（二）》、《最高人民法院关于审理劳动争议案件适用法律若干问题的解释（三）》等。

第四节　劳动法的适用范围和功能

一、劳动法的适用范围

劳动法的适用范围，是指劳动法所适用的地域范围、对什么人适用、在什么时间适用。

（一）劳动法的空间适用范围

劳动法的空间范围即劳动法在什么地方适用。全国人大及其常委会制定的有关劳动性质的法律，国务院及其部委颁布涉及劳动关系的行政法规、行政规章、决议、命令除有特别规定外均适用于全国。地方人大和地方政府制定的调整劳动关系的地方性法规或规章，只能在其所管辖的地域内适用。

（二）劳动法的时间适用范围

劳动法的时间适用范围，即劳动法的时间效力，是指劳动法的生效和失效的时间。法生效时间的规定方式一般有两种：一是规定自规范性文件通过或公布之日起生效；二是规定自规范性文件通过或公布之日以外的某个时间生效。我国《劳动法》于 1994 年 7 月 5 日通过，但法律规定在 1995 年 1 月 1 日起施行。

法律失效的时间也有两种情况：一是由规范性文件本身明确规定失效的时间或特定的条件出现时候失效；二是同类法律新法生效，旧法即失效。例如，《失业保险条例》生效后，《国有企业职工待业保险规定》即失效。

（三）劳动法的对人适用范围

劳动法对人的适用范围，是指劳动法对什么人发生效力。我国现行劳动法保护的劳动者是达到法定年龄，具有劳动能力，能够依法形成劳动关系，独立给付劳动并获得劳动报酬的自然人。具体包括与企业、个体经济组织建立劳动关系的劳动者；国家机关、事业组织、社会团体中的工勤人员（如炊事员、打字员、清洁工、司机及其他后勤人员等）；实行企业化管理的事业组织的非工勤人员；其他通过劳动合同（包括聘用合同）与国家机关、事业单位、社会团体建立劳动关系的劳动者。其中不包括公务员和比照公务员制度的事业组织和社会团体中的工作人员，以及农村劳动者（乡镇企业职工和进城务工、经商的农民除外）、现役军人和家庭保姆。

【案例】家庭雇佣劳动关系是否适用劳动法？

余某从金牌家政公司处雇佣钱某照顾老父亲，月薪 2000 元。后双方发生纠纷，余某解雇了钱某，但尚欠钱某 2500 元，钱某申请仲裁。但仲裁机构不受理其仲裁请求。钱某不服，起诉到人民法院。

问题：

此案应由劳动争议仲裁机构受理，还是由人民法院受理？

二、劳动法的功能

劳动法作为一个独立的法律部门，以规范劳动行为、调整劳动关系为主要内容，并以保护劳动者的合法权益为立法宗旨，在我国经济建设及社会发展中发挥着重要作用。劳动法在我国的重要作用主要体现为以下几个方面：

（一）劳动法保障人权的作用

"近代劳动法从人本立场出发，认为对劳动者人格之完成、社会地位之向上、经济地位之改善，才是劳动法立法及其基本宗旨所在，也同时是资本法律秩序存在的相对价值所在。"[1] 劳动法作为劳动者保护法，是人权保障立法的重要组成部分。在劳动法中，确认劳动力为劳动者所有，赋予劳动者在劳动关系中的法律主体地位，规定劳动者有就业、获得劳动报酬、休息、安全健康、取得社会保险、接受职业培训、组织工会、参与企业管理等项权利，从而使人权（尤其是其中的生存权）具有了实在的内容和具体的法律保障。

（二）劳动法促进生产力发展的作用

劳动法通过作用于劳动者而对整个生产力系统发生作用：①劳动法保障劳动力市场配置机制，使劳动力在社会范围内的配置趋向高效率，从而提高全社会的生产力水平。②劳动法保护劳动力扩大再生产持续进行，促进劳动力资源开发，

---

① 黄越钦：《劳动法新论》，中国政法大学出版社 2003 年版，第 18 页。

从而为生产力系统的运行和发展提供劳动力资源条件。③劳动法保护劳动者的物质利益和政治权利，调动劳动者的积极性，从而发挥劳动者在生产力系统中的能动作用。④劳动法保护劳动者的安全和健康，要求不断地改善劳动条件，从而使劳动者在生产力系统的运行中能发挥作用。⑤劳动法要求合理组织劳动过程，巩固劳动纪律，从而为提高生产力系统的运行效率创造组织条件。①

（三）劳动法促进社会和谐的作用

劳动法从制度层面对于弱者予以倾斜保护，从而有效校正社会强势群体和弱势群体之间的对立与继续分化，创造公平的环境缓解人与人之间的冲突，这样才能减少社会不稳定因素，才能实现和谐社会的秩序目标。只有把对弱势群体权利保障提到重要位置、建立起完善保障弱势群体机制的社会，才可能是稳定与和谐的社会。劳动法针对劳动关系运行中的具体问题，保障社会弱势群体的利益，正确处理和解决社会问题，矫正实质意义上的不公正、不平等，促进社会和谐。

第五节　劳动法的基本原则

一、劳动法基本原则的含义

劳动法的基本原则，是劳动法的核心和灵魂。是包含在整个劳动法体系之中，集中体现劳动法的本质和基本精神，贯穿于劳动法的运行过程之中，为劳动法调整劳动领域的社会关系所应当遵循的基本准则。

劳动法基本原则的确认依据，首先是宪法。宪法是国家的根本大法，是确立劳动制度的最高法律依据，因而劳动法的基本原则应依据宪法而确立，包括宪法中关于国家政治制度和经济制度的规定和公民劳动基本权利的规定，同时还应以基本劳动政策作为宪法依据的补充性依据；其次，劳动法的基本原则还应以我国将长期处于社会主义初级阶段这个基本国情对劳动法的基本要求为依据，即劳动法的基本原则必须来源和植根于现实，并正确反映劳动领域的基本现状和发展根本；最后，劳动法的基本原则还应以对劳动者倾斜保护理论为依据，劳动法尽管对用人单位的权利也要加以保护，但这并不是劳动法的立法宗旨，劳动法是以对

---

① 王全兴：《劳动法》，法律出版社 1997 年版，第 83 页。

处于弱势地位的劳动者的倾斜保护为理论基础的，并以此构筑劳动法的基本原则。

劳动法的基本原则具有重要作用，主要表现为：第一，劳动法基本原则指导着各项劳动法律法规的立、改、废，有助于劳动法制的统一、协调和稳定。只有在劳动法基本原则的统一指导下，立法者才能根据社会经济发展的需要及时制定新的劳动法律法规，修改和废除不适应实际需要的劳动法律法规，从而使各种劳动关系得到及时调整，并使劳动法律体系协调、稳定的发展。第二，劳动法基本原则可以弥补劳动立法具体规定之不足。在劳动立法与现实生活之间总会存有一定的立法空当。劳动法基本原则具有抽象性和弹性，其作用领域可以合理延伸到缺乏具体规范的法律空当领域，发挥其一般的调整功能，起到弥补立法不足的作用。第三，劳动法基本原则能够整合各具体劳动法制度之间的矛盾。劳动法的基本原则内含着劳动法制度的统一的价值取向，它的基本精神能够指导人们正确解决各种制度之间的矛盾，使劳动法实现系统性和协调性。第四，劳动法的基本原则是探求法律规范真意的基本遵循。只有遵循劳动法基本原则的精神，衡量取舍法律规范的各种解释，才可能把握劳动法规范的真实意义。

二、劳动法基本原则的内容

目前，我国学界对劳动法基本原则的概念、作用及确立劳动法基本原则的依据并无太大争议，而对于劳动法应当具有哪些基本原则、基本原则的内容是什么，存在很大争议。主要观点如下：

第一，贾俊玲教授认为：劳动法基本原则的内容是：①社会正义原则；②劳动自由原则；③三方合作原则。①

第二，王全兴教授认为：劳动法基本原则的内容是：①劳动既是公民权利又是公民义务原则；②保护劳动者合法权益原则；③劳动力资源合理配置原则。②

第三，林嘉教授认为：劳动法基本原则的内容是：①劳动权平等原则；②劳动自由原则；③倾斜保护原则。③

第四，黎建飞教授认为：劳动法基本原则的内容是：①充分体现宪法原则，突出对劳动者权益的保护；②确认劳动力市场的主体资格，规定统一的基本标准和规范；③建立完善的劳动合同制度，劳动合同的自由与政府适度干预相结合；

---

① 贾俊玲：《劳动法学》，北京大学出版社 2009 年版，第 10~17 页。
② 王全兴：《劳动法》，法律出版社 1997 年版，第 68~73 页。
③ 林嘉：《劳动和社会保障法学》，中国人民大学出版社 2009 年版，第 20~26 页。

④实行各尽所能、按劳分配的原则；⑤保护公平竞争与保护弱者权益相结合。①

第五，董保华教授认为：劳动法基本原则的内容是：①劳动权关系协调的合同化；②劳动条件的基准化；③劳动者保障的社会化；④劳动执法的规范化。②

第六，冯彦君教授认为：劳动法基本原则的内容是：①劳动自由原则；②劳动协调原则；③劳动保障原则。③

第七，郭捷教授认为：劳动法基本原则的内容是：①维护劳动者合法权益与兼顾用人单位利益相结合的原则；②贯彻以按劳分配为主体的多种分配方式与公平救助相结合的原则；③坚持劳动者平等竞争与特殊劳动保护相结合的原则；④实行劳动行为自主与劳动标准制约相结合的原则。④

上述各种观点从不同角度提出了劳动法的基本原则，有一定给人以启发和认同的价值，但是上述观点也存在着不同程度的缺陷。本书认为劳动法基本原则就是劳动自由原则，劳动协调原则，倾斜保护原则。

（一）劳动自由原则

就劳动者的劳动自由而言，劳动自由原则表现为多个方面：首先，维护劳动者的人格独立。劳动者的人格独立是实现劳动自由的前提，劳动者没有独立的人格，就不能成为一个独立的法律主体，也就不能独立支配自己的劳动力。没有劳动者的人格独立就没有劳动法的存在，劳动者的人格独立是劳动法存在的基础，维护劳动法的存在就必须维护劳动者的人格独立。其次，必须确认劳动者独立的法律地位。劳动者独立的法律地位是劳动者独立人格的法律确认。这种独立的法律地位体现为既独立于国家，又独立于用人单位，更独立于其他任何人。第三，劳动自由最核心的表现应该是劳动者的择业自由。劳动者从事什么工作岗位、进入哪一个用人单位，都是自己自由选择的范围。劳动者在就业方面，不受任何力量强迫。任何有违劳动者意愿的强迫劳动都应该受到法律的禁止。最后，劳动自由还表现为劳动者支配自己劳动报酬的自由和维护自己劳动权益的自由。劳动者付出劳动所获得的劳动报酬，是劳动者正当的合法收益，如何使用应由劳动者按照自己的意愿来安排。劳动者享有支配自己劳动报酬的自由，任何人都不得剥夺劳动者的此项权利。为了维护这项自由，劳动法应该建立相应的制度予以保障。

① 黎建飞：《劳动法的理论与实践》，中国人民公安大学出版社 2004 年版，第 30 ~ 37 页。
② 董保华：《"劳工神圣"的卫士——劳动法》，上海人民出版社 1997 年版，第 44 ~ 67 页。
③ 冯彦君：《论劳动法的基本原则》，载于《法制与社会发展》2000 年第 1 期。
④ 郭捷：《劳动与社会保障法》，中国政法大学出版社 2004 年版，第 22 ~ 27 页。

当劳动权益被侵犯时，劳动者可以自由选择决定是否主张自己的权利，采用什么方式和程序主张自己的权利。

（二）劳动协调原则

劳动协调既是劳动法追求的目标，也是劳动法调整的手段，劳动协调原则既是目的性原则，也是手段性原则。作为目的性原则要求，实现劳动权利义务的统一、劳动关系的契约化、劳动法上各种力量有机组合等。作为手段性原则要求，劳动法调整机制中，注重运用和平谈判、协商、调解、仲裁这些调整手段。主要表现为：第一，劳动权利义务统一，确保劳动法的主体既享有劳动权利又负有劳动义务。在劳动法上，所有的主体，包括用人单位、劳动者、国家、社会组织都应既是权利主体，又是义务主体。在市场经济条件下，要特别保障劳动者的劳动权利和用人单位的用工权；要特别重视国家应负有的在保障劳动方面的义务。第二，劳动关系的契约化。劳动关系契约化要求，劳动关系的产生和维系要依赖于劳动契约，而不是行政的力量。劳动契约是由劳动者和用人单位自愿缔结的，是双方协商的产物，反映着双方的意志。劳动关系实现契约化，就要确立劳动契约为建立劳动关系的唯一的合法根据。第三，劳动法上各种力量的有机组合。劳动法上的国家力量、资本的力量和劳动者的力量的有机组合。国家力量是政治统治力量；资本力量是经济力量；劳动者力量是一种社会力量。劳动法上各种力量有机组合就是要实现政治、经济和社会这三种力量的有机组合。具体的组合方式主要有：劳动立法上的三方参与机制、工资水平的三方决定机制、劳动争议的三方处理机制。在劳动法上，国家的力量往往成为救济劳动者力量的重要手段。当劳动者的团体力量尚未发育成熟，不足以与资本力量相抗衡时，劳动者从事集体谈判的力量相对较弱，此时国家就必须合理介入劳动生活，劳动立法的强度就要加大。反之，如果劳动者的团体力量完全能够与强大的资本力量相抗衡，国家力量介入的程度就可以相对低一些。①

（三）倾斜保护原则

倾斜保护原则是以劳动关系当事人地位的实质不平等作为前提，并以这种不平等关系作为规制对象，是以一种不平等的原则矫正不平等的现象，从而使失衡的关系得以恢复。倾斜保护原则认为强势的劳动使用者和弱势的劳动者已经定格化为一类特定的社会关系，只有对利益进行重新分配才能得以解决。倾斜保护原

---

① 冯彦君：《论劳动法的基本原则》，载于《法制与社会发展》2000年第1期。

则将保护弱者的方式限定在倾斜立法上，在立法层面上对法律保护的利益进行重整，将一部分利益上升为社会利益，并予以特别的关注。在司法上适用平等原则，以维护法制的统一性。是在事前对不平等的现象进行矫正，并由此形成私法与公法相融合的新的法制秩序，并在此基础上对失衡的强弱关系进行重整。在倾斜保护原则的引导下，劳动法突破了传统私法的限制，从而取得了令人信服的效果。

以 2008 年 1 月 1 日起实施的《中华人民共和国劳动合同法》为例来具体分析倾斜性保护原则。《劳动合同法》第 1 条中规定"为了完善劳动合同制度，明确劳动合同双方当事人的权利和义务，保护劳动者的合法权益，构建和发展和谐稳定的劳动关系，制定本法。"尽管劳动合同由双方当事人来签订，但是该条仅将保护劳动者合法权益在立法目的条款上予以明确表述，而将保护用人单位的合法权益的精神蕴涵于其他条款中，它体现了对劳动者的倾斜保护。这是因为劳动者相对于用人单位来说在经济、社会等方面处于弱势地位，只有用这种倾斜的保护方式才能修复劳动者与用人单位间存在的不平等。《劳动合同法》第 21 条规定："在试用期中，除劳动者有本法第三十九条和第四十条第一项、第二项规定的情形外，用人单位不得解除劳动合同。用人单位在试用期解除劳动合同的，应当向劳动者说明理由。"而该法第 37 条规定"劳动者在试用期内提前三日通知用人单位，可以解除劳动合同。"从上述两条规定中我们可以看出：劳动者在试用期内享有任意解除权而用人单位的解除权受到法律的一定限制，这样可以使劳动者不至于因用人单位滥用解除权而处于下岗的边缘，它在一定程度上也体现了对劳动者的倾斜保护。《劳动合同法》第 41 条规定裁减人员时应当优先留用的人员包括"家庭无其他就业人员，有需要扶养的老人或者未成年人的"。该规定是对困难劳动者的照顾，是倾斜性保护的表现，同时也是对企业社会责任的规定。总之，《劳动合同法》作为一部调整劳动者与用人单位间关系的法律，它体现了倾斜性保护原则，它是国家用法律的手段来修复不平等的社会关系。

【作业题】

☞ 案例分析

1. 李某从事家具加工生意。2001 年 6 月 5 日李某招收赵某在自己家中为其制作家具零件，双方达成口头协议：赵某按李某的关于零件制作规格、交付时间等要求加工制作家具零件，李某按赵某完成的数量支付报酬。赵某按协议约定，按期交付加工制作的家具零件，但是李某一直未按协议支付报酬。此后，赵某多次向李某索要欠款，李某都以暂时没有现钱为由拒绝支付。于是赵某将李某诉至法院。问题：

（1）李某和赵某之间是什么关系，这种关系劳动法是否调整？

（2）什么是劳动争议？李某和赵某之间的争议是劳动争议吗？

（3）法院应当如何处理此案？

2. 沈阳某酒店 2005 年 1 月拟招聘 10 名厨师，为此，该酒店与厨师赵某签订了一份合同书，合同约定："赵某招聘 10 名厨师，并于 2005 年 2 月 5 日前全部到岗。同时约定该酒店每月 10 日前发放 10 名厨师上月工资，合计 8 万元，另外每名厨师每年享有 4 天带薪假期。酒店对每名厨师有明确的考勤管理及带薪休假的统计。"2005 年 11 月 10 日至 12 月 10 日，酒店连续两个月未按时发放厨师工资。双方经协商未果后，10 名厨师于 12 月 18 日集体提出辞职，并进行了工作交接后离开。2006 年 1 月 20 日，10 名厨师到当地劳动争议仲裁委员会提出申诉，要求酒店支付两个月的工资。该酒店在答辩中称，酒店与厨师之间不是劳动关系，而应该是劳务关系。因为酒店没有直接招用 10 名厨师，也没有与 10 名厨师签订劳动合同，酒店只对赵某负责，与赵某是一种承包经营关系，而其他厨师出现的问题均应由赵某负责。问题：

（1）该酒店与厨师之间是劳务关系还是劳动关系？

（2）该酒店与厨师之间是否存在管理与被管理的关系？

第二章　劳动法律关系

【本章导读】

劳动法律关系，是指劳动法律规范在调整劳动关系过程中形成的法律上的劳动权利和劳动义务关系。本章主要对劳动法律关系的有关内容分三节介绍：劳动法律关系概述；劳动法律关系要素；劳动法律关系的运行；通过本章的学习，理解掌握劳动法律关系的概念及分类；进一步理解劳动法律关系与劳动关系的区别和联系；理解掌握劳动法律关系主体的权利和义务；劳动法律关系产生、变更和消灭的条件；应用基本原理分析具体案例。

【重点】劳动法律关系主体的权利和义务。

【难点】劳动法律关系产生、变更和消灭的条件。

第一节　劳动法律关系概述

一、劳动法律关系的概念

劳动法律关系，是劳动者与劳动使用者之间，依据劳动法律规范所形成的实现劳动过程的权利和义务关系。或者说，是劳动法调整劳动关系所形成的权利义务关系。同其他法律关系一样，它属于意志关系的范畴。一方面，它是按照劳动法的具体要求形成的，体现着蕴涵于劳动法中的国家意志；另一方面，它是双方当事人意志协调的产物，其运行过程由双方当事人的行为构成，体现着双方当事人的共同意志。在这里，国家意志处于首位，当事人意志不得违反国家意志，并且只能在符合国家意志或国家允许的范围内发挥作用。

劳动关系是劳动法律关系的现实基础，劳动法律关系是劳动关系的法律形式，但并非所有的劳动关系都表现为劳动法律关系。劳动法对劳动关系的调整，是以法律规范对客观存在的劳动关系作出抽象的典型的规定，即将其构成要素和运行规则固定下来，作为一定范围内劳动关系的法定模式；并且，以国家强制力，对符合法定模式的劳动关系的运行，给予保障。所以，只有已纳入劳动法调整范围，并且符合法定模式的劳动关系，才得以表现为劳动法律关系。它既具有劳动关系的一般属性，也具有法律关系的属性。至于不在劳动法调整范围内的劳动关系，只可能成为其他法律部门的法律关系，或者不具有法律关系的性质；而虽然在劳动法调整范围内但不符合法定模式的劳动关系，则只能作为事实劳动关系而存在。可见，劳动法律规范是劳动关系成为劳动法律关系的依据，按照劳动法律规范缔结劳动关系则是劳动关系成为劳动法律关系的前提。

　　劳动法律关系和事实劳动关系尽管都在劳动法调整范畴内，但二者具有不同的法律属性。主要表现在：①劳动法律关系是符合法定模式的劳动关系；事实劳动关系则完全或部分不符合法定模式，尤其是缺乏劳动法律关系赖以确立的法律事实的有效要件。②劳动法律关系的内容即权利义务，是双方当事人所预期和设定的；事实劳动关系的双方当事人之间虽然存在一定的权利义务，但这一般不是双方当事人所预期的，更不由双方当事人所设定的。③劳动法律关系由法律保障其存续；事实劳动法律关系如果不能依法转化为劳动法律关系，就应当强制终止事实劳动关系中的劳动者利益仍然受劳动法保护。①

【思考】 甄别事实劳动关系与劳动法律关系。

二、劳动法律关系的特征

（一）交叉性

　　劳动法律关系的交叉性主要表现为：第一，劳动法律关系的主体之间具有平等性和隶属性交错共存特点。劳动法律关系的主体一方是劳动者，另一方是用人单位。劳动者与用人单位之间所形成的法律关系就是劳动法律关系，在劳动法律关系建立时，劳动者和用人单位都是平等主体，双方是否建立劳动法律关系及如何建立劳动法律关系，应由双方平等协商依法确定。也就是说在劳动力市场上，由双方依法自我判断，双向选择。同时，劳动法律关系确立后，劳动者必须进入

---

① 王全兴：《劳动法》，法律出版社 1997 年版，第 85～86 页。

用人单位，使自己的劳动力归用人单位支配，并必须服从用人单位的指挥，这就使双方形成了一种职责上的隶属关系。劳动者与用人单位之间的平等性和隶属性交错特点，与民事法律关系主体之间的平等性及行政法律关系之间的隶属性相区别，是劳动法律关系的主要特征之一。第二，劳动法律关系的客体表现为兼有人身性与财产性关系的一定的劳动行为和财物。双方当事人及国家法律对劳动行为和财物的具体要求与规范，都是围绕劳动力的让渡、劳动力的使用、劳动力的保护等进行的。劳动力的人身依附性和作为商品的财产性，决定了作为劳动法律关系客体的行为与财物有别于民事、行政、经济法律关系客体的行为与财物。这也是劳动法律关系区别于其他法律关系的显著特征。

（二）干预性

劳动法律关系大多是当事人根据劳动法以劳动合同方式确立的。由于劳动法中有较多强制性规范，当事人之间在建立劳动法律关系时除了要体现当事人的共同意志外，还必须符合国家意志并以国家意志为指导，据此体现劳动法律关系具有较强的国家干预性。加之，为了保护劳动者的合法权益，劳动法律关系体现的国家意志和当事人意志并不是平等的，当事人的共同意志必须符合国家意志并以其为指导，国家意志居于主导地位。

（三）职业性

劳动法律关系的形成和实现与劳动者个人或其团体的社会劳动过程具有紧密相关性。这意味着，并非劳动关系当事人之间所有的权利、义务关系都是劳动法律关系。劳动关系当事人之间的权利和义务关系，既有可能是劳动法上的权利和义务关系，也有可能是其他性质的权利和义务关系。而判断是否构成劳动法律的一个重要标准，则是看这些权利和义务是否因劳动者的职业劳动而产生，是否属于劳动法律规范覆盖范围之内。特别是当劳动关系双方当事人发生争议时，"职业性"便成为我们判断该争议是否构成劳动争议的一个基础性认定标准。[①]

第二节　劳动法律关系的要素

劳动法律关系的要素，是构成劳动法律关系不可缺少的组成部分。任何一种

---

① 林嘉：《劳动和社会保障法学》，中国人民大学出版社 2009 年版，第 65 页。

劳动法律关系，都是由劳动法律关系的主体、劳动法律关系的客体和劳动法律关系的内容这三个基本要素构成的。如果缺少其中任何一个要素，就不能形成劳动法律关系。

一、劳动法律关系主体

劳动法律关系的主体，是指参与劳动法律关系享受劳动权利和承担劳动义务的当事人，包括劳动者和用人单位。

（一）劳动者

1. 劳动者的法律含义

劳动法中的劳动者，指达到法定年龄、具有劳动能力，以从事某种社会劳动获取收入为主要生活来源的自然人。他们是依照法律或合同的规定，在用人单位管理下从事劳动并获取劳动报酬的劳动关系当事人。

自然人参与劳动法律关系成为合法主体，必须具备一定的条件并取得劳动权利能力和劳动行为能力。反之，不具备法定资格的自然人则不能成为劳动关系中的合法当事人。国家法律赋予本国公民相应的劳动权利能力和劳动行为能力。

雇员及雇员形态、法律特征雇员即劳动力的提供者，是劳动法律关系中以劳动力作为交换条件，换取生活资料的一方。类比用人单位形态，雇员在经济上也可表现为以下几种：劳务关系之雇员、承揽关系之雇员与劳动关系之雇员。这种分类是以雇员在用工关系中地位的不同加以区分的。在劳务关系与承揽关系中，雇员与雇主地位平等，不存在雇主人身控制；在劳动关系中，雇员与雇主的地位不平等，其人身受雇主限制，需服从雇主的管束。这种区别在法律上的特征表现为雇员所提供劳动力的性质的重大区别：劳务关系下雇员所提供的是简单劳动，在法律调整下形成的客体是简单劳动（即劳务）；承揽关系下雇员所提供的不仅是劳务，还有劳动的成果，其客体是技术劳动成果；劳动关系下雇员也提供劳动，但多属复杂劳动，属复杂劳动给付行为，并且其和雇主的生产资料相结合，形成增值产品或服务。

2. 劳动者的主体资格条件

劳动者的主体资格条件可分为一般条件和特别条件。一般条件是指作为劳动者都应当具备的基本条件，实质上是指劳动者应当具备的劳动法意义上的劳动权利能力与劳动行为能力。劳动权利能力是指劳动者能够以自己名义享有劳动权利并承担劳动义务的法律资格。劳动行为能力是指劳动者能够以自己的行为行使劳动权利并承担劳动义务的法律资格。劳动权利能力与劳动行为能力密不可分，具有统一性。这与民事权利能力与民事行为能力不同，此两者可以相对分离。换言之，劳动权利能力与劳动行为能力必须同时产生，同时消灭；享有劳动权利能力必然享有劳动行为能力，反之亦然。这是由于劳动法律关系的客体——劳动行为的人身属性决定的。一个享有劳动权利能力的人不可能由他人代为行使劳动行为能力，即他人不能代为劳动。因此，要具备劳动权利能力与劳动行为能力，一般须同时满足以下两个条件：

（1）年龄条件。指具备法定的最低和最高年龄。依我国现行立法，最低劳动年龄称最低就业年龄，为16周岁；16岁以下的未成年人只能从事文艺、体育和特种工艺的职业，且需经特别批准。最高劳动年龄目前尚无法律明确规定，而只有退休年龄的规定，即男60岁、女职工50岁、女干部55岁。但退休与劳动主体资格的丧失不可等同。退休年龄不能认为是推定劳动者资格完全丧失的年龄。《劳动合同法》也仅仅规定了劳动者享受基本养老保险待遇时劳动合同终止。若劳动者不能享受基本养老保险待遇，如用人单位未替劳动者参加基本养老保险，劳动合同不终止。年龄条件限制劳动资格的另一情形是16岁以上的未成年人，因未成年人是需要特别保护的群体，不得从事过重、有毒、有害以及危险的劳动。

（2）精神智力条件。达到16周岁以上的人在精神智力状况出现不正常时会影响其劳动能力，精神病人的劳动行为能力就会丧失，成为无劳动行为能力人，从而不具备劳动者资格。不存在相对无劳动行为能力人。

特别条件是指成为劳动者应当具有的某一方面的特别条件。具体包括：健康条件、性别条件与技能条件等。①健康条件包括疾病、残疾等对劳动者资格的影响。由于残疾或疾病完全丧失了劳动能力，则为无劳动权利能力和无劳动行为能力人。②性别条件主要表现在对妇女的特别保护上，对妇女的身体健康有较大危害的职业女性不得从事。③技能条件主要是指从事特定行业所必须具备特殊技能及特殊资格，如律师、法官等需要通过全国司法考试取得相应的任职资格方可从事该项工作。

3. 劳动者的类型

依我国现行劳动法律体系及现实状况，劳动者呈现出纷繁复杂的形态。依不同标准，可对其进行多种分类：

（1）以用人单位的类别为标准，劳动者分为企业的劳动者、个体工商户的劳动者、国家机关的劳动者、事业单位的劳动者、社会团体的劳动者与民办非企业单位的劳动者等。此分类的意义在于确定劳动者的用人单位。

（2）以工作稳定性和招录程序为标准，有临时工、固定工、正式工、劳务派遣工之分。临时工是与固定工、正式工相对应的称呼。临时工一般指在用人单位中从事辅助性、临时性工作，合同期限较短或根本没有订立合同，工资福利待遇较正式工、固定工低的、不占编制的劳动者。这一群体在现实中大量存在。这种用工方式实际上是用人单位为降低用工成本而规避法律所采取的行为。固定工也称固定职工，指实行劳动合同制以前，列入企事业等单位定员编制内、长期任用、没有规定使用期限的在册职工。固定工制度是我国计划经济的遗留物，随着中国经济体制的改革，固定职工制度已逐步为劳动合同制、聘任制和公务员制度所替代。正式工则是固定工的变异版，主要指那些在企事业单位中有编制、订立合同期限较长或根本无需订立合同、享受社会保险待遇和较好福利待遇的在册员工。自劳动法实施后，固定工、正式工和临时工的区别已经消灭，应当统一为劳动合同制用工。劳务派遣是指派遣单位依照与用工单位之间的协议，按照用工单位的要求将与自己签订劳动合同的劳动者派遣到用工单位、并置于其管理之下从事劳动的用工方式。被派遣的员工就是劳务派遣工。由于这种用工方式主要适用于临时性、辅助性或者替代性的工作上，在现实中极易遭受类似于临时工的命运，同工不同酬的现象十分普遍。

（3）以劳动者户籍为标准，分为城镇职工和农民工。虽然农民工与城镇职工都不是法律术语，但农民工劳动权利严重受损已演变为重大社会热点难点问题。人们将来自农村、没有城镇户籍、在城镇企事业单位从事临时、短期工作的农业剩余劳动力称谓农民工。事实上由于农民工就业技能较低、文化素养不高，大多从事纯出卖简单劳力的工作，其待遇远低于城镇职工，即使同工也不同酬。从法律意义上讲，城镇职工与农民工除户籍差别外，其劳动权利能力和劳动行为能力并无差别。也就是说，他们在劳动权利和义务上应完全平等。

（4）以编制制度、管理制度和工作岗位为标准，可将国家机关、事业单位及社会团体的劳动者分为工勤人员和非工勤人员。工勤人员较早的解释是指国家机关、事业组织、社会团体中，除公务员及参照公务管理的人员之外的工作人员。后来人事部将其解释为：承担技能操作和维护、后勤保障、服务等职责的工作人员。但《公务员法》将工勤人员排除在该法适用范围之外。因此，其基本特点是不占国家行政编制、国家财政不负担工资福利。

（5）以订立劳动合同或聘用合同为标准，事业单位、社会团体的劳动者又可分为实行劳动合同制的工勤人员和实行聘用制度的人员。此分法实际上是劳动合同与聘用合同的区别。工勤人员实行劳动合同制，聘用人员实行聘用合同制。这两种合同在法律本质上本无区别，但我国长期以来的计划经济下的用工形式尚有遗留，在现阶段还没有完全统一。

（6）以年龄为标准，可分为童工、退休返聘人员两类。童工是指未满 16 周岁的劳动者，在我国被立法所禁止。退休返聘人员是否为合格的劳动者，关键看其是否享有基本的养老保险待遇：若享有，则不是劳动关系，而是劳务关系；若不享有，属于劳动关系，用人单位应当为其缴纳有关社会保险费。

需强调的是，劳动者在广义上还包括兼职人员、自由职业者、公务员和参照公务员管理的事业单位的人员等。但从劳动法律关系角度考查，这几类劳动者建立的用工关系不属于劳动法意义上的劳动法律关系，其分别受民法与公务员法的调整。

（二）劳动力使用者

劳动力使用者，是指依法招用和管理劳动者，并按法律规定或合同约定向劳动者提供劳动条件、劳动保护和支付劳动报酬的劳动组织。

1. 雇主及雇主形态、法律特征

广义而言，劳动力的使用者，或称雇主，是劳动法律关系中以生产资料或资本作为交换条件，换取劳动力的用工一方。其在经济上其表现出不同的形态：一是劳务关系之雇主：即以财产作为交换条件，非控制性地使用他人简单劳动力，以达到对价交换目的的雇主。二是承揽关系之雇主：即以财产作为交换条件，除利用他人劳动力（主要是专门技能）外，还需他人交付一定的劳动成果的雇主。三是劳动关系之雇主：即以财产作为交换条件，控制性地使用他人复杂或简单劳动力，且使他人劳动力与生产资料相结合，以获得增值产品或服务的雇主。

此三种雇主有着不同的法律特征，体现在：劳务关系中雇主与劳动者之间完全是一种平等的交换关系，双方不存在控制与被控制关系，法律关系的客体是简单劳动即劳务。承揽关系中雇主与劳动者之间也是平等的交换关系，双方不存在控制与被控制关系，但其法律关系的客体除劳动外，还有劳动成果。劳动者并非简单地出卖劳动力，而是出卖有一定技术成分的劳动成果，雇主则是为劳动成果支付相应的对价；若未交付劳动成果，则雇主不承担支付对价的义务。劳动关系中雇主与劳动者之间不仅有平等的一面，还有隶属的一面。法律关系的客体是劳动，但多体现为相对复杂的劳动。劳动者不仅出卖劳动力，而且与生产资料相结合，使劳动成果（产品或服务）产生增值。雇主所支付的对价是并非等值的对价，仅仅是增值劳动的一部分。

依据经济基础与上层建筑关系的政治经济学原理，雇主各异的经济形态形成不同的雇主与劳动者的法律关系，并由不同的法律规范进行调整。因此，劳动法律关系是劳动法部门对劳动关系进行调整所形成的社会关系。劳动法律关系下的雇主（用人单位）在用工资格上与劳务、承揽法律关系的雇主有着不同的条件。

2. 用人单位的主体资格条件

由于用人单位与劳动者在经济力量上的不平等，政府必须在政策法律上予以倾斜，以维持用人单位与劳动者在法律地位上的平等。因此，对劳动法律关系的一方主体——用人单位，劳动法应当设定相当严格的条件，以保劳动者的利益，维护就业的稳定。《劳动合同法》第93条将非法用工主体定义为"不具备合法经营资格的用人单位"，可以推断出用人单位以获取"合法的经营资格"为充分要件：

（1）用人单位是依法成立的法律拟制实体。所谓法律拟制实体，指用人单位须为法律上拟制人，而非自然人；其表现形态可为企业、事业单位、国家机关、社会团体和其他组织（包括个体工商户）。依法成立的要求是用人单位需经过适当的审批或登记成为合格的法律拟制实体。为达此目的，依一般民法原理，需有必要的财产和经费、名称、组织机构及场所，而这些条件是自然人所不具备的。

（2）用人单位拥有生产资料。生产过程中生产力和生产资料相结合而产生的社会关系，涉及主要是产品创造过程中劳动者与用人单位之间的关系。因此，用人单位须以其生产资料与劳动者的劳动力相结合，以获得增值的劳动成果与剩余价值。

（3）用人单位具有相应的劳动法意义上用工权利能力和行为能力。用工权利能力即用人单位的法律人格，指用人单位依劳动法所享有使用劳动者的权利和承担相应义务的能力或资格。用工行为能力指用人单位能够以自己的行为依法行使使用劳动力的权利和自己承担相应义务，从而使法律关系发生、变更或消灭的资格。用人单位一旦依法成立，获得登记或批准，则在其经营范围内则具备了用工权利能力与行为能力。

（4）关于法人资格，不是用人单位的必备要件。前述拟制法律实体中，一般都是具备法人资格的经济组织和社会组织。但我国有很多的经济组织并不具备法人资格，如个体工商户、个人独资企业、合伙企业、分支机构等，只要其具备合法的经营资格，即可具备相应的劳动法意义上的用工权利能力和行为能力。

3. 用人单位的类别

依我国现行劳动法律体系，用人单位以列举方式明示，却未归纳其本质上的一致属性。目前法示的用人单位包括：企业、个体工商户、民办非企业单位、国家机关、事业单位和社会团体。其中，前三类是完全意义上用人单位，后三类是受限的用人单位，其劳动用工权利能力在我国现行法律框架下受限，主要表现为：

第一，国家机关主要是公务员的雇主，即国家机关在录用依法履行公职、纳入国家行政编制、由国家财政负担工资福利的工作人员时，适用的是《公务员法》，而非劳动法。国家机关在招聘工勤人员时才构成劳动法律关系的雇主，即所谓的用人单位。

第二，事业单位有两类用工行为受到限制，属于非劳动关系：一是依照《公务员法》和参照公务员管理的人员建立的用工关系；二是依照《劳动合同法》它与实行聘用制的人员建立的用工关系。前一用工关系，属《公务员法》的调整范畴。后一用工关系属于聘用关系，其在本质上属于劳动关系，但与劳动关系在法律适用上有所不同。

深入分析上述用人单位的分类，可以看出其采用了以下三个标准：

（1）以用人单位在市场经济中的功能为标准，可将其分为参与市场竞争的用人单位（企业、个体工商户与部分实行企业化管理事业单位）、管理市场竞争用人单位（国家机关和部分事业单位）、平衡市场竞争的用人单位（大部分事业单位与民办非企业单位）。这种分类的意义在于用人单位在用工权利能力与用工行为能力的不同：第一类和第三类中的民办非企业单位具备完全的劳动法律关系上主体资格，其他用人单位的劳动法律关系上的主体资格是受限的。

（2）以出资者为标准，可分为国家出资举办的用人单位与私有的用人单位。典型表现是事业单位与民办非企业单位。所谓事业单位，是指国家为了社会公益目的，由国家机关举办或者其他组织利用国有资产举办的，从事教育、科技、文化、卫生等活动的社会服务组织。其显著特征是资产的国有性。民办非企业单位是指企业事业单位、社会团体和其他社会力量以及公民个人利用非国有资产举办的，从事非营利性社会服务活动的社会组织。其明显特征是：资产的非国有性。两者财产性质的差别决定了事业单位不能成为一个完全的劳动法意义上的雇主，这取决于事业单位提供公共产品和公共服务的职能和政府作为出资者为实现其资产有效利用的目的；而民办非企业单位的私有性质和职能的非公共性，使得政府将其置身于市场当中，既能参与市场竞争，又能弥补政府无力涉及的行业，在劳动法律关系的处理上已经是完全意义上劳动关系的雇主。

（3）以用人单位是否营利为标准，可分为营利性用人单位与非营利性用人单位。这种区分的主要意义在于确定不同用人单位的主体资格条件。营利性用人单位属于完全的劳动法律关系上的雇主主体，非营利性用人单位要视不同情形而定：国家机关、事业单位与工勤人员订立书面劳动合同时，才是劳动法律意义上的雇主；民办非企业单位则是完全的劳动法律意义上的雇主。

（三）其他主体

其他的主体指劳动关系中除了劳动者和用人单位之外其他的参与者。主要包括由劳动者构成的社会团体、由用人单位构成的社会团体、国家主体。劳动者构成的社会团体在我国甚至全世界范围内体现为工会。工会是职工自愿结合的工人阶级的群众组织。顾名思义，工会是由劳动者组成的为维护劳动者利益，增强劳动者博弈、谈判能力的社会团体。

工会应当是劳动者利益的代表，维护职工合法权益是工会的基本职责，但是工会的利益不等同于劳动者的利益或劳动者的利益总和。这个团体是超脱了工人的个体利益而形成的代表工人集体利益的团体。在宏观方面，工会的职能表现为代表职工进行集体谈判。美国20世纪30～70年代被认为是集体合同时代，工会成为许多企业劳动关系的主导者。这种民主参与政策法律订立的机制在企业的内部得到了体现。根据《劳动合同法》的规定，工会有参与直接涉及劳动者切身利益的规章制度制定的权利，在规章制度和重大事项决定实施过程中，工会认为不适当的，有权向用人单位提出，通过协商予以修改完善。在微观方面，工会的作用体现为维护职工的个体利益，如职工利益受到侵害时，工会可以帮助职工进行维权。

与工会作为劳动者的代言人不同的是，我国尚未形成真正代表企业方的雇主组织。现有的中国企业联合会、中国企业家协会（两会合署办公，简称中国企联），尽管在国际上以"中国雇主组织"的名义得到国际劳工组织的承认，但事实上并不具备在劳动关系中与工会组织相对应的雇主组织身份。中国企联是国家经贸委授权的非营利性的社会组织，只是一种"联谊性质的官办机构"。我国现有的用人单位的团体还包括商会，其中以地方商会为主，并没有全国性的商会组织。并且商会"在商言商"，主要起到的是在用人单位之间沟通的作用，给用人单位提供一个相互交流的平台，并没有做到维护成员的权益，协调同业关系，代表用人单位的利益与工会进行协商。尽管工会和企联各自都代表了一定的利益团体，但是两者能从一种更加宏观的角度来进行博弈和谈判，从而从宏观上平衡双方之间的权利、义务。这种集体而宏观的利益代表更为集体谈判增加了理性程度，同时提高了集体谈判的效率。

劳动关系中还有国家主体。劳动关系中的国家主体渗透着劳动关系相关法律的制定与运行。在劳动关系相关法律的运行过程中，国家主体以立法者、执法者、司法者的身份参与劳动关系。《劳动法》是由国家制定或认可的。《劳动合同法》就是在国家公权力的组织下制定的。在《劳动法》、《劳动合同法》所阐述的法律关系中，国家主体主要是以执法者的身份存在的，存在的形式即是劳动行政管理部门。目前在我国，主要的劳动行政管理部门包括中国人力资源和社会保障部以及地方各级劳动和社会保障部门。

二、劳动法律关系客体

劳动法律关系的客体是指，劳动法律关系双方的权利义务共同指向的对象。劳动法律关系由主体、客体和内容这三个要素所构成，此为学界共识。但是在20世纪90年代初之前，我国各种劳动法学论著几乎不约而同地回避谈及客体问题，仅有的一些客体研究也往往是浅尝辄止。现在反思这一现象，实乃与我国在计划经济时期否认社会主义条件下的劳动力商品属性有着直接的关系。不过，在我国确立了社会主义市场经济体制之后，特别是党和国家明确提出了"劳动力市场"（最早称作"劳务市场"）、"人才市场"、"人力资源市场"等生产要素市场的概念并付诸实践以后，劳动法学界对于劳动法律关系客体问题的研究日渐兴盛，各种学说也渐次出现。其中影响较大的理论观点，主要有"劳动力客体说"、"劳动行为（或劳动活动）客体说"、"主从客体说"等几种学说。

（1）"劳动力客体说"。该说认为，在劳动法律关系中，劳动者作为劳动力所有权者有偿地向用人单位提供劳动力，用人单位则通过支配、使用劳动力来创造社会财富，双方权利、义务共同指向的对象就是那种蕴涵在劳动者体内，只有在劳动过程中才会发挥出作用的劳动力。进而言之，在劳动者择业与用人单位招工的关系中，作为客体的劳动力是一种潜在形态的劳动力，亦即劳动能力。在劳动报酬权与企业用人权关系中，权利义务共同指向的对象是使用中的劳动力（即以运动形式的劳动力为客体）。在休息权和劳动安全卫生权关系中，是以劳动力的物质载体（即劳动者的身体）为保护对象的。[①]

（2）"劳动行为（或劳动活动）客体说"。"劳动行为客体说"认为，在我国，劳动法律关系客体只能是劳动者的劳动行为。劳动者在实现社会劳动过程中

---

① 董保华：《劳动关系调整的法律机制》，上海交通大学出版社2000年版，第284～286页。

的劳动行为，可分为完成一定工作成果的行为和提供一定劳务活动的行为。该客体具有单一性的特点，这与民事法律关系、经济法律关系的客体具有多样性显然不同。① 与这种观点较为接近的是"劳动活动客体说"。该说认为，我国劳动法律关系的客体，不是劳动者的劳动力，只能是劳动者的劳动活动。对劳动者来说，劳动法律关系的客体即劳动者通过用人单位组织的各种各样的劳动活动，实现劳动权利与履行劳动义务，为国家和社会创造物质财富和精神财富。对企业、事业、国家机关、社会团体、个体经济组织等单位来说，劳动法律关系的客体即通过组织劳动，发展经济，并在发展生产的基础上改善劳动者的生活水平。②

（3）"主从客体说"。该说认为，劳动法律关系的客体可分为基本客体（或称主客体）和辅助客体（或称从客体）两大类。劳动法律关系的基本客体是劳动行为，即劳动者为完成用人单位安排的任务而支出劳动力的活动。它在劳动法律关系存续期间连续存在于劳动过程之中，在劳动者和用人单位之间的利益关系中主要承载或体现用人单位的利益。劳动法律关系的辅助客体主要是劳动条件，即劳动者因支出劳动力而有权获得、用人单位因使用劳动力而有义务提供的为劳动力的使用和再生产所必需的各种条件。这类客体的主要特征是：①从属和受制于劳动行为；②主要承载或体现劳动者的利益。③

综上可见，各种学说虽然表述不一，但是在承认"劳动行为是劳动法律关系的客体"这一论点上其实并无二致。于是，余下的问题即为：应否把"潜在形态的劳动力"纳入劳动法律关系客体的范畴？我们认为，这才是各方争议的真正焦点所在。在讨论这一问题之前，首先应选择一种合适的界定客体的研究进路。在目前可供选择的各种研究路径中，笔者认为，董保华教授提出的"三段论"思路相对而言最符合劳动法律关系客体判断标准的要求，故更为可取。董保华教授认为：劳动法律关系的各项权利、义务都是紧紧围绕着劳动力展开的，大体可分为劳动力的让渡、劳动力的使用、劳动力的保护，这些关系在客体上有区别。尽管本文并不完全赞同董保华教授所提出的"劳动力客体说"，但对这一重要的客体理论研究进路，我们表示认同。依此思路作进一步的分析，我们可以看到：首先，在劳动力的让渡（亦即劳动法律关系的产生）过程中，求职者与招聘者双方权利、义务共同指向的对象无疑是附着于求职者身上那种潜在形态的劳动力；其次，在劳动力的使用过程中，劳动者与用人单位双方权利、义务共同指向的对象

---

① 李景森、贾俊玲：《劳动法学》，北京大学出版社 2001 年版，第 51 页。

② 关怀：《劳动法》，中国人民大学出版社 2005 年版，第 84～85 页。

③ 王全兴：《劳动法学》，高等教育出版社 2008 年版，第 85～86 页。类似的观点还可参见郑尚元：《劳动法学》，中国政法大学出版社 2004 年版，第 50～51 页。

明显是劳动行为；最后，在劳动力的保护过程中，劳动者与用人单位双方权利、义务共同指向的对象则既包括静态的劳动力（如劳动者的生命、身体健康、肌体休息与劳动能力的涵养等），也包括动态的劳动行为（如劳动者具体的生产、工作、劳动过程等）。故此，那种完全把静态的劳动力排斥在劳动法律关系客体范围之外的看法，并不足取。综上所述，"劳动力客体说"的观点总体上是可以成立的，但是由于该说对"劳动力"一词的解读过于泛化，超出了"劳动力"主要只被界定为"劳动能力"的那种基本含义，因此，我们认为有必要将"劳动行为"从这种对"劳动力"的广义解读中剥离出来，把劳动力、劳动行为两者并列，共同视为劳动法律关系客体的具体表现形态，即：两者构成劳动法律关系的双重客体。需要说明的是，劳动力、劳动行为这两种客体相互之间并不是截然分离的，它们只是劳动能力之静态和动态的两个不同侧面，并且会经常处于互相转化甚至互相胶着的状态。两者作为有机的整体共同反作用于当事人的利益关系，故而应被视为一个具有内在联系的客体体系。以上观点，可称为劳动法律关系客体理论上的"双重客体说"。①

三、劳动法律关系内容

劳动法律关系的内容，是指劳动法律关系双方依法享有的权利和承担的义务。它是劳动法律关系的根本要素，是劳动法律关系的核心和实质。它是劳动法律关系的基础，没有劳动法律关系的内容，劳动法律关系就失去了实际意义。

（一）劳动权利与劳动义务

1. 劳动权利

劳动权利是指劳动法主体依法能够为一定行为和不为一定行为或要求他人为一定行为和不为一定行为，以实现其意志或利益的可能性。它表明：（1）在劳动法规定的范围内，权利主体有权做出一定行为（包括作为和不作为），以实现其意志和利益。（2）在劳动法规定的范围内，权利主体有权要求对方做出一定行为（包括作为与不作为），以保证实现或不影响实现其意志和利益。（3）在劳动法规定的范围内，权利主体由于对方的行为而使其权利不能实现或受到侵害时，有权请求国家有关机关予以保护。

①　许建宇：《"双重客体说"：劳动法律关系客体再论》，载于《法治研究》2010年第11期。

2. 劳动义务

劳动义务是指劳动法主体根据法律的规定，为满足权利主体的要求，劳动过程中履行某种行为的必要性。它意味着：（1）义务主体要依据法律做出一定行为（包括作为与不作为），以保证国家利益和权利主体的权利得以实现。（2）义务主体应自觉履行法定义务，如不履行或不完全履行则要受到法律的制裁。

劳动义务是实现劳动权利的条件，与劳动权利形成对立统一关系，权利以义务为条件，义务以权利为前提。建立在平等主体之间的劳动权利与劳动义务具有对应性和一致性的特点。

（二）劳动者的基本权利

绝大多数国家的宪法和劳动法对公民的劳动基本权利都作了相应的规定。我国《劳动法》第3条规定："劳动者享有平等就业和选择职业的权利、取得劳动报酬的权利、休息休假的权利、获得劳动安全卫生保护的权利、接受职业技能培训的权利、享受社会保险和福利的权利、提请劳动争议处理的权利以及法律规定的其他劳动权利，据此规定，我国劳动者的基本权利可以概括为以下几个方面：

1. 劳动权

劳动权，是指具有劳动能力、达到法定就业年龄的劳动者有获得劳动机会的权利，它主要包括三个方面，即获得工作权、自由择业权和平等就业权。自由择业权和平等就业权，标志着劳动是自由的，是否就业，从事何种职业，均由劳动者自己选择，对不愿意就业的劳动者不得加以强迫；同时，每个劳动者参加劳动的机会也是平等的，在平等的基础上竞争，不允许任何人以任何方式妨碍公民就业。劳动者就业不因民族、种族、宗教、信仰不同而受歧视；妇女享有与男子平等的就业的权利。获得工作权，首先意味着，一切有劳动资格和意愿的劳动者均有获得劳动机会的权利。其次，国家有义务通过各种途径创造就业条件，帮助劳动者就业。最后，任何用人单位不得滥用解雇权。

2. 劳动报酬权

劳动报酬，是指劳动者参加社会劳动，按其劳动的数量和质量，从用人单位取得报酬。工资是劳动报酬的基本形式，奖金和津贴是劳动报酬的组成部分。通过劳动取得报酬，作为劳动者的一项劳动基本权利，其内容包括报酬协商权，报酬请求权和报酬支配权。

3. 劳动保护权

劳动保护权，是指劳动者在劳动过程中，其生命安全与身体健康依法受到保护的权利。在生产劳动过程中，客观地存在着各种不安全、不卫生的因素，如果不采取必要的防范措施，就会危害劳动者的生命安全与身体健康。同时，也会妨碍生产的正常进行。劳动者劳动保护权的实现主要靠用人单位全面履行义务。其具体内容有：（1）单位必须按照国家劳动安全卫生规程标准，配备劳动安全设施和发放劳动保护用品。（2）单位必须依法给予女职工和未成年工以特殊的劳动保护。（3）单位有责任对全体职工进行全面的安全生产教育，并建立健全安全生产管理制度。（4）经劳动鉴定委员会确认，单位劳动卫生条件极为恶劣，以致危害劳动者身体健康的，劳动者有权拒绝投入生产劳动，直到劳动条件得到改善。（5）因劳动安全卫生条件差，致劳动者伤、残或患职业病的，单位有义务负责给予治疗，并承担由此而产生的一切费用。（6）单位有责任在发展生产的基础上不断改善劳动条件和提高劳动保护标准。

此外，休息权也属于广义的劳动保护权范畴。休息权是指劳动者经过一定时间的劳动之后，获得充分的休息的权利。我国《宪法》第43条规定："中华人民共和国劳动者有休息的权利。""国家发展劳动者休息和休养设施，规定职工的工作时间和休假制度。"《劳动法》统一规定了劳动者公休假日、法定节日、年休假等休假制度，并对用人单位随意安排加班加点作了严格的限制。此外，国家要在发展生产的基础上，逐步增设疗养院、休养院、文化宫、俱乐部、运动场、图书馆等，使劳动者对休息权的享受能获得更加丰富的内容。

4. 职业培训权

职业技能培训是指对具有劳动能力的未正式参加工作的劳动者和在职劳动者进行技术业务知识和实际操作技能的教育和训练，包括就业前的培训和在职培训。掌握职业技能，首先是劳动者赖以进行社会劳动竞争的资本。同时，职业技能培训也是社会生产力发展本身的要求。就我国目前劳动者接受职业技能培训权的内容来看；第一，就业前的劳动者有权通过各种途径使自己获得专业知识和技能，从而为就业创造条件，国家鼓励和帮助劳动者实现这一权利；第二，在职劳动者有权利用业余时间参加各类学校学习，以丰富科学文化知识和提高专业理论水平，用人单位应对职工学习给予鼓励和支持；第三，有条件的单位应根据实际需要有计划、多渠道地加强对整个职工队伍知识、技能方面的训练，以适应现代化生产过程的要求。

5. 生活保障权

生活保障权亦称享受社会保险权或物质帮助权。它是指劳动者暂时或永久丧失劳动能力时，有权依法获得物质帮助，以保证劳动者在生、老、病、死、伤、残等情况下，本人及其直系亲属的生活需要。我国是社会主义国家，《宪法》第45条规定："中华人民共和国公民在年老、疾病或者丧失劳动能力的情况下，有从国家和社会获得物质帮助的权利。"这就为劳动者的生活保障权提供了法律依据。劳动者的生活保障权，体现在我国劳动制度中的有：退休保险待遇、疾病保险待遇、工伤保险待遇、失业保险待遇及生育保险待遇。随着我国经济的不断发展，劳动者生活保障权的范围会更加扩大，待遇标准也会逐步提高。

6. 结社权与集体协商权

结社权是指狭义的团结权，广义的团结权包括：结社权（狭义）、团体交涉权（集体谈判权）、争讼权等三项权利。我国现行法律中规定了劳动者的结社权与集体协商权。我国宪法没有明确规定劳动法意义上的结社权，只是从公民基本权利的角度宽泛地规定了公民的结社权，但是从法律位价上，即在劳动法和工会法中具体确认了劳动者的结社权；集体协商权，在多数国家称之为集体谈判权或团体交涉权。它是指代表劳动者的工会代表与雇主或雇主组织的代表进行谈判协商，从而签订有关劳动条件的集体协议（合同）的权利。集体协商权的意义在于弥补劳动合同的不足，避免个别劳动合同中的不合理或不平等条款，并在此基础上进一步为劳动者争取更好的劳动条件与待遇。

7. 合法权益保护权

合法权益保护权，亦即提请劳动争议处理权，是指劳动者有权在自己的合法权益受到侵害时，通过申请调解、提请仲裁和提起诉讼、排除侵害行为，并使由此而受到的损失得到补偿。

（三）用人单位人权

1. 招收录用职工权

用人单位有权依照国家规定和本单位需要择优录用职工，并有权自主决定招工方式、招工数量、招工条件和招工时间。

2. 合理组织调配权

用人单位有权根据自身的生产规模、生产特点，自行决定内部机构设置和人员配备、劳动行政部门依法对用人单位的劳动管理活动、劳动安全卫生条件等进行监督和检查。

3. 劳动报酬分配权

用人单位有权制定本单位的工资形式及奖金、津贴的分配办法，有权组织各种形式的考核确定职工的工资级别和等级标准，有权通过民主程序制定职工工资晋升条件、标准和时间。当然，用人单位确定的职工工资标准，不得低于当地政府所制定的最低工资标准。

4. 劳动奖惩权

用人单位有权依法制定和实施劳动规章制度，有权决定奖惩条件和奖惩办法。

5. 辞退职工权

辞退职工权是用人单位用人自主权的有机组成部分。它与招收录用职工权相配合，解决职工能进能出的问题。用人单位有权按照《劳动法》规定的条件和程序，通过解除劳动合同的方式来实现辞退权。

【案例 2 - 1】

被告何某为原告龙南某煤矿职工。2006 年 1 月 1 日，双方签订一份采掘煤矿合同，约定由被告组织人员经培训合格后进行井下采掘煤炭作业，所采煤炭由原告负责定价、销售和收款，被告则取得每吨 47 元的工资、劳保用品及材料收入，除必要的生产设备和生活设施外，其余材料和工具均由被告负担。同时，被告还须服从原告方的生产调配，在其指导下进行作业。还约定在签订合同时被告先交保证金 6000 元，并每月按被告方收入的 10% 提取安全基金，若合同期内无其他事故，合同期满后予以退回等其他权利义务。合同签订后，被告在合同上另作出本人承诺：绝对服从煤矿生产调度安排及若无故连续旷工三天以上，同意作终止合同并没收保证金和安全基金处理。之后，原告收取了被告 6000 元保证金和 16600 元安全基金。2006 年 10 月，因该矿停产整顿，被告所组织的工人陆续离开，使其无法安排工人正常作业，连续旷工，原告则没收了被告 6000 元保证金及 16600 元安全基金。2007 年 3 月，被告申请龙南县劳动争议仲裁委员会进行仲裁，同年 4 月，该县劳动争议仲裁委员会认定原、被告之间所签协议为劳动合同，故裁决由原告退还被告保证金及安全基金共计 22600 元。原告不服，提起诉争。

问题：该采掘合同究竟是劳动合同还是承包合同？

第三节　劳动法律关系的运行

劳动法律关系的运行，是指劳动法律关系形成和存续的动态过程，表现为劳动法律关系的发生、续延、变更、暂停、终止等环节和在这些环节之间劳动者与用人单位相互权利和义务的实现。劳动法律关系运行的各个环节分别由一定的法律事实引起，并分别对劳动者和用人单位实现相互权利和义务起决定或制约作用。

一、劳动法律关系运行的过程中，主要环节包括劳动法律关系的发生、延续、变更、暂停和终止

（1）劳动法律关系的发生，是指劳动者和劳动使用者依法确立劳动法律关系，从而产生相互权利和义务。亦即劳动者依法为劳动使用者所录用而成为劳动使用者的职工。它是劳动法律关系运行的起点，为双方当事人在劳动过程中开始行使权利和履行义务的前提。劳动法律关系的发生方式主要有：

①行政方式。即劳动者与劳动使用者按照有关行政机关指令性具体行政行为的要求确立劳动法律关系。申言之，劳动者凭有关行政机关的指令性文件到指定的劳动使用者处报到而成为其职工，劳动使用者亦凭此接受指定的劳动者为职工。双方都有义务服从有关行政机关的分配和安排，无正当理由都不得拒绝确立劳动法律关系。我国在实行计划经济体制改革的时期，劳动法律关系普遍按这种方式发生；随着经济体制改革的进展，这种方式的适用范围受到限制，并且逐步缩小。

②合同方式。即劳动者和劳动使用者通过订立合同以确立劳动法律关系。按照这种方式，劳动者或劳动使用者对是否与对方确立劳动法律关系都有权自主选择，劳动法律关系是否建立和具体的权利义务，都必须由双方协商一致而定。在市场经济国家，劳动法律关系普遍按这种方式发生。

（2）劳动法律关系的延续，是指劳动法律关系的有效期依法延长。即既存的劳动法律关系在原有效期期限届满后仍然依法存续一定期限，在该期限内，双方

当事人继续享有和承担与原有效期限届满前完全或基本相同的权利和义务。它不同于劳动法律关系再次发生，后者是原劳动法律关系终止后原双方当事人重新确立劳动法律关系。它也不同于劳动法律关系变更，后者出现在劳动法律关系的有效期限届满前。在我国实践中，劳动法律关系延续的主要情形有：①职工在规定的医疗期、孕期、产假或哺乳期内，若劳动合同期限已届满，则应顺延到医疗期、孕期、产假期或哺乳期届满时终止；②劳动合同所确立的劳动法律关系，在劳动合同依法续订后继续有效。③劳动者与劳动使用者在劳动合同期限届满前依法订立承包合同，如果承包期限超过劳动合同期限，劳动法律关系在劳动合同期限届满后就应当延续到承包期届满才终止。

（3）劳动法律关系的变更，即劳动法律关系的既定内容和客体依法变更。也就是双方当事人已有的相互权利义务及其指向的对象，在劳动法律关系存续过程中发生一定变化，一般是劳动者在本单位的岗位、职务、工种、工资等级的变动。应当明确的是，当事人任何一方的变更，一般不属于劳动法律关系的变更，而是原当事人劳动法律关系的消灭和新当事人劳动法律关系的发生。实践中，劳动法律关系变更的情形，既可能是当事人双方协议或单方决定变更，也可能是由行政决定、仲裁裁决或法院判决变更。

（4）劳动法律关系的暂停，即劳动法律关系在存续的过程中，双方当事人之间的主要权利义务依法在一定期限内暂停行使和履行，待暂停期限届满后恢复以前的正常状态。实践中，主要在停职留薪、借调职工、停产息工、职工放长假、厂内待岗、职工涉嫌违法犯罪被暂时羁押等情况下发生这种现象。它同劳动法律关系的变更的区别在于，不是权利义务的部分变动，而是主要权利义务在暂停期限届满后可以恢复，并且正在暂停期间一般还保持一定的权利义务。

（5）劳动法律关系的终止，是指既存的劳动法律关系依法不复存在，即双方当事人之间权利义务依法消灭。它是劳动法律关系运行的终点。双方当事人之间权利义务消灭是劳动法律关系终止的必然法律后果，但并不意味着双方当事人之间权利义务在劳动法律关系终止时必须立即全部消灭。出于保护劳动者及其供养亲属或用人单位合法权益的需要，劳动法律关系中特定的某项权利义务在劳动法律关系终止后仍存续一定期间才消灭。实践中，劳动法律关系终止的情形有：因为有效期限届满或目的的实现而终止；因主体消灭或丧失一定资格而终止；因辞职、辞退或协议而终止；因行政决定、仲裁裁决或法院判决而终止。

二、劳动法律事实

在各个法律部门中，法律事实都是一个同法律关系相对应的概念。劳动法律事实，是指劳动法所确认的能够引起劳动法律关系发生、延续、变更、暂停或终止的客观情况。其要点有：①劳动法律事实与劳动法律关系之间是一种因果关系。即劳动法律事实是劳动法律关系得以发生、延续、变更、暂停、终止的原因，而后者则是前者的劳动法律后果。凡是不能引起劳动法律后果的客观情况，都不是劳动法律事实。②劳动法律事实与劳动法律关系之间的因果关系必须以劳动法为依据。劳动法就各种劳动法律事实能引起何种劳动法律后果做出规定。于是，任何一种客观情况只有相对于一定劳动法律后果而言才是劳动法律事实，根据劳动法的规定，有的客观情况因不能引起劳动法律后果而不能成为劳动法律事实，有的客观情况只能是引起某种劳动法律后果的劳动法律事实，有的客观情况则可以是引起几种劳动法律后果的劳动法律事实。

劳动法律事实包括行为和事件两大类。行为是受人的意志支配的法律事实，可分为合法行为和违法行为，可分为合同行为、行政行为、调解行为、仲裁行为和司法行为等。事件是不以人的意志为转移的法律事实，包括自然灾害之类的自然现象，疾病、伤残、死亡之类的人身现象，以及战争、动乱之类的社会现象。

劳动法律事实的主要特征是：①劳动法律事实的构成具有复合性。即劳动法律事实一般由两种以上行为相结合，或者是某种事件与特定行为相结合。也就是说，仅某种行为或事件，一般不足以导致劳动法律关系的发生、续延、变更、暂停或终止。②劳动法律事实中含有特定程序。即劳动法律事实中的某种或某几种行为，一般要按照特定程序实施，只有在履行特定程序之后，才能导致劳动法律关系发生、续延、变更、暂停或终止。③劳动法律关系运行的各个环节对劳动法律事实的要求不尽相同。引起劳动法律关系发生的，必须是合法行为，并且其中必须有劳动者与劳动使用者的合意行为。在劳动法律关系按行政方式发生的情况下，这种合意行为表现为按照有关行政机关的分配和安排，劳动者到劳动使用者单位报到和劳动使用者接受劳动者；在劳动法律关系按合同方式发生的情况下，这种合意行为表现为劳动合同的订立。引起劳动法律关系续延和暂停的，既可以是行为也可以是事件和行为的结合，既可以是单方行为也可以是合意行为，但这里的行为一般都必须是合法行为。引起劳动法律关系变更和终止的，既可以是行为也可以是行为和事件的结合，并且，单方行为和双方行为，合法行为和违法行为均可。①

【案例 2 - 2】

2006 年 3 月，施某与甲公司订立经营用房装修协议，约定由施某负责组织人

---

① 王全兴：《劳动法》，法律出版社 1997 年版，第 89～93 页。

员施工，装修费用50万元。装修过程中除装修材料外的所有费用一律由施某自付，施工过程中出现任何安全问题，均由施某自行承担，甲公司不承担任何责任。订立协议后，施某即组织人员施工。4月1日，陈某在接受施某指派从事高处作业时摔伤，造成8级伤残，发生各项损失65000元。陈某欲维护自己权益，问题：

（1）陈某索赔应以谁为被告？为什么？

（2）施某与甲公司之间是否存在劳动关系？为什么？

（3）陈某为维护自己的合法权益，是否需申请劳动仲裁？为什么？

第三章　劳动合同法律制度

【本章导读】

　　劳动合同涉及我国社会生活中每一个劳动者的基本权利与义务，《劳动合同法》是一部直接调整劳动关系的重要法律。本章主要根据《劳动合同法》的规定，对劳动合同的有关内容分六节介绍：劳动合同和劳动合同法概述；劳动合同订立的概念、程序、形式与效力；劳动合同的内容；劳动合同的履行和劳动合同的变更；劳动合同的解除和终止；集体合同、劳务派遣以及非全日制用工。通过本章的学习，认识劳动合同的重要性；熟悉劳动合同的形式与内容；保障劳动者的合法权益不受侵害。

　　【**重点**】劳动合同的订立、劳动合同的内容、劳动合同的解除条件和终止的情形。

　　【**难点**】经济补偿金，用人自主权的合法实现。

第一节　劳动合同和劳动合同法概述

一、劳动合同的概念和特征

（一）劳动合同的概念

　　劳动合同，也称劳动契约或者劳动协议。《劳动法》第 16 条规定，"劳动合同指劳动者与用人单位确立劳动关系、明确双方权利和义务的协议。建立劳动关系应当订立劳动合同。"我们一般所说的"劳动合同"有狭义和广义之分，狭义的劳动合同仅指为建立劳动法律关系而签订的合同，而广义的"劳动合同"除前者外，还包括集体合同（集体合同以劳动合同为前提条件）。

（二）劳动合同的特征

　　与民事合同、行政合同相比，劳动合同具有以下特征：

（1）劳动合同主体具有特定性与从属性。劳动合同的主体由特定的用人单位和劳动者双方构成，是由《劳动合同法》的适用范围来决定的。我国《劳动合同法》第2条规定：中华人民共和国境内的企业、个体经济组织、民办非企业单位等组织与劳动者建立劳动关系，订立、履行、变更、解除或者终止劳动合同，适用本法。国家机关、事业单位、社会团体和与其建立劳动关系的劳动者，订立、履行、变更、解除或者终止劳动合同，依照本法执行。

劳动者与用人单位在签订劳动合同时，遵循平等自愿协商一致的原则，双方法律地位是平等的。但是在履行劳动合同的过程中，劳动者和用人单位就具有了支配与被支配、管理和服从的从属关系。

（2）客体具有单一性，即劳动行为。

（3）劳动合同的内容具有较强的法定性。虽然《劳动法》第17条规定"订立和变更劳动合同，应当遵循平等自愿、协商一致的原则"，但民事法律中的契约自由、意思自治原则并不完全适用劳动合同，因为劳动合同的必要条款中有些是法定标准性条款，如工时、工资、劳动保护、社会保险等都有法定的最低或最高标准，并不完全由双方约定。

（4）劳动合同具有诺成、有偿、双务的特性。表现为：双方就劳动合同条款内容依法协商达成一致意见，劳动合同即成立；用人单位要付给劳动者报酬，义务性劳动不受劳动法调整；双方各有其权利和义务。

（5）全日制用工的劳动合同形式具有唯一性，即书面形式。

【案例3-1】 "低于3000元不工作"与"零工资就业"①

新闻一：颇有名气的某招聘网披露了其最新的"2006大学生就业力调查"报告。这份报告显示，在对1200家企业的调查中，有34%的大学生求职只要求1000元薪资，而接受调查的12600余人中有0.8%的人愿意选择"零工资就业"。

新闻二：2007年，北京某某潜能测评中心发布了一份《中学生职业生涯教育调查报告》，对421名北京市的高一、高二年级学生进行了专项访问。受访学生预期自己大学毕业后，能接受的最低月薪平均为2807元，68%的人认为高收入是理想职业的首要条件。中学生小石第一次试着规划了自己将来的职业生涯。"2800"，这是她预测的自己大学毕业时所能接受的最低月薪。

针对不同主体对薪酬的不同期待，有哪些看法？

---

① 摘自：http：//info. edu. hc360. com/2007/01/171739107000. shtml。

二、劳动合同的种类

根据不同的标准对劳动合同进行分类，可以分为以下种类：

（一）以劳动合同的期限为标准进行分类，分为有固定期限的劳动合同、无固定期限的劳动合同、以完成一定工作为期限的劳动合同

这种分类是世界各国对劳动合同的普遍立法通例，该划分在我国《劳动合同法》第12条、第15条得到体现。

（1）有固定期限的劳动合同，也叫定期劳动合同，是指在当事人双方所订立的劳动合同中，明确规定了具体的合同起始和终止时间。按照订立时间的长短，又可以将其分为长期的有固定期限的劳动合同、中期的有固定期限的劳动合同和短期的有固定期限的劳动合同。三种合同，各有其优缺点：中长期的固定期限劳动合同，劳动期限相对较长，对于用人单位而言可以保持稳定的劳动力资源，从而确保生产等日常工作的正常、顺利进行；对于劳动者而言，也可以得到一份比较稳定的工作，从而对此期间可以进行更好的劳动规划。短期有固定期限的劳动合同的优点主要是时间短，对于那些需要临时工或者短期用工的用人单位而言，可以最大限度地利用劳动力资源，这类合同主要适用于临时工或者季节工。

（2）无固定期限的劳动合同，也称为不定期劳动合同，是指劳动合同的双方当事人订立的劳动合同没有明确规定合同的终止期限。劳动合同自订立之时成立并生效，劳动关系也自劳动合同成立时成立。该类合同主要的特征是：劳动合同不约定存续期限；具有很强的稳定性，除非存在法定或约定合同解除的情形，否则该合同直至劳动者退休才终止。

【思考】用人单位可否以最低工资为手段，迫使劳动者走人？

无固定期限劳动合同对于劳动者、用人单位和国家而言，都有好处。对于劳动者而言，有利于稳定职业，钻研业务技术，不断提高职业技能。对于用人单位而言，有利于培养劳动者对企业的忠诚，维护其经济利益，减少频繁更换劳动者带来的损失。对于国家而言，有利于形成较为稳定的劳动关系，逐步提高对劳动者权益的保护力度。

订立无固定期限劳动合同的情形：

①用人单位与劳动者协商一致，可以订立无固定期限劳动合同。

②在法律规定的情形出现时，劳动者提出或者同意续订、订立劳动合同的，除劳动者提出订立固定期限劳动合同外，应当订立无固定期限劳动合同。具体情形有：第一，劳动者在该用人单位连续工作满十年的；第二，用人单位初次实行劳动合同制度或者国有企业改制重新订立劳动合同时，劳动者在该用人单位连续工作满十年且距法定退休年龄不足十年的；第三，连续订立二次固定期限劳动合同，且劳动者没有劳动合同法第 39 条和第 40 条第一项、第二项规定的情形，续订劳动合同的。

关于应当订立无固定期限劳动合同的理解，具体为：劳动者提出续订、订立无固定期限劳动合同的，应当订立无固定期限劳动合同；劳动者提出续订、订立固定期限劳动合同的，应当订立固定期限劳动合同；用人单位提出续订、订立无固定期限劳动合同，劳动者同意的，应当订立无固定期限劳动合同；用人单位提出续订、订立劳动合同的，劳动者同意的，即使是用人单位提出续订、订立的是固定期限劳动合同的，也应当订立无固定期限劳动合同。

③视为无固定期限劳动合同。根据《劳动合同法》规定，建立劳动关系，应当订立书面劳动合同。在现实中，一些用人单位处于种种原因，不愿意与劳动者订立书面劳动合同，容易产生争议，不利于保护劳动者的合法权益。为了解决书面劳动合同签订率低的问题，《劳动合同法》规定，要求自建立劳动关系一个月内签订书面劳动合同；一个月不签的，支付两倍工资；一年不签的，视为已订立无固定期限劳动合同。

（3）以完成一定工作为期限的劳动合同，是指劳动者与用人单位订立以完成一定的工作或者某项工程为有效的劳动期限的劳动合同。具体体现在《劳动合同法》第十五条。一般而言，建筑、铁路、水利、桥梁、公路、石油勘探和开发等工程项目，适用于该类劳动合同。但需要注意的是，以完成一定工作为期限的劳动合同要和承包合同、承揽合同相区别。

【案例 3－2】

在《劳动合同法》颁布后、实施前的一系列突击裁员案件：

华为突击裁员案①

2007 年 9 月，华为公司内部通过鼓励员工辞职的方案，至 10 月华为公司先

---

① http://mnc.people.com.cn/GB/54849/69891/106999/107003/6484470.html《华为洗牌　沃尔玛裁员——劳资新政渐近　企业集体躁动》，2007 年 11 月 5 日，每日经济新闻。

后分批次与老员工私下沟通取得共识，10 月开始至 11 月底实施，共计将有超过 7000 名在华为公司工作年限超过 8 年的老员工，需要逐步完成"先辞职再竞岗"工作。按照华为公司的要求，工作满 8 年的员工，由个人向公司提交一份辞职申请，在达成自愿辞职共识之后，再竞争上岗，与公司签订新的劳动合同，工作岗位基本不变，薪酬略有上升。据华为员工透露，华为总裁任正非、副总裁孙亚芳在内的一批华为创业元老，也进行了"先辞职再竞岗"。

此次"先辞职再竞岗"时，所有自愿离职的员工都获得了华为公司相应的补偿，补偿方案为"N＋1"模式。N 为在华为工作的年限，打个比方，如果某个华为员工的月工资是 5000 元；一年的奖金是 60000 元，平摊给每个月就是 5000 元的奖金，假如他在华为工作了 8 年。那么他得到的最终赔偿数额就是 10000 元（工资＋年奖金平摊）乘以"8＋1"，计 90000 元。而此次自愿辞职的老员工大致分为两类：自愿归隐的"功臣"和长期在普通岗位的老员工，工作年限均在 8 年以上。其中一些老员工已成为"公司的贵族"，坐拥丰厚的期权收益和收入，因而"缺少进取心"。

由于这些老员工的收入相对较高，华为公司为他们辞工支付的赔偿费，外界预测总计将超过 10 亿元。由此引发了近万名员工集体辞职的所谓"华为辞职门"事件，该事件随即成为 2007 年最受媒体关注的事件之一。

央视等知名企业的裁员①

2007 年下半年开始，包括中央电视台（CCTV）、LG、沃尔玛、中石化、泸州老窖等知名企业在内的众多企业开始了大规模"裁员"。"裁员"的理由多种多样，但体现的法律表现形式大致包括劳动合同到期不续签、终止事实劳动关系、协商解除劳动合同甚至违法解除劳动合同等；"裁员"的对象基本为在本单位连续工作年限 5 年以上的老员工或者是所谓临时工、劳务工；裁员的规模在部分企业甚至超过了 20%；"裁员"的结果也各不相同，有平稳解除或终止的，有解除或终止后转为以劳务派遣方式继续用工的，也有解除或终止后不满员工把公司告上公堂的……但无一例外的是，在《劳动合同法》颁布及即将实施的背景下，这些沸沸扬扬的"裁员"事件引起了新闻媒体、政府部门、学者等的普遍关注，甚至引发起对于《劳动合同法》是否矫枉过头的讨论。

（二）按照就业方式划分，劳动合同分为全日制用工和非全日制用工劳动合同

（1）全日制用工劳动合同。全日制用工劳动合同是指劳动者按照国家法定工

---

① http://mnc.people.com.cn/GB/54849/69891/106999/107003/6484470.html《华为洗牌　沃尔玛裁员——劳资新政渐近　企业集体躁动》，2007 年 11 月 5 日，每日经济新闻。

作时间，从事全职工作的劳动合同。

（2）非全日制用工劳动合同。非全日制用工劳动合同又称弹性工作劳动合同，是指劳动者按照国家法律规定从事部分时间工作的劳动合同。各国对非全日制用工一般都有从事工作时间的限定。《劳动合同法》对此专门进行了规定。

三、劳动合同法的概念和适用范围

（一）劳动合同法的概念

劳动合同法的概念有广义和狭义之分。广义的劳动合同法，一般是指所有关于劳动合同的法律规范的总称，主要有《劳动合同法》、《集体合同规定》、《最高人民法院关于审理劳动争议案件适用法律若干法律问题的解释（二）》，等等。狭义的劳动合同法，是指 2007 年 6 月 29 日第十届全国人民代表大会常务委员会第 28 次会议通过的，于 2008 年 1 月 1 日起施行的《中华人民共和国劳动合同法》，共 8 章 97 条，对劳动合同制度的有关问题作了明确、具体的规定。它是国家立法机关制定的，为了规范劳动合同，调整劳动关系，当事人基于劳动合同而产生的权利义务关系的劳动法律规范的总称。[1]

（二）《劳动合同法》的适用范围

《劳动合同法》的适用范围是指《劳动合同法》对什么人、什么事、在什么地方和什么时间有约束力。

1. 对主体的适用范围

《劳动合同法》主体的适用范围包括两个方面：一是用人单位；二是劳动者。就用人单位而言，是指与劳动者订立劳动合同的对方当事人，主要包括中华人民共和国境内的企业、个体经济组织、民办非企业单位、国家机关、事业单位、社会团体等。就劳动者而言，一般是指达到法定年龄且有劳动能力的自然人。《劳动合同法》的劳动者的范围可以通过用人单位的界定范围和劳动关系的概念来确认。劳动者需要符合两个条件：

（1）年龄条件。关于年龄条件，目前有关的法律规定主要有《民法通则》

---

[1]　黄松有、黎建飞主编：《劳动合同法简明问答312问》，人民法院出版社2007年版，第22页。

第 11 条规定：18 周岁以上的自然人是成年人，具有完全民事行为能力，可以独立进行民事活动，是完全民事行为能力人。16 周岁以上不满 18 周岁的自然人，以自己的劳动收入为主要生活来源的，视为完全民事行为能力人。《劳动法》规定，禁止用人单位招用未满 16 周岁的未成年人。未成年工是指年满 16 周岁未满 18 周岁的劳动者。也就是说，已满 16 周岁不满 18 周岁的未成年人，在劳动合同约定的权利义务关系不违背有关法律、法规前提下，也可成为劳动者。

（2）劳动能力条件。劳动能力是指劳动者凭借自己的智力或体力完成某项工作的能力。只有具备劳动权利能力和劳动行为能力的人才能成为劳动者。劳动权利能力与劳动行为能力同时产生同时丧失。

2. 地域上的适用范围

地域上的适用范围是指《劳动合同法》在什么样的地域范围内有效的问题。依据《劳动合同法》第 2 条的规定，《劳动合同法》适用于我国的领土、领海、领空，还包括根据国际法视为我国领域的我国驻外使、领馆，以及在我国领域外航行的我国船舶和飞行于我国领空以外的我国飞行器。

3. 时间上的适用范围

《劳动合同法》在时间上的适用范围，是指《劳动合同法》的生效时间和失效时间，以及《劳动合同法》对于其生效之前发生的劳动法律关系有无溯及力。

关于《劳动合同法》的溯及力，根据《劳动合同法》第 97 条规定，第一，在《劳动合同法》施行前已依法订立且在《劳动合同法》施行之日存续的劳动合同，继续履行；但是对于两次以上订立固定期限劳动合同的，计算订立合同的次数则采取的是阻断方式，即通过适应《劳动合同法》的规定，从《劳动合同法》实施时期来计算订立合同的次数。第二，对于《劳动合同法》实施之前已经建立的劳动关系，但是没有订立书面劳动合同的，则应该依照《劳动合同法》在实施之日起的一个月内订立书面劳动合同。第三，《劳动合同法》关于支付经济补偿金的年限问题规定，经济补偿年限按劳动者自《劳动合同法》施行之日起在本单位工作之年限计算。如果《劳动合同法》施行之前按照当时有关规定，用人单位应当向劳动者支付经济补偿的，按照当时的有关规定执行。

四、《劳动合同法》的意义

（一）制定《劳动合同法》是尊重劳动，保护劳动者的重要举措

劳动者是社会主义国家的主人，切实保护广大劳动者的合法权益，是我国社会主义现代化建设的根本要求，也是社会主义制度生命力和优越性的体现。《劳动合同法》通过对劳动合同的订立、履行、解除、终止等作出符合社会主义市场经济要求和我国国情的规定，在尊重用人单位用工自主权的基础上，要求用人单位必须与劳动者订立书面劳动合同，规定用人单位必须全面履行劳动合同，引导用人单位合理约定劳动合同期限，规范用人单位解除和终止劳动合同行为，要求用人单位在解除和终止劳动合同时必须依法支付经济补偿等，从而对劳动者十分关心的这些问题进行规范，有效地保护劳动者的合法权益。

（二）制定《劳动合同法》是落实科学发展观、构建社会主义和谐社会的重要内容

劳动是人类社会最基本的社会活动，劳动关系是最基本的社会关系，所以，以人为本，重要的是要以劳动者为本；社会和谐，重要的是劳动关系的和谐。劳动关系和谐稳定，是保证企业正常的生产经营秩序、促进经济社会和谐发展的前提和基石。在劳动关系中，用人单位与劳动者一方面有共同的利益，另一方面又有不同的利益需求，是一对既统一又对立的矛盾共同体。《劳动合同法》在维护用人单位合法权益的同时，侧重于维护处于弱势一方的劳动者的合法权益，以实现双方之间力量与利益的平衡，从而促进劳动关系的和谐稳定，促进社会主义和谐社会的构建。

（三）制定《劳动合同法》是完善劳动保障法律体系的重要举措

劳动合同在保护劳动者各项劳动权益中发挥着关键作用。劳动合同一方面可以从形式上确立劳动关系，从而为劳动者获得劳动报酬、休息休假、社会保险等各项法定权益奠定了基础；另一方面又从内容上具体约定了劳动者的工资、工作内容、工作时间等权益，从而为劳动者实现和保障自身的权益提供了依据。劳动合同的重要性，决定了《劳动合同法》在劳动保障法律体系中处于基础地位。制定《劳动合同法》，不仅可以直接维护劳动者的劳动合同权益，而且还可以起到间接维护劳动者的其他各项劳动保障权益的作用。由此可见，《劳动合同法》的出台，标志着我国在完善劳动保障法律体系方面迈出了重要的一步。

第二节　劳动合同的订立

一、劳动合同订立的含义和原则

(一) 劳动合同订立的含义

劳动合同的订立，是指劳动者和用人单位经过相互选择和平等协商，就劳动合同的各项条款达成一致协议，并以书面形式明确规定双方权利、义务以及责任，从而确立劳动关系的法律行为。

(二) 劳动合同订立的原则

1. 合法原则

合法是劳动合同有效的前提条件。合法原则具体表现为以下内容：

(1) 劳动合同的主体必须合法，即劳动合同的双方当事人必须具备法定的主体资格。

(2) 劳动合同的形式要合法，如除非全日制用工外，劳动合同需要以书面形式订立。

(3) 劳动合同的内容要合法。《劳动合同法》第 17 条规定了劳动合同的内容。有些内容，相关的法律、法规都有规定，用人单位和劳动者必须在法律规定的限度内作出具体规定，如关于劳动合同的期限，什么情况下应当订立固定期限，什么情况下应当订立无固定期限，应当符合《劳动合同法》的规定；关于工作时间，不得违反国家关于工作时间的规定；关于劳动报酬，不得低于当地最低工资标准；还有劳动保护，不得低于国家规定的劳动保护标准，等等。如果劳动合同的内容违法，劳动合同不仅不受法律保护，当事人还要承担相应的法律责任。

(4) 订立劳动合同的目的要合法。当事人不得以订立劳动合同的合法形式掩盖非法意图和违法行为的内容，以达到不良企图的目的。

2. 公平原则

公平原则是指劳动合同的内容应当公平、合理，就是在符合法律规定的前提下，双方公正、合理地确立各自的权利和义务。公平原则的主要体现：（1）在订立劳动合同时，应本着公平原则确定相互之间的权利义务关系；（2）在处理劳动合同纠纷时，应依法律规定进行，以体现公平原则。

3. 平等自愿原则

平等自愿原则包括两层含义：一是平等原则；二是自愿原则。所谓平等原则就是劳动者和用人单位在订立劳动合同时法律地位是平等的，没有高低、从属之分，不存在命令和服从、管理和被管理关系。只有地位平等，双方才能自由表达真实的意思。当然在订立劳动合同后，劳动者成为用人单位的一员，受用人单位的管理，处于被管理者的地位，用人单位和劳动者的地位是不平等的。这里讲的平等，是法律上的平等，形式上的平等，在我国劳动力供大于求的形势下，多数劳动者和用人单位的地位实际上做不到平等。但用人单位不得滥用优势地位，在订立劳动合同时附加不平等的条件。

自愿原则是指订立劳动合同完全是出于劳动者和用人单位双方的真实意思，是双方协商一致达成的结果，任何一方不得把自己的意志强加给另一方。自愿原则包括是否订立劳动合同由双方自愿，与谁订立劳动合同由双方自愿，合同的内容由双方自愿约定等。根据自愿原则，任何单位和个人不得强迫劳动者订立劳动合同。

4. 协商一致原则

协商一致就是用人单位和劳动者要对合同的内容达成一致意见。合同是双方当事人意思表示一致的结果，一方不能凌驾于另一方之上，不得把自己的意志强加给对方，也不能强迫命令、胁迫对方订立劳动合同。在订立劳动合同时，用人单位和劳动者都要仔细研究合同的每项内容，进行充分的沟通和协商，解决分歧，达成一致意见。只有体现双方真实意志的劳动合同，双方才能忠实地按照合同约定履行。现实中劳动合同往往由用人单位提供格式合同文本，劳动者只需要签字就行。格式合同文本对用人单位的权利规定得比较多，比较清楚，对劳动者的权利规定得少，规定得模糊，这样的劳动合同就很难说是协商一致的结果。因此，在使用格式合同时，劳动者要认真研究合同条文，对自己不利的条文要据理力争。

5. 诚实信用原则

诚实信用原则就是在订立劳动合同时要诚实，讲信用。在订立劳动合同时，双方都不得有欺诈行为。根据《劳动合同法》第 8 条的规定，用人单位招用劳动者时，应当如实告知劳动者工作内容、工作条件、工作地点、职业危害、安全生产状况、劳动报酬，以及劳动者要求了解的其他情况；用人单位有权了解劳动者与劳动合同直接相关的基本情况，劳动者应当如实说明，双方都不得隐瞒真实情况。现实中，有的用人单位不告诉劳动者职业危害，或者提供的工作条件与约定的不一样，等等；也有的劳动者提供假文凭等虚假情况。这些行为都违反了诚实信用原则。诚实信用是合同法的一项基本原则，也是《劳动合同法》的一项基本原则，它还是一项社会道德原则。

二、劳动合同订立的主体

劳动合同订立的主体，是指谁有权订立劳动合同。具体地说，即劳动者和用人单位。

（1）劳动者，在我国是指为用人单位提供劳动力的自然人，也常常被称为职工、工人或雇员。劳动法律关系涉及的劳动者，是指依据劳动法律和劳动合同规定，在用人单位从事体力或者脑力劳动，并获取劳动报酬的自然人。作为劳动者，必须具备法律规定的年龄条件和劳动能力条件，参看前面有关《劳动合同法》的适用范围。

（2）用人单位，我国的用人单位有不同的类型，主要包括在中国境内依法核准登记的企业、个体经济组织、事业单位、国家机关和社会团体。

【思考】非法人是否可以做用人单位？

三、劳动合同订立的程序

劳动者和用人单位在签订劳动合同时，应遵循一定的程序和步骤。根据我国《劳动法》和《劳动合同法》的有关规定和实践，签订劳动合同的程序是：

（1）签订劳动合同书。劳动合同书要在双方介绍各自的实际情况的基础上签订。用人单位应如实介绍本单位生产、工作情况以及具体的生产任务，劳动者应如实介绍自己的专长和身体健康状况，双方经过协商，就劳动合同的内容取得一致意见后，签名、盖章。

（2）鉴证劳动合同。劳动合同的鉴证是指劳动行政部门依法对劳动合同内容进行审查，并对其内容的合法性、真实性予以证明的一项行政监督的服务制度。根据劳动部 1992 年 10 月 22 日颁发的《劳动合同鉴证实施办法》第 3 条的规定，劳动行政部门是劳动合同的鉴证机关。各级劳动行政部门配备专门人员负责劳动合同鉴证工作。劳动合同鉴证的具体工作由合同签订地或者履行地的劳动行政部门承办，但并非劳动合同订立的必经程序。签订了劳动合同，应由劳动行政部门为当事人提供鉴证，依法审查，证明劳动合同的真实性和合法性，以利于劳动合同的认真履行，也能为劳动争议解决提供有力的证据。

四、劳动合同的订立强调书面形式

《劳动合同法》第 10 条规定，建立劳动关系应当订立书面劳动合同。已建立劳动关系，未同时订立书面劳动合同的，应当自用工之日起一个月内订立书面劳动合同。用人单位与劳动者在用工前订立劳动合同的，劳动关系自用工之日起建立。由此可见，我国法律规定劳动合同的订立应当以书面形式。

同时，《劳动合同法》对已建立劳动关系，未同时订立书面劳动合同的，规定应当自用工之日起一个月内订立书面劳动合同。即在劳动者和用人单位双方达成合意，订立劳动合同时，如果没有采用书面形式的，并非合同当然无效，而是给予一个期限，要求双方当事人在用工之日起一个月内订立书面形式的劳动合同。如果用人单位自用工之日起超过一个月不和劳动者订立书面劳动合同的，那么就要对用人单位采取惩罚措施。同时，《劳动合同法》还对用人单位在用工的同时没有与其订立书面劳动合同的劳动者的劳动报酬的支付标准进行了规定：用人单位未在用工的同时订立书面劳动合同，与劳动者的约定的劳动报酬不明确的，新招用的劳动者的劳动报酬应当按照集体合同的标准执行；没有集体合同或者集体合同未规定的，实行同工同酬。此外，作为一般订立劳动合同应当采用书面形式的例外，我国《劳动合同法》对于非全日制用工，采取的是可以订立口头形式的劳动合同，即《劳动合同法》第 69 条规定，非全日制用工双方当事人可以订立口头协议。

【思考】如果劳动者执意不签订书面劳动合同，用人单位该如何？

五、用人单位应当建立职工名册备查

劳动合同订立后，用人单位应当建立职工名册备查。职工名册应当包括劳动者姓名、性别、公民身份证号码、户籍地址及现住址、联系方式、用工形式、用工起始时间、劳动合同期限等内容。用人单位违反劳动合同法规定建立职工名册规定的，由劳动行政部门责令限期改正；逾期不改正的，由劳动行政部门处 2000 元以上 2 万元以下的罚款。

六、如实告知义务

用人单位招用劳动者时，应当如实告知劳动者工作内容、工作地点、职业危害、安全生产状况、劳动报酬，以及劳动者要求了解的其他情况；用人单位有权了解劳动者与劳动合同直接相关的基本情况，劳动者应当如实说明。

【思考】《劳动合同法》与《劳动法》中的缔约过失责任制度是否完全遵循诚实信用原则？如何理解直接相关？

【案例 3 - 3】 根据以下案例思考诚实信用原则应否有例外情形？

王某隐瞒已经结婚的事实，在应聘表格中填写"未婚"，工作 2 个月出现妊娠反应，才不得已承认已婚，并将登记结婚的日期涂改为应聘之后。被雇主识破后，根据《劳动法》第 18 条之规定，认定双方所签的劳动合同自始无效。王某向某仲裁机构申诉，但是，对于她的复职请求仲裁庭不与支持。

当事人之所以隐瞒婚史，是因为许多雇主不愿意雇用已婚待孕的求职者。

在法国，招聘启事或任何形式的公开招工广告中都不得指明招聘对象的性别和家庭状况，招聘单位也不得以性别或家庭状况为由拒绝聘用（《劳动法典》法律篇第 123 - 1 条）（性别构成决定性条件的职业或专业活动除外，由法令明确规定）。雇主不得以妇女怀孕而拒绝招聘该妇女或在试用期解除其劳动合同，或擅自宣布调动其工作。禁止雇主查询有关当事人妊娠的情况。申请求职的妇女或受雇女雇员并无公开其妊娠状况的义务（《劳动法典》法律篇第 122～25 篇）。法国《民法典》第 9 条规定："每个人都享有私生活被尊重权。"雇主不得在招聘启事中载明应聘人的家庭状况或在招聘过程中要求应聘人提供家庭状况；已婚、未婚、分居、离婚、同居或是否已怀孕、将怀孕，等等。司法判例表明，以女性为由而拒绝招聘的案例很少，而大量发生的是，雇主在招聘时不知道应聘者已经怀孕，聘用之后，该女工才表现出妊娠反应，这时，雇主解雇该女工。例如，在2001年9月15日巴黎某劳动法庭判决的一起案件中，一家公司招聘了一名女工，双方签订了一份一年期限的劳动合同，但在该女工仅工作了两个月后，该公司以其怀孕为由将其辞退，法庭依法判决公司的辞退决定无效，虽然，事实上该女工在招聘之时就已经怀孕，而且，公司是为一个短期的、紧急的岗位空缺招聘，但是，根据法律，应聘者没有义务将自己的妊娠状况告知招聘方。①

美国、德国等国家也有有关规定。

七、禁止担保与交付义务

用人单位招用劳动者，不得扣押劳动者的居民身份证和其他证件，不得要求劳动者提供担保或者以其他名义向劳动者收取财物。

用人单位违法扣押劳动者居民身份证等证件的，由劳动行政部门责令限期退还劳动者本人，并依照有关法律规定给予处罚。用人单位以担保或者其他名义向劳动者收取财物的，由劳动行政部门责令限期退还劳动者本人，并以每人500元以上2000元以下的标准处以罚款；给劳动者造成损害的，应当承担赔偿责任。

劳动合同文本由用人单位和劳动者各执一份。

第三节　劳动合同的内容

一、劳动合同的必备条款

为了规范劳动合同条款，使一些重要内容能够被约定，《劳动法》第19条规定："劳动合同应当以书面形式订立，并具备以下条款：劳动合同期限；工作内容；劳动保护和劳动条件；劳动报酬；劳动纪律；劳动合同终止的条件；违反劳动合同的责任。"《劳动合同法》在《劳动法》的基础上，删去了劳动纪律、劳动合同的终止条件、违反劳动合同的责任等内容，同时增加了工作时间、工作地点、职业病危害防护等内容。具体有：

---

① 郑爱青：《法国劳动法对女性劳动权益的保护》，载于《人权》2005年第5期。

（1）用人单位名称、住所和法定代表人或者主要负责人。（2）劳动者的姓名、住址和居民身份证或者其他有效证件号码。（3）劳动合同期限。（4）工作内容和工作地点。（5）工作时间和休息休假。（6）劳动报酬。（7）社会保险。（8）劳动保护、劳动条件和职业危害防护。（9）法律、法规规定应当纳入劳动合同的其他事项。

二、劳动合同的约定条款

《劳动合同法》第 17 条第 2 项规定，用人单位与劳动者可以约定试用期、培训、保守秘密、补充保险和福利待遇等其他事项。

（一）试用期

1. 试用期的含义与适用条件

试用期是用人单位与劳动者在劳动合同中协商约定的对劳动者的考察期。同一用人单位与同一劳动者只能约定 1 次试用期。以完成一定工作任务为期限的劳动合同或者劳动合同期限不满 3 个月的，不得约定试用期。

2. 试用期的期限

同时，针对实践中一些用人单位滥用试用期的问题，如试用期过长、过分压低劳动者在试用期内的工资、在试用期内随意解除劳动合同等，《劳动合同法》规定：劳动合同期限 3 个月以上不满 1 年的，试用期不得超过 1 个月；劳动合同期限 1 年以上不满 3 年的，试用期不得超过 2 个月；3 年以上固定期限和无固定期限的劳动合同，试用期不得超过 6 个月。以完成一定工作任务为期限的劳动合同或者劳动合同期限不满 3 个月的，不得约定试用期。同一用人单位与同一劳动者只能约定一次试用期。

3. 试用期的报酬

劳动者在试用期的工资不得低于本单位同岗位最低档工资或者劳动合同约定工资的 80%，并重申试用期工资不得低于用人单位所在地的最低工资标准。

4. 法律责任

在试用期中，除劳动者有《劳动合同法》第 39 条和第 40 条第 1 项、第 2 项规定的情形外，用人单位不得解除劳动合同。用人单位在试用期解除劳动合同的，应当向劳动者说明理由。

（二）培训

培训是按照职业或者工作岗位对劳动者提出的要求，以开发和提高劳动者的职业技能为目的的教育和训练过程。

（三）保守秘密与竞业禁止条款

为了防止劳动者跳槽泄露和使用企业商业秘密，许多用人单位都和劳动者签订保密合同，规定了保密的内容、范围、期限和措施等。同时，一些用人单位还与劳动者订立竞业禁止合同。

竞业禁止合同不同于一般的保密合同，竞业禁止是指劳动者在解除或者终止劳动合同后，不得到与本单位生产或者经营同类产品、从事同类业务的有竞争关系的其他用人单位，或者自己开业生产或者经营同类产品、从事同类业务。竞业禁止合同通过限制劳动者再就业的种类和范围能够有力防止劳动者泄露和使用用人单位的商业秘密，但是却限制了劳动者就业权和择业权，限制了劳动者利用其从工作经历中获得的知识、经验和技能在其熟悉的领域工作谋生的自由，具有明显的不对等性。为了平衡劳动者、用人单位、社会三者利益，在赋予用人单位有权与劳动者在劳动合同中约定保守用人单位的商业秘密和与知识产权相关的保密事项的同时，对其作出一系列限制规定。

（1）目的限制。竞业禁止的目的只能是为了保护商业秘密，因此用人单位必须证明拥有商业秘密。瑞士《民法典》第340条规定，雇主不能证明存在值得保护的利益的，该竞业禁止协议无效。

（2）适用对象的限制。竞业禁止的主体范围不宜过宽，仅限于用人单位的高级管理人员、高级技术人员和其他知悉用人单位商业秘密的人员。

（3）限制的期限。不得超过2年。

（4）必须给予劳动者相应的补偿。对于补偿的具体数额《劳动合同法》没有具体规定，但是一些地方法规已经作出明确规定。

（四）补充保险

社会保险是指除了国家基本保险以外，用人单位根据自己的实际情况为劳动者建立的一种保险，它用来满足劳动者高于基本保险需求的愿望，包括补充医疗保险、补充养老保险等。补充保险的建立依用人单位的经济承受能力而定，由用人单位自愿实行，国家不做强制的统一规定，只要求用人单位内部统一。

（五）福利待遇

福利待遇包括住房补贴、通讯补贴、交通补贴、子女教育补贴等。不同的用人单位福利待遇有所不同，福利待遇已成为劳动者就业选择的一个重要因素。

三、违约金条款

违约金，原是民事责任中的一种形式，是指合同当事人约定在一方不履行合同时向守约一方支付一定数额的货币。这种民事责任形式只有在合同当事人有约定或法律有直接规定时才能适用，当事人一方不得自行规定。《劳动合同法》对此明确规定，除了下列两种情形外，禁止用人单位与劳动者约定由劳动者承担违约金：（1）参加用人单位出资组织的专项技术培训的劳动者违反服务期规定；（2）用人单位与知悉用人单位商业秘密的人员签定了竞业禁止条款。违约金数额由双方约定。

有下列情形之一，用人单位与劳动者解除约定服务期的劳动合同的，劳动者应当按照劳动合同的约定向用人单位支付违约金：

（1）劳动者严重违反用人单位的规章制度的；

（2）劳动者严重失职，营私舞弊，给用人单位造成重大损害的；

（3）劳动者同时与其他用人单位建立劳动关系，对完成本单位的工作任务造成严重影响，或者经用人单位提出，拒不改正的；

（4）劳动者以欺诈、胁迫的手段或者乘人之危，使用人单位在违背真实意思的情况下订立或者变更劳动合同的；

（5）劳动者被依法追究刑事责任的。

【案例3-4】飞行员跳槽遭800万元索赔，法院终审判赔203万元①

被告高某曾是空军的一名战斗机飞行员，退伍后于1993年6月到南方航空公司河南分公司中原航空公司从事飞行工作，并与中原航空公司签订了无固定期限的劳动合同。合同约定，如果被告高某未满服务年限离开公司，必须支付公司相关培训费用、违约金及其他损失。2006年3月31日，被告高某突然向中原航空公司提交辞职申请，该公司于2006年4月4日复函，不同意其辞职的申请。然而，被告高某在提出辞职申请30天后的2006年5月1日，不再为中原航空公司提供正常的劳动。该公司告到法院，要求被告高某赔偿人民币813.4万元。

① 张影著：《劳动争议案实例点评》，中国时代经济出版社2011年版，第95页。

一审法院审理后认为，被告高某要求解除合同，在没有与原告中原航空公司协商一致的情况下离职已构成违约。据此，一审法院判令被告高某赔偿原告中原航空公司违约金、培训费共计2035997.87元。

原告航空公司当即表示不服，遂上诉到了郑州市中级人民法院。2007年5月18日，郑州中院开庭审理了此案。

经二审法院审理后认为，一审判决事实清楚，证据确凿，适用法律正确，维持原审判决。

航空公司不服向郑州市中级人民法院提出再审，2007年6月25日上午，郑州市中级人民法院对此案作出再审判决，认为终审法院作出的判决证据确凿、认定事实清楚，对航空公司提出的其他赔偿要求不予支持，维持终审判决。

四、劳动合同的效力

劳动合同的生效，是指具备有效要件的劳动合同按其意思表示的内容产生了法律效力，对签约双方和劳动合同之外的第三人所具有的法律约束力。根据《劳动合同法》第3条的规定，劳动合同依法订立即具有法律效力，用人单位与劳动者应当履行劳动合同规定的义务。劳动合同依法订立，就受法律保护，非依法律规定或者征得对方同意，任何一方不得擅自变更或者解除劳动合同，否则就要承担法律责任。

（一）劳动合同的生效时间

根据《劳动合同法》第20条的规定和《合同法》的一般原理，双方在劳动合同上签字或者盖章，劳动合同即生效。在大多数条件下，劳动合同的成立和生效是同时的。但是，在有的情况下，劳动合同虽已成立，但并没有生效。如劳动合同双方在合同中约定的合同生效的时间和条件，即订立所谓的附条件或者附期限的劳动合同，在此情况下，所付条件具备或者所附期限到期后，劳动合同才能生效。

如果双方当事人签字或者盖章时间不一致时，以最后一方签字或者盖章的时间为准。如果劳动合同一方没有写明签字时间，那么另一方写明的签字时间就是合同的生效时间。

需要注意的是，劳动合同的生效和劳动关系的建立是不一样的。劳动关系的建立是以实际用工为标志；劳动合同生效后，如果没有发生实际用工，劳动关系并没有建立。规定劳动合同生效的意义，在于如果用人单位不履行劳动合同，没有给劳动者提供约定的工作，劳动者可以要求用人单位提供，否则用人单位要承担违约责任。如果劳动者不履行劳动合同，用人单位也可以要求劳动者提供约定的劳动，否则，劳动者也要承担违约责任。如果因一方不履行劳动合同，造成另一方损失的，违约方还要赔偿对方相应的损失。劳动合同中约定了违约责任的，按约定办；没有约定违约责任的，就无从承担责任。因此，在订立劳动合同时，双方应当在合同中约定违约责任。

（二）劳动合同的生效条件

劳动合同发生法律效力必须具备相应的条件，是指：

（1）劳动合同的主体合法。作为用人单位一方必须是企业、个体经济组织、民办非企业单位、国家机关、事业单位或者社会团体等组织；作为劳动者一方，根据《劳动法》的规定，必须是年满 16 周岁、具有劳动能力的公民。

（2）劳动合同的内容合法。如根据《劳动法》第 64 条的规定，年满 16 周岁未满 18 周岁的未成年工，不得从事矿山井下、有毒有害、国家规定的第四级体力强度的劳动和其他禁忌从事的劳动。如果用人单位与未成年工订立的内容是从事上述工作的，劳动合同应为无效合同。

（3）劳动合同的形式合法。

（4）劳动合同需由用人单位与劳动者协商一致订立。订立劳动合同的双方必须意思表示真实，任何一方采用欺诈、胁迫等手段与另一方签订的劳动合同是无效的。

五、无效的劳动合同

（一）无效劳动合同的含义及特征

所谓无效劳动合同，是指劳动合同虽然已经成立，但由于其不符合法律或行政法规规定的特定条件或要求，并违反了法律、行政法规的强制性规定而被确认为无效的劳动合同。其特征表现为：

（1）合同已经成立，这是探讨合同是否有效的前提；

（2）合同自始无效，是指合同从订立的时候起，就没有法律约束力；

（3）合同无效的原因在于其违法性，是指违反了法律、行政法规的强制性规定，主要是指违反了义务性规定和禁止性规定。

（二）无效劳动合同的情形

根据无效规定，可以分为全部无效和部分无效。劳动合同的无效，不影响其他部分效力的，其他部分仍然有效。

《劳动合同法》第 26 条规定，劳动合同无效的情形有：

（1）因采取欺诈、胁迫等手段而订立的劳动合同无效。欺诈的种类很多，主要有：①在没有履约能力的情况下，签订合同。②行为人负有告知某种真实情况而故意不告知的。

（2）用人单位免除自己的法定责任、排除劳动者权利的劳动合同无效。用人单位免除自己的法定责任、排除劳动者权利的情况通常表现为：劳动合同简单化；法定条款缺失；仅规定劳动者的义务，这样的合同对劳动者极其不利。

（3）违反法律、行政法规强制性规定订立的劳动合同无效。主要包括：①用人单位和劳动者中的一方或者双方不具备订立劳动合同的法定资格的，如签订劳动合同的劳动者一方必须是具有劳动权利能力和劳动行为能力的公民，企业与不满十六周岁的未成年人订立的劳动合同就是无效的劳动合同（国家另有规定的除外）。②劳动合同的内容直接违反法律、法规的规定，如矿山企业与劳动者在劳动合同中约定的劳动保护条件不符合《矿山安全法》的有关规定，其所订立的劳动合同是无效的。③劳动合同因损害国家利益和社会公共利益而无效。

（三）对劳动合同的无效或者部分无效的确认

按照《劳动法》的规定，劳动合同的无效应由劳动争议仲裁机构或者人民法院确认。劳动部在《关于贯彻执行〈中华人民共和国劳动法〉若干问题的意见》中规定，"劳动合同的无效由人民法院或劳动争议仲裁委员会确认，不能由合同双方当事人决定"。按照《劳动合同法》的规定，在用人单位和劳动者对劳动合同的无效或者部分无效有争议的，交由劳动争议仲裁机构或者人民法院确认。而对于双方无争议的无效合同或者无效的合同条款，是否必须由上述机关进行确认，《劳动合同法》并未作出明确的、强制性的规定。

无效劳动合同发生以下法律后果：

（1）终止履行；

（2）返还财产；

（3）支付劳动者报酬；

（4）赔偿损失。

【案例 3 - 5】 山西黑砖窑事件的思考①

山西省打击黑砖窑主、解救被拐骗农民工专项行动中，发现存在的主要问题

---

① 《山西"黑砖窑"事件初步调查处理情况发布》，http：//www.daynews.com.cn/zthj/xwzt/gzsxhzy/239521.html。

有：有些不法分子在火车站等地以高薪诱骗农民工，或拐骗智障人员到砖窑厂做工，并限制人身自由，强迫劳动。例如，临汾市洪洞县广胜寺镇曹生村砖窑厂主王兵兵将砖窑转包给河南籍人员衡庭汉经营，该砖窑 32 名农民工（其中 9 名智障人员）全部为衡庭汉及其同伙从西安、郑州火车站等地诱骗而来，并限制人身自由，每天劳动时间在 15 小时以上，且从未领取报酬。

少数黑砖窑厂非法使用童工……

大量无证砖窑厂非法用工……

【思考】非法用工处理中，劳动者权益如何保障？

第四节　劳动合同的履行和变更

一、劳动合同的履行

（一）劳动合同履行的含义

劳动合同的履行，是指劳动合同双方当事人按照劳动合同的约定，履行各自的义务，享有各自权利的行为。《劳动合同法》第 29 条明确规定："用人单位与劳动者应当按照劳动合同的约定，全面履行各自的义务。"劳动合同的履行，是劳动合同制度的核心，劳动合同只有得到履行，订立劳动合同的目的才能得到实现。

（二）劳动合同履行的原则

1. 劳动合同履行的一般原则

（1）全面履行原则。全面履行原则是指用人单位与劳动者对劳动合同约定由自己承担的义务，都应当按照约定的内容、方式、期限等，全面、正确地予以履行，而不得只履行其承担的部分义务却将其他义务弃置不顾，或者不按照劳动合同约定的内容、方式、期限等履行其承担的义务。

（2）合法原则。合法原则是指劳动合同双方当事人在履行劳动合同过程中，必须遵守法律法规，不得有违法行为。《劳动合同法》着重强调了三个方面：一是规定用人单位应当按照劳动合同约定和国家规定及时足额支付劳动报酬。用人单位拖欠或者未足额支付劳动报酬的，劳动者可以依法向当地人民法院申请支付令，人民法院应当依法发出支付令；二是规定用人单位应当严格执行劳动定额标准，不得强迫或者变相强迫劳动者加班，用人单位安排加班的，应当按照国家有关规定向劳动者支付加班费；三是规定劳动者对用人单位管理人员违章指挥、强令冒险作业有权拒绝，不视为违反劳动合同；对危害生命安全和身体健康的劳动条件，有权对用人单位提出批评、检举和控告。

（三）特殊情形下劳动合同的履行规则

第一，用人单位变更名称、法定代表人、主要负责人或者投资人等事项，不影响劳动合同的履行。

第二，用人单位发生合并或者分立等情况，原劳动合同继续有效，劳动合同由承继其权利义务的用人单位继续履行。

（四）约定不明时的履行

在劳动合同履行过程中，劳动合同对劳动报酬和劳动条件等标准约定不明确，引发争议的，用人单位与劳动者可以重新协商；协商不成的，适用集体合同规定；没有集体合同或者集体合同未规定劳动报酬的，实行同工同酬；没有集体合同或者集体合同未规定劳动条件等标准的，适用国家有关规定。

（五）申请支付令

在劳动合同履行过程中，用人单位应当按照劳动合同约定和国家规定，向劳动者及时足额支付劳动报酬。用人单位拖欠或者未足额支付劳动报酬的，劳动者可以依法向当地人民法院申请支付令，人民法院应当依法发出支付令。

二、劳动合同的变更

劳动合同的变更，是指在劳动合同履行期间，劳动合同的双方当事人经协商一致改变原劳动合同的内容的行为。劳动合同依法订立后，用人单位与劳动者在法律规定的条件和程序下，可以依法变更劳动合同。《劳动合同法》第35条明确规定："用人单位与劳动者协商一致，可以变更劳动合同约定的内容。"

（一） 协议变更

意思自治原则是市场经济的一项基本原则。根据这一原则，当事人有权根据自己的真实意愿，为自己设定权利和对他人承担义务。变更劳动合同约定的内容，是改变当事人的权利义务，这就必须遵循意思自治的原则，获得当事人的同意。因此，劳动合同变更的实质条件就是用人单位与劳动者协商一致并达成一致意见。未对变更劳动合同达成一致意见的，任何一方都不得擅自变更。《劳动合同法》第35条规定："变更劳动合同，应当采用书面形式。变更后的劳动合同文本由用人单位和劳动者各执一份。"

（二） 法定变更

劳动合同订立时所依据的客观情况发生重大变化，致使劳动合同无法履行，经用人单位与劳动者协商对劳动合同的变更。所谓劳动合同订立时所依据的客观情况发生重大变化，主要是指：（1）订立劳动合同所依据的法律、法规已经修改或者废止。（2）用人单位方面的原因。（3）用人单位严重亏损，确实无法履行劳动合同的。（4）因劳动者本人的原因。（5）客观方面的原因。

第五节 劳动合同的解除和终止

一、劳动合同的解除

（一） 解除的类型

劳动合同的解除，是指劳动合同在订立以后，尚未履行或者未全部履行以前，由于合同双方或者单方的法律行为导致双方当事人提前消灭劳动关系的法律行为。可分为协商解除、约定解除和法定解除。

1. 协商解除

协商解除是指劳动合同订立后，双方当事人因某种原因，在完全自愿的基础上，协商一致、合意解除劳动合同，提前终止劳动合同的效力。协商解除适用的条件：双方自愿；平等协商；并不得损害第三方利益。

2. 约定解除

约定解除是指当事人双方通过协商一致，同意提前终止劳动合同效力，或者双方约定了提前终止劳动合同的条件，当条件成就时提前终止劳动合同的法律效力。

3. 法定解除

法定解除是指出现国家法律、法规或合同规定的可以解除劳动合同的情况时，不需双方当事人一致同意，合同效力可以自然或单方提前终止。

（二）法定解除

1. 劳动者单方解除劳动合同，即通常所称"辞职"

（1）一般解除。劳动者提前 30 日以书面形式通知用人单位，可以解除劳动合同，在试用期内解除劳动合同时，应提前 3 日通知用人单位。

（2）特殊解除。用人单位有下列情形之一的，劳动者可以解除劳动合同：

①未按照劳动合同的约定提供劳动保护或者劳动条件。保护劳动者在劳动过程中的生命健康安全是用人单位的基本责任和义务。用人单位为劳动者提供相应的劳动保护是对劳动者基本利益的维护。如果用人单位未按照国家规定的标准或劳动合同的规定提供劳动条件，致使劳动安全、劳动卫生条件恶劣，严重危害职工的身体健康，并得到国家劳动部门、卫生部门的确认，劳动者可以与用人单位解除劳动合同。

②未及时足额支付劳动报酬。劳动报酬，是指用人单位依据国家有关规定或劳动合同约定，根据劳动者劳动岗位、技能及工作数量、质量，直接支付给劳动者的劳动收入。在劳动者已履行劳动义务的情况下，用人单位应按劳动合同约定或国家法律法规规定的数额、日期及时足额支付劳动报酬，禁止克扣和无故拖欠劳动者的劳动收入。如果用人单位未及时足额支付劳动报酬，是对劳动合同的违反，也是对劳动者合法权益的侵犯，劳动者有权随时告知用人单位解除劳动合同。

③未依法为劳动者缴纳社会保险费。社会保险是国家对劳动者在患病、伤残、失业、工伤、年老以及其他生活困难情况下，给予物质帮助的制度。包括养老保险、医疗保险、失业保险、工伤保险和生育保险。我国《宪法》规定，中华人民共和国公民在年老、疾病或者丧失劳动能力的情况下，有从国家和社会获得

物质帮助的权利。国家发展为公民享受这些权利所需要的社会保险、社会救济和医疗卫生事业。《宪法》赋予我国公民的这一基本权利，就劳动者而言，主要是通过社会保险实现。根据我国《劳动法》和《劳动合同法》的规定，用人单位和劳动者必须依法参加社会保险，缴纳社会保险费。对于拒不依法缴纳或者延迟缴纳保险费的用人单位，劳动行政部门可以责令其限期缴纳；逾期不缴的，可以加收滞纳金。如果用人单位未依法为劳动者缴纳社会保险费，是对劳动者基本权利的侵害，劳动者可以与用人单位解除劳动合同。

④用人单位的规章制度违反法律、法规的规定，损害劳动者权益。此项规定可以从两个方面理解：第一，用人单位的规章制度违反了法律、法规的规定。规章制度是由用人单位制定的旨在保证劳动者履行劳动义务和享有劳动权利的规则和制度。但是，规章制度首先要合法，即内容不得违反国家《宪法》、《劳动法》、《劳动合同法》及其他法律、法规的规定，也不得与劳动合同与集体合同的内容相冲突。同时，规章制度的制定和公布程序要合法。要经过一定的民主程序，并且经过公示，让劳动者知晓规章制度的内容。第二，规章制度损害了劳动者的权益。因用人单位没有按照法律规定制定规章制度，给劳动者的权益带来了损害。只有具备了以上两点，劳动者才可以以此为由通知用人单位解除劳动合同。

⑤因劳动合同无效而解除。如果签订了无效的劳动合同，劳动者当然可以不予履行；对已经履行的，给劳动者造成损害的，用人单位还需要对此承担相应的责任。

⑥法律、行政法规规定劳动者可以解除劳动合同的其他情形。《劳动合同法》还规定了劳动者可以立即解除劳动合同的情形。即当用人单位存在严重违法行为时，劳动者可以立即解除劳动合同而无需事先告知用人单位。此种情形有：第一，用人单位以暴力、威胁或者非法限制人身自由的手段强迫劳动者劳动的；第二，用人单位违章指挥、强令冒险作业危及劳动者人身安全的。出现以上两种情形，劳动者有权即时解除劳动合同。

2. 用人单位单方解除合同

《劳动合同法》在赋予劳动者单方解除劳动合同权利的同时，也赋予用人单位对劳动合同的单方解除权，以保障用人单位的用工自主权，但为了防止用人单位滥用解除权，随意与劳动者解除劳动合同，立法上严格限定了企业与劳动者解除劳动合同的条件，以保护劳动者的合法权益。

（1）即时辞退。有的学者称之为"过错性辞退"。《劳动合同法》规定了下列情形：

①在试用期间被证明不符合录用条件的。用人单位以此种理由单方解除劳动合同，需要注意几点：1）要求用人单位所规定的试用期期间符合法律规定。2）是否在试用期间。试用期间的确定应当以劳动合同的约定为准。3）对是否合格的认定。劳动者是否符合录用条件，是用人单位在试用期间，单方与劳动者解除劳动合同的前提条件。如果用工合格，用人单位无权在试用期内单方解除劳动合同。4）对于劳动者在试用期间不符合录用条件的，用人单位必须提供有效的证明。

②劳动者严重违反用人单位的规章制度的。如劳动者严重违反劳动纪律，影响生产、工作秩序的；服务态度很差，经常与顾客吵架或损害消费者利益的；不服从正常调动的；贪污、盗窃、赌博等不够刑事处罚标准的。

用人单位适用这一理由单方解除劳动合同，需要符合三个条件：规章制度的内容必须是合法的，而且是通过民主程序公之于众；劳动者的行为客观存在，并且是属于"严重"违反用人单位的规章制度；用人单位对劳动者的处理是按照本单位规章制度规定的程序办理的，并符合相关法律法规规定。

③严重失职、营私舞弊、给用人单位造成重大损害的。

④劳动者同时与其他用人单位建立劳动关系，对完成本单位的工作任务造成严重影响，或者经用人单位提出拒不改正的。

⑤符合劳动合同无效的情形，用人单位解除合同的。

⑥被依法追究刑事责任的。

（2）无过失辞退的。《劳动合同法》第40条规定，因劳动者非过失性原因和客观情况的需要而导致劳动合同无法履行时，用人单位可以向对方提出通知后或额外支付劳动者一个月工资后，方可单方解除劳动合同。主要的情形有：

①劳动者患病或者非因工负伤，在规定的医疗期满后不能从事原工作，也不能从事由用人单位另行安排的工作的；

②劳动者不能胜任工作，经过培训或者调整工作岗位，仍不能胜任工作的；

③劳动合同订立时所依据的客观情况发生重大变化，致使劳动合同无法履行，经用人单位与劳动者协商，未能就变更劳动合同内容达成协议的。

（3）经济性裁员。经济性裁员是指用人单位由于经营不善等经济性原因，为了克服经营困难、扭转不利局面而不得不辞退部分劳动者的行为。由于此种情况下用人单位是成批地解除职工的劳动合同，涉及面广，触及职工利益大，需要极为慎重。

经济性裁员作为用人单位单方解除劳动合同的一种方式，必须满足法定条件。只有同时具备实体性条件和程序性条件，才是合法有效的经济性裁员。

①实体性条件。

第一，依照《企业破产法》规定进行重整的。依照《企业破产法》的规定，在三种情形下，债务人或者债权人可以向人民法院申请对债务人进行重整：第一，企业法人不能清偿到期债务，并且资产不足以清偿全部债务；第二，企业法人不能清偿到期债务，并且明显缺乏清偿能力的；第三，企业法人不能清偿到期债务，并且有明显丧失清偿能力可能的。企业破产重整制度，主要目的就是使用人单位根据用人企业重整的经营方案、债权的调整和清偿方案以及其他有利于企业重整的方案在内的重整计划，继续经营并清偿债务，避免用人单位进入破产清算程序，使经营失败的企业有可能通过重整而得到复苏、振兴的机会。在重整过程中，用人单位可根据实际经营情况，进行经济性裁员。

第二，生产经营发生严重困难的。在用人单位的生产经营发生严重困难时，应允许用人单位通过各种方式进行自救，因此，《劳动合同法》允许用人单位在生产经营发生困难时采取经济性裁员的措施，但要符合严重的困难时才可以采取此种措施。

第三，企业转产、重大技术革新或者经营方式调整，经变更劳动合同后，仍需裁减人员的。在生产经营过程中，企业为了寻求生存和更大发展，必然要进行结构调整和整体功能优化，这些方式包括企业转产、重大技术革新和经营方式调整。企业转产、重大技术革新或经营方式调整并不必然导致用人单位进行经济性裁员，只是对原工作岗位的劳动者在合理调整后，可能仍需裁减。

第四，其他因劳动合同订立时所依据的客观经济情况发生重大变化，致使劳动合同无法履行的。

②程序性条件。《劳动合同法》规定了经济性裁员必须要符合的法定程序，这些法定程序需要按照以下顺序，全部进行。

第一，必须提前30日向工会或者全体职工说明情况，并听取工会或者职工的意见。

第二，裁减人员方案向劳动行政部门报告。报告性质上属于事后告知，不是事前许可或者审批。企业可以自愿提前与劳动行政部门报告协商，法律没有强制规定。

③用人单位经济性裁员遵循的原则。为了社会稳定，维护劳动者的权益，在经济性裁员时必须遵循的原则是社会福利原则。即经济性裁员中还要考虑社会因素，优先保护对用人单位贡献较大、再就业能力较差的劳动者。如德国，劳动法规定经济性裁员时，必须裁减年龄小的、工龄短的、家庭负担轻的、身无残疾的

劳动者，否则就是违法。我国《劳动合同法》主要从劳动合同期限和保护社会弱势群体角度出发，规定了三类优先留用人员，具体包括：与本单位订立较长期限的固定期限劳动合同的劳动者；订立无固定期限劳动合同的劳动者；家庭无其他就业人员，有需要扶养的老人或未成年人的劳动者。

3. 用人单位不得单方解除劳动合同的情形

为保护一些弱势劳动者群体，对用人单位法定解除权加以限制是各国通行的做法。劳动者具备一定条件的，《劳动合同法》禁止用人单位解除劳动合同。

（1）从事接触职业病危害作业的劳动者未进行离岗前职业病健康检查，或者疑似职业病病人在诊断或者医学观察期间的；

（2）在本单位患职业病或者因工负伤并被确认丧失或者部分丧失劳动能力的；

（3）患病或者非因工负伤，在规定的医疗期内的；

（4）女职工在孕期、产期、哺乳期的；

（5）在本单位连续工作满 15 年，且距法定退休年龄不足 5 年的；

（6）法律、行政法规规定的其他情形。

4. 工会对解除劳动合同的干预

工会是维护劳动者合法权益的群众组织，《工会法》第 2 条规定，工会是职工自愿结合的工人阶级的群众组织。中华全国总工会以及各工会组织代表职工的利益，依法维护职工的合法权益。《劳动合同法》第 43 条明确规定了工会在劳动合同的订立、履行过程中的功能，工会应当帮助、指导劳动者与用人单位依法订立和履行劳动合同，并与用人单位建立集体协商机制，维护劳动者的合法权益。由于解除劳动合同关系意味着劳动关系的结束，对劳动者而言就是失业，将直接影响劳动者的基本生活。在用人单位单方解除劳动合同时，防止用人单位随意解除劳动合同，要求用人单位慎重行使解除权，依法保护劳动者合法权益，工会责无旁贷。

因此，用人单位在单方解除劳动合同时，应当事先将理由通知工会；用人单位违反法律、行政法规或者劳动合同约定的，工会有权要求用人单位纠正。同时，为了更好地保护工会及工会成员履行职责，防止工会成员因为履行职责、提出纠正意见等原因而受到用人单位的排挤甚至解除劳动合同的，2003 年最高人民法院颁布了《关于在民事审判工作中适用中华人民共和国工会法若干问题的解释》，其中规定，人民法院审理涉及职工和工会工作人员因参加工会活动或者履行《工会法》规定的职责而被解除劳动合同的劳动争议案件，可以根据当事人的请求裁判用人单位恢复其工作，并补发被解除劳动合同期间应得的报酬，或者根据当事人的请求裁判用人单位给予本人年收入 2 倍的赔偿，并参照违反解除劳动合同的经济补偿办法规定，给予解除劳动合同时的经济补偿金。

二、劳动合同的终止

劳动合同的终止，是指劳动合同的法律效力由于一定法律事实的出现而终结，劳动者与用人单位之间原有的权利义务不再存在。

《劳动法》规定，"劳动合同期满或者当事人约定的劳动合同终止条件出现，劳动合同即行终止。"也就是说，《劳动法》规定的劳动合同终止包括两类：一类是法定终止，即劳动合同因期满而终止；另一类是约定终止，即劳动合同因当事人约定的终止条件出现而终止。在《劳动法》的实施中，一些用人单位随意与劳动者约定劳动合同终止条件，并据此终止劳动合同，使无固定期限劳动合同提前消灭，不能真正起到维护劳动者就业稳定权益的作用；同时，对于劳动者退休、死亡或者用人单位破产等情形下，劳动合同如何处理，法律没有作出规定。

《劳动合同法》规定，有下列情形之一的，劳动合同终止：

（1）劳动合同期满的；

（2）劳动者开始依法享受基本养老保险待遇的；

（3）劳动者死亡，或者被人民法院宣告死亡或者宣告失踪的；

（4）用人单位被依法宣告破产的；

（5）用人单位被吊销营业执照、责令关闭、撤销或者用人单位决定提前解散的；

（6）法律、行政法规规定的其他情形。

三、劳动合同终止制度中的限制性规定

（1）对三期女职工的特殊保护；

（2）对疑似职业病病人的特殊保护；

（3）对医疗期职工的特殊保护；

（4）在本单位连续工作满 15 年，且距法定退休年龄不足 5 年的，劳动合同应当延续至退休时终止；

（5）法律、行政法规规定的其他情形。

【案例 3 - 6】 试用期解除合同纠纷

2010 年 10 月，于某经四处找工作，终于在太原市小店区一家液化气厂，找到了扛液化气罐送到各家所住楼层的工作，并与该厂签订了 2 年期的劳动合同。合同中双方约定，有 2 个月的试用期。约定转正后工资 1500 元，试用期工资 1000 元。

刚上班的第 15 天，于某下班后到幼儿园接孩子回家。在上楼时，由于天色已晚，加上楼道里的灯坏了，于某只好抱着孩子摸黑上楼。于某突然不小心一脚踩空，跌倒后滚落到楼下，摔成右腿骨折，所幸孩子没事。

于某住院了。住院治疗期间，液化气厂以合同试用期内于某出现身体意外，身体状况已不符合工厂的要求，不能再很好地从事工作为由，决定解除与于某的劳动合同，并拒绝为于某负担医疗费用。

请问：单位解除劳动合同合法吗？于某能否得到医疗费用？

四、劳动合同解除和终止后的法律后果

（一）解除和终止劳动合同的经济补偿

经济补偿金，是指在劳动合同解除或终止后，用人单位依法一次性支付给劳动者的经济上的补偿。一般而言，经济补偿金的支付标准按照《劳动法》、《劳动合同法》和《违反和解除劳动合同的经济补偿办法》来执行，所以，经济补偿金一般由法律规定按照劳动者的工作年限加以发放。

1. 经济补偿金的计算

用人单位对劳动者因解除或终止劳动合同进行经济补偿，计算经济补偿金的普遍模式是：工作年限×每工作一年应得的经济补偿。

（1）计算经济补偿中的工作年限。劳动者在单位工作的年限，应从劳动者向该用人单位提供劳动之日起计算。如劳动者李某自 2008 年在某企业工作，期间劳动合同一年一签，一直工作到 2012 年。最后一份劳动合同期满后终止，用人单位依法支付经济补偿时，计算的工作年限应从 2008 年算起，共 4 年。如果劳动者为同一用人单位提供劳动多年，但间隔了一段时间，也先后签订了几份劳动合同，工作年限原则上应从劳动者提供劳动之日起连续计算，已经支付经济补偿的除外。总之，《劳动合同法》关于"在本单位工作的年限"，不能理解为连续几个合同的最后一个合同期限，原则上应该连续计算。

另外，对于因用人单位的合并、兼并、合资、单位改变性质、法人改变名称等原因而改变工作单位的，其改制前的工作时间可以计算为"在本单位的工作时间"。

（2）计算标准。经济补偿的计算标准为：6个月以上不满1年的，按1年计算；不满6个月的，向劳动者支付半个月工资的经济补偿。如果劳动者工作1年零6个月，经济补偿为2个月的工资；如果劳动者工作1年零5个月，经济补偿为一个半月的工资；如果劳动者工作5个月的，经济补偿为半个月的工资。

（3）计算基数。计算经济补偿时，工作满1年支付1个月工资。关于1个月工资，《劳动合同法》规定，月工资是指劳动者在劳动合同解除或者终止前12个月的平均工资。这样的规定统一了月工资的内容，便于操作，一目了然。

（4）计算封顶。关于在经济补偿时计算封顶的问题，主要是考虑到有些高端劳动者，工资收入较高，在劳动关系中并不总处于弱势地位，如果完全适用经济补偿的规定，用人单位负担太重，也体现不出经济补偿的性质和特点。因此，《劳动合同法》在经济补偿的计算封顶问题中，对高端劳动者作了一定限制，即从两个方面进行：一是工作年限；二是月工资基数。规定劳动者月工资高于用人单位所在直辖市、设区的市级人民政府公布的上年度职工月平均工资的3倍的，用人单位向其支付经济补偿的标准按职工月平均工资3倍的数额支付，向其支付经济补偿的年限最高不超过12年。

【思考】 如果某国企老总年薪100万元，连续工作15年，应当领多少经济补偿金？

（二）经济补偿金支付的情形

根据我国《劳动合同法》第46条规定，经济补偿金的支付的情形主要是以下几种：

劳动者被迫解除劳动合同的，用人单位需支付经济补偿。根据《劳动合同法》第38条的规定，劳动者被迫解除劳动合同有如下情形：（1）用人单位未按照劳动合同约定提供劳动保护或者劳动条件的；（2）未及时足额支付劳动报酬的；（3）未依法为劳动者缴纳社会保险费的；（4）用人单位的规章制度违反法律、法规的规定，损害劳动者权益的；（5）因《劳动合同法》第26条第一款规定的情形致使劳动合同无效的；（6）法律、行政法规规定劳动者可以解除劳动合同的其他情形；（7）用人单位以暴力、威胁或者非法限制人身自由的手段强迫劳动者劳动的，或者用人单位违章指挥、强令冒险作业危及劳动者人身安全的，劳动者可以立即解除劳动合同，不需事先告知用人单位。

协商解除劳动合同的，用人单位需支付经济补偿。协商解除劳动合同用人单位需支付经济补偿的前提条件是，解除劳动合同的动议系用人单位首先提出，如果是劳动者主动提出要求解除劳动合同，即劳动者主动要求辞职，此种情况下双方协商解除劳动合同用人单位可不支付经济补偿。

非过失性辞退的，用人单位需支付经济补偿。

根据《劳动合同法》第 40 条之规定，有如下情形，用人单位提前 30 日以书面形式通知劳动者本人或者额外支付劳动者 1 个月工资后可解除劳动合同：（1）劳动者患病或者非因工负伤，在规定的医疗期满后不能从事原工作，也不能从事由用人单位另行安排的工作的；（2）劳动者不能胜任工作，经过培训或者调整工作岗位，仍不能胜任工作的；（3）劳动合同订立时所依据的客观情况发生重大变化，致使劳动合同无法履行，经用人单位与劳动者协商，未能就变更劳动合同内容达成协议的；（4）用人单位依法裁员，需支付经济补偿。

固定期限劳动合同期满终止时，用人单位需支付经济补偿。

特殊情形下劳动合同终止，用人单位需支付经济补偿。根据《劳动合同法》第 44 条第 4 项、第 5 项规定，特殊情形下劳动合同终止是指：用人单位被依法宣告破产导致劳动合同终止的；用人单位被吊销营业执照、责令关闭、撤销或者用人单位决定提前解散导致劳动合同终止的。这两种情形下导致劳动合同终止，劳动者无任何过错，用人单位支付经济补偿合情合理。

法律、行政法规规定的其他情形。

（三）劳动合同解除或终止后附随义务

劳动合同依法解除或者终止，劳动关系结束后，劳动合同中约定的权利义务结束，但是原劳动合同双方当事人仍应履行有关的法定义务。

（1）用人单位有出具解除或者终止劳动合同证明的义务；

（2）用人单位有在 15 日内为劳动者办理档案和社会保险关系转移手续的义务；

（3）劳动者有按照双方约定，遵循诚实信用的原则办理工作交接的义务；

（4）用人单位有在办理交接手续时向劳动者支付经济补偿的义务；

（5）用人单位有对已经解除或者终止的劳动合同文本至少保存 2 年备查的义务。

第六节　　劳动合同法的特殊规定

一、集体合同

集体合同，又称团体协议、集体协议、团体协约或团体契约，是指用人单位与本单位职工根据法律、法规、规章的规定，就劳动报酬、工作时间、休息休假、劳动安全卫生、职业培训、保险福利等事项，通过集体协商签订的书面协议；所称的专项集体合同，是指用人单位与本单位职工根据法律、法规、规章的规定，就集体协商的劳动安全卫生、女职工权益保护、工资调整机制等签订的专项书面协议。

集体合同制度成为调整劳资关系的一种制度，产生于 19 世纪 50 年代。集体协商即集体谈判的行为最早出现在 18 世纪末。1791 年美国的费城和纽约等城市的印刷业工人、制鞋业工人和木制业的工人都成立了行业组织，大家以这样的组织形式团结起来反抗雇主方面的剥削。据史料记载，最早的集体谈判是在 1799 年，美国费城的制鞋业工人为维护其合理的经济利益而与雇主就劳动标准问题进行过集体谈判，后来费城和纽约等城市的印刷业等行业的工人也开始了这种谈判，集体谈判若是不能达成协议就开始进行大规模的罢工斗争以示对雇主方面的抗议和威胁。雇主也想尽办法对工人和工人组织进行指控，但是这样的指控往往既难以达到其残酷剥削的目的也难平息此起彼伏的罢工浪潮。在这种斗争与妥协中，开始出现通过更认真的集体谈判解决问题的方案。虽然当时谈判的内容还比较简单，但是，这种行为却开启了集体谈判的先河。

集体合同法制化出现在 19 世纪初。1904 年新西兰颁布了最早的集体合同法律，制定了各种有关集体合同的法律。1907 年奥地利和荷兰也相继制定了有关集体合同的法律制度。1911 年瑞士颁布的《债务法》也有两条是关于集体合同的内容。

20 世纪初，在工人阶级的长期斗争下，集体合同的法律地位开始逐步得到认可，当时的一些主要工业国家改变了以往对集体协商的抵制，将其视为劳资关系调整的重要途径。当今，集体协商和集体合同已经成为确定劳动制度和调整劳动关系的主要手段。

我国《劳动法》第 33 条规定，集体合同由工会代表职工与企业签订；没有建立工会的企业，由职工推举的代表与企业签订。2004 年 5 月 1 日起实施的《集体合同规定》，《劳动合同法》第五章第一节对集体合同进行了专门规定。

（一）集体合同的特征

集体合同与劳动合同相比，具有的特点：

（1）主体的特定性　集体合同中当事人一方是代表职工的工会组织或职工代表；另一方是用人单位。

（2）内容的法定性。集体合同从本质上是一种劳动协议，以劳动条件为主要内容，其内容具有法定性（这一点和劳动合同相同），是规定全体职工与企业之间整体性的劳动权利和义务的一种协议（这一点和劳动合同不同）。

（3）集体合同双方当事人的权利义务不均衡，规定企业承担的义务都具有法律性质，企业不履行义务，就要承担法律责任。集体合同基本上都是强调用人单位的义务，如为劳动者提供合法的劳动设施和劳动条件等。

（4）集体合同的要式性，集体合同要以书面形式签订，需要报送劳动行政部门登记、审查、备案方为有效。

（5）集体合同是最低标准合同，受国家宏观调控计划的制约，就效力而言，集体合同效力高于劳动合同，劳动合同规定的职工个人劳动条件和劳动报酬标准，不得低于集体合同的规定。

（二）集体合同的签订

集体合同的签订是指工会或职工代表与企业或事业组织之间，为规定职工集体劳动条件，依法就集体合同条款经过协商一致，设立集体合同关系的法律行为。

按照《集体合同规定》第二章规定，集体合同协商的内容主要有：

劳动报酬；工作时间；休息休假；劳动安全卫生；补充保险和福利；女职工和未成年工特殊保护；职业技能培训；劳动合同管理；奖惩；裁员；集体合同期限；变更、解除集体合同的程序；履行集体合同发生争议时的协商处理办法；违反集体合同的责任；双方认为应当协商的其他内容。

集体合同订立的程序：一般而言，集体合同的签订都必须经过以下程序：一是制定集体合同草案；二是审议；三是签字；四是登记备案；五是公布。

（1）制定集体合同草案：集体合同应由工会代表职工与企业签订，没有建立工会的企业，由职工推举的代表与企业签订。一般情况下，各个企业应当成立集体合同起草委员会或者起草小组，主持起草集体合同。起草委员会或起草小组由企业行政部门和工会各派代表若干人，推举工会和企业行政代表各一人为主席或组长和副主席或副组长。起草委员会或者起草小组应当深入进行调查研究，广泛征求各方面的意见和要求，提出集体合同的初步草案。

（2）审议：将集体合同草案文本提交职工大会或职工代表大会审议。职工大会或职工代表大会审议时，由企业经营者和工会主席分别就协议草案的产生过程、依据及涉及的主要内容作出说明，然后由职工大会或职工代表大会对协议草案文本进行讨论，作出审议决定。《集体合同规定》第36条规定，经双方代表协商一致的集体合同草案或专项集体合同草案应当提交职工代表大会或者全体职工讨论。职工代表大会或者全体职工讨论集体合同草案或专项集体合同草案，应当有2/3以上职工代表或者职工出席，且须经全体职工代表半数以上或者全体职工半数以上同意，集体合同草案或专项集体合同草案方获通过。

（3）签字：集体合同草案经职工大会或职工代表大会审议通过后，由双方首席代表签字或盖章。

（4）登记备案：集体合同签订后，应将集体合同的文本及其各部分附件一式三份提请县级以上劳动行政主管部门登记备案。劳动行政部门有审查集体合同内容是否合法的责任，如果发现集体合同中的项目与条款有违法、失实等情况，可不予登记或暂缓登记，发回企业对集体合同进行修正。如果劳动行政部门在收到集体合同文本之日起15日内，没有提出意见，集体合同即发生法律效力，企业、工会组织和职工个人均应切实履行。

（5）公布：集体合同一经生效，企业应及时向全体职工公布。

（三）集体合同的履行、变更、解除、终止

集体合同的履行，遵循实际履行、全面履行和协作履行的原则。

集体合同的变更，是指双方当事人在集体合同没有履行或虽已开始履行但尚未完全履行之前，因订立集体合同的主客观条件发生了变化，依照法律规定的条件与程序，对原合同中的部分条款进行修改、补充的法律行为。集体合同的解除，是指集体合同依法签订后，未履行完毕前，由于某种原因导致当事人一方或双方提前终止集体合同的法律效力，停止履行双方劳动权利义务关系的法律行为。

一般而言，集体合同的变更和解除可以分为法定和约定的变更和解除。

（1）就约定变更和解除而言，根据《集体合同规定》第39条规定，只需要双方意思表示一致即可以变更或者解除集体合同。

（2）就法定变更和解除而言，《集体合同规定》第40条规定，有下列情形

之一的，可以变更或解除集体合同或专项集体合同：（1）用人单位因被兼并、解散、破产等原因，致使集体合同或专项集体合同无法履行的；（2）因不可抗力等原因致使集体合同或专项集体合同无法履行或部分无法履行的；（3）集体合同或专项集体合同约定的变更或解除条件出现的；（4）法律、法规、规章规定的其他情形。

集体合同的终止，是指双方当事人约定的集体合同期满或者集体合同终止条件出现，以及集体合同一方当事人不存在，无法继续履行劳动合同时，立即终止劳动合同的法律效力。《集体合同规定》第38条规定，集体合同或专项集体合同期限一般为1~3年，期满或双方约定的终止条件出现，即行终止。集体合同或专项集体合同期满前3个月内，任何一方均可向对方提出重新签订或者续订的要求。

（四）　集体合同的争议处理

《集体合同规定》第七章专门规定了集体协商争议的协调处理，明确规定：集体协商过程中发生争议，双方当事人不能协商解决的，当事人一方或双方可以书面向劳动保障行政部门提出协调处理申请；未提出申请的，劳动保障行政部门认为必要时也可以进行协调处理，劳动保障行政部门应当组织同级工会和企业人员共同协调处理集体协商争议。协调处理集体协商争议，应当自受理协调处理申请之日起30日内结束协调处理工作。期满未结束的，可以适当延长协调期限，但延长期限不得超过15日。《集体合同规定》还明确规定：因履行集体合同发生的争议，当事人协商解决不成的，可以依法向劳动争议仲裁委员会申请仲裁。

二、劳务派遣

劳务派遣合同，是指劳务派遣单位与被派遣劳动者依据劳动合同法确立劳动关系、明确双方权利和义务的一种劳动合同。

劳务派遣，这一用工方式最早起源于日本、美国。劳务派遣的最显著特征就是劳动力的雇佣和使用相分离，形成"有关系没劳动，有劳动没关系"的特殊形态。[①] 这种招聘和用人相分离的用人模式，是国际上非常流行的用工模式。随着我国改革开放的不断深化、社会劳动保障制度的完善以及新一代求职者就业观念的变化，劳务派遣开始在不同层次的劳动力市场、人才市场得到发展，并顺应着

---

① 姜颖著：《劳动合同法论》，法律出版社2006年版，第333页。

这种国际化的趋势成为今后劳动力市场不断成熟完善的用工模式。

劳务派遣在我国起步较晚，但发展迅速。劳务派遣，又称人才派遣、劳动力租赁，在德国、日本以及我国台湾地区等国家和地区的劳动法学界一般称之为劳动派遣，是指由劳动派遣单位与被派遣劳动者订立劳动合同，由被派遣劳动者向用工单位给付劳务，其报酬由用工单位以劳务费向劳务派遣机构支付并代发的一种用工方式。

劳务派遣近年来在我国迅速发展的原因主要有：第一，劳务派遣能有效降低成本，包括人力资源管理成本、税收成本、解约成本等；第二，劳务派遣适应了某些企业业务季节性强、需求短期用工的特点；第三，劳务派遣适应了某些国有企业的没有劳动力计划而需要用工的岗位；第四，为许多用人单位提供了保安人员；第五，劳务派遣为许多企业的辅助性工作提供了劳动力。

（一）劳务派遣过程中的法律关系

劳务派遣涉及劳务派遣单位、用工单位和劳动者三方。劳务派遣过程中涉及三方的关系，即派遣单位与被派遣劳动者、派遣单位与用工单位，以及用工单位与被派遣劳动者的关系。对劳务派遣的规制，核心在于规范劳务派遣中的三方关系，对此，世界各国和地区存在着不同的认识。主要分歧在于：劳务派遣中涉及的是一个雇主还是两个雇主，是一重法律关系还是双重法律关系上。

一重劳动法律关系理论认为，在劳动力派遣中只有派遣机构和派遣劳工之间形成的一个劳动关系，一重劳动关系对各国劳动派遣立法产生了重要的影响，欧盟、法国、秘鲁等大多数国家和我国台湾地区在立法上都采用了一重劳动关系理论。

双重劳动关系的理论认为，由于派遣劳工是由派遣机构直接雇佣，因此在几乎所有相关事项上，派遣机构皆须承担雇主责任。至于直接使用派遣劳工的要派机构，由于美国法有所谓的"共同雇主"的概念，因此要派机构有时亦需承担雇主责任。

在立法中，我国主张一重劳动关系说。派遣单位和被派遣劳动者签订劳动合同，劳务派遣单位负责劳动者的日常管理，并支付工资及负责各种社会保险，而劳动者则接受劳务派遣单位派遣。劳动者与实际用工单位之间则没有合同关系，并不存在劳动法意义上的劳动关系。劳动法上规定的用人单位的义务是由派遣单位来承担的，实际用工单位所承担的义务是基于其与派遣单位之间的双务合同来确定，并不承担劳动法上的义务，只是对劳动者进行实际管理使用。

劳务派遣单位与用工单位之间签订劳务派遣协议，该协议约定双方的权利义务关系，如关于派遣的时间、劳务费用的数额、支付的日期和周期、对于违纪派遣劳动者的处理等事项。双方的派遣协议属于民事协议，而非劳动合同，因此，当双方就劳动派遣发生纠纷时，除自行协商调解外，应纳入民事诉讼渠道解决。

派遣员工到用工单位工作，用工单位对劳动者进行用工管理。同时，用工单位在适用《劳动法》时应当负担的雇主责任还应该有：平等待遇、禁止强制劳动、劳动时间、休息休假，以及对女工的各种特殊保护等。用工单位如果有违反以上提到的责任，派遣单位仍旧让被派遣劳动者在该处工作的，那么也应当依《劳动法》的相关规定对派遣单位进行处罚。

综上所述，通过理清劳务派遣单位、被派遣劳动者与用工单位三方之间的权利义务关系，防止用人单位利用制度缺陷逃避社会保险责任，保护处于弱势地位的普通劳动者，禁止一些用人单位介入他人之间的劳动关系中进行中间盘剥、非法获利，也禁止用人单位逃避法律责任和义务。①

（二）劳务派遣合同订立

为了遏制劳务派遣主流化趋势，防止用工单位滥用劳务派遣，以这种用工方式规避劳动法，劳动合同法规定，劳务派遣一般在临时性、辅助性或者替代性的工作岗位上实施。企事业单位用工应以直接招聘录用员工，并签订劳动合同，建立正式劳动关系，应建立一支基本职工队伍为主，劳务派遣作为一种特殊的用工形式和劳动关系，并不适合所有企事业用人单位，只适合一些特殊用人单位或特殊岗位。《劳动合同法》第66条规定，劳务派遣一般在临时性、辅助性或者替代性的工作岗位上实施。这些工作岗位一般来讲对其用工单位不是十分重要，且具有临时工作的性质，故而替代性很强，从而适合劳务派遣的用工形式。

劳务派遣手续一般按照以下步骤进行：

（1）劳务派遣组织与用人单位依法签订《劳务派遣协议》，明确劳务派遣的服务项目、服务期限、派遣员工的工资报酬、社会保险、福利待遇以及双方的权利和义务。

（2）劳务派遣组织按照用人单位的用工条件组织招工，在用人单位面试考核合格后，依法与派遣员工签订《劳动合同书》，并到劳动保障行政部门进行鉴证。

（3）用人单位按照《劳务派遣协议》向劳务派遣组织支付派遣员工工资、社会保险费、住房公积金和派遣管理服务费用；劳务派遣组织按《劳动合同书》发放派遣员工的工资报酬，并为派遣员工缴纳有关社会保险费、住房公积金。

（4）劳务派遣组织按照用人单位的要求，依法决定与派遣员工劳动关系的解

---

① 　李坤刚：《我国劳动派遣法律关系初探》，载于《中国劳动》2005年第2期。

除、终止或者接续，并到劳动保障行政部门办理有关手续。

（5）派遣员工被遣回劳务派遣组织的，派遣组织应组织员工开展必要的职业技能培训和职业介绍工作，以帮助他们能够尽快上岗。

（三）劳务派遣单位

1. 劳务派遣单位的设立条件和程序

依据《劳动合同法》第57条规定，劳务派遣单位的设立条件和程序，应该遵循《公司法》规定的公司的设立条件和程序。

（1）必备条件：符合企业法人设立的条件①；具有一定数量的专业技能且达到一定等级的从业人员；有健全的管理制度；不低于法定数额的风险担保金。

（2）设立程序：《劳动合同法》第57条规定，劳务派遣单位按照《公司法》的有关规定设立，注册资本不得少于50万元。

2. 劳务派遣单位的义务

《劳动合同法》第58条规定，劳务派遣单位是《劳动合同法》所称的用人单位，应当履行用人单位对劳动者的全部义务。主要包括以下内容：

（1）与派遣员工签订劳动合同的义务和派遣的义务。《劳动合同法》第58条规定，劳务派遣单位应当与被派遣劳动者订立2年以上的固定期限劳动合同，按月支付劳动报酬；被派遣劳动者在无工作期间，劳务派遣单位应当按照所在地人民政府规定的最低工资标准向其按月支付劳动报酬。

（2）告知的义务。派遣单位应当向派遣员工告知用工单位的基本情况、岗位安排、劳动规章制度以及承诺的安全卫生、工作时间、休息休假、工资福利等劳动条件，提供劳动法规政策、权益维护手段和相关事务办理等方面的指导性建议。

（3）提供建立和管理人事档案服务的义务。

（4）代付工资和代缴社会保险费的义务。《劳动合同法》第60条规定，劳

---

① 主要是《公司法》对企业法人的设立进行了规定。《公司法》第23条规定了设立有限责任公司的条件，股东符合法定条件；股东出资达到法定资本最低限额；股东共同制定公司章程；有公司名称；建立符合有限责任公司要求的组织机构；有公司住所。《公司法》第77条规定了设立股份有限公司的条件，发起人符合法定人数；发起人认购和募集的股本达到法定资本最低限额；股份发行、筹办事项符合法律规定；发起人制订公司章程；采用募集方式设立的经创立大会通过；有公司名称；建立符合股份有限公司要求的组织机构；有公司住所。

务派遣单位不得克扣用工单位按照劳务派遣协议支付给被派遣劳动者的劳动报酬。劳动派遣单位和用工单位不得向被派遣劳动者收取费用。

（四）用工单位

1. 用工单位的责任和义务

根据《劳动合同法》第62条规定，用工单位的责任和义务有：

（1）执行国家劳动标准，提供相应的劳动条件和劳动保护。劳动条件包括人为条件和设备条件，劳动保护指按照社会上公认的准则或规则。

（2）告知被派遣劳动者的工作要求和劳动报酬。

（3）支付加班费、绩效奖金，提供与工作岗位相关的福利待遇。

（4）对在岗被派遣劳动者进行工作岗位所必需的培训。

（5）连续用工的，实行正常的工资调整机制。实际用工单位应该按照正常的工资标准给付劳动者工资，如果工资出现变动的，应该相应调整。

（6）用工单位应当按照劳务派遣协议使用被派遣劳动者，不得将被派遣劳动者再派遣到其他用工单位。

2. 用工单位承担的费用

按照《劳动合同法》的规定，用工单位的开支项目有：被派遣劳动者的工资、各项社会保险费、劳务派遣服务费和《劳务派遣协议书》中双方协商认可的费用。

（五）被派遣劳动者

1. 被派遣劳动者需要符合的条件

一般而言，劳务派遣合同中的劳动者的条件和一般劳动合同中的劳动者的条件是相同的。

2. 被派遣劳动者的基本权利与义务

劳务派遣中，被派遣的劳动者具有一般劳动者的劳动权利和义务。

三、非全日制用工

非全日制用工近年来在我国发展迅速。这一用工形式突破了传统的全日制用工模式，适应了用人单位灵活用工和劳动者自主择业的需要，成为促进就业的重要途径。其所具有的灵活用工的特点主要表现为小时工或者钟点工等形式，在社区服务、餐饮、超市等行业应用十分广泛。为了规范用人单位非全日制用工行为，保障劳动者的合法权益，促进非全日制就业健康发展，根据《中共中央国务院关于进一步做好下岗失业人员再就业工作的通知》精神，劳动和社会保障部于2003 年发布了《关于非全日制用工若干问题的意见》。《劳动合同法》在总结这一政策执行情况的基础上，对这一政策内容进行确认、修改、补充，从法律层面上对非全日制用工作出了与全日制用工不同的特别规范。

（一）非全日制用工的含义和特点

按照《劳动合同法》第 68 条的规定，非全日制用工，是指以小时计酬为主，劳动者在同一用人单位一般平均每日工作时间不超过 4 小时，每周工作时间累计不超过 24 小时的用工形式。一般而言，非全日制用工有以下特点：

（1）非全日制用工时间非常短，一般每天不超过 4 小时，每周工作时间累计不超过 24 小时；

（2）非全日制用工采取以小时计算的模式；

（3）非全日制用工的情况一般适用于临时性的工种。

（二）非全日制用工与全日制劳动用工的区别

（1）就业方式不同。非全日制用工采取的是比全日制用工更加灵活的就业方式，按照小时计算工作时间并计收劳动报酬。

（2）工作时间不同。非全日制用工的工作时间采取以小时为单位来计算，一般而言平均每天的工作时间不超过 4 小时，每周累计不超过 24 小时；而全日制用工可以分别以周、月、季、年等为周期综合计算工作，采取的是 8 小时工作制，每周 40 小时的工作时间。

（3）劳动报酬不同。非全日制用工采取的劳动报酬计算方式是以工作时间计算报酬的方式，在工作周期结束后的 15 日，用人单位需向劳动者支付劳动报酬；而全日制用工的劳动报酬采取的是按照周、月或者季的方式支付的。

（4）是否支付经济补偿金不同。非全日制用工采取的是解除劳动合同不需要支付经济补偿金的方式；而全日制用工在出现《劳动合同法》第 46 条规定的情况下必须支付经济补偿金。

（5）劳动关系不同。非全日制用工的劳动者可以和两个以上的用工单位建立劳动关系；而全日制用工的劳动者只能和一个用人单位建立劳动关系。

（三）非全日制用工劳动合同的签订

《劳动合同法》第 69 条规定，非全日制用工双方当事人可以订立口头协议。口头形式一般适用于短期的即时结清的合同形式，而书面合同形式则适用于标的数额较大而不是即时结清的合同形式，其用书面文字形式明确了双方之间的权利与义务，保证在产生纠纷的时候有据可查。所以，劳动合同一般以书面形式订立。但是对于以小时计算的非全日制用工形式，则经双方协商同意，可以订立口头劳动合同。但需要注意的是，此处规定的是乐意订立口头形式的劳动合同，如果劳动者或者用人单位提出订立书面劳动合同的，应当以书面形式订立。

（四）非全日制用工劳动合同的内容

非全日制用工的劳动合同作为劳动合同的一种，除需符合一般劳动合同的内容要求以外，用人单位与劳动者还可以协商约定试用期、培训、保守商业秘密、补充保险和福利待遇等其他事项。对于这方面的内容，劳动和社会保障部《关于非全日制用工若干问题的意见》第 3 条也规定，非全日制用工的劳动合同的内容由双方协商确定，应当包括工作时间和期限、工作内容、劳动报酬、劳动保护和劳动条件五项必备条款，但不得约定试用期。

（五）非全日制用工合同的终止

《关于非全日制用工若干问题的意见》第 4 条规定，非全日制劳动合同的终止条件，按照双方的约定办理。劳动合同中，当事人未约定终止劳动合同提前通知的，任何一方均可以随时通知对方终止劳动合同。但是需要注意的是，非全日制用工的劳动合同作为劳动合同的一种，自然应该适应我国《劳动合同法》第 44 条和第 45 条规定的劳动合同的终止事由，即有下列情形之一的，劳动合同终止：

（1）劳动合同期满或者劳动合同约定的终止条件出现的；

（2）劳动者开始享受基本养老保险待遇的；

（3）劳动者死亡，或者被人民法院宣告死亡或者宣告失踪的；

（4）用人单位被依法宣告破产的；

（5）用人单位被吊销营业执照、责令关闭、撤销或者用人单位决定提前解散的；

（6）有法律、行政法规规定的其他情形的。

（六）非全日制劳动者的权益保护

非全日制就业由于其形式灵活，能够满足不同劳动者群体的就业需求，适应了企业生产经营的需要，在缓解就业压力和降低失业率等方面发挥了重要作用。但同时，非全日制就业存在一些问题，特别是非全日制劳动者在劳动权益方面普遍存在的诸如工资标准普遍低于正规就业、社会保障水平相对较低等问题，也困扰和影响了非全日制就业的发展。因此，《劳动合同法》关注对非全日制劳动者的保护，以促进非全日制就业的健康发展。

关于非全日制就业的工作时间，《劳动合同法》第 68 条规定，劳动者在同一用人单位平均每日工作时间不超过 4 小时，每周工作时间累计不超过 24 小时。这一限定不仅涉及工时标准，而且也关系到如何界定非全日制就业的概念和适用问题。

关于非全日制劳动的工作时间和超时加班问题，为了保障非全日制员工的合法权益，用人单位应参照《劳动法》有关规定，向非全日制用工支付超时加班工资。①

关于非全日制用工的社会保险，从事非全日制工作的劳动者应当参加基本养老保险，原则上参照个体工商户的参保办法执行。对于已参加过基本养老保险和建立个人账户的人员，前后缴费年限合并计算，跨统筹地区转移的，应办理基本养老保险关系和个人账户的转移、接续手续。符合退休条件时，按国家规定计发基本养老金。从事非全日制工作的劳动者可以以个人身份参加基本医疗保险，并按照待遇水平与缴费水平相挂钩的原则，享受相应的基本医疗保险待遇。参加基本医疗保险的具体办法由各地劳动保障部门研究制定。用人单位应当按照国家有关规定为建立劳动关系的非全日制劳动者缴纳工伤保险费。从事非全日制工作的劳动者发生工伤，依法享受工伤保险待遇；被鉴定为伤残 5 ~ 10 级的，经劳动者与用人单位协商一致，可以一次性结算伤残待遇及有关费用。

用人单位应当按时足额支付非全日制劳动者的工资，用人单位支付非全日制劳动者的小时工资不得低于当地政府颁布的小时最低工资标准。非全日制用工的小时最低工资标准由省、自治区、直辖市规定，并报劳动和社会保障部备案。确定和调整小时最低工资标准应当综合参考以下因素：当地政府颁布的月最低工资标准；单位应缴纳的基本养老保险费和基本医疗保险费（当地政府颁布的月最低工资标准未包含个人缴纳社会保险费因素的，还应考虑个人应缴纳的社会保险

---

① 高军：《对国有企业非全日制用工形式问题的思考》，载于《胜利油田党校学报》2005 年第 1 期。

费）；非全日制劳动者在工作稳定性、劳动条件和劳动强度、福利等方面与全日制就业人员之间的差异。非全日制劳动者小时最低工资标准的测算方法为：小时最低工资标准 = [（月最低工资标准 ÷ 20.92 ÷ 8）×（1 + 单位应当缴纳的基本养老保险费和基本医疗保险费比例之和）] ×（1 + 浮动系数）。

非全日制用工的工资支付可以按照小时、日、周或月为单位结算。非全日制用工劳动报酬结算支付周期最长不得超过 15 日。

（七）非全日制用工的管理

非全日制用工是劳动用工制度的一种重要形式，是灵活就业的主要方式。各级劳动保障部门要高度重视，从有利于维护非全日制劳动者的权益、有利于促进灵活就业、有利于规范非全日制用工的劳动关系出发，结合本地实际，制定相应的政策措施。要在劳动关系建立、工资支付、劳动争议处理等方面为非全日制用工提供政策指导和服务。

（1）各级劳动保障部门要切实加强劳动保障监察执法工作，对用人单位不按照劳动和社会保障部《关于非全日制用工若干问题的意见》的要求订立劳动合同、低于最低小时工资标准支付工资以及拖欠、克扣工资的行为，应当严肃查处，维护从事非全日制工作劳动者的合法权益。

（2）各级社会保险经办机构要为非全日制劳动者参保缴费提供便利条件，开设专门窗口，可以采取按月、季或半年缴费的办法，及时为非全日制劳动者办理社会保险关系及个人账户的接续和转移手续；按规定发放社会保险缴费对账单，及时支付各项社会保险待遇，维护他们的社会保障权益。

（3）各级公共职业介绍机构要积极为从事非全日制工作的劳动者提供档案保管、社会保险代理等服务，推动这项工作顺利开展。

【作业题】

一、判断下列劳动合同条款合法与否

1. 在合同期内不得结婚、离婚，3 年内不得生育。
2. 在试用期内，本商场和员工都可随时通知对方终止劳动关系。
3. 月薪 1.6 万元，不参加社会保险，自己投保商业险。
4. 造成损失扣发当月全部工资。
5. 凡是加班安排补休的不发加班费。
6. 依法解除合同以及合同到期不续订的均不给经济补偿金。
7. 所有的社会保险费由双方缴纳。
8. 在京就业的外地人持有居住证才有资格参加生育保险。
9. 本人自愿回原籍参加社会保险。

10. 本人宁愿在本公司的工龄归零，也愿意领 10 个月的经济补偿金重签劳动合同。

11. 试用期满后正式录用，再签订劳动合同。

二、案例分析

案例1：2009 年 5 月，陈某与某玩具厂签订了为期 3 年的劳动合同。该合同规定：试用期为 1 年，在试用期内陈某不得单方面提出解除劳动合同，试用期满后，陈某要求解除合同时，需要提前 60 天通知厂方；同时该合同中还规定了一般情况下每日工作 8 小时，但在订货任务繁忙月份，每日加班 2 小时。该份合同是否有违反劳动法的内容？

案例2：某煤矿招收一批采矿工人，要求身体健康。李某因患乙肝，便让其孪生弟弟代为体检。李某被录用后，试用期为 3 个月。上岗后，该煤矿发现张某体力不支，与体检状况不符，但并未多疑。试用期满的两天后，该煤矿对这批工人再行体检，发现李某有乙肝，且已有一段时间，经调查，李某体检时有人顶替。于是该煤矿以李某不符合录用条件为由决定解除与李某的劳动合同。问该煤矿决定是否正确？

第四章 用人单位内部劳动规章制度

【本章导读】

用人单位内部劳动规章制度是由用人单位依法制定并在本单位实施的，组织劳动过程和进行劳动管理的规则和制度的总和。用人单位应当依法建立和完善规章制度，劳动者应当遵守劳动纪律。规章制度是用人单位的单方法律行为，是用人单位单方的意思表示，用人单位应当依法建立和完善劳动规章制度，保障劳动者享有劳动权利、履行劳动义务。用人单位在制定、修改或者决定直接涉及劳动者切身利益的劳动报酬、工作时间、休息休假、劳动安全卫生、保险福利、职工培训、劳动纪律以及劳动定额管理等规章制度或者重大事项时，应当经职工代表大会或者全体职工讨论，提出方案和意见，与工会或者职工代表平等协商确定。用人单位在规章制度的制定程序中，应遵循职工参与、民主决策、公示公告的程序。用人单位依法通过民主程序制定的规章制度，不违反国家法律、行政法规及政策规定，并已向劳动者公示的，可以作为人民法院审理劳动争议案件的依据。

【重点】用人单位内部规章制度的订立、内容和效力、生效要件。

【难点】用人单位内部劳动规章制度的生效要件。

第一节 用人单位内部劳动规章概述

企业规章制度是指用人单位根据有关法律、法规制定的，在本单位范围内实行的有关组织和进行劳动管理的规则。《中华人民共和国宪法》（以下简称《宪法》）规定，遵守劳动纪律是公民的一项义务。《劳动法》规定，用人单位应当依法建立和完善规章制度，劳动者应当遵守劳动纪律。可见，企业规章制度是法律法规的延伸和具体，是实现劳动过程的自治规范的需要，它对单位的全体成员均具有约束力。

用人单位规章制度可能不仅包括劳动方面的，还包括单位的机构设置、人事管理以及企业文化等方方面面，这里主要研究的是用人单位的劳动规章制度。对于用人单位规章制度的理解，国内的讨论中各家意见大同小异。规章制度是用人单位自己内部所制定的一种制度，而往往这种制度的主要目的是对劳动者的行为产生约束力。企业规章，亦称内部劳动规则或厂规厂纪，是指用人单位依法制定并在本单位范围内有效的，关于如何组织劳动过程和进行劳动管理的规则。用人单位劳动规章制度是由用人单位依法制定并在本单位实施的、组织劳动过程和进行劳动管理的规则和制度的总和。它是用人单位规章制度的组成部分。有的国家称其为雇用规则、工作规则或从业规则等。用人单位的劳动规章制度是用人单位组织社会化劳动所必需的制度，它对于提高劳动效率，保护劳动者和用人单位的合法权益，都起着重要的作用。许多国家和地区的劳动立法都把规范雇用规则放在一个重要的位置，制定了相关法律、法规。

一、用人单位内部劳动规章制度的界定

（一）用人单位内部劳动规章制度的定义

用人单位内部劳动规章制度是由用人单位依法制定并在本单位实施的，组织劳动过程和进行劳动管理的规则和制度的总和。该规章制度具有以下特点：（1）单方性。是由用人单位一方制定的，尽管其在制定过程中可能要征求单位员工的意见和建议，但其性质是用人单位一方制定，并非与员工进行协商的产物。也就是说，该规章制度的制定并不需要必须征求员工的同意。（2）必须依法制定。规章制度的内容不能违反法律和法规的规定。如果用人单位违反法律和法规的规定，则该规章就是自始没有效力的，员工可以拒绝执行。（3）适用范围是仅限于规章制度的制定单位范围之内。（4）内容是关于组织劳动过程和进行劳动管理。这也是该规章制度的制定目的。

（二）用人单位内部劳动规章制度与劳动合同的区别

用人单位内部劳动规章制度与劳动合同共同构成了约定用人单位和劳动者权利义务的主要内容，二者均可作为法院审理劳动争议案件的依据和参照，既有联系，又有区别。其区别主要表现为：

1. 主体不同

规章制度是用人单位的单方法律行为，是用人单位单方的意思表示；而劳动

合同是用人单位和劳动者双方意思表示一致的行为，是双方行为。虽然我国《劳动合同法》规定，用人单位在制定关系劳动者权益的规章制度或者决定重大事项时，应当经职工代表大会或者全体职工讨论，提出方案和意见，与工会或者职工代表平等协商确定，但这仍然没有改变用人单位是规章制度制定者的事实。因为，根据现行立法，劳动者参与用人单位内部劳动规章制度订立过程并发表意见，是用人单位在制定规章时应遵循的程序，在此过程中，职工代表或者工会代表认为规章内容不适当的，有权向用人单位提出，但不具有最终的决定权或者表决权。

2. 内容不同

规章制度规定的是保障全体劳动者劳动权利和劳动义务履行的规则，而劳动合同规定的是单个劳动者的劳动权利和劳动义务。用人单位可以就直接涉及劳动者切身利益的劳动报酬、工作时间、休息休假、劳动安全卫生、保险福利、职工培训、劳动纪律以及劳动定额管理等事项制定规章制度；而劳动合同涉及的内容显然要比用人单位内部劳动规章制度多。

3. 效力不同

用人单位根据《劳动法》第 4 条之规定，通过民主程序制定的规章制度，不违反国家法律、行政法规及政策规定并已向劳动者公示的，可以作为人民法院审理劳动争议案件的依据。但用人单位制定的内部规章制度与集体合同或者劳动合同约定的内容不一致，劳动者请求优先适用合同约定的，人民法院应予支持。由此可见，劳动合同的效力应当高于用人单位的规章制度，用人单位不得通过规章制度的形式变更劳动合同条款。由双方协商确定的劳动合同条款比用人单位单方制定的规章制度应当具有更高的优先效力。

二、用人单位内部劳动规章制度的性质①

用人单位内部劳动规章制度性质的认定，是直接关系到其法律效力的问题。关于用人单位内部规章制度的性质，国内外理论界有不同的观点，形成不同的学说，分述如下：

---

① 杨冬梅：《关于用人单位内部劳动规章法律问题的思考》找法网，http：//china. findlaw. cn/he-tongfa/li lunyan jiu/35572. html。

（一）西方国家的主要观点

1. 私法说

该学说认为，劳动合同既然成立，内部规章制度作为劳动合同的附合合同，只要具有合法性，就应与劳动合同一样具有法律效力。

2. 公法说

该学说认为，用人单位是一种社会集团，劳动者既然已加入其中，就表明他们已承认雇主作为企业的权力者，享有为企业发展而在本企业内部的立法权。用人单位因此而制定的内部劳动规章制度对职工具有当然约束力。

3. 折中说

该学说认为，规章制度之所以发生法律效力，应当是基于劳动关系双方当事人意思表示一致。须规章制度内容不违法，且经过职工的同意，即具有法律效力。

（二）我国学者的观点[①]

1. 我国台湾地区学者的观点

（1）法规范说。依据该说，规章制度产生效力的依据，在于规章制度具有法规范的性质，而与劳动者主观意志无关。其理论大致又分为经营权说、习惯法说、授权法说三类。

（2）契约说。就规章制度的整体内容而言，属于雇主以其经济、社会地位的优势，采纳各个劳动合同的共同内容，使之具体化和定型化而成。因此，规章制度和劳动合同的条款在本质上没有什么不同。

（3）根据二分说。该说将用人单位内部规章制度分为两部分：其一是属于工资、劳动时间、工作条件等狭义的劳动条件部分，该部分的规章制度，必须获得劳动者的同意方能生效；其二是劳动者就业时必须遵守的行为规则，此部分是雇主依其自主经营权和命令管理权制定，只要履行告知劳动者的程序即生效，而无

---

① 高圣平：《用人单位劳动规章制度的性质辨析——兼评〈劳动合同法（草案）〉的相关条款》，载于《法学》2006 年第 10 期，第 37～42 页。

需征得劳动者的同意。

（4）集体合意说。这是一种介于法规范说和契约说之间的折中说。其基本内容为，劳动条件应以劳资双方合意为基本原则，鉴于规章制度能统一规范劳动条件的实现，劳动者对于规章制度制定或者有异议时，可通过劳动者团体意思予以同意，未经劳动者团体意思的同意，规章制度不产生效力。

2. 我国大陆学者的观点

用人单位的内部规章制度具有法律效力，已成为我国大陆学者的共识。但有些学者认为，规章制度是由用人单位制定的，不能将其等同于法律，其之所以具有法律效力，是因为有法律的授权。劳动者应当遵守用人单位内部规章制度，遵守劳动纪律。《劳动合同法》第39条规定，劳动者严重违反用人单位的规章制度的，用人单位可以解除劳动合同。这使得用人单位内部规章制度对于劳动者具有了普遍的约束力。

三、现行立法的规定

目前，我国尚无规范用人单位劳动规章制度的专门法律、法规，关于用人单位劳动规章制度的法律、法规及规范性文件主要由以下几个方面构成：

（一）《劳动法》的规定

《劳动法》共有3个条文对用人单位的劳动规章制度作出规范：其一，该法第4条规定，"用人单位应当依法建立和完善规章制度，保障劳动者享有劳动权利和履行劳动义务。"这表明，制定劳动规章制度是用人单位的法定义务。其二，该法第25条第2款将劳动者严重违反劳动纪律或者用人单位规章制度，作为用人单位可以随时单方面解除劳动合同的法定情形之一。《劳动法》第25条是典型的授权性条款，它表明通过建立和完善劳动规章制度，加强劳动管理，对违反劳动规章制度的劳动者进行惩罚，是用人单位用人自主权的重要内容。其三，该法第89条规定，"用人单位制定的劳动规章制度违反法律、法规规定的，由劳动行政部门给予警告，责令改正；对劳动者造成损害的，应当承担赔偿责任。"这表明了劳动规章制度的效力是以合法为前提的。

（二）《劳动合同法》的规定

《劳动合同法》第4条规定，"用人单位应当依法建立和完善劳动规章制度，保障劳动者享有劳动权利、履行劳动义务。用人单位在制定、修改或者决定直接涉及劳动者切身利益的劳动报酬、工作时间、休息休假、劳动安全卫生、保险福利、职工培训、劳动纪律以及劳动定额管理等规章制度或者重大事项时，应当经职工代表大会或者全体职工讨论，提出方案和意见，与工会或者职工代表平等协商确定。在规章制度实施过程中，工会或者职工认为用人单位的规章制度不适当的，有权向用人单位提出，通过协商作出修改完善。直接涉及劳动者切身利益的规章制度应当公示，或者告知劳动者。"《劳动合同法》第 39 条规定，劳动者严重违反用人单位的规章制度的，用人单位可以解除劳动合同。在《劳动合同法》中，对于用人单位内部劳动规章制度的内容、有效要件、用人单位和劳动者或者工会的权利义务、生效程序做出了原则性的规定。

（三）相关企业法律法规的规定

作为企业经营管理自主权的重要组成部分，我国《全民所有制工业企业法》、《城镇集体所有制企业法》、《乡镇企业法》、《公司法》、《工会法》等有关企业法律、法规，都赋予了企业包括劳动规章制度在内的重要规章制度制定权，并对企业规章制度的制定程序作出了相应规定。国有企业、集体企业制定重要的规章制度必须经职工代表大会审议决定，其他企业制定重要规章制度时，应当听取工会的意见。

（四）相关行政法规的规定

在《国营企业辞退违纪职工暂行规定》被废止后，目前我国关于用人单位劳动纪律和劳动规章制度的行政法规就只有 1982 年 4 月 10 日国务院发布的《企业职工奖惩条例》（以下简称《奖惩条例》），它适用于全民所有制企业和集体所有制企业。该《奖惩条例》规定的奖励为：记功、记大功、晋级、通令嘉奖、授予先进生产者、劳动模范等荣誉称号。处分有警告、记过、记大过、降级、撤职、留用察看、开除，同时可给予一次性罚款。《奖惩条例》还规定了奖励与处分的条件和程序。

（五）司法解释及其他规定

除了上述法律法规外，我国还有一些司法解释和规范性文件涉及用人单位的劳动规章制度，主要是 1997 年 11 月 25 日原劳动部发布的《关于对新开办用人单位实行劳动规章制度备案制度的通知》（以下简称《通知》），规定从 1998 年 1 月 1 日起，对新开办用人单位实行劳动规章制度备案制度。《通知》列举了用人单位劳动规章制度应包括的内容、劳动合同管理、工资管理、社会保险福利待遇、工时休假、职工奖惩以及其他劳动管理规定。新开办用人单位应在正式开业后半年内将制定的劳动规章制度报送当地劳动行政部门备案。各级劳动行政部门要对用人单位劳动规章制度的内容和制定程序的合法性进行审查。2001 年最高人民法院《关于审理劳动争议案件适用法律若干问题的解释》第 19 条规定，"用人单位根据《劳动法》第 4 条之规定，通过民主程序制定的规章制度，不违反国家法律、行政法规及政策规定并已向劳动者公示的，可以作为人民法院审理劳动争议案件的依据。"最高人民法院《关于审理劳动争议案件适用法律若干问题的解释（二）》第 16 条规定，"用人单位制定的内部规章制度与集体合同或者劳动合同约定的内容不一致，劳动者请求优先适用合同约定的，人民法院应予支持。"

第二节　用人单位内部劳动规章的制定

一、用人单位内部劳动规章制度的建立

（一）用人单位有制定内部劳动规章的权利和义务

在制定企业内部劳动规章的立法中，首先应当明确建立用人单位内部劳动规章制度既是用人单位的权利，也是用人单位的义务。因为在市场经济条件下，一方面企业是独立的市场主体，享有独立的生产经营管理自主权。法律应当赋予企业根据法律、法规的规定，结合本单位的实际情况制定规章制度，确定内部劳动规则，维护企业管理秩序的自主权，从而使用人单位的劳动管理行为规范化。另一方面，劳动者和用人单位的关系具有从属性，在劳动过程中劳动者处于从属地位，其权利和义务的实现受用人单位支配，明确制定内部劳动规则是用人单位的义务，可以防止和避免用人单位对劳动者实现其权利和义务的任意支配，侵害劳动者的合法权益。通过法律的形式促使用人单位建立和完善规章制度，在依法实现劳动管理的同时，能够保障劳动者享有劳动权利和履行劳动义务。

（二）达到一定规模的企业应当制定内部劳动规章

达到一定规模的企业应当制定内部劳动规章是许多国家和地区劳动立法的做法。[1] 如《法国劳动法典》规定，企业雇工达到 20 人以上者，应当依照法律的

---

[1]　郭捷：《劳动与社会保障法》，中国人民大学出版社 2009 年第三版，第 116 页。

规定制定内部劳动规章："正常情况下至少雇佣 20 个雇工的工业和商业企业必须制定出雇佣规则";《日本劳动标准法》规定，单位雇工 10 人以上者，应当制定内部的劳动规章。在我国目前《劳动法》中，只是原则规定了用人单位有依法建立和完善规章制度的义务，并未明确职工人数在什么范围的用人单位可以制定内部规章。为规范用人单位制定内部劳动规章的行为，在制定企业内部劳动规章的立法中，可以借鉴国外的做法，规定凡职工人数达到一定界限的用人单位，都应依法制定完善的内部劳动规章制度。

（三）用人单位是制定内部劳动规章的主体

在有关企业内部劳动规章立法中应明确制定内部劳动规章的主体要件。由于我国现行立法中没有就内部劳动规则的制定主体资格做出明确规定。实践中有些用人单位行政系统中的中、高层次的管理机构，都在制定各部门的内部劳动规章，出现内部规章政出多门、相互之间不协调，引起一些不必要的纠纷。

《劳动法》第 4 条规定，"用人单位应当依法建立和完善规章制度，保障劳动者享有劳动权利和履行义务。"由此可知，用人单位的内部劳动规章作为在本单位实施的组织劳动和进行劳动管理的规则只能由用人单位行政依法起草制定，而用人单位行政管理机关是一个由多层次、多部门管理机构所组成的劳动管理系统，并非其中任何一个管理机构都有权制定内部劳动规章。有权代表用人单位制定内部劳动规则的，应当是用人单位行政系统中处于高级层次，对用人单位的各个组成部分和全体劳动者有权实行全面和统一管理的机构。

因此，有关法律、法规应当对制定内部劳动规则的主体资格进一步予以明确，即用人单位制定内部劳动规章的行政管理机构的主体资格应当依法由企业章程或者公司章程来确定。用人单位行政系统中的其他管理机构，不是内部劳动规则的制定主体，它们可以参与内部劳动规则的制定，但无权以用人单位名义制定内部劳动规则。这样才能使所制定的内部劳动规则在本单位范围内，即约束全体劳动者，又约束用人单位的各个组成部分，包括行业的各个组成部分，以增强用人单位内部劳动规章制度的规范性和约束性。

二、用人单位内部劳动规章制度的内容

（一）涉及范围

内部劳动规章作为用人单位加强劳动管理，保障劳动者依法享有劳动权利和

履行劳动义务的行为准则，其所规范的行为是劳动者和用人单位之间在劳动过程中的劳动行为和用人行为，因此凡是关于劳动过程之外事项的规定，都不属于内部劳动规章的范围。

关于用人单位内部劳动规章制度，各国均在劳动立法中以列举方式规定企业内部劳动规章制度的内容，如《日本劳动标准法》第九章对雇用规则作了明确规定，其中第89条对应包含的事项进行了列举，规定内部劳动规章应当包括工作时间，工资制度，退职，津贴及分红和最低工资事项，工人负担，安全卫生，职业训练，事故及非因工负伤和疾病的救济，惩罚及其他10个方面的内容。我国台湾地区的《劳动基准法》将工作规则的内容规定为工作时间、休息、休假、法定纪念日、特别休假及继续性工作之轮班方法；工资之标准、计算方法及发放日期等12项，包含的事项几乎涉及了劳动法律关系内容的各个方面和劳动关系运行的各个主要环节。

我国劳动部制定的《关于对新开办用人单位实行劳动规章制度备案制度的通知》明文规定，劳动规章制度的内容主要包括劳动合同管理、工资管理、社会保险、福利待遇、工时休假、职工奖惩，以及其他劳动管理。这属于列举式的规定，但由于立法层次不高，可以考虑在较高层次的立法中规定内部劳动规则内容所应包括的事项，对企业内部劳动规章不仅要列举其应包含的事项，还应进一步对某些重要事项规定如何确定其内容或直接规定其内容的规则，其中较多的应是关于劳动组织、劳动纪律、操作程序、奖惩规定等方面的内容，以克服我国目前用人单位在制定劳动规章制度内容时存在随意性的情况。《劳动合同法》第4条规定，用人单位可以就直接涉及劳动者切身利益的劳动报酬、工作时间、休息休假、劳动安全卫生、保险福利、职工培训、劳动纪律以及劳动定额管理等制定、修改或者决定规章制度。当然，在立法规定用人单位劳动规章制度的法定内容外，同时还要考虑到各用人单位及劳动者的现实状况和差异性，赋予用人单位一定的劳动管理自主权，当然，这些非法定内容不得与法律、法规相冲突。

（二）内容合法

用人单位内部劳动规章制度的内容，必须符合《劳动法》及有关法律、法规的规定，凡是违法的内部劳动规章制度一律无效。从完善企业民主制度和保障劳动者切身利益出发，我国劳动法应当从内容的合法性方面对单位或雇主制定内部规章的权力进行具体规范，仅仅在法律中笼统确立"企业内部规章要合法"或"不得违法"还不够具体。法国《劳动法典》法律篇第122～135条对内部规则排除条款的规定是一种明确而具体的规范方式，值得我们在立法中借鉴。该条规定："内部劳动规则不得包括违反法律、法规以及集体合同、集体协议的条款，也不得对雇员个人性的、集体性的权利和自由做出不能为雇员要完成的任务的性质所证明的、或者与雇主所要追求的目标不成比例的限制；也不得含有对具有同等职业能力的雇员、只因性别、习俗、家庭状况、出身、观点或信仰、或者残疾等因素不同，而侵害其劳动权益的条款。"据此，内部规则中规定企业行政方有权随时打开和检查雇员个人使用的工作衣柜的条款，就是违法的，构成对雇员个人权利和自由的侵犯。只有为卫生和安全需要并在当事人在场情况下，才可以进行搜查。而要求雇员一律做酒精测试的条款也是违法的，这一要求应根据雇员的工作性质而定。至于对雇员搜身、搜包的做法，也只有在特殊情况下，如企业内发生盗窃，并且事先告知雇员，在保障其人格尊严和羞耻感的前提下，才可能不构成违法。这样做既是为了雇主能够有效地实施组织劳动和进行劳动的管理，同时也是为了防止雇主通过制定内部规章制度而对劳动者的公民性权利和自由加以限制。

为了指导用人单位合法、全面和完整地确定劳动规章制度的内容，有的国家还授权特定机关制定劳动规章制度的范本。例如，《巴林劳工法》规定，"劳工和社会事务部可以通过命令颁布适合工作性质的纪律规定的范本，作为雇主制定他们自己的规则的指导。"因此，鉴于我国目前一些用人单位制定劳动规章制度不规范的情况，可考虑在立法中除规定内部劳动规章内容所应包括的事项外，还可以就某些重要内容作出示范性的纲要式规定，或者授权特定机构或组织制定示范性纲要。

三、用人单位内部劳动规章制度制定的原则

由于法律规定用人单位可以惩戒、解聘严重违反用人单位规章制度的劳动者，这使得用人单位制定的规章制度在司法实践中成为裁判适用的依据。目前，我国劳动法对用人单位制定规章制度的规定过于原则，提供了过大的操作空间，难免有些用人单位利用在规章制度制定上的优势地位，通过制定规章制度的形式，扩大自身权利，损害劳动者权利。为此，有必要探讨用人单位制定内部规章制度时应当遵循的原则。

（一）正当性原则

用人单位制定规章制度的目的就是要保障劳动者享有劳动权利和履行劳动义务。所以，只有当用人单位内部规章制度的制定和运作与该制度的落实存在客观

合理的关联性时，该规章制度才具有正当性。这一原则对于一些能否作为用人单位内部规章制度内容而发生的争议裁判具有重要的意义。

（二）合法原则

内部规章制度制定的合法包括主体合法、内容合法、制定程序合法三大方面。用人单位制定的规章制度的内容不得违反国家法律、行政法规及政策规定。在规章制度的制定程序中，应遵循职工参与、民主决策、公示公告的程序。

（三）劳动合同保留原则

制定规章制度时，应当厘清劳动合同和规章制度之间的分工关系，属于劳动合同约定的范畴不得用内部规章制度越俎代庖，进行规定。劳动合同的效力应当高于用人单位的规章制度，用人单位不得通过规章制度的形式变更劳动合同条款。由双方协商确定的劳动合同条款比用人单位单方制定的规章制度应当具有更高的优先效力。

（四）民主原则

企业规章制度的内容要从企业全体劳动者的利益出发，反映全体劳动者的意愿。规章制度是规范劳动者行为的准则，只有符合全体劳动者的利益，才能激发和调动全体劳动者的积极性，用人单位要反复调研，广泛听取劳动者的意见，集思广益，综合分析，将全体劳动者的意愿反映出来。企业规章制度要本着公开的精神，使得全体劳动者都知道规章制度，这是民主原则的重要体现，是实现民主的有效方式和途径。

【案例 4-1】企业内部规章制度必须符合法律要求①

新闻一：某公司在大门上贴出的一张告示中明确规定："无任何特殊情况，生产人员工作时间不得上洗手间，要等到休息铃响后才能去上洗手间，违者一经发现每人罚款 10 元，直接领导者连带罚款每次 3 元。"公司负责人对此的解释是，"上班时间不能上洗手间。"

新闻二：陈先生与女友都是某通讯公司的业务骨干，工作干得都很出色，可是，当他们准备登记结婚时，却发现公司的一项内部制度规定："单位同事不允许结婚，已经结婚的有一人要辞职"。因为两人都在公司工作，如果结为夫妻，

---

① 杨冬梅：《企业内部规章制度必须符合法律要求》，载于《工人日报［维权周刊］》，2006 年 7 月 24 日。

那么其中的一人必须与公司解除劳动关系。

　　结果陈先生选择了结婚，公司也严格执行了规章制度。陈先生认为，每个人都有婚姻的自由，而且结婚并不会影响劳动关系的建立，对企业的发展没有什么影响。于是将公司申诉至劳动争议仲裁委员会，经审理，陈先生胜诉，获赔偿8000元，代价则是他们夫妻两人双双离开了该公司，离开了自己原来的工作岗位。

　　针对以上现象，有哪些看法？

四、用人单位内部劳动规章制度制定的程序

　　程序是正义的保障。根据《劳动合同法》的规定，我国立法对用人单位规章制度的法定化程序应包括以下三个环节：

（一）职工参与

　　职工参与企业民主管理，是企业管理制度的一个重要内容。这不仅仅是我国社会主义企业管理的特色，而是世界范围内企业管理的一个趋势。现代企业是以民主管理为基础的，它强调全员管理，充分调动广大职工的积极性，从而提高内部管理水平，增强企业经营决策的准确性和透明度。而且，劳动规章制度只有在吸收和体现职工一方的意志，或者得到职工的认同的情况下，才能确保很好地实施。职工如何参与企业管理，在哪些事项上，以什么形式和途径参与，我国的相关法律都作了规定。

　　《劳动法》第8条规定："劳动者依照法律规定，通过职工大会、职工代表大会或者其他形式，参与民主管理或者就保护劳动者合法权益与用人单位进行平等协商。"《工会法》第38条："企业、事业单位研究经营管理和发展的重大问题应当听取工会的意见；召开讨论有关工资、福利、劳动安全卫生、社会保险等涉及职工切身利益的会议，必须有工会代表参加。"《公司法》第18条第3款规定："公司研究决定改制以及经营方面的重大问题、制定重要的规章制度时，应当听取公司工会的意见，并通过职工代表大会或者其他形式听取职工的意见和建议。"《劳动合同法》在制定过程中，草案曾规定："规章制度涉及劳动者切身利益的，应当经工会、职工大会或者职工代表大会讨论通过，或者通过平等协商作出规定。"这样规定曾经引起较大的分歧。一种意见认为制定规章制度和决定重大事项是企业的经营管理自主权，是用人单位的"单决权"。用人单位在制定规章制度和决定重大事项时只要听取工会和职工的意见就可以了，规定经工会、职

工大会或者职工代表大会讨论通过，如果意见不统一，势必造成规章制度或者重大事项久拖不决，用人单位的管理将无所适从。这样规定，限制了用人单位的经营自主权，实践中无法操作。另一种意见认为，用人单位制度规章制度应当有劳动者参与，从国外的情况看，涉及职工切身利益的事项，很多都是是用人单位和职工双方共同决定的内容，属于"共决权"。我国的《全民所有制工业企业职工代表大会条例》规定，属于职工代表大会职权范围内的企业规章制度，应当经职工代表大会审议通过。最后，综合考虑各方面意见，《劳动合同法》第4条规定："用人单位在制定、修改或者决定直接涉及劳动者切身利益的规章制度或者重大事项时，应当经职工代表大会或者全体职工讨论，提出方案和意见，与工会或者职工代表平等协商确定。"本法规定是针对所有企业的规章制度的制定程序，强调通过平等协商确定，并不影响国有企业继续按照《全民所有制工业企业职工代表大会条例》的有关规定执行。

综上所述，我国立法规定用人单位制定劳动规章制度必须听取职工的意见。立法未将职代会或者全体职工的通过作为生效要件，否则，大量的用人单位将无法制定劳动规章制度。具体来讲，根据《劳动合同法》的规定，制定规章制度或者决定重大事项，应当经职工代表大会或者全体职工讨论，提出方案和意见，与工会或者职工代表平等协商确定。所以，这个程序分为两个步骤：第一步是经职工代表大会或者全体职工讨论，提出方案和意见；第二步是与工会或者职工代表平等协商确定。一般来说，企业建立了工会的，与企业工会协商确定；没有建立工会的，与职工代表协商确定。这种程序，可以说是"先民主，后集中"。

（二）报送备案

用人单位劳动规章制度的内容体现了国家法律法规、劳动政策的执行，因此各国立法都将劳动规章制度的制定置于国家的监督之下。日本、法国和我国的台湾地区均有这方面的规定。在我国，因为不能将职工代表大会的通过作为用人单位劳动规章制度的生效要件，于是，报送备案就显得更为重要。报送备案的环节能够及时发现和解决用人单位在制定劳动规章制度过程中可能存在的问题，预防违法行为的发生，以此保障劳动规章制度内容的合法性，保护全体职工的利益。《关于对新开办用人单位实行劳动规章制度备案制度的通知》文件规定，劳动行政部门要检查用人单位制定规章制度的情况，并督促其按时报送备案；对制定的规章制度违反劳动法律法规，不按规定期限报送备案的，应依法给予行政处分。同时还规定劳动行政部门对用人单位规章制度备案审查的内容主要是：劳动规章制度的内容是否符合法律规定；制定劳动规章制度的程序是否符合有关规定。若发现用人单位的劳动规章制度内容违反法律法规规定的，应责令限期改正。我国将来制定用人单位劳动规章制度的法律对这些内容可以予以考虑。

（三）公示或者告知程序

用人单位规章制度的适用对象是本单位的全体职工和本单位行政的各个部分，所以它必须为单位的所有成员所知悉。日本《劳动基准法》规定，工作规则必须张贴在各车间部门及食堂、休息室等明显的位置，以保证有关人员认真执行，互相监督。法国《劳动法典》规定，雇用规则应于完成了公布等手续两周之后实施。目前，在我国的一些企业中，仅将劳动规章制度写在员工手册里就作为正式公布，这是不妥当的，此种方式仅是将劳动规章制度的内容为员工知晓，而不是对劳动规章制度的正式公布。我国立法应当要求劳动规章制度必须由用人单位以经其法定代表人签署和加盖公章的正式文件公布。《劳动合同法》第 4 条第 4 款规定，"直接涉及劳动者切身利益的规章制度应当公示，或者告知劳动者。"

（四）异议及修改程序

用人单位的规章制度既要符合法律、法规的规定，也要合理，符合社会道德。实践中有些用人单位的规章制度不违法，但不合理，不适当。如有的企业规章制度规定一顿吃饭只能几分钟吃完；一天只能上几次厕所，一次只能几分钟等。这些虽然不违反法律、法规的规定，但不合理，也应当有纠正机制。因此，《劳动合同法》第 4 条第 3 款规定，"在规章制度实施过程中，工会或者职工认为用人单位的规章制度不适当的，有权向用人单位提出，通过协商作出修改完善。"

【案例 4 - 2】企业内部规章制度制订时需经职工民主参与①

广东省珠海市某私营电子厂共有职工一百多人，职工在入厂前，都与电子厂签订了劳动合同。劳动合同均严格按照《劳动法》的规定制定。但是，该电子厂老板为了"严肃劳动纪律，加强企业管理"，又在和其妻子商量后制定了一系列的规章制度。例如，（1）职工在上班时间不得随便上厕所，每天上午和下午只能有一次，每次不得超过 10 分钟，超过一次则扣工资 10 元；（2）无论上班下班，职工未经老板批准不得随便出厂，违者每次扣工资 10 元；（3）职工在工作时不许交头接耳，违者警告一次，第二次被发现则扣工资 10 元。职工们觉得太苛刻，曾集体罢工要求废除内部规章制度，但被老板拒绝。因忍受不了工厂的做法，一

---

① http://www.lawtime.cn/info/laodong/guizhangzhidu/2010//2274794.html

名职工半夜翻墙而出，向当地劳动保障行政部门检察机关举报了有关情况。

劳动保障行政部门立即对该电子厂进行了检查，对电子厂予以警告，责令其纠正违法制定规章制度的行为，并责令其对职工遭受的损失予以赔偿。

针对以上现象，你有什么看法？

第三节　用人单位内部劳动规章的效力

用人单位内部劳动规章的效力，应当包含两层含义①：一是用人单位内部规章制度作为一种用人单位单方面制定的内部自治规则，应当具备怎样的有效要件；二是用人单位内部规章制度的效力，与合法有效的劳动合同的效力的冲突和解决的问题。

一、用人单位内部劳动规章的有效要件

企业内部规章制度的有效要件，是指用人单位内部规章制度作为审理劳动争议案件依据的有效性问题。我国的《劳动法》第4条规定，"用人单位应当依法建立和完善规章制度，保障劳动者享有劳动权利和履行劳动义务。"所以，从某种意义上讲，用人单位制定内部的规章制度既是其权利，也是其义务。

之所以要分析用人单位内部规章制度的有效性问题，主要是因为用人单位的内部规章制度与劳动者的利益密切相关，而且有大量的劳动争议是由于用人单位依据其内部规章制度对劳动者作出处理而造成的。《劳动法》第25条规定，劳动者严重违反劳动纪律或者用人单位规章制度或者严重失职，营私舞弊，对用人单位利益造成重大损害的，用人单位可以解除劳动合同。在这种情况解除劳动合同，用人单位还可以不支付经济补偿金或者赔偿损失。《劳动合同法》第39条规定，劳动者严重违反用人单位的规章制度的，用人单位可以解除劳动合同。但是，由于国家对什么属于"严重违反劳动纪律或者用人单位规章制度"以及"严重失职、营私舞弊，对用人单位利益造成重大损害"没有做明确具体的规定，所以，企业内部的规定很大程度上将成为一个判断的标准。但是，企业内部的规

---

①　王俊英、宋新潮：《论用人单位劳动规章的法律效力》，载于《河北法学》2003年第7期，第53～57页。

定必须符合一定的有效要件，否则不能作为依据。

用人单位制定的规章制度，是指用人单位依照法律和民主程序制定的、在本单位范围内实行的组织生产经营和进行劳动管理的规则，内部的规章制度主要有操作程序、工作流程、劳动纪律、奖惩规定以及相关的管理制度等。最高人民法院《关于审理劳动争议案件适用法律若干问题的解释》（以下简称《解释》）第19条规定，"用人单位根据《劳动法》第4条之规定，通过民主程序制定的规章制度，不违反国家法律、行政法规及政策规定，并已向劳动者公示的，可以作为人民法院审理劳动争议案件的依据。"《解释》第19条是关于内部规章制度有效要件的规定，在我国劳动立法中尚属首次。据此，用人单位制定的规章制度作为审理劳动争议的依据，必须具备四个条件：

（一）制定主体合法

用人单位内部一般都设置有较多的管理机构或者部门，但是并非其中任何一个管理机构都有权制定内部的规章制度。有权制定内部规章制度的，应当是单位行政系统中处于高级层次、对用人单位的各个组成部分和全体职工有权实行全面和统一管理的机构，其他机构只能参与内部规章制度的制定，无权以用人单位名义制定内部规章制度。否则，将造成用人单位的规章制度混乱复杂，难以保证规章制度在本单位范围内的统一性和权威性。用人单位的内部职能部门如党组织、车间，或者负责拟定规章制度的人力资源管理部门等，虽然可以参与用人单位规章制度的制定，但都不能直接制定规章制度，必须经过用人单位审批并以用人单位名义发布，否则无效。

（二）内容合法

用人单位规章制度体现的是用人单位管理者的意志，但这种意志，仍然受国家法律法规的制约。用人单位应当依照我国现行法律法规的规定制定规章制度，这是法律赋予用人单位的权利，也是为其规定的义务。因此，规章制度的内容应当是法律、行政法规及政策规定的细化和具体实施办法，应有上位法作为根据，不得与法律、行政法规及政策相抵触，更不能违法损害劳动者的合法权益，否则该规章制定无效。对于一些法律没有规定详尽的内容，用人单位在制定规章制度时，应当遵守诚实信用原则和正常的判断标准，应为大多数劳动者所认同。同时，用人单位规章制定的内容应当具有合理性，不得存在苛刻条款、过于严格和超乎常理的条款以及其他存在隐形的不合理条款。根据《解释》的规定，用人单位制定的规章制度不得违反国家法律、行政法规及政策规定。而且，内容合法除不违反国家的法律、法规和政策外，还应当不违反集体合同和劳动合同的约定。因为集体合同和劳动合同是用人单位与工会以及劳动者协商确认的结果，其效力应当高于用人单位制定的规章制度，除非集体合同和劳动合同本身违反了国家法律法规的规定，或者劳动者对其规章制度中与劳动合同以及集体合同的约定不符相抵触的部分，以明确的方式同意放弃原合同的约定。

【思考】 怎样理解用人单位内部规章制度的合法性和合理性？

（三）制定程序要合法

根据最高人民法院《关于审理劳动争议案件适用法律若干问题的解释（一）》第19条规定：用人单位根据《劳动法》第4条之规定，通过民主程序制定的规章制度，不违反国家法律、行政法规及政策规定，并已向劳动者公示的，可以作为人民法院审理劳动争议案件的依据。根据上述司法解释的精神，我们认为，在《劳动合同法》实施后，用人单位制定、修改直接涉及劳动者切身利益的规章制度或者重大事项时，未经过《劳动合同法》第4条第2款规定的民主程序的，原则上不能作为用人单位用工管理的依据。但规章制度或者重大事项的内容未违反法律、行政法规及政策规定，不存在明显不合理的情形，并已向劳动者公示或告知，劳动者没有异议的，可以作为司法裁判的依据。《解释》规定内部规章制度应当是"通过民主程序制定"，这里的"民主程序"应当理解为用人单位在制定规章制度时采取一定的形式以吸收和体现了职工方的意志、得到了职工方的认同。民主形式主要包括由职代会审议通过或者征求工会、职工代表意见。

（四）向劳动者公示

任何一项目管理制度要对被管理者发挥管理作用，必须以一定的方式让被管理者知道该制度的具体内容，否则被管理者无法遵守，管理者也将无法进行有效的管理。由于用人单位的职工人数较多，如果要求用人单位将每一个新制定的规章制度送达到每一个劳动者手上，那是不合理和不现实的，但用人单位应当以张贴等方式向劳动者公示，甚至可以报送劳动行政部门审查备案。

凡是不符合上述4个条件的内部规章制度，不能作为仲裁或者审理劳动争议案件依据。另外，如果劳动者对用人单位的规章制度的有效性提出质疑，应当有用人单位承担举证责任，证明其规章制度符合上述4个要件，否则用人单位将承担败诉的结果。

【案例 4 – 3】 用人单位内部规章制度须向劳动者公示①

郭某于 2007 年 3 月入职某公司，双方签订了一份为期 3 年的劳动合同，合同期限为 2007 年 3 月 1 日至 2010 年 2 月 28 日止。2008 年 3 月 25 日郭某无故旷工一次，后又在 2008 年 4 月 22 日无故旷工一次。2008 年 5 月 8 日，某公司以"郭某经常旷工，严重违反规章制度"为由解除了与郭某的劳动合同？郭某提出异议：（1）从未看到过用人单位有此规定；（2）两次旷工不能算作经常旷工；（3）根据 1982 年 4 月 10 日国务院颁布的《企业职工奖惩条例》，连续旷工 15 天以上，才能解除劳动合同。郭某认为某公司不能以此为由与他解除劳动合同，交涉无果，郭某于 2008 年 6 月 30 日向劳动争议仲裁委员会提起申诉，要求裁令公司撤销解除行为，恢复双方的劳动关系，并支付他从解除合同之日至仲裁裁决生效之日的工资。

某公司辩称，公司《员工手册》及《考勤管理规定》上都明确规定"员工经常无故旷工，用人单位可以解除劳动合同"，郭某之前也是知晓此规定的，而郭某却无视公司规定，两次无故旷工，故公司根据规章制度解除劳动合同的决定是合法有效的。但某公司却无法举证规章制度公示的事实。

问该案应当如何处理？

二、用人单位内部劳动规章制度与劳动合同效力的关系

用人单位内部劳动规章制度在实践中的作用巨大。一方面，规章制度是对用人单位员工的行为的约束，使现代化的劳动过程更有组织，使对劳动者的管理有章可循。另一方面，规章制度也是对用人单位的一个限制，避免其管理的随意性，使员工保护自己的权利也有据可查。所以说，规章制度是现代劳动关系中的一项重要内容。

需要说明的一个问题是，规章制度与劳动合同两者往往会出现实践冲突。实践中，什么内容应当规定在劳动合同中，什么内容可以规定在用人单位内部规章制度中，判断起来可能并不容易。用人单位的规章制度与劳动合同发生冲突的案例也并不鲜见，那么这种情形下，应当优先依据哪个呢？用人单位能否通过规章制度的形式变更劳动合同条款？

对此，《劳动法》第 16 条规定："劳动合同是劳动者与用人单位确立劳动关

---

① http://www.lawtime.cn/info/laodong/article/2010081743574.html.

系、明确双方权利义务的协议"，第 17 条第一款规定："订立和变更劳动合同，应当遵循平等自愿、协商一致的原则"。无论上述表述是否足够科学、合理，至少有一点是毫无疑问的，那就是但凡合同，总是由双方或者至少双方的合意形成。劳动合同尽管属于一种特殊的合同，但其本质与合同的本质并无差异。既为合同，其主体总是包含了两方或两方以上的当事人，其内容也总是各方当事人合意的产物，按照《劳动法》的规定，这种合意应当是当事人双方平等自愿、协商一致的产物，这也是合同的本质属性之一。因此，劳动合同功能是明确当事人双方的权利义务，它的产生过程应当满足平等自愿、协商一致的要求。换句话说，但凡涉及当事人双方权利义务的，除了法律强行规定的内容（在劳动法领域主要表现为劳动基准的立法）外，主要应当由劳动关系当事人双方在意思表示完全自治的前提下，通过协商在劳动合同中加以约定。相反，规章制度由用人单位单方制定。尽管规章制度的制定包含了劳动者的参与，但规章制度只能作为用人单位单方的意思表示。劳动者的参与并没有改变规章制度的单方管理行为依据的性质。同时，《劳动法》第 17 条第 2 款进一步规定："劳动合同依法订立即具有法律约束力。当事人必须履行劳动合同规定的义务"。由此可见，劳动合同对合同双方的约束力是相当强的。不能随便改变合同的内容。

最高人民法院《关于审理劳动争议案件适用法律若干问题的解释（二）》第 16 条规定，"用人单位制定的内部规章制度与集体合同或者劳动合同约定的内容不一致，劳动者请求优先适用合同约定的，人民法院应予支持。"因此，劳动合同的效力应当高于用人单位的规章制度，用人单位不得通过规章制度的形式变更劳动合同条款。由双方协商确定的劳动合同条款比用人单位单方制定的规章制度应当具有更高的优先效力。在实践中，用人单位通过规章制度单方变更劳动合同条款的做法是不妥的。

【思考】用人单位内部规章制度和劳动合同的关系？

【作业题】

一、简答题

1. 简述用人单位内部规章制度制定的法律原则。

2. 用人单位内部规章制度制定的有效要件？

3. 用人单位内部规章制度制定的程序？

　　4. 用人单位内部规章和劳动合同的区别?

　　二、案例分析①

　　某公司于 2006 年 8 月前往某高校招聘应届毕业生张某，经面试决定录用后，与之签订高校毕业生就业协议，并要求其在企业规章制度汇编（包括薪酬制度、劳动纪律、职业培训等全方位）上签字确认知悉其内容。张某正式工作后在上班期间使用 QQ 聊天。部门主管发觉并劝告，随后一个多月时间里，又发现其有大量的上班时间使用 QQ 聊天的记录，遂报人力资源部门处理，人力资源部门依据规章制度中的《互联网使用规程》条款"上班期间禁止使用 QQ 等即时通讯软件，发现后经劝告教育无效的，为严重违纪，作解除劳动合同处理"，对其作出即时解除劳动合同的处理。张某不服，诉至仲裁委员会，称其从来不知道该公司有此类规定，也没有人告知其有此规定，要求撤销解除处分。该公司向仲裁机构提交了上述规章制度汇编在 2000 年职工代表会议上的表决记录。问该公司的行为是否合法?

---

　　①　http://labor.fyfz.cn/avt/217568.html

第五章　工资法律制度

【本章导读】

工资是我国现阶段劳动者及其家庭成员生活的主要来源。目前，我国实行以公有制经济为主体、多种经济成分共存的经济结构，工资问题既十分重要又相对复杂，它不仅直接关系到劳动者同企业的物质利益，也关系到生产、消费和社会的发展及稳定，同时工资也是国家用来进行宏观经济调节的经济杠杆，对劳动力总体布局、劳动力市场、国民收入分配、产业结构变化等都有直接或间接的调节作用，所以工资就成为我国劳动法的一项重要制度。本章要求在了解工资的概念、形式和特征的基础上，掌握工资的分配原则和基本工资制度，正确理解工资总量的宏观调控，重点掌握最低工资制度和特殊情况下的工资，以更好地维护劳动者的合法权益。

【重点】 工资的范围、工资分配的原则、工资形成和构成、最低工资制度、工资支付保障。

【难点】 工资的范围、最低工资的适用范围、工资支付时间。

第一节　工资的概念和法律原则

一、工资的概念、形式及特征

（一）工资的概念

工资，是指用人单位依据国家有关规定或劳动合同的约定，以货币形式直接支付给本单位劳动者的劳动报酬，一般包括计时工资、计件工资、奖金、津贴和补贴、延长工作时间的工资报酬以及特殊情况下支付的工资等。工资是劳动者获得的劳动报酬的主要组成部分，但不是全部，也就是说，劳动者的劳动报酬并非都是工资，按照国家规定，劳动者的以下劳动报酬不属于工资范围：（1）单位支付给劳动者个人的社会保险福利费用，如离休、退休、退职人员的待遇、丧葬抚恤救济费，生活困难补助费、计划生育补贴等；（2）劳动保护方面的费用，如用人单位支付给劳动者的工作服、清凉饮料费用等；（3）按规定未列入工资总额的各种劳动报酬及其他劳动收入，如根据国家规定发放的创造发明奖、国家星火奖、自然科学奖、科学技术进步奖、合理化建议和技术改进奖、中华技术大奖等，以及稿费、讲课费、翻译费、出差补助费、误餐补助费、调动工作的差旅费和安家费，对购买本企业股票和债券的职工所支付的股息（包括股金分红）和利息，企业向被解除或终止劳动合同的劳动者支付的医疗补助费、经济补偿金、生活补助费，支付给家庭工人的加工费和按加工订货办法支付给承包单位的承包费等。

（二）工资的职能

1. 分配职能

工资是劳动者个人消费的基本分配方式，而个人消费品属于国民收入的初次分配，应遵循"初次分配和再分配都要处理好效率与公平的关系"的准则，规范用人单位的工资分配关系。

2. 保障职能

工资分配决定和保障着劳动者维持基本生存的目的。同时，工资的保障功能也体现在对劳动关系的稳定上，及时、合法的工资支付关系能够减少大量劳动纠纷，促进劳动关系和谐发展。

3. 激励功能

工资是人力资源管理，激励劳动者自主创造力和主观能动性的重要手段。"任何效率都包含着公平"，公平的工资激励机制的确立，离不开工资基准的规范作用。

（三）工资的特征

1. 对价性

工资作为劳动报酬的主要表现形式，是用人单位对职工履行劳动义务的物质补偿，其根本属性应当是作为劳动者付出劳动、产生劳动成果的对价。因此，从法律上说，只要付出了劳动，就应当获得相应的工资。

2. 预定性

工资是具有预定性的劳动报酬。用人单位向劳动者支付报酬要遵守劳动法规和劳动政策，依据集体合同和劳动合同约定的标准，只要劳动者履行了劳动合同规定的劳动义务，用人单位就应当根据预先约定的标准（不低于最低工资标准）向劳动者支付工资。《劳动法》和《劳动合同法》明确规定了确立劳动关系应当订立劳动合同，而劳动报酬又是劳动合同的必备条款之一，因此，工资作为劳动报酬的主要组成部分，其形式和数额应当由合同明确规定。

3. 周期性

虽然工资的发放形式根据企业的生产特点有所不同，但工资的发放周期和具体时间应当相对固定，一般为每月的某一天。目前，有的企业也存在以年为周期的年薪制。

4. 支付形式的法定性

由于工资是基于劳动关系发生的劳动报酬，用人单位是工资的支付者，劳动者则是工资的收受者，根据国家有关规定，用人单位必须以货币（而不是证券、实物）形式向劳动者支付工资，而且一般情况下，只能以人民币的形式支付。

5. 强制性

由于工资是劳动者通过劳动获得的劳动报酬，是劳动者及其家庭成员生活的主要来源，对劳动者来说非常重要，所以，《劳动合同法》第30条规定："用人单位应当按照劳动合同约定和国家规定，向劳动者及时足额支付劳动报酬。""用人单位拖欠或者未足额支付劳动报酬的，劳动者可以依法向当地人民法院申请支付令，人民法院应当依法发出支付令。"同时《劳动合同法》第85条还规定："用人单位有下列情形之一的，由劳动行政部门责令限期支付劳动报酬、加班费或者经济补偿；劳动报酬低于当地最低工资标准的，应当支付其差额部分；逾期不支付的，责令用人单位按应付金额50%以上100%以下的标准向劳动者加付赔偿金：（一）未按照劳动合同的约定或者国家规定及时足额支付劳动者劳动报酬的；（二）低于当地最低工资标准支付劳动者工资的；（三）安排加班不支付加班费的；（四）解除或者终止劳动合同，未依照本法规定向劳动者支付经济补偿的。"

二、工资分配原则

工资分配原则，是由劳动法确认的贯穿于整个工资制度的基本准则，是实现工资制度立法目的的核心组成部分。我国《劳动法》第 46 规定："工资分配应当遵循按劳分配原则，实行同工同酬。""工资水平在经济发展的基础上逐步提高。国家对工资总量实行宏观调控。"

（一）按劳分配原则

按劳分配，是指根据劳动者提供的劳动数量和质量分配个人消费品，等量劳动领取等量报酬，多劳多得，少劳少得，不劳者不得。每个劳动者根据自己提供的劳动量，取得与他所提供的劳动量相当的消费品。按劳分配，要充分体现脑力劳动和体力劳动、复杂劳动和简单劳动、熟练劳动和非熟练劳动、繁重劳动和非繁重劳动之间的差别，要体现奖勤罚懒、奖优罚劣的原则，既要反对平均主义，也要反对分配不公、收入高低过分悬殊的做法。实现按劳分配，有利于调动劳动者的生产积极性，促使劳动者提高劳动技能，提高劳动生产率，为国家和社会创造更多的财富。

（二）同工同酬原则

同工同酬，是指用人单位对所有劳动者提供同等价值的劳动应付给同等的劳动报酬。即在同一工作单位中，从事同种工作、有同样熟练程度的劳动者，不分性别、年龄、民族、种族，只要付出同等劳动，就应当领取同等报酬。

国际劳工组织 1951 年通过的《男劳动力与女劳动力之间同等价值劳动的报酬平等公约》规定，对于所有劳动力即男劳动力和女劳动力同等价值的劳动，应付给同等的报酬。这一原则适用于基本工资以及一切因雇用而由雇主直接或间接付给劳动者的现金形式或实物形式的其他收入。该公约还提出，这一原则的实行可由下列方式来保障：国家立法、任何合法确定的工资制度、集体协议。我国政府已经批准加入这一公约。为使这一原则得到更好的贯彻，将同工同酬写入了《劳动法》，并作为工资分配的一个基本原则。

（三）在经济发展的基础上逐步提高工资水平的原则

工资水平，是指一定时期内职工平均工资的高低程度。工资水平是反映经济发展水平和劳动者物质文化生活水平的一个重要指标，同时也在一定程度上体现着国家、用人单位、劳动者个人三者之间的利益分配关系，以及不同行业、不同地区、不同单位、不同工种之间各类劳动者的工资关系。

合理的工资水平必须建立在经济发展的基础上。生产决定分配，生产决定消费。工资水平的提高最终取决于生产发展水平和劳动生产率水平，只有社会生产发展了，劳动生产率提高了，才能创造更多的社会财富，为提高职工的工资水平提供必要的物质基础。工资增长幅度还要与劳动生产率增长幅度相适应。要使工资水平与劳动生产率之间有适当的比例关系，必须坚持工资总额增长幅度低于企业经济效益的增长幅度，职工实际平均工资增长幅度低于企业劳动生产率增长幅度。工资分配必须坚持在经济发展的基础上逐步提高工资水平的原则，使劳动者能够及时分享社会发展的成果，更好地发挥劳动者的生产积极性和创造性，提高劳动生产率。

（四）　宏观调控原则

工资分配的宏观调控原则，是国家通过立法确认的以社会公正和社会进步为目标，对工资总额和工资分配中的不合理因素或现象实行国家干预的法律调控原则。

当前，我国处于向市场经济过渡阶段，市场机制发育不够健全，价格体系不尽合理等影响公平竞争的因素很多；劳动力市场开放程度低，使劳动力再生产费用缺乏公认的社会标准；各种生产要素流动困难，社会平均利润率难以形成；企业自我约束机制相当弱。由此决定了国家还必须对工资总量进行宏观调控。即使在市场经济体制建成以后，国家对工资总量进行适当的宏观调控仍是必要的。现代市场经济的实践表明，在市场调节工资的基础上，由国家对工资总量进行适度的宏观调控，有利于保护劳动者的经济权益和维护、制约企业的工资分配自主权，有利于控制用人成本和消费基金的上升，保持经济总量平衡，以实现国民经济持续、稳定、协调发展。

总之，工资分配的效率目标和公平目标只有通过工资总量宏观调控，才可能在全社会范围内实现。目前国家对工资总量宏观调控的重点放在国有企业，随着市场经济体制的逐步确立，国家调控工资总量将对国有企业和非国有企业一视同仁。亦即要制定普遍适用的《工资法》，以加强对工资总量的宏观管理，实现国家对整个国民经济宏观调控的任务。

第二节　工资的形式和构成

一、工资的形式

工资的形式，是指计量劳动和支付劳动报酬的方式。我国的工资形式主要有：

（一）计时工资

计时工资是指按照单位时间工资率（即计时工资标准）和工作时间支付劳动者个人工资的一种形式。计时工资可以分为月工资制、日工资制和小时工资制三种。计时工资的优点是操作简单易行，适用面广，任何用人单位和工种均可适用；缺点是只以劳动时间作为计算工资报酬的依据，工资报酬没有与劳动的数量和质量相挂钩。

【案例 5 - 1】 企业开设"工时银行"合理吗？①

请分析如下现象：2008 年 11 月 17 日，《劳动报》刊登了一则标题为《员工可向企业"借贷"工作时间》的报道，报道称沃尔沃建筑设备（中国）有限公司在金桥的生产企业建立了"工时银行"，企业员工的工作时间可以"存"，也可以"贷"。并称此举不仅让员工不必担心公司在生产放缓时减员，也为企业留住经过培训、经验丰富的员工提供了保障，员工和企业均得益。

企业开设"工时银行"，到底谁得益？

（二）计件工资

计件工资是指按照劳动者完成的合格产品的数量和预先规定的计件单位计算工资的形式。它是用一定时间内的劳动成果来计算的工资，即用间接劳动时间来计算，因此它是计时工资的转化形式。计件工资的优点是能够使劳动成果与劳动报酬直接联系起来，更好地体现了按劳分配的原则；缺点是容易因追求数量而忽视质量，甚至影响安全生产。

（三）年薪制

年薪制是以年度为时限确定和支付职工薪金的工资制度。在国外，年薪制可

---

① 李华平：《开设"工时银行"，到底谁得益？》，http://lawlhp. blog. 163. com/blog/static/235781932008101881027305/。

以在企业实行，也可以在政府和其他部门实行。企业实行年薪制主要有两种情况：一是企业经理对工程技术人员和管理人员实行的年薪制；二是企业出资人对企业经理实行的年薪制，即经营者年薪制。经营者年薪制是以年度为时限，根据企业经营的资产规模和市场价为确定经营者的基本收入，并视其经营成果浮动发放效益收入的分配制度。要在具备条件的企业积极试行董事长、总经理年薪制。年薪制不是简单的分配方式的改变，而是收入分配的制度创新。实行年薪制是建立现代企业制度的客观要求，是建立激励充分、约束严明的收入分配制度的要求，是培养职业化企业家队伍的需要①。

二、工　资　构　成

工资构成是指工资总额由几部分相互联系的内容组成。工资构成在 20 世纪 90 年代之前，表现为工资基准。目前，工资构成主要改革为工资自决的范畴。《劳动法》第 47 条规定，"用人单位根据本单位的经营特点和经济效益，依法自主确定本单位的工资分配方式和工资水平。"最常见的工资构成单元由基本工资、奖金、津贴和补贴构成。

（一）基本工资

1. 基本工资的定义

基本工资，是指劳动者和用人单位在劳动合同中约定的与工作岗位相对应的较固定的工资单位，是劳动者在法定或约定工作时间内提供正常劳动可得的报酬，它构成劳动者所得工资额的基本组成部分。在我国现行的工资分配制度中，基本工资是构成工资的主干，是最低工资法、工资集体协商、工资自决制度的主要调整对象和依据。

2. 基本工资的特征

（1）常规性。即基本工资所对应的是劳动者在法定工作时间内和正常条件下所完成的恒量劳动或定额劳动。

（2）结构性。即基本工资一般可分解为若干个职能各自不同的工资单元，并且各个工资单元的计量规则不尽相同。

---

① 付任根、谢小贵：《关于完善国有企业经营者年薪制度的思考》，中国劳动咨询网。

（3）等级性。即基本工资的主要单元甚至各个单元都存在一定的等级差别和相应的多级标准，这种等级差别通常与劳动质量差别、技能水平差别或者岗位条件差别相对应。

（4）固定性。即劳动者所享有的基本工资主要单元的等级和相应标准，在一定期限内一般固定不变或者说不具有浮动性，但这并不意味着基本工资不可变动。

（5）主干性。即基本工资应当是劳动者所得全部工资额中的主干部分，亦即占全部工资额的较大比重。但在现实生活中呈现出基本工资在全部工资额中所占比重逐步下降的趋势，这只能说明由于工资分配制度不合理，应当纳入基本工资的报酬而未纳入。

（6）基准性。即基本工资可以成为确定辅助工资单元数额的计算基准。国家、用人单位内部劳动规则和集体合同关于工资标准的规定，一般只限于基本工资，因而，通常将基本工资称为标准工资。

根据我国现行立法，国家机关的基本工资制度，由法规和政策规定；企业的基本工资制度由企业内部劳动规则和集体合同规定；事业单位的基本工资制度，部分由法规和政策规定，部分由本单位自主规定。《劳动法》第47条规定："用人单位根据本单位的生产经营特点和经济效益，依法自主确定本单位的工资分配方式和工资水平。"企业作为独立的法人，在工资分配上享有充分的自主权，可以自主地决定本单位的工资分配方式和工资水平。

3. 企业基本工资制度

目前，企业的工资制度多种多样，企业可根据自身的特点来决定其采取的工资分配方式。主要的工资制度有以下几种：

（1）等级工资制。等级工资制，是指根据劳动者的技术等级或职务等级划分工资级别，按等级发放工资的制度。按照规定，实行等级工资制的企业，工人的一个技术等级可以对应一个或几个工资等级，提升工资等级要考核技术等级。企业工人的工资标准，按11类工资区划分，每类工资区可以按三类产业或工种交叉使用五种工资标准。企业管理人员实行职务等级工资制，工资标准按现行国家11类工资区划分，每类工资区一般设三种工资标准。大型企业为3～6级，大型联合企业为1～6级，中型企业为5～10级。企业根据经济效益的好坏、负担能力大小来决定企业的工资标准。

（2）效益工资制。效益工资制，又称工效挂钩制度，即企业的工资总额同企业经济效益挂钩的制度。自1985年企业工资制度改革以来，国家已开始在大中型企业实行了效益工资制。1993年劳动部、财政部、国家计委、国家体改委、国家经贸委又联合发布了《国有企业工资总额同经济效益挂钩规定》，对工资总额同经济效益挂钩的原则、经济效益资本及其基数、工资总额基数等内容作了具体的规定。实行效益工资制，一方面，职工个人的工资同企业的经济效益相联系，企业经济效益越高，其工资总额按比例增加，职工个人的工资也就越高；反之，企业的经济效益低，工资总额也降低，职工个人的工资随之降低。另一方面，职工个人的工资同其劳动贡献相联系，职工个人对企业的贡献越大，其效益工资也就越高；反之，职工劳动贡献少，其效益工资也就减少。

（3）岗位技能工资制。岗位技能工资制包括岗位工资制和技能工资制。岗位工资制实行一岗一薪，易岗易薪。岗位工资由某一岗位的劳动繁重程度、劳动环境、工作责任大小等因素来决定。技能工资是根据劳动者的劳动技能和工作业绩来考核决定。岗位技能工资制有效地打破了等级工资制的等级限制，较好地贯彻了按劳分配的原则，使劳动者的工资收入与其劳动技能、劳动强度、劳动条件、劳动贡献等密切相连，充分发挥了工资的激励机能。

（二）奖金

奖金是指支付给劳动者的超额劳动报酬和增收节支的劳动报酬，有月奖、季度奖和年度奖，经常性奖金和一次性奖金，综合奖和单项奖等。奖金对于调动劳动者的生产积极性，更好地体现按劳分配的原则具有重要意义。根据当前实践情况，奖金主要有超产奖金、质量奖、节约奖、安全生产奖等。

（三）津贴

津贴是对劳动者在特殊条件下的额外劳动消耗或额外费用支出给予物质补偿的一种工资形式。津贴的作用主要表现在三个方面：补偿作用，即对劳动者因特殊劳动的额外劳动消耗给予补偿；调节作用，即协调劳动力资源合理的社会布局；激励作用，即鼓励职工钻研技术、努力工作。

津贴的名目很多，从津贴的管理层次区分，可以分为两类：一类是国家或地区、部门统一制定的津贴、补贴；另一类是企业自行建立的津贴、补贴。国家统一建立的津贴，一般在企业成本中列支；企业自建的津贴，一般在企业留利的奖励基金或效益工资中开支。

按津贴的性质区分，大体可分为三类：

1. 岗位性津贴

岗位津贴指为了补偿职工在某些特殊劳动条件岗位劳动的额外消耗而建立的津

贴。职工在某些劳动条件特殊的岗位劳动，需要支出更多的体力和脑力，因而需要建立津贴，对这种额外的劳动消耗进行补偿。这种类型的津贴具体种类最多，使用的范围最广。例如，高温津贴，是对从事高温繁重劳动的工人建立的临时性补贴。冶金企业中的炼铁、烧结、炼焦、炼钢、轧钢等工种，根据其作业环境的温度、辐射热强度和劳动繁重程度的不同。建立甲、乙、丙不同标准的津贴。另外，还有有毒有害津贴、矿山井下津贴、特殊技术岗位津贴、特重体力劳动岗位津贴、夜班津贴、流动施工津贴、盐业津贴、邮电外勤津贴等，都属于岗位性津贴。

2. 地区性津贴

地区性津贴是指为了补偿职工在某些特殊的地理自然条件下生活费用的额外支出而建立的津贴。如林区津贴，是为了照顾林区森林工业职工的生活，鼓励职工在林区安心工作，发展林业生产而建立的津贴，并根据林区的具体条件和各类人员的不同情况，分别确定不同的标准。另外还有地区生活费补贴、高寒山区津贴、海岛津贴等。这类津贴一般是由国家或地区、部门建立的。企业所在地区如属这些津贴的执行范围，即可照章执行。

3. 保证生活性津贴

保证生活性津贴是指为保障职工实际工资收入和补偿职工生活费用额外支出而建立的津贴。如副食品价格补贴、肉价补贴、粮价补贴，等等。这类补贴具体种类不多，主要是由国家或地区、部门建立的。企业属于执行范围的，即可照章执行。有些企业根据需要，在内部也建立了少量这类补贴，如房租、水电补贴等。

（四）补贴

补贴是工资构成中较为固定和稳定的单元，一般是针对特定条件下因物价变动影响而对劳动者所做出的临时性的工资辅助，其目的是保证劳动者生活水平免受较大的冲击。补贴具有基准性和附加性的特征。

第三节　最低工资制度

一、最低工资概述

根据 2004 年劳动和社会保障部发布的《最低工资规定》，最低工资，是指劳动者在法定工作时间或依法签订的劳动合同约定的工作时间内提供了正常劳动的前提下，用人单位依法应支付的最低劳动报酬。它不包括加班加点工资，中班、夜班、高温、低温、井下、有毒有害等特殊工作环境、条件下的津贴，以及法律、法规和国家规定的劳动者保险、福利待遇和企业通过贴补伙食、住房等支付给劳动者的非货币性收入等。

其中，法定工作时间是指国家规定的工作时间；正常劳动，是指劳动者按依法签订的劳动合同约定，在法定工作时间或劳动合同约定的工作时间内从事的劳动。劳动者依法享受带薪年休假、探亲假、婚丧假、生育（产）假、节育手术假等国家规定的假期间，以及法定工作时间内依法参加社会活动期间，视为提供了正常劳动。

最低工资标准一般采取月最低工资标准和小时最低工资标准的形式。月最低工资标准适用于全日制就业劳动者，小时最低工资标准适用于非全日制就业劳动者。

劳动关系双方当事人不得在劳动合同中约定在法定最低工资额以下的工资；只要职工提供了正常劳动，用人单位向职工支付的工资就不得少于法定最低工资额。国家通过立法制定最低工资标准，确保用人单位支付劳动者的工资不得低于最低工资标准。最低工资法律制度的目的在于保证劳动者最低收入，使其得以维持生活、改善劳动条件。有利于安定劳动者生活，提高劳动力素质，确保企业公平竞争，同时有助于社会经济发展。最低工资制度具有以下法律特征：

（1）最低工资的保障范围是劳动者个人及其家庭成员的基本生活需要。

（2）最低工资是国家通过立法确定的法定标准。为了防止用人单位片面追求经济利益，滥用工资分配自主权，从而侵害劳动者获得劳动报酬的权利，需要国家通过强制性立法规定最低工资。具体来说，最低工资是由省级人民政府确定的，而不是由劳动者和用人单位自行约定的。省、自治区、直辖市范围内的不同行政区域内可以有不同的最低工资标准。《劳动法》第48条规定，"国家实行最低工资保障制度。最低工资的具体标准由省、自治区、直辖市人民政府规定，报国务院备案。用人单位支付劳动者的工资不得低于当地最低工资标准。"

（3）最低工资是劳动者获得劳动报酬的最低起限。它要求劳动合同、集体合同、工资集体协议在约定劳动者工资标准时以及在劳动者提供了正常劳动的情况下，用人单位向本单位劳动者支付工资时不得低于最低工资标准，否则约定无效，并按最低工资标准执行。

二、最低工资标准的确定和发布

（一）确定最低工资标准的原则

确定最低工资标准的原则，直接关系到最低工资标准的水平和科学、合理程度，也涉及劳动关系双方当事人之间的物质利益。根据我国《劳动法》的立法目的和有关制度，可以将确定最低工资标准的原则概括为：

（1）协调原则。最低工资受多种因素、条件的制约，因此，科学合理的最低工资标准，应当是在对其相关各项因素综合考虑、相互协调的基础上确定的。具体来说，确定和调整月最低工资，应参考当地就业者及其赡养人口的最低生活费用、城镇居民消费价格指数、职工个人缴纳的社会保险费和住房公积金、职工平均工资、经济发展水平、就业状况等因素。确定和调整小时最低工资标准，应在颁布的月最低工资标准的基础上，考虑单位应缴纳的基本养老保险费和基本医疗保险费因素，同时还应考虑非全日制劳动者在工作稳定性、劳动条件和劳动强度、福利等方面与全日制就业人员之间的差异等因素。

（2）基本生活保障原则。即以保障劳动者个人及其家庭成员的基本生活需要为目标。这一原则是最低工资立法基于社会公正和保护弱者的指导思想的具体反映。

（3）非歧视性原则。指不论劳动者的性别、年龄、民族、籍贯、文化程度、宗教信仰，在所有的企业、所有的地区都应享受最低工资制度的保护，而不受到歧视。

（4）分级管理原则。现阶段，我国各地区经济发展和生活水平极不平衡，由此决定了很难在全国实行统一的最低工资标准。因此，《劳动法》第 48 条规定"最低工资的具体标准由省、自治区、直辖市人民政府规定，报国务院备案。"这一原则要求在遵守《劳动法》规定的分工权限的前提下，最低工资标准的确定和调整方案，由省、自治区、直辖市人民政府劳动保障行政部门会同同级工会、企业家联合会、企业家协会研究拟订，并报送劳动和社会保障部。在按规定程序审批备案后分级组织实施，全国没有统一的最低工资标准，省、自治区、直辖市范围内的不同行政区域也可以有不同的最低工资标准。

（二）确定最低工资标准应考虑的因素

根据国际劳工组织的劳工公约，参考其他国家的做法，我国《劳动法》第

49 条规定，确定和调整最低工资标准应综合考虑以下因素：

（1）劳动者本人及平均赡养人口的最低生活费用；

（2）社会平均工资水平；

（3）劳动生产率；

（4）就业状况；

（5）地区之间经济发展水平的差异。

（三）最低工资标准的发布

最低工资标准及其适用范围确定后，应报省、自治区、直辖市人民政府批准后，将最低工资标准及其适用范围在当地政府公报和至少一种本地区报纸上发布。

在当地最低工资标准发布后，用人单位必须将政府对最低工资的有关规定告知本单位劳动者，并按照劳动法的规定，支付给劳动者的工资可以高于但不得低于当地最低工资标准。实行计件工资或提成工资等工资形式的用人单位，则必须进行合理折算，其相应的折算额不得低于按时、日、周、月确定的最低工资标准。但是，如果是由于劳动者本人的原因，造成在法定工作时间内未提供正常劳动，则不适用于这一规定。

（四）最低工资标准的调整

最低工资标准发布实施后，当最低工资标准制定时参考的各种因素如当地最低生活费用、职工平均工资、劳动生产率、城镇就业状况和经济发展水平等发生变化，或本地区职工生活费用价格指数累计变动较大时，应当适时调整。最低工资标准每两年至少调整一次。

确定和调整月最低工资标准，应参考当地就业者及其赡养人口的最低生活费用、城镇居民消费价格指数、职工个人缴纳的社会保险费和住房公积金、职工平均工资、经济发展水平、就业状况等因素。确定和调整小时最低工资标准，应在颁布的月最低工资标准的基础上，考虑单位应缴纳的基本养老保险费和基本医疗保险费因素，同时还应适当考虑非全日制劳动者在工作稳定性、劳动条件和劳动强度、福利等方面与全日制就业人员之间的差异。

三、最低工资标准的适用范围

最低工资标准的适用范围包括其适用的主体范围、时间范围和劳动种类范围。

（一）最低工资标准的主体适用范围

根据《最低工资规定》第 2 条，凡在中华人民共和国境内的企业、民办非企业单位、有雇工的个体工商户和与之形成劳动关系的劳动者，国家机关、事业单位、社会团体和与之建立劳动合同关系的劳动者，均应适用最低工资标准。

以劳务派遣方式用工的，劳动合同期内的被派遣劳动者在无工作期间，劳务派遣单位应当按照所在地人民政府规定的最低工资标准，向其按月支付工资。至于其他几类劳动者，如国家机关工作人员、事业单位职工，由于工资是由国家直接规定的，因此，不纳入最低工资保障范畴；由于农民是一个特殊的群体，并且通常不存在工资发放问题，因此，既不属于《劳动法》调整的对象，更不应纳入最低工资保障范围；军人，由于其具有依法服兵役义务的性质，故也不适用最低工资保障制度。

乡镇企业是否适用最低工资标准制度，则由省、自治区、直辖市人民政府决定。下列范围内的劳动者不适用最低工资制的规定：（1）公务员和公益团体的工作人员；（2）租赁经营企业或者承包经营企业的租赁人和承包人；（3）学徒、利用假期勤工俭学的学生等。根据《劳动法》有关规定，在校生利用业余时间勤工助学，不视为就业，未建立劳动关系，可以不签订劳动合同。也就是说，在校生参加勤工俭学是一种纯粹的劳务关系，算不上真正的劳动者，当然也不能适用最低工资规定。

（二）最低工资标准适用的时间范围

根据《最低工资规定》，劳动者享受最低工资制度保障的时间范围，应当是在法定工作时间或依法签订的劳动合同约定的工作时间内。

按照这一标准和《劳动部关于贯彻执行〈中华人民共和国劳动法〉若干问题的意见》，下列几种情形不适用最低工资标准：

（1）劳动者在工作时间内有迟到、早退、旷工等违纪行为；

（2）企业下岗待工人员。此类人员，由企业依据当地政府的有关规定支付其生活费，生活费可以低于最低工资标准；

（3）因患病或非因工负伤处于治疗期间的职工。职工患病或非因工负伤治疗期间，在规定的医疗期间内由企业按有关规定支付其病假工资或疾病救济费，病假工资或疾病救济费可以低于当地最低工资标准支付，但不能低于最低工资标准的 80%；

（4）处于非带薪假期间的人员，如事假等。但是劳动者依法享受带薪年休假、探亲假、生育（产）假、节育手术假等国家规定的假期间，以及法定工作时间内依法参加社会活动期间，视为提供了正常劳动，应享受最低工资保障。

（三）最低工资标准适用的劳动种类范围

根据《最低工资规定》，劳动者只有在法定或者依法约定的工作时间内提供了正常劳动的，才有权享受最低工资保障。正常劳动，是指劳动者按依法签订的劳动合同约定，在法定工作时间或劳动合同约定的工作时间内从事的劳动。劳动者依法享受带薪年休假、探亲假、婚丧假、生育（产）假、节育手术假等国家规定的假期间，以及法定工作时间内依法参加社会活动期间，视为提供了正常劳动。反之，劳动者由于本人原因造成在法定工作时间内或依法签订的劳动合同约定的工作时间内未提供正常劳动的，不认为提供了正常劳动，当然也就无权享受最低工资保障。

【案例 5-2】最低工资不应包含加班工资①

2008 年 7 月 6 日，张某与某市开发区某食品加工公司签订劳动合同，从事机械维修工作。在劳动合同中，公司承诺给张某的工资是每月 550 元，加班工资另行计算。今年，张某听说现在最低工资标准调整后，当地的最低工资标准是每月 600 元。于是张某向公司有关领导反映这一情况，要求按照当地最低标准增加工资。张某得到领导的答复是："加班也是工作，加班工资也属工资范围；你每个月都有三四百元的加班工资，加起来远远超过最低工资标准，因此公司并没有违反最低工资的规定。"

请问：最低工资包含加班工资吗？

四、最低工资保障的监督检查和法律责任

（一）最低工资保障的监督检查

根据《劳动监察条例》等相关规定，最低工资保障的监督检查体现为：

（1）各级人民政府劳动行政主管部门负责对企业执行最低工资情况进行检查监督，劳动行政主管部门有检查权、处罚权。

（2）工会有权对企业执行最低工资情况进行监督，发现问题有权要求有关部

---

① 尚成志：《最低工资包含加班工资吗？》，http：//lawyer. 110. com/222135/artide/171635/。

门处理，工会有监督权、建议权。

（二）违反最低工资规定的法律责任

（1）违反最低工资确定依据（因素）、公示以及最低工资备案、批准发布及调整规定的，由国务院劳动行政主管部门责令限期改正。

（2）违反最低工资支付形式及告知规定的，由当地政府劳动行政主管部门责令限期改正；逾期未改正的，对用人单位和责任人给予经济处罚。

（3）违反最低工资支付标准规定的，由当地政府劳动行政主管部门责令限期补发所欠工资，并视欠付时间长短向劳动者支付赔偿金：欠付1个月以内的，支付所欠工资的20%赔偿金；欠付3个月以内的，支付所欠工资的50%赔偿金；欠付3个月以上的，支付所欠工资的100%赔偿金。拒发所欠工资和赔偿金的，对企业和责任人给予经济处罚。

【思考】最低工资中的工资不应包含哪些部分？

第四节　工资总量宏观调控制度

工资总量宏观调控，又称工资总额的宏观调控，是指国家根据既定的宏观经济、社会目标，对地区、部门（产业）、单位工资总量的确定和相互关系，综合运用经济、行政和法律等多种手段进行调节和控制，以实现资源优化配置和国民经济协调发展。在社会主义市场经济中，工资总量宏观调控分别作为宏观经济调控体系和宏观劳动管理体系的重要组成部分而存在，它应当以企业自主分配、市场决定工资作为其微观基础，以工资水平及其增长速度作为其调控重点，间接调控与直接管理相配套，事前调控与事后调控相结合，实行分级调控、分类管理的体制。国家的宏观调控政策由中央统一制定，各地区、部门（行业）负责本地区、部门（行业）的工资管理，出台重大工资政策须报中央批准。对非国有企业以间接调控和事后调控为主；对关系国计民生、垄断性强而需要由国家统一管理的少数国有企业保持较多的直接管理；对参与市场竞争程度较高的多数国有企业，逐步转向以间接的、事后的调控为主。

一、工资总额的组成

工资总额，是指各用人单位在一定时期内直接支付给职工的劳动报酬的总量。

根据 1990 年 1 月经国务院批准，国家统计局公布的《关于工资总额组成的规定》，工资总额包括：（1）计时工资；（2）计件工资；（3）奖金；（4）津贴和补贴；（5）加班加点工资；（6）特殊情况下支付的工资。

按国家规定，下列项目不列入工资总额的范围：（1）根据国务院有关规定颁发的创造发明奖、自然科学奖、科技进步奖，以及支付的合理化建议与技术改进奖和支付给运动员、教练员的奖金；（2）有关劳动保险和福利方面的各项费用；（3）离休、退休、退职人员的待遇和各项支出；（4）劳动保护的各项支出；（5）稿费、讲课费及其他专门工作报酬；（6）出差伙食补助费、误餐补助费、调动工作的旅费和安家费；（7）对自带工具、牲畜等来企业工作所支付的工具、牲畜等的补偿费用；（8）租赁经营承租人的风险性补偿收入；（9）对购买本企业股票、债券的职工所支付的股息（包括股金分红）、利息；（10）解除劳动合同时支付的经济补偿金、医疗补助费等；（11）因录用临时工而在工资以外向提供劳动力单位支付的手续费或管理费；（12）支付给家庭工人的加工费和按加工订货办法支付给承包单位的发包费用；（13）支付给参加企业劳动的在校学生的补贴；（14）计划生育独生子女补贴。

二、工资总额的管理

为了实现国家对工资总额的宏观调控，必须加强对工资总额的管理。1993年劳动部发布了《全民所有制企业工资总额管理暂行规定》，规定工资总额管理实行国家宏观调控、分级分类管理、企业自主分配的体制。工资总额管理要坚持"两低于"的原则，即企业工资总额的增长低于经济效益的增长，职工平均工资的增长低于劳动生产率的增长。企业工资总额分别采取工资总额同经济效益挂钩、工资总额包干等办法确定。企业对于按规定所确定的工资总额，有权自主使用、自主分配。所有企业都要实行《工资总额使用手册》管理制度。银行部门实行工资提取登记制度，不予支付未办《工资总额使用手册》企业的工资或超过《工资总额使用手册》核准的工资。国家统一制定企业劳动工资统计报表，并根据实际情况进行调整和补充，各级劳动工资统计部门都要按规定及时、准确地填报。各级劳动、财政、税务、审计、银行等部门，要运用经济、法律以及必要的行政手段对企业工资总额的确定和使用情况进行检查和监督。

三、调控用人单位工资总额

国家对用人单位工资总额的宏观调控，包括工资总额与经济效益挂钩、工资总额包干、工资总额计划指标控制、工资总额考核控制等方式，允许针对不同的用人单位分别选择适用；但是，也有一些共同的管理制度，如《工资总额使用手册》管理制度和工资总额联合审核制度。

（一）工资总额与经济效益挂钩

工资总额与经济效益挂钩，简称"工效挂钩"，又称工资总额包干浮动，一般指企业工资总额随企业生产经营状况，按一定比例上下浮动。它是在体制转轨时期对国有企业工资总额实行调控的一种重要措施；城镇集体企业也可实行。

1. 经济效益指标及其基数

经济效益指标，是指由企业选择并报经财政、劳动部门审核确定的企业工效挂钩的经济指标。经济效益标准基数，是指用以计算上述增长幅度的基数。工资总额基数，是指经劳动、财政部门审核确定的工效挂钩企业用以计算年度工资总额提取量的基数。

2. 挂钩指标

挂钩指标，是指能综合反映企业经济效益和审核效益的经济指标。其中，要把税利指标、劳动生产率和资金利润率等指标作为复合挂钩的主要指标；同时要建立能够全面反映企业综合经济效益和社会效益的考核指标体系，要重点考核国有资产保值增值状况；经济效益指标基数的核定既要对企业进行纵向比较，又要进行企业间的向比较。

3. 浮动比例

浮动比例，是指工效挂钩企业工资总额随挂钩经济指标变化而浮动的比例系数或工资含量系数。挂钩浮动比例根据企业劳动生产率、工资利税率、资本金利税率等经济效益资本高低和潜力大小，按企业纵向比较与横向比较相结合的方法确定，一般为 $1:0.3 \sim 0.7$，少数特殊企业经批准可适当提高，最高按低于 $1:1$

核定。

4. 工效挂钩的管理

劳动、财政部门会同计划等部门对企业工效挂钩实施综合管理。企业工效挂钩的办法，由劳动、财政部门会同有关部门，依据国家规定并结合企业的生产经营特点确定，要科学合理、简便易行。

（二）工资总额包干

工资总额包干，即企业工资总额依法由劳动行政部门和有关部门依法核定后，原则上不因职工人数增减，企业按核定的工资总额包干数提取工资总额并自主使用。企业必须保证完成国家下达或核定的年度生产、上缴利税、劳动生产率等指标，凡未完成指标的，应按一定比例核减包干工资总额。企业提取工资总额超过核定包干数的部分，应予扣回。

（三）工资总额指令性控制

这是一种行政制约力度最大的宏观调控方式，即由国家直接对用人单位下达指令性工资计划指标或者核定年度工资总额计划，用人单位对这种计划指标或计划必须严格执行而不得突破。这种控制方式只适用于机关、事业单位和社会团体，以及垄断性国有企业。实行工资总额由国家指令性控制的单位，其工资总额超过计划指标或核定数的部分，应予扣回。

（四）工资总额考核控制

按照这种控制方式，企业在坚持工资总额增长幅度低于经济效益增长幅度、职工实际平均工资增长幅度低于劳动生产率增长幅度，以及保证公积金、公益金提留的前提下，自主决定年度工资总额；劳动行政部门仅核定企业提出的工资总额基数，并以经济效益和劳动生产率增长幅度为标准考核企业的增资幅度；企业提取工资总额高于经济效益和劳动生产率增长幅度的部分，劳动行政部门应予扣回。按规定，外商投资企业和自我约束机制基本建立，资产经营责任基本落实的其他企业，可适用这种宏观控制方式。

（五）《工资总额使用手册》管理制度和工资总额联合审核制度

即由各级劳动行政部门会同统计、财政、银行等部门，于每年年初对本地区企业上年度工资总额的提取和发放情况进行联合审核。在联合审核的基础上，由劳动行政部门和银行核发《工资总额使用手册》。在联审中，发现多提或超额发放工资的，要如数扣回。

所有企业都要使用《工资总额使用手册》。实行工效挂钩或者自主确定工资总额的企业，根据自行编制的工资总额计划如实填写《工资总额使用手册》，于年初报主管部门或劳动行政部门一次性备案签章；实行工资总额包干的企业，按照劳动行政部门下达的工资总额包干数填写《工资总额使用手册》，于年初报主管部门或劳动行政部门一次性审核签章。对未备案签章、未审核签章或超额支取工资的企业，银行一律拒付。

四、工资指导线制度

（一）定义

工资指导线是政府对企业的工资分配进行规范与调控，使企业工资增长符合经济和社会发展要求，促进生产力发展的企业年度货币工资水平增长幅度的标准线。工资指导线制度，是社会主义市场经济体制下，国家对企业工资分配进行宏观调控的一种制度。其目的是在国家宏观指导下，促使企业的工资微观分配与国家的宏观政策相协调，引导企业在生产发展、经济效益提高的基础上，合理确定工资分配。

（二）组织实施

工资指导线的实施方式为：有关地区在结合当年国家对企业工资分配的总体调控目标，综合考虑当年本地区经济增长、物价水平及劳动力市场状况等因素的基础上，提出本地区当年企业工资增长指导意见。企业根据国家和政府的指导意见，在生产发展、经济效益提高的基础上，合理确定本企业当年的工资增长率。

工资指导线的实施步骤为：有关地区将本地区当年企业工资指导线方案报劳动保障部审核后，经地方政府审批，由地方政府（或其委托劳动保障行政部门）颁布，劳动保障行政部门组织实施。

（三）实施要求

工资指导线的适用范围为各种经济类型的企业（含外商投资企业在内），对于不同经济性质的企业，具有普遍但有区别的影响力。

1. 国有企业和国有控股企业

国有企业和国有控股企业应严格执行政府颁布的工资指导线。企业在工资指导线所规定的下线和上线区间内，围绕基准线，并结合企业经济效益，合理安排工资分配。各企业工资增长均不得突破指导线的上线。在工资指导线规定的区间内，对工资水平偏高、工资增长过快的国有垄断性行业和企业，按照国家宏观调控阶段性从紧的要求，根据有关政策，从严控制其工资增长。

2. 非国有企业

非国有企业应依据工资指导线，进行集体协商确定工资；尚未建立集体协商制度的企业，也应依据工资指导线确定工资，并积极创造条件建立集体协商制度。企业在生产、经营正常的情况下，工资增长不应低于工资指导线所规定的基准线水平；效益好的企业，可以相应提高工资增长幅度。

3. 其他企业

其他企业的年度工资增长水平，不能低于工资指导线所规定的下线。各企业支付给职工的工资不得低于当地最低工资标准。各企业应在政府颁布工资指导线后 30 日内，依据工资指导线编制或调整年度工资总额使用计划。国有企业工资总额使用计划报主管部门和当地劳动保障行政部门审核；非国有企业报劳动保障行政部门备案。所有企业都要依据工资总额使用计划填写《工资总额使用手册》，并报当地劳动保障行政部门审核签章。其中，中央驻地方企业的《工资总额使用手册》，可由其主管部门审核签章，或由主管部门委托当地劳动保障行政部门审核签章。各企业应建立和完善内部工资分配自我约束机制，加强人工成本管理和人工成本约束，使本企业工资增长和经济效益增长相适应。

第五节 工资支付保障

根据我国《劳动法》的相关规定，我国工资支付保障的基本内容，可以概括为两个方面，即保障劳动者工资水平的立法和保障工资按法律规定支付的立法[①]。从广义角度讲，工资支付保障是实现"国家保护公民的合法收入"的宪法原则的

---

① 郭捷主编：《劳动法和社会保障法》，中国政法大学出版社 2009 年第三版，第 168 页。

全部制度，如提高工资、稳定物价、扩大劳动事业、举办各种福利事业、修建住宅等确保工资水平的稳定和提高的所有制度，即它是一个复杂的系统工程。狭义的工资支付保障是指劳动法所调整的工资支付办法、禁止任意扣发工资和工资监督等制度。

一、劳动者工资水平保障

为了保障劳动者的工资水平不下降，并在现有基础上不断提高，我国的劳动立法主要从下列两个方面进行了规定：（1）保障劳动者实际工资不因物价上涨的因素而下降。对此，国家一方面通过各项经济措施，执行《价格法》的规定，稳定物价，抑制物价过快过多地上涨；另一方面，国家通过发放临时性物价补贴或者其他补贴，或者制定政策，要求企业增加劳动者收入等方式，使劳动者工资水平不断提高。（2）建立最低工资保障制度，且最低工资随着经济社会发展的水平不断上涨，使劳动者的工资水平能满足劳动者及其家人的最低基本生活保障。

按照经济学理论，工资有名义工资和实际工资之分。实际工资是以指劳动者所得货币工资（名义工资）能够买到的生活资料和服务的数量和质量来衡量的。保障实际工资就是要处理好物价与工资的关系，其关键在于将物价涨幅控制在温和的范围内，力求使劳动者货币工资以至少不低于物价上涨的幅度上升，并尽可能使劳动者货币工资的增长率大于物价的上涨率。因此，保障实际工资较之保障最低工资和保障工资支付，是对劳动者更高水平的保护。在我国，处理工资和物价关系的基本方式有：（1）工资调整。国家在大幅度调价的同时，进行工资调整，弥补职工因物价上涨而导致的实际工资损失。（2）物价补贴。在劳动法意义上，仅指在大幅度调价的同时，通过财政支出或企业支出渠道，以货币形式向职工发放补贴。不过，在市场经济条件下，物价变动由市场调节，这两种方式的运用必须和国家稳定物价的一系列政策措施配套使用，才能处理好工资和物价的关系。

二、工资支付保障

工资支付保障，从狭义的角度讲，就是对职工获得全部应得工资及其所得工资支配权的保障。工资支付主要包括：工资支付项目，工资支付水平，工资支付形式，工资支付对象、工资支付时间以及特殊情况下的工资支付，欠薪支付保障，工资支付的监督等。

【案例 5 - 3】付清工人工资不得附条件①

肖某是一家生产塑料制品工厂的老板。2006 年 1 月，由于春节临近，肖某担心一些工人回家过完春节后，由于另谋职业等原因不再回厂上班，遂决定扣下每位工人 1000 元工资，并由肖某亲自对每一位工人出具一份事先已经打印好内容、盖有肖某私章的欠条，欠条写明："今欠到×××（工人姓名）工资款人民币壹千元。该工资在回厂上班之日立即结清；如果不回厂上班，则该工资不再支付。"春节期间，同村的柳某等六人，因听别人讲到肖某附近的一家工厂的工资待遇比肖某给的高，便决定"跳槽"。但柳某等六人又不想放弃自己的血汗钱，于是找到肖某协商，由于肖某以"有言在先"为由坚决拒绝，双方因而成讼。

问：该案应当如何处理？

（一）工资支付的一般规则

劳动者的工资是满足劳动者及其家人的基本生活的费用。因此，用人单位必须按规定及时支付给劳动者。对于用人单位无故拖欠劳动者工资，拒不支付劳动者延长劳动时间工资，低于当地最低工资标准支付劳动者工资，破产清算时不按法定顺序首先支付给劳动者工资等，劳动行政部门有权责令其支付劳动者工资和给予经济补偿，并责令其支付赔偿金。根据《劳动法》和《工资支付暂行规定》，用人单位支付工资必须按照下列规则执行：

1. 工资支付的形式

工资应当以法定货币支付。不得以实物及有价证券替代货币支付。

2. 工资支付对象

用人单位应将工资支付给劳动者本人。劳动者本人因故不能领取工资时，可由其亲属或委托他人代理。用人单位可委托银行代发工资。

3. 工资支付时间

工资必须在用人单位与劳动者约定的日期支付。如遇节假日或休息日，则应提前在最近的工作日支付。工资至少每月支付一次，实行周、日、小时工资制的可按周、日、小时支付工资。对完成一次性临时劳动或某项工作的劳动者，用人单位

---

① http://www.110.com/ziliao/article - 142738.html.

应按有关协议或合同规定在其完成劳动任务后即支付工资。劳动关系双方依法解除或终止劳动合同时，用人单位应在解除或终止劳动合同时一次付清劳动者工资。

全日制用工劳动者的工资结算支付周期最长不得超过 1 个月。用人单位应当向全日制用工劳动者至少每月结清工资结算支付周期内全部工资。全日制用工劳动者实行年薪制或者按照考核周期支付工资的，用人单位应当至少每月预付一次工资，且预付数额不得低于最低工资标准的水平。用人单位应当在年度结束或者考核周期结束后最长不超过一个月内，结清应当向劳动者支付而尚未支付的全部工资。

非全日制用工①劳动报酬结算支付周期最长不得超过 15 日。用人单位应当向非全日制用工劳动者至少每 15 日结清工资结算支付周期内的全部工资。

劳动者的工作不满一个工资结算支付周期的，其周、日、小时工资标准，按照法定职工全年月平均工作天数和工作小时数进行折算。

【案例 5 - 4】业余兼职，用人单位能否按月支付劳动报酬？②

苏某是一个在校大学生，精通英文，利用空余时间做兼职。2008 年 6 月，苏某与甲公司签订劳动合同，合同约定：苏某每周一、三、五上午各工作 4 小时，每周 12 小时，为甲公司翻译英文资料，报酬为每小时 50 元。但双方并未对劳动报酬的支付时间作出约定。工作的第一天，甲公司未当场给苏某支付报酬。苏某询问，甲公司辩称，公司的财务为按月结算，工资也是按月支付，苏某的工资需等下月初才能领取。请问：非全日制用工，甲公司能否按月支付劳动报酬？

那么，该公司的做法是否合法呢？

4. 工资支付的凭据

用人单位必须书面记录支付劳动者工资的数额、时间、领取者的姓名以及签字，并保存两年以上备查。用人单位在支付工资时应向劳动者提供一份其个人的工资清单，列明用人单位名称、劳动者姓名、应发工资项目和数额、扣减工资项目和数额、实际支付工资项目和数额、支付工资时间等，用人单位应当建立工资支付档案。

5. 用人单位不得无故拖欠劳动者工资

无故拖欠工资，是指用人单位在没有任何合法甚至合理的原因下的拖欠员工

---

① 非全日制用工，是指以小时计酬为主，劳动者在同一用人单位一般平均每日工作时间不超过 5 小时，每周工作时间累计不超过 30 小时的用工形式。

② http：//china. findlaw. cn/lawyers/article/d27309. html.

的工资的行为，超过《工资支付规定》的付薪期限，延期支付或者未足额支付劳动者工资的行为。以下情况不属于无故拖欠工资：（1）用人单位遇到非人力所能抗拒的自然灾害、战争等原因，无法按时支付工资；（2）用人单位确因生产经营困难、资金周转受到影响，在征得本单位工会同意后，可暂时延期支付劳动者工资，延期时间的最长限制可由各省、自治区、直辖市劳动行政部门根据各地情况确定。

6. 用人单位不得克扣劳动者工资

克扣系指用人单位无正当理由扣减劳动者应得工资（即在劳动者已提供正常劳动前提下用人单位按劳动合同规定的标准应当支付给劳动者的全部劳动报酬）。但有下列情况之一的，用人单位可以代扣劳动者工资：（1）用人单位代扣代缴的个人所得税；（2）用人单位代扣代缴的应由劳动者个人负担的各项社会保险费用；（3）法院判决、裁定中要求代扣的抚养费、赡养费；（4）根据劳动监察法的规定，由于企业行政领导人违反劳动保护法律法规，给国家或者劳动者造成损失时，劳动监察机关或者监察人员有权根据其所犯错误的性质和情节，对责任者本人处以不超过本月标准工资20%的罚款。（5）法律、法规规定可以从劳动者工资中扣除的其他费用。如《煤矿领导带班下井及安全监督检查规定》第21条关于扣除未执行带班下井办法的领导年收入的规定。

如果由于劳动者本人的原因，给用人单位造成损失的，用人单位可以按照劳动合同的约定要求其赔偿经济损失。经济损失的赔偿，可以从劳动者本人的工资中扣除。但每月扣除的部分不得超过劳动者当月工资的20%。若扣除后的剩余工资部分低于当地月最低工资的，则按最低工资标准支付。

（二）　特殊情况下的工资支付规则

1. 依法参加社会活动期间的工资

依法参加社会活动是劳动者的政治权利，受法律保护。劳动者在法定工作时间内参加社会活动，应视为提供了正常劳动，用人单位应向劳动者支付工资。这里所讲的社会活动主要包括：（1）依法行使选举权或被选举权；（2）当选代表出席政府、党派、工会以及其他合法社会团体召开的代表大会；（3）出任人民法院陪审员或者证明人；（4）参加由用人单位安排和同意的各种会议或者其他活动。

2. 加班加点的工资

《劳动合同法》第31条规定："用人单位应当严格执行劳动定额标准，不得强迫或者变相强迫劳动者加班。用人单位安排加班的，应当按照国家有关规定向劳动者支付加班费。"加班加点工资是指在符合法定标准工作时间的制度工时以外延长工作时间及安排休息日和法定休假节日工作应支付的工资，是根据加班加点的多少，以劳动合同确定的正常工作时间工资标准的一定倍数所支付的劳动报酬，即凡是安排劳动者在法定工作日延长工作时间或安排在休息日工作而又不能补休的，均应支付给劳动者不低于劳动合同规定的劳动者本人小时或日工资标准一定比例的工资。

根据《劳动法》的规定，劳动者加班加点的，用人单位应当按照下列标准支付高于劳动者正常工作时间工资的工资报酬：（1）安排劳动者延长工作时间的，支付不低于工资的150%的工资报酬；（2）休息日（周六、日）安排劳动者工作的，支付不低于工资的200%的工资报酬；（3）法定休假日（元旦、春节、国际劳动节、国庆节）安排劳动者工作的，支付不低于工资的300%的工资报酬。经劳动行政部门批准实行综合计算工时工作制的，其综合计算工作时间超过法定标准工作时间的部分，应视为延长工作时间，并应按本规定支付劳动者延长工作时间的工资。

3. 婚丧假期间的工资

婚丧假是结婚假和丧事假的总称，是指劳动者本人结婚或者其直系亲属死亡时其所在用人单位给予的假期（包括路程假期）。享受婚丧假是劳动者的合法权利。婚丧假期间（包括路程假）用人单位应向劳动者支付工资。

4. 年休假、探亲假的工资

根据《劳动法》、《职工带薪年休假条例》及相关法规规定，劳动者依法享受年休假、探亲假，用人单位应当按劳动合同规定的标准支付工资。

5. 停工期间的工资

根据《工资支付暂行规定》，非因劳动者原因造成停工、停产在一个工资支付周期内的，用人单位应当按劳动合同规定的标准支付劳动者工资。超过一个工资支付周期的，若劳动者提供了正常劳动，则支付给劳动者的劳动报酬不得低于当地的最低工资标准；若劳动者没有提供正常劳动，应按国家有关规定办理。

6. 其他特殊人员的工资支付

（1）劳动者受处分后的工资支付。劳动者受行政处分后仍在原单位工作

（如留用察看、降级等）或受刑事处分后重新就业的，应主要由用人单位根据具体情况自主确定其工资报酬；劳动者受刑事处分期间，如收容审查、拘留（羁押）、缓刑、监外执行或劳动教养期间，其待遇按国家有关规定执行。

（2）学徒工、熟练工、大中专毕业生在学徒期、熟练期、见习期、试用期及转正定级后的工资待遇由用人单位自主确定。

（3）新就业复员军人的工资待遇由用人单位自主确定；分配到企业的军队转业干部的工资待遇，按国家有关规定执行。

（三）欠薪支付保障

我国目前尚未建立完善统一的欠薪支付保障制度。现行制度主要有欠薪索赔优先权制度、欠薪保障基金制度、欠薪举报投诉制度、欠薪报告和欠薪预警制度等。另外，在《刑法修正案（八）》中增设了拒不支付劳动报酬罪。

1. 欠薪索赔优先权制度

欠薪索赔优先权制度是指劳动者依法所享有的对用人单位就其欠薪优先索赔的权利。劳动报酬作为一种特定之债，无论从形式上所反映出来的人身属性与财产属性兼而有之的特征来看，还是从实质意义上所反映出来的保障生存权实质平等的价值功能来看，都需要建立劳动报酬的优先权性质。我国关于劳动报酬的优先权立法，散见于《劳动法》、《公司法》、《破产法》、《个人独资企业法》、《合伙企业法》、《民事诉讼法》等法律和司法解释中。

2. 欠薪保障基金

我国的欠薪保障基金用于垫付企业破产或者未被要求存入工资保证金的企业的投资人逃逸时，未能清偿的一定数额劳动者工资、经济补偿金。欠薪保障基金向劳动者垫付工资、经济补偿金后，在相同项目和金额范围内，代位行使劳动者对企业请求清偿的权利。建筑施工企业在建筑工程项目施工期间，或者其他用人单位存入工资保证金后连续3年没有发生克扣或者无故拖欠工资、低于最低工资标准支付工资、不依法支付加班工资等违法行为的，劳动行政部门应当将工资保证金退还建筑施工企业或者其他用人单位。

虽然《劳动法》等法律尚未对建立欠薪保障基金作出规定，但在实践中，少数地方已经在建筑企业中建立了"农民工工资专户"，由开发企业和施工企业订立协议，将每期工程款的一部分存入双方在银行设立的共管账户，专款专用。各地方人大或者地方政府也纷纷出台地方性法规或者地方政府规章来规范欠薪保障基金。深圳、上海等地方政府作出一些有益的尝试，出台了一系列规定。如《深圳经济特区欠薪保障条例》、《上海市中小企业欠薪保障金收缴及使用实施细则》等。

3. 欠薪举报投诉制度

地方各级劳动保障部门要会同本级建设行政主管部门，完善欠薪举报投诉制度，确保举报投诉的受理渠道畅通，职责分工明确，处理解决及时，建立解决拖欠农民工工资问题的"快速信道"和快速反应机制。要引导职工和农民工通过正常的举报投诉渠道追讨欠薪，为农民工依法维护合法权益提供支持和帮助。

4. 欠薪报告和欠薪预警制度

欠薪报告制度是指企业发生拖欠职工工资情况后，必须向劳动行政部门填报《企业欠薪情况报告书》的制度。欠薪预警制度是指政府通过政治、经济、法律等手段，对拖欠职工工资的企业进行警示，并强制其补发拖欠的工资，依法维护劳动者合法劳动报酬权益的制度。用人单位接到预警通知后，应制订工资补发计划，提出切实可行的整改措施，明确补发时间，连同有关财务报表报送劳动行政部门。预警期由劳动行政部门确定，一般不超过 3 个月。预警期间，劳动行政部门定期进行抽查，用人单位应将工资支付情况报劳动行政部门备案。

5. 拒不支付劳动报酬罪

十一届全国人大常委会第十九次会议通过刑法修正案（八），将"恶意欠薪"正式列罪："以转移财产、逃匿等方法逃避支付劳动者的劳动报酬或者有能力支付而不支付劳动者的劳动报酬，数额较大，经政府有关部门责令支付仍不支付的，处 3 年以下有期徒刑或者拘役，并处或者单处罚金；造成严重后果的，处 3 年以上 7 年以下有期徒刑，并处罚金。"之后，最高人民法院、最高人民检察院《关于执行〈刑法〉确定罪名的补充规定（五）》将恶意欠薪罪改为拒不支付劳动报酬罪。

要以该罪追究欠薪者的刑事责任要具备 3 个条件：（1）有能力支付而不支付。（2）数额较大。（3）经政府有关部门责令支付仍不支付的。只有同时具备这 3 个条件才构成犯罪。"造成严重后果的"属于该罪的加重情节。但在"拒不支付劳动报酬罪"条款的表述中，存在一些"模糊概念"，应以明确界定："不支付劳动报酬"的时间需要界定；"数额较大"的数额需要界定；"经政府有关部门责令支付仍不支付的"是否是定罪的必要前提条件，需要界定。

拒不支付劳动报酬罪的立法具有积极意义，但在实践中如何适用，如何理清其与民事纠纷的关系，确定刑事立案的标准，需要最高人民法院、最高人民检察院出台更具可操作性的司法解释。

（四）工资保障监督

劳动行政部门、工会组织和人民银行要加强对工资支付的监督。劳动行政部门要监督国家工资法律法规的实施，监督检查工资待遇的执行情况；各级工会组织依法对用人单位遵守工资分配制度的情况进行监督检查，发现违规行为的，工会应当代表劳动者与用人单位交涉，要求用人单位采取措施予以改正；用人单位应当予以研究处理，并向工会作出答复，用人单位拒不改正的，工会可以请求当地人民政府依法作出处理。

人民银行要加强对工资基金、工资保证金的管理工作，监督企业执行工资基金使用计划和通知开户银行办理工资基金转移手续。尤其要对农民工集中的建筑行业、在建工地进行逐一排查，检查用人单位支付农民工工资情况。

各级劳动行政部门要建立健全工资支付监控制度，对企业工资支付情况进行监督检查，定期组织企业进行自查、抽查，并视情况对检查结果进行公布和对有关企业提出预警，将企业工资支付情况作为评价企业劳动保障守法诚信等级的主要依据，对违法企业降低信用等级，并依法向社会公布。

（五）工资争议解决途径

（1）劳动者与用人单位因工资支付发生争议，可以向劳动争议仲裁委员会申请仲裁，对仲裁处决不服的，可以向人民法院提起诉讼。非法扣除劳动者工资的，劳动者可以向劳动行政部门提出申诉，由劳动行政部门责令用人单位按照规定支付工资并给予经济补偿，并责令其支付赔偿金；也可以向劳动争议仲裁委员会申请仲裁。在仲裁或者诉讼过程中可以适用财产保全制度和先予执行制度；对于事实清楚、法律关系明确的案件，法院或者仲裁机构可以先行就劳动报酬已明确部分作出部分裁决、部分判决。用人单位对于部分判决或者部分裁决拒不执行的，可以依法强制执行。

（2）建立工资争议案件法律援助制度。劳动争议仲裁机构对劳动者工资争议案件要及时受理，快速结案，对经济困难的劳动者，尤其是农民工群体可以给予法律援助，支持、引导法律服务机构为解决拖欠劳动者工资问题提供及时有效的法律服务和法律援助。

（3）通过举报控告，以拒不支付劳动报酬罪追究欠薪者的刑事责任。

【思考】用人单位与劳动者工资争议的解决途径有哪些？

【作业题】

一、简答题

1. 基本工资的概念和特征。

2. 工资总额的组成。

3. 确定最低工资标准应考虑的因素。

4. 特殊情况下的工资有哪些？

5. 简述基本工资制度的内容。

6. 工资总量宏观调控的基本因素有哪些？

二、案例分析①

2005年9月30日，某公司生产部发出通知，要求所有职工"十一"国庆期间加班，理由是黄金周产品好销，节后给补休。当马某提出加班应按《劳动法》的规定支付加班费时，遭到了生产部经理的拒绝。"十一"国庆期间，马某没去加班。

10月8日，公司总经理即宣布解除公司和马某的劳动合同。在多次交涉无果的情况下，10月15日，马某向劳动争议仲裁部门申请仲裁，劳动争议仲裁部门认为，马某不服从管理，辱骂公司管理人员，其行为确属违反劳动纪律，裁决维护某公司的处理决定。

马某不服，10月28日，又向法院提起民事诉讼。法院受理后，要求该公司提供马某违反劳动纪律的证据。然而，该公司拿不出马某违反劳动纪律的具体证据。鉴于某公司举不出证据，法院遂判决：撤销某公司解除马某劳动合同的决定。

问：国庆节加班，节后补休是否应给付加班工资？加班工资该如何计算？

---

① 王昌硕主编：《劳动法学案例教程》，知识产权出版社2003年版，第110页。

第六章 工作时间与休息休假

【本章导读】

工作时间和休假制度是我国劳动法的基本法律制度，也是劳动法律体系中的重要组成部分。工作时间和休息休假制度规定是我国宪法关于公民休息权规定的具体化。本章主要阐述了法律上关于工作时间和休息休假的概念，介绍了工作日的种类、法律对劳动者延长工作时间的规定，并分析了我国现行法律规定的休息休假的种类。

【重点】 1. 综合计算工作日；2. 加班加点的条件。

【难点】 不受加班加点限制的情形。

第一节 工作时间制度

一、工作时间概念与特征

工作时间，又称法定工作时间，是指法律规定的劳动者在一昼夜或一周内从事生产或工作的时间，即劳动者每天应工作的时数或每周应工作的天数[①]。

作为法律范畴的工作时间，有以下法律特征：

（1）工作时间的法定性。工作时间与用人单位组织劳动、国家协调社会劳动、广大劳动者身体健康密切相关。工作时间长度决定于社会经济发展水平、信息网络发展程度、社会劳动生产率、就业状况等因素。制定符合国情、保障劳动者身体健康、促进经济发展的工作时间法律制度，是国家的职责。工作时间的长度和最长限度由国家法律规定，或者签订集体合同、劳动合同依法约定。用人单

---

① 关怀主编：《劳动法》，中国人民大学出版社 2005 年第二版，第 157 页。

位不得在法定工作时间以外任意延长工作时间，否则就是侵害劳动者休息权，应当承担相应的法律责任。

（2）工作时间是实际工作时间与从事相关活动时间的总和。法定工作时间，要求劳动者出满勤、干满点。但实际上，在工作时间不可能每分钟都从事生产或工作。由于生产（工作）大体分为直接生产（工作）和辅助生产（工作）两类，这就决定了工作时间包括实际工作时间和非实际工作时间两类。非实际工作时间，一般是从事与工作有密切联系的相关活动时间。例如：劳动者开工前准备时间，停工后整理和交接时间，工间歇息时间，排除动力、设备故障的短暂停工时间，女职工哺乳时间，依法参加各种社会活动时间等。劳动者在这些时间虽不直接从事生产，但由于它大都与生产有密切联系，因而视为工作时间。所以，工作时间既包括劳动者的实际工作时间，也包括劳动者从事与生产或工作有关的活动时间，还包括依照法律规定或有关行政机关指令参加社会活动的时间。

二、工时立法概述

工时立法是劳动立法的开端。工作时间立法最早产生于自由资本主义竞争时期。资本主义产业革命后，随着大工业的兴起，资产阶级利用经济强势，任意剥削无产阶级的剩余价值。采用延长工作时间的办法，最大限度赚取利润，劳动者每天劳动时间达到 14～16 小时，甚至达到 18 小时。这种超过道德和生理极限的工作日长度，加上极其恶劣的工作环境，严重影响了劳动者的身体健康，同时伤亡事故和职业病经常发生。无产阶级联合起来，捍卫自身权益，要求缩短工作时间。在工人运动的压力和进步的社会政治力量支持下，资产阶级国家开始制定法律以限制工作时间。最早的一部限制工时的法律是 1802 年英国议会通过的《学徒道德与健康法》，首次规定每日不超过 12 小时。1842 年英国制定了《十小时法》限于女工和童工，至 1867 年扩大到所有工业企业。

1908 年，新西兰提出了"8 小时工作、8 小时休息、8 小时睡眠"的原则。

苏联在十月革命胜利后的第 4 天，颁布了由列宁签署的 8 小时工作制的法令。

第一次世界大战之后，欧洲各国的劳动立法大多以 8 小时工作制为原则，例如，1918 年德国颁布了《工作时间法》，确立了工作制，适用于产业工人，后扩大到所有职员。1919 年的《国际劳动宪章》规定工厂的工作时间以每日 8 小时或每周 48 小时为标准，每周至少一次连续 24 小时休息，并尽量以星期日为公休日。1921 年第 3 届国际劳工大会通过了《工业企业中实行每周休息公约》（第 14

号公约）规定工业企业工作中每周休息 1 日（每日 8 小时，每周 48 小时）。

1930 年通过了《商业及办事处工作时间公约》（第 30 号公约），规定在商业、邮电以及办事处所等机构，同样要实行 8 小时工作日和 48 小时工作周，后来又对煤矿、公路运输两个行业相继制定了类似公约。1935 年通过了《每周工作时间减为 40 小时公约》（第 47 号公约），规定批准公约的国家承诺每周工作时间 40 小时的原则，并不会因此导致工人生活水平降低。1962 年通过了《缩短工时建议书》（第 116 号建议书）规定了缩短工时的原则及措施。

我国早在 1922 年革命根据地就有关于工作时间的规定。当时提出的劳动法大纲中，提出每天工作时间不超过 8 小时，夜班劳动不得超过 6 小时。1931 年和 1933 年颁布的《中华苏维埃共和国劳动法》曾规定每天工作时间不得超过 8 小时，1922～1948 年的历届全国劳动大会决议案都提出了 8 小时工作制。

新中国成立后，很长一段时间，我国基本上实行每天 8 小时，每周 6 天 48 小时的工时制度。1994 年 2 月 17 日国务院发布了《关于职工工作时间的规定》及《关于职工工作时间的规定实施办法》，规定了在保证完成生产任务和工作任务，不增加人员编制、财政支出的条件下，职工实行每天 8 小时、平均每周 44 小时的工时制度。在特殊条件下从事劳动和有特殊情况的职工，按照国务院或者国务院劳动、人事行政主管部门的规定，可以再适当缩短工作时间。根据国务院规定，自 1995 年 5 月 1 日起我国已实行每天 8 小时每周 40 小时工作制。随着经济发展，法制的逐步完善，我国不断缩短着工作时间。

【案例 6 - 1】

广州 17 岁女工被累死案[①]

据 2003 年 7 月 9 日《广州日报》报道，孙艳，17 岁，湖北随州人，7 月 1 日才进广州竹料镇某电子厂，在包装车间工作。上班才 6 天就加了 48 小时班，结果 7 月 7 日中午因劳累过度，死在宿舍。天气闷热，但工厂为了省钱，封闭的车间一直关着空调只开风扇，再加上通宵加班，这名年轻的女工睡倒在宿舍的床上就再也没醒过来。该厂为港资企业，主要从事电话机的来料加工，建厂已有 10 年，孙艳所在的包装车间负责成品包装，厂里规定工作时间为早上 8 时至 12 时，下午 2 时至 6 时共 8 个小时，但一个班 8 小时才 9 元钱左右工资，所以厂里的女工都被逼着拼命加班，每天加班 5～6 小时是常事。7 月 6 日，孙艳先上了 4 个小时的班，然后从晚上 11 时一直加班至 7 月 7 日的 8 时，中午近 2 时，同宿

---

① http://news.sohu.com/28/32/news210883228.shtml，NEWS.SOHU.COM，2003 年 7 月 9 日，广州日报大洋网标题："上班 6 天加班 48 小时且车间封闭　累死 17 岁女工?"——本案例根据相关报道整理。

舍的同事下班回到宿舍，她叫孙艳的名字却没有反应，再一摸感觉不对劲，等救护车来到抢救，孙艳已经死亡。据调查，孙艳刚到厂里时，身体健康没什么毛病。

思考：劳动者可否自愿为了挣加班费而多加班？

三、工作日的种类

（一）标准工作日

标准工作日指由国家法律统一规定的，在一般情况下，劳动者从事工作或劳动的时间。[1] 标准工作日是最常见、适用最广泛的一种工作形式。它通常随国家经济发展水平的变化而变化。

1994 年 3 月 1 日起根据《国务院关于职工工作时间的规定》第 3 条的规定，我国实行职工每日工作 8 小时、平均每周工作 44 小时、平均每周工作 5 天半的标准工作日。

《中华人民共和国劳动法》第 36 条规定："国家实行劳动者每日工作时间不超过 8 小时，平均每周工作时间不超过 44 小时的工作制度。" 1995 年 3 月 25 日国务院发布了《国务院关于修改〈国务院关于职工工作时间的规定〉的决定》，修改后的《规定》第 3 条规定："职工每日工作 8 小时，每周工作 40 小时"。即从 1995 年 5 月 1 日起，我国标准工作日为每日工作 8 小时、每周工作 40 小时的 5 日工作周，同时，考虑到我国企业生产率水平的不平衡和多层次性，修改后的《规定》第 9 条规定"本规定自 1995 年 5 月 1 日施行，1995 年 5 月 1 日施行有困难的企业、事业单位，可以适当延期；但是，事业单位最迟应当自 1996 年 1 月 1 日起施行，企业最迟应当自 1995 年 5 月 1 日起施行。"

根据国务院的规定，劳动部发布了《贯彻国务院〈关于职工工作时间的规定〉的实施办法》，对企业的职工和个体经济组织的劳动时间做出了更为具体的规定；人事部发布了《贯彻国务院〈关于职工工作时间的规定〉的实施办法》，对国家机关、事业机关和社会团体的工作时间具体做出了统一要求。

标准工作日是计算其他工作日种类的依据。如实行综合计算工作日的用人单位，其平均工作时间和平均工作周应与法定的标准工作日基本相同。对于实行计件工作的劳动者，用人单位应当根据每日工作 8 小时、每周工作 40 小时的工时制度，合理确定其劳动定额和计件报酬标准。

---

[1] 关怀著：《劳动法》，中国人民大学出版社 2005 年第二版，第 160 页。

（二）缩短工作日

缩短工作日是指少于标准工作日的工作时间，即每天工作少于8小时或者每周工作的时数少于40小时。① 《国务院关于职工工作时间的规定》第4条规定："在特殊情况下从事劳动和有特殊情况，需要适当缩短工作时间的，按照国家有关规定执行。"缩短工作时间主要有以下几类：

1. 从事夜班劳动的劳动者

夜班工作时间是指从本日22时到次日6时从事工作或劳动的时间。实行三班制的企业，从事夜班工作的劳动者，其日工作时间比标准工作日缩短了1个小时。

2. 哺乳期内的女职工

根据1988年国务院颁布的《女职工劳动保护规定》第9条规定，正在哺乳不满1周岁婴儿的女职工，在每日工作时间内有两次哺乳时间，每次30分钟。多胞胎生育的，每多哺乳1个婴儿，每次哺乳时间增加30分钟。女职工哺乳时间和在本单位内往返途中的时间，算作劳动时间。

3. 从事矿山、井下、高山、高温、低温、有毒有害、特别繁重或过度紧张的劳动的职工

根据1979年10月《纺织工业部、国家劳动总局关于纺织企业实行"四班三运转"的意见》，防止部门实行"四班三运转"工时制度。根据化学工业部和国家劳动总局在1981年6月联合发布的《关于在化工有毒有害作业的工业中改革工时制度的意见》，化工行业从事有毒有害作业的工人实行"三工一休"制，每日工作6～7小时的工时制和"定期轮流脱离接触"的工时制度。煤矿井下实行四班每班6～7小时工时制。此外实行缩短工作时间的还有从事冶炼、森林采伐和装卸搬运等行业的繁重体力劳动者，根据其本行业的特点，实行了各种形式的缩短工时制。

4. 其他依法可以缩短工作日的职工

原劳动部《贯彻国务院〈关于职工工作时间的规定〉的实施办法》第4条规定："在特殊条件下从事劳动和有特殊情况，需要在每周工作40小时的基础上

---

① 关怀著：《劳动法》，中国人民大学出版社2005年第二版，第161页。

再适当缩短工作时间的，应保证完成生产和工作任务的前提下，根据《中华人民共和国劳动法》第 36 条的规定，由企业根据实际情况决定"。人事部《贯彻国务院〈关于职工工作时间的规定〉的实施办法》第 4 条规定："在特殊条件下从事劳动和有特殊情况，需要适当缩短工作时间的，由各省、自治区、直辖市和各主管部门按隶属关系提出意见，报人事部批准"。即除上述法定的因在特殊条件下从事劳动和特殊情况的职工可以实行缩短工作时间工作制外，其他需要缩短工时的用人单位，在依法履行审批手续后，也可以实行缩短工作日。

（三）延长工作日

延长工作日是指超过标准工作日的工作时间，即每天工作时间超过 8 小时。这种工作时间主要用于突击性、季节性比较强的工作，应在闲季时安排补休或给予经济补偿。[①] 延长工作时间必须符合法律规定，同时在保障职工身体健康并充分听取职工意见的基础上，采用集中工作、集中休息、轮流调休、弹性工作时间等适当方式，确保职工的休息、休假权利和生产、工作任务的完成。

（四）不定时工作日

不定时工作日又称为无定时工作日，是指没有固定工作时间限制的工作日。[②]主要适用于一些因工作性质或工作条件不受标准工作时间限制的工作。根据劳动部《关于企业实行不定时工作制和综合计算工作工作制的审批办法》的规定，企业对符合下列条件之一的职工，可以实行不定时工作制：

（1）企业中的高级管理人员、外勤人员、推销人员、部分值班人员和其他因工作无法按标准工作时间衡量的职工；

（2）企业中的长途运输人员、出租汽车司机和铁路、港口、仓库的部分装卸人员及因工作性质特殊、需机动作业的职工；

（3）其他因生产特点、工作特殊需要或职责范围的关系，适合实行不定时工作制的职工。

企业实行不定时工作时间，应当履行审批手续。根据《关于企业实行不定时工作制和综合计算工作工作制的审批办法》的规定，中央直属企业实行不定时工作制的，要经国务院行业主管部门审核，报国务院劳动行政部门批准；地方企业实行不定时工作制的审批办法，由各省、自治区、直辖市人民政府劳动行政部门

---

① 李景森、贾俊玲著：《劳动法学》，北京大学出版社 2001 年版，第 112 页。
② 关怀著：《劳动法》，中国人民大学出版社 2005 年第二版，第 161 页。

核定，报国务院劳动行政部门备案。实行不定时工作制的职工，其工作日长度超过标准工作日的，不算作延长工作时间，也不给予延长工作时间的工资报酬，同时也不实行加班加点制度。对于实行不定时工作制的劳动者，用人单位应根据标准工时制度合理确定劳动者的劳动定额或其他考核标准。

（五）综合计算工作日

综合计算工作日，是指用人单位根据生产和工作的特点，劳动者的工作时间不宜以日计算，分别采取以周、月、季、年等为周期综合计算劳动者工作时间的一种工时形式。综合计算的标准仍为每日不超过 8 小时，每周不超过 40 小时。根据国家原劳动部于 1994 年 12 月 14 日颁布的《关于企业实行不定时工作制和综合计算工作工作制的审批办法》的规定，对综合计算工作日的实行条件、方式和审批办法都作出了明确规定。

1. 计算工时长度的周期

综合计算工作时间是分别以周、月、季、年等为周期，综合计算。具体选用何种周期，应由企业根据自身的生产特点和需要而定。例如，受季节条件限制的制盐业的部分职工，可选用以年为周期综合计算工时，在制盐旺季时，职工日工作时间可超过 8 小时，而在淡季则日工作时间可少于 8 小时。

2. 适用的条件

（1）交通、铁路、邮电、水运、航空、渔业等行业中因工作性质特殊，需连续作业的职工；

（2）地质及资源勘探、建筑、制盐、制糖、旅游等受季节和自然条件限制的行业的部分职工；

（3）其他适合实行综合计算工时工作制的职工，如对于那些在市场竞争中，由于受外界因素的影响，生产任务不均衡的企业的部分职工，经劳动行政部门严格审批后，也可以参照综合计算工时工作制的办法实施。

3. 实行的方式

综合计算工作时间的实施方式，根据《审批办法》第 6 条的有关规定，在确保职工的休息休假权利和生产、工作任务完成的前提下，在保证职工身体健康并充分听取职工意见的基础上，综合计算工时工作制可采取集中工作、集中休息、轮休调休、弹性工作时间等方式进行。

4. 审批手续

企业实行综合计算工时制的，应履行一定的审批手续，其中，中央直属企业实行综合计算工时制的，要经国务院行业主管部门审核，报国务院劳动行政部门批准；地方企业实行综合计算工时工作制的审批办法，由各省、自治区、直辖市人民政府劳动行政部门制定，报国务院劳动行政部门备案。

应当注意的是，综合计算工时工作制仅是我国工时法律制度中的一种工时形式，实行这一工时形式的企业，无论选用周、月为周期，还是以季、年为周期综合计算工作时间，职工的平均月工作时间和周工作时间应与法定标准工作时间基本相同，超过法定标准工作时间部分，应视为延长工作时间，应按规定支付职工延长工作时间的工资。另外，实行综合计算工时工作制的职工，在法定休假节日、休息日轮班工作的，应视为正常工作，企业无须履行《劳动法》第 41 条所规定延长工作时间的手续。但在劳动报酬上，法定休假节日轮班的应按加班处理。

（六）计件工作时间

计件工作是指以劳动者完成一定劳动定额为标准的工作时间。依《劳动法》第 37 条规定，实行计件工作的用人单位，必须以劳动者在一个标准工作日（1 昼夜工作 8 小时）和 1 个标准工作周（1 周工作 40 小时，每周工作 5 天）的工作时间内能够完成的计件数量为标准，确定劳动者日或周的劳动定额。超过这个标准就等于延长了职工的工作时间，侵犯了职工的合法权益。由此可见，计件工作时间实际上是标准工作时间的特殊转化形式，但又比标准工作时间具有更大的灵活性。实行计件时间的劳动者，在 8 小时工作时间内完成了当日的劳动定额，则可以把剩余时间作为休息时间，也可以多做定额以取得相应的延长时间的劳动报酬，相反，如果劳动者未能在 8 小时内完成定额，则可以在 8 小时外加点用以完成规定的劳动定额。

第二节　休息休假制度

一、休息休假的概念和特征

休息和休假是指劳动者在任职期间，根据国家规定，不从事劳动和工作而自行支配的休息时间和法定节假日。休息时间和休假时间应理解为广义的，它包括劳动者在休息休假时间内各种方式的休息和休假，如参与业余各种社会活动，接受业余教育和培训，等等。①

休息时间，是指法律规定的劳动者在工作周、工作日内暂时停止劳动的歇息时间。包括工作日内的间歇时间、工作日之间的休息时间和周休息日。

法定休假日，是指法律、法规规定的劳动者休闲的时间。包括法定节假日、年休假和探亲假。不能将休假日的休与假分开理解成休息日和假日。对节假日也不能理解为节日和假日，理解为节日休假。

休息和休假，都是法律、法规规定的法定工作时间以外，劳动者免于劳动而进行休息休养的时间，可以统称为休息时间。因此，广义休息时间包括休息休假。休息与休假的区别主要有以下几点：第一，从适用的主体看，劳动者休息是无条件的，每一个工作周、工作日以及工作日与工作日之间，都有按照法律规定、合同约定享有的休息；休假，除无条件享用法定节日休假外，享有年休假和探亲假则是有条件的，只有符合法律、法规规定的条件的劳动者才能享用；第二，从享用的时间来看，工间休息时间只有 20 分钟，周休日最长为 2 天；休假时间比较长，最长可达 45 天；第三，从享用的方式看，休息时间主要用于歇息、休整等；休假主要用于休养、旅游、探亲和参加纪念活动等。

二、休息休假的种类

随着社会经济条件的发展，休息休假的种类也在发生着一定的变化。目前，我国休息休假可以分为以下几种：

（一）一个工作日内的休息时间

一个工作日内的休息时间是指职工在工作日内的岗位上工作时，应有中间休息及用膳的时间。午休及用膳时间目前由于工作时间性质的不同而有不同的规定，一般休 1~2 个小时，最少不能少于半小时。这种休息时间不计算在工作时间之内。

（二）两个工作日之间的休息时间

两个工作日之间的休息时间是指职工在一个工作日结束后至下一个工作日开

---

① 李景森、贾俊玲著：《劳动法学》，北京大学出版社 2001 年版，第 110 页。

始的休息时间。这种休息时间是保障职工恢复体力智力的重要阶段。

（三）公休假日

公休假日是职工工作满一个工作周以后的休息时间，一般情况下安排在每个星期日。自 1995 年 5 月 1 日开始，我国实行每周 40 小时工作制度。国家机关、事业单位实行统一的工作时间，星期六和星期日为周休息日。

（四）法定假日

法定假日是由国家法律统一规定的用以开展纪念、庆祝活动的休息时间。《中华人民共和国劳动法》对法定节日作了原则性规定，即元旦；春节；国际劳动节；国庆节；法律、法规规定的其他休假节日。

根据 1949 年 12 月 23 日政务院发布《全国年节及纪念日放假办法》，国务院 1999 年 9 月 18 日《国务院关于修改〈全国年节及纪念日放假办法〉的决定》第一次修订，国务院 2007 年 12 月 14 日《国务院关于修改〈全国年节及纪念日放假办法〉的决定》第二次修订，中国国务院关于修改《全国年节及纪念日放假办法》的决定，已经由 12 月 7 日国务院第 198 次常务会议通过，从 2008 年 1 月 1 日起施行。

（1）属于全体公民放假的节日：①新年，放假 1 天（1 月 1 日）；②春节，放假 3 天（农历除夕、正月初一、初二）；③清明节，放假 1 天（农历清明当日）；④劳动节，放假 1 天（5 月 1 日）；⑤端午节，放假 1 天（农历端午当日）；⑥中秋节，放假 1 天（农历中秋当日）；⑦国庆节，放假 3 天（10 月 1 日、2 日、3 日）。

（2）属于部分公民放假的节日即纪念日：①妇女节（3 月 8 日），妇女放假半天；②青年节（5 月 4 日），14 周岁以上的青年放假半天；③儿童节（6 月 1 日），不满 14 周岁的少年儿童放假 1 天；④中国人民解放军建军纪念日（8 月 1 日），现役军人放假半天。

（五）探亲假

根据《国务院关于职工探亲待遇的规定》，探亲假是指与父母或配偶分居两地的职工，每年享有的与父母或配偶团聚的假期。凡在国家机关、人民团体和全民所有制企业、事业单位工作满一年的职工，与配偶不住在一起，又不能在公休假日团聚的，可以享受本规定探望配偶的待遇；与父亲、母亲都不住在一起，又不能在公休假日团聚的，可以享受本规定探望父母的待遇。但是，职工与父亲或与母亲一方能够在公休假日团聚的，不能享受探望父母的待遇。非国有企业的职工可否享有探亲假，由其根据自身的情况自行确定。

职工探望配偶的，每年给予一方探亲假一次，假期为 30 天，往返路费应由所在单位承担。未婚职工探望父母，原则上每年给假一次，假期为 20 天，往返路费应由所在单位承担。如因工作需要或者职工自愿两年探亲一次的，可两年休假一次，假期为 45 天。已婚职工探望父母的往返路费，在本人月标准工资 30%以内的，由本人自理，超过部分由所在单位负担。每 4 年休假一次，假期为 20天。凡实行休假制度的职工（例如学校的教职工），应该在休假期间探亲；如果休假期间较短，可由本单位适当安排，补足其探亲假的天数。

不论是探亲假期还是路程假期均包括公休假日和法定节日在内。职工在规定的探亲假期和路程假期内，按照本人的标准工资发给工资。

（六）年休假

年休假是指法律规定的职工满 1 年的工作年限后，每年享有的保留工作带薪连续休假。《职工带薪年休假条例》经 2007 年 12 月 7 日国务院第 198 次常务会议通过，自 2008 年 1 月 1 日起施行。

1. 适用范围

机关、团体、企业、事业单位、民办非企业单位、有雇工的个体工商户的职工在同一单位连续工作 1 年以上的，享受带薪年休假（以下简称年休假）。

2. 关于年休假天数

职工累计工作已满 1 年不满 10 年的，年休假为 5 天；已满 10 年不满 20 年的，年休假为 10 天；已满 20 年的，年休假为 15 天。法定休假日、休息日不计入年休假假期。

3. 关于未休年休假的补偿

单位根据生产、工作的具体情况，并考虑职工本人意愿，统筹安排职工年休假。

年休假在 1 个年度内可以集中安排，也可以分段安排，一般不跨年度安排。单位因生产、工作特点确有必要跨年度安排职工年休假的，可以跨 1 个年度安排。

单位确因工作需要不能安排职工休年休假的，经职工本人同意，可以不安排职工休年休假。对职工应休未休的年休假天数，单位应当按照该职工日工资收入的 300% 支付年休假工资报酬。

4. 除外情形

职工有下列情形之一的，不享受当年的年休假：（1）职工依法享受寒暑假，其休假天数多于年休假天数的；（2）职工请事假累计 20 天以上且单位按照规定不扣工资的；（3）累计工作满 1 年不满 10 年的职工，请病假累计 2 个月以上的；（4）累计工作满 10 年不满 20 年的职工，请病假累计 3 个月以上的；（5）累计工作满 20 年以上的职工，请病假累计 4 个月以上的。

（七）婚丧假

（1）工作人员本人结婚或者工作人员的直系亲属（父母、岳父母、公婆、配偶及子女）死亡时，给予 1~3 天婚丧假；

（2）工作人员结婚时双方不在一起工作的，以及工作人员在外地的直系亲属死亡时，可根据路程远近，适当给予路程假。

（3）工作人员晚婚（男 25 岁、女 23 周岁以上登记初婚的），除按规定享受婚假外，另增加婚假 7 天。夫妻双方谁达到晚婚年龄谁享受。

（4）工作人员在批准的婚、丧假期间，工资照发。往返途中的车船费等，由工作人员自理。

（八）生育假

国务院《女职工劳动保护规定》规定，产假 90 天，难产的增加 15 天，多胞胎生育，每多生育一个婴儿增加 15 天。晚育的女职工，增加奖励假 30 天。

第三节　延长劳动时间制度

延长工作时间又称加班加点，是指劳动者的工作时数超过法律规定的标准工作时间。延长工作时间包括加班和加点。劳动者根据法律、法规和行政命令的要求，在法定节日和公休假日进行工作的时间叫加班；超过正常工作时间以外延长工作的时间叫加点。

用人单位进行加班加点，延长职工工作时间，必须占用劳动者的休息时间，侵犯劳动者的休息权。用人单位不得违反《劳动法》规定延长劳动者的工作时间。为了规范和限制用人单位延长工作时间，《劳动法》第41条规定以下几个方面限制延长工作时间的措施：

一、加班加点的条件

《劳动法》第41条规定，用人单位由于生产经营需要，经与工会和劳动者协商后可以延长工作时间。即用人单位延长工作时间不是随意的，必须符合一定的条件和手续。

（1）因生产经营需要。如何理解生产经营需要，法律、法规并未予以解释，就一般来说，应是指生产任务重需加班完成，工作任务紧需尽快处理完成，工作性质本身决定不能间断，必须连续生产、运输和营业的，以及其他用人单位生产经营等客观情况需加班加点完成的。

（2）与本单位工会和劳动者协商。工会具有监督企业执行劳动法律法规的权利和维护劳动者权益的职能，用人单位要延长工作时间，必须征求工会意见，征得工会意见。同时，必须与劳动者协商，因为愿不愿意加班加点最终要取决于劳动者本人。如果工会不同意，劳动者本人也不愿意，企业不能强制加班加点。企业违反国家规定强迫职工加班加点，职工可以拒绝，企业不得因此扣发职工工资，更不得以此理由解雇制职工。因此用人单位要延长工作时间，须在因生产经营需要和征得的工会和劳动者同意的条件下进行。不得任意和强制加班加点。

二、用人单位在实行加班加点制度时应遵循的原则

（1）用人单位要限制加班加点，保证劳动者休息、休假的权利；

（2）劳动者要在法定工作时间内完成劳动任务，因未完成定额和任务而延长工作时间的，不视为加班、加点；

（3）企业确因生产经营需要加班加点的，应与工会和劳动者协商。协商一致，按协商意见办。协商不一致，用人单位有权在法定的延长工作时数内决定加班加点，但企业违反法律规定的加班加点决定，劳动者有权拒绝；

（4）遇有发生自然灾害等特殊情况，企业决定加班加点不受法律规定的限制。

实行标准工时制的用人单位，可依法正常实行加班加点制度。休息日安排劳动者加班工作的，应首先安排补休，补休时间应与加班时间相等。实在不能安排

补休的，则应支付劳动者不低于工资的 200% 的加班工资。法定休假日安排劳动者加班工作的，不需安排补休，而应支付劳动者不低于工资 300% 的加班工资。经批准实行不定时工作制的职工，由于其工作时间不确定，所以无法实行加班加点制度。

三、不受加班加点限制的情形

《中华人民共和国劳动法》对延长工作时间作了明确规定：

（1）一般情况下的延长工作时间。用人单位延长工作时间，一般每日不得超过 1 小时；因特殊原因需要延长工作时间的，在保障劳动者身体健康的条件下延长工作时间每日不得超过 3 小时，但是每月不得超过 36 小时。如果超过这一限度，即为违法，用人单位应承担相应的法律责任。《劳动法》第 90 条规定："用人单位违反本法规定，延长劳动者工作时间的，由劳动行政部门给予警告，责令改正，并可以处以罚款。"

（2）特殊情况下的延长工作时间。特殊情况下的延长工作时间不需要与工会和劳动者协商，也不受一般情况下延长工作时间的时数限制。

这里的特殊情况是指：①发生自然灾害、事故或者其他原因，威胁劳动者生命健康和财产安全，需要紧急处理的；②生产设备、交通运输线路、公共设施发生故障，影响生产和公共利益，必须及时抢修的；③在法定假日和公休假日内工作不能间断，必须连续生产、运输或者营业的；④必须利用法定节假日或公休日的停产时间进行设备检修、保养的；⑤为了完成国防紧急生产任务，或者完成上级在国家计划外安排的其他紧急生产任务，以及商业、供销企业在旺季完成的收购、运输、加工农副产品紧急任务的；⑥法律、行政法规规定的其他情形。

（3）加班、加点的工资标准。用人单位依照法律规定安排劳动者加班、加点的，应当按照下列标准支付高于劳动者正常工作时间工资的工资报酬：①安排劳动者延长工作时间的，支付不低于工资的 150% 的工资报酬；②休息日安排劳动者工作又不能安排补休的，支付不低于 200% 的工资报酬；③法定假日安排劳动者工作的，支付不低于 300% 的工资报酬。

（4）禁止安排未成年工、怀孕 7 个月以上的女职工和哺乳未满 1 周岁婴儿的女职工延长工作时间。

【作业题】

一、思考题

过劳死问题的思考①

2011年4月10日晚，上海25岁的女白领潘洁因病去世了。

她因急性脑膜炎不治身亡。生前，她是普华永道上海办事处的初级审计员，是普通人无比羡慕的一名"四大会计师事务所"精英。她得的病一般来说并不难治，可她还是死了。在生前的最后几个月中，她时常在微博中发布"又加班了"、"我要睡觉"等消息。

虽然她的病亡和劳碌之间尚不能证明有无直接联系，但连日来，她的好友在哀悼的同时，开始激烈讨论白领的健康。小潘生前在微博上时常抱怨工作忙、没有休息时间，以下是记者从其微博上摘录的几条：

2月1日08：35：究竟是有多少人不用上班……地铁那么空高架那么通……客户肯定恨我们……

2月2日02：39：终于进入了放假模式……

3月7日10：01：我不介意做妇女，只要给我半天假……

4月1日6：31：个个都说，别干了……

"个个都说，别干了……"是女孩在微博上留下的最后一句话。10天后，她离开了这个世界。

思考：过劳死侵害的是什么权利？如何预防？

二、调查：某个行业或某企业加班的现状和原因，提出改善对策。

---

① http：//biz. cn. yahoo. com/ypen/20110415/309697. html.

第七章 劳动安全卫生

【本章导读】

　　本章是劳动法学的实际应用部分，是学习和研究劳动法学应当掌握的基本内容。劳动安全卫生制度是劳动法律制度的重要组成部分，劳动安全卫生的法律保障也是我国劳动者应享有的一项重要权利。

　　目前的劳动安全问题十分严峻，已经直接威胁到职工的合法权益。通过本章的学习，读者要理解劳动安全卫生的概念，研究劳动安全卫生的法律渊源，熟悉劳动安全卫生的形式和内容；认识劳动安全卫生在劳动法律体系中的地位，掌握劳动安全卫生的重要法律制度。

　　【重点】安全技术规程、卫生规程、女职工和未成年工特殊保护。

　　【难点】用人单位的权利与义务、劳动者的权利与义务。

第一节 劳动安全卫生概述

一、劳动安全卫生制度的概念和特征

　　劳动安全卫生制度，又称职业安全卫生制度或劳动保护制度，它是基于劳动法律关系而产生的，对劳动者在劳动过程中的安全健康进行保护的法律制度。它包括劳动安全技术规程、劳动卫生规程、劳动安全和卫生管理制度、女职工和未成年工特殊劳动保护制度等。

　　保护劳动者的各项合法权利，是任何一个国家劳动法的根本任务和重要立法目的。在劳动者的各项权利中，生命安全和身体健康权是劳动者最基本的权利，因此基于对这两项基本权利的保护而建立的劳动安全卫生法律制度具有以下特征：

（一）劳动安全卫生制度的实施具有强制性

由于劳动安全卫生制度以劳动者的人身为保护对象，这一制度建立的基础是劳动者的生命权和健康权。因此，这项制度的实施具有强制性。与民事规范及劳动合同等契约性规范不同，劳动安全卫生制度属于强制性规范，这就禁止了所谓的"生死条款"，也就是说它排除了用人单位通过任何形式免除劳动安全卫生保护责任的可能性，同时也不允许劳动者本人基于任何动机放弃劳动安全卫生保护的权利。在用人单位与劳动者签订的劳动合同中，用人单位有义务和责任遵循劳动安全技术规范和劳动卫生规范，不得与劳动者私自约定违背规范的条款或擅自修订与规范相违背的企业规章，有关免除用人单位保护责任的条款和劳动者放弃保护权利的条款均一律无效。

（二）劳动安全卫生制度以劳动过程为其保护范围

劳动安全卫生关系是基于劳动关系而产生的保护关系，因此，所有劳动安全卫生制度的基本法律规范的保护范围都只限于劳动过程之中。这一特点决定了劳动安全卫生制度必须针对劳动过程的特点和劳动过程所涉及的物理因素、化学因素以及自然因素等，制定相应的规范和措施。同时，也只有在劳动过程中采取的各种改善劳动条件、保护劳动者生命安全和身体健康的措施，才属于劳动安全卫生制度的范围。

（三）劳动安全卫生制度的内容具有较强的技术性

劳动过程中有许多职业危害因素均是受自然规律支配的，遵循符合客观的技术规程是劳动保护的一个基本保护手段。这就决定了劳动保护法的规范中包含了大量的技术性规范，例如钳工工作应遵循的相应技术规范等。因此，劳动安全卫生制度具有自然科学和社会科学相结合的特点。

二、劳动安全卫生制度的立法概况

（一）外国劳动安全卫生立法的产生与发展

劳动安全卫生立法起源于19世纪初产业革命兴起的经济发达国家。劳动安全卫生是早期劳动立法的主要内容。1802年英国议会首先通过了《学徒健康与道德法》，这是最早的劳动保护立法。该法规定了纺织工厂童工的劳动保护条件，限制纺织厂童工工作时间。随后，英国多次颁布劳动安全卫生法来规定工人的劳动安全卫生问题，如 1833 年颁布了适用于棉毛麻丝等行业的《工厂法》，1842年颁布了《矿业法》，1845 年颁布了《印染工厂法》，1869 年颁布了《工厂法扩充条例》和《工厂管理条例》等。在法国、德国等国的工厂法里，规定了工厂应有安全和卫生设备，防止发生伤亡事故和职业病。1877 年美国马萨诸塞州首先规定了全国第一个工厂检查法，以后劳工部在已有的联邦立法中陆续增补了劳动安全卫生的条款。

进入 20 世纪以来，随着经济的发展和社会的进步，由于新技术、新工艺、新设备的应用，劳动安全卫生标准越来越不适应新的风险和生产的发展。各国迅速加强了劳动安全卫生方面的专门立法。如 1937 年，英国在《工厂法》中设"工厂安全与卫生"专章，并于 1948 年、1959 年和 1961 年分别对其进行修改。法国、德国、意大利、比利时等国都先后颁布了矿山安全法或煤矿安全法。在美国，第二次世界大战以前，劳动安全卫生方面的立法权都属于各州。第二次世界大战期间，联邦设立了一个国家安全委员会，并随后于 1970 年公布了《职业安全和卫生法》，1977 年公布了《联邦矿山安全与卫生法》。在日本，1947 年公布了《工人赔偿法》，1972 年颁布了《劳动安全卫生法》，以预防劳动伤害，确保劳动者的安全和健康为宗旨。

在各国不断加强劳动安全与卫生的劳动立法的同时，有关的国际劳工立法也日益加强并在深度和广度上极大地影响着各国的劳动安全卫生立法。这方面的国际劳工立法主要有：1921 年《受雇用于海上工作的儿童及未成年人的强制体格检查公约》，1925 年《工人事故赔偿公约》、《工人职业病赔偿公约》（1933 年修改）、《本国与外国工人关于事故赔偿的同等待遇公约》和《面包房夜间工作公约》；1930 年《防止码头工人事故公约》（1932 年修改）；1937 年《建筑业的安盗规定公约》；1960 年《保护工人免受离子辐射公约》；1967 年《准许工人搬运的最大重量的公约》；1971 年《防止苯中毒引起危害公约》；1974 年《预防和控制由致癌物质和致癌剂造成职业危害公约》；1977 年《保护工人免遭因工作场所中的空气污染、噪声和振动而造成的职业危害公约》；1979 年《港口装卸的劳动安全和劳动卫生公约》；1981 年《职业安全卫生与工作环境公约》等。这些国际性公约从一个侧面反映了劳动安全卫生制度在劳动法律体系中的重要性及地位。

（二）我国劳动安全卫生立法概况

新中国成立以后，国家一直非常重视劳动安全与卫生的立法。中华人民共和国成立初期的临时宪法——《中国人民政治协商会议共同纲领》和以后的历次宪法中都对劳动保护做了原则性规定。"保护青工女工的特殊利益。实行工矿检查制度，以及改进工矿的安全和卫生设备。""提倡国民体育，推广卫生医药事业，并注意保护母亲、婴儿和儿童的健康。""国家通过各种途径，创造劳动就业条件，加强劳动保护，改善劳动条件，并在发展生产的基础上，提高劳动报酬和福利待遇。"1950 年国务院颁布的《中华人民共和国工会法》中，也有保护工人健康的专门规定。1956 年国务院发布劳动保护三大规程：《工厂安全卫生规程》、《建筑安装工程安全技术规程》和《工人职员伤亡事故报告规程》；1963 年国务院发布《关于加强企业生产中安全工作的几项规定》、《防止矿尘危害工作管理办法》；1982 年国务院发布《矿山安全条例》、《矿山安全监察条例》、《锅炉压力容器安全监察暂行条例》等；1984 年国务院发布《关于加强防尘防毒工作的决定》；1991 年国务院发布《企业职工伤亡事故报告和处理规定》；1992 年全国人大常委会颁布《中华人民共和国矿山安全法》。此外，劳动安全卫生行政部门及其他有关部门也发布了大量的劳动安全卫生规章和安全卫生标准。

1994 年 7 月 5 日颁布的《中华人民共和国劳动法》第 6 章专章对我国劳动安全卫生制度做了规定，它与《矿山安全法》和国务院发布的劳动安全卫生法规，以及有关部门制定的大量劳动安全卫生的规章、标准，构成了我国的劳动安全卫生法律制度体系。

第九届全国人民代表大会常务委员会第二十四次会议于 2001 年 10 月 27 日颁布了《中华人民共和国职业病防治法》，该法自 2002 年 5 月 1 日起施行。这是我国对职业病防治所采取的一项重大措施。2002 年 6 月 29 日第九届全国人民代表大会常务委员会第二十八次会议通过了《中华人民共和国安全生产法》，这是劳动安全卫生制度体系中的重要法律规范。

三、劳动安全卫生法体系

目前，我国已经初步形成了以《安全生产法》和《职业病防治法》为核心，由国家其他相关法律法规、国务院规范性文件、部门规章、地方性法规和行业标准等组成的劳动安全卫生法体系。

（一）宪法

宪法是国家根本大法，处于劳动安全卫生法体系的顶端，宪法中关于劳动安全卫生的法律原则性规定为其他劳动安全法律法规提供指导。

（二）劳动法

劳动法是仅次于宪法的劳动安全卫生法典，其中规定了劳动安全卫生和对女职工与未成年工的特别保护法律规定。

（三）综合性基本法

综合性基本法是劳动安全卫生法体系的核心，集中规定了安全卫生的基本问题，如《安全生产法》和《职业病防治法》。

（四）专门性基本法

专门性基本法是就安全卫生的某个方面所制定的专门性法规，集中规定这一方面的劳动保护基本原则和制度，统领这一方面的各单项法规，比如《矿山安全法》等。

（五）单项法规

单项法规是就某个方面的单项劳动安全卫生问题制定的专门性法规。大体上可分为劳动安全技术法、劳动卫生技术法、综合劳动管理法、劳动保护监督法和女职工、未成年工劳动保护法等。

（六）劳动安全卫生标准

这是单项安全卫生中的技术问题所制定的技术规范，其依据为标准化法和国家法律法规，可以分为国家标准、地方标准和行业标准，比如《体力劳动强度分级》国家标准等。

四、劳动安全卫生法律关系主体的权利与义务

劳动安全卫生法律关系中有三方主体，即劳动安全卫生行政管理机关、用人单位和劳动者。三者享有的权利与承担的义务各不相同。

（一）劳动安全卫生行政管理机关的职责

国务院和地方各级人民政府有对安全卫生工作进行领导，支持和督促各部门依法履行安全卫生监督管理的职责。县级以上地方各级人民政府卫生管理部门行使本辖区的职业病防治的监督管理职责。根据《劳动法》、《安全生产法》、《职

业病防治法》等有关规定，劳动安全卫生行政部门的职责主要包括：

（1）根据管理权限制定统一执行的劳动安全卫生标准，使劳动安全卫生管理制度科学化、规范化，并力争同国际劳动立法标准接轨，如安全技术规程、劳动卫生规程、劳动安全卫生防护设施标准、劳动环境质量标准、高处作业标准、体力劳动强度标准等。

（2）组织和推动劳动安全卫生科学研究工作，为建立科学合理的劳动安全卫生法律制度提供科学依据，开发更多的劳动安全卫生保护产品，并负责组织推广。

（3）建立劳动安全卫生基础制度，如工伤保险制度、职业病统计报告制度、伤亡事故报告处理制度、劳动安全卫生教育制度、劳动安全卫生认证制度、劳动安全卫生监督检查与处罚制度等。

（4）对用人单位执行劳动安全卫生制度进行监督、检查以及对违反劳动安全卫生法规的单位或个人依法给予处罚。

（二）用人单位的权利与义务

1. 用人单位的义务

对于保护劳动者的生命安全和身体健康，用人单位负有不可推卸的法定义务，主要包括以下几方面：

（1）建立健全各项劳动安全卫生制度，包括企业内部安全监督检查组织系统和工作制度，各种内部安全卫生规章制度等，防止劳动过程中事故的发生，减少职业病危害。《劳动法》第 52 条明确规定："用人单位必须建立健全职业安全卫生制度，严格执行国家劳动安全卫生规程和标准。"《职业病防治法》第 5 条规定："用人单位应当建立、健全职业病防治责任制、加强对职业病防治的管理、提高职业病防治水平，对本单位产生的职业病危害承担责任。"

（2）广泛开展劳动安全卫生教育。劳动安全与卫生，是用人单位与劳动者双方的相关活动，如果不在每一个劳动者中树立"安全第一、预防为主"，人人自觉遵守操作规程和规范的观念，要实现劳动安全卫生法律制度的目标是不可能的。因此，《劳动法》第 52 条要求用人单位"对劳动者进行劳动安全卫生教育"。《安全生产法》第 21 条规定："生产经营单位应当对从业人员进行安全生产教育和培训，保证从业人员具备必要的安全生产知识，熟悉有关的安全生产规章制度和安全操作规程，掌握本岗位的安全操作技能。未经安全生产教育和培训合格的从业人员，不得上岗作业。"《职业病防治法》第 31 条规定："用人单位的负责人应当接受职业卫生培训，遵守职业病防治法律、法规，依法组织本单位的职业病防治工作。""用人单位应当对劳动者进行上岗前的职业卫生培训和在岗期间的定期职业卫生培训，普及职业卫生知识，督促劳动者遵守职业病防治法律、法规、规章和操作规程，指导劳动者正确使用职业病防护设备和个人使用的职业病防护用品。"

（3）按规定提供劳动安全卫生设施和条件。良好的劳动安全卫生设施条件，是防止事故、减少职业危害的基本因素。因此，《劳动法》第53条和第54条规定，"劳动安全卫生设施必须符合国家规定的标准。""新建、改建、扩建工程的劳动安全卫生设施，必须与主体工程同时设计，同时施工，同时投入生产和使用。""用人单位必须为劳动者提供符合国家规定的劳动安全卫生条件和必要的劳动保护用品。"《安全生产法》第30条规定："生产经营单位使用的涉及生命安全、危险性较大的特种设备，以及危险物品的容器、运输工具，必须按照国家有关规定，由专业生产单位生产，并经取得专业资质的检测、检验机构检测、检验合格，取得安全使用证或者安全标志，方可投入使用。"《职业病防治法》第4条规定："用人单位应当为劳动者创造符合国家职业卫生标准和卫生要求的工作环境和条件，并采取措施保障劳动者获得职业卫生保护。"

（4）对未成年劳动者和从事有职业危害作业的劳动者进行定期的健康检查。法律规定健康检查的时间算作工作时间，检查所需的费用由用人单位负担。

（5）对劳动者进行安全技术培训，特别是从事特种作业的劳动者，必须经过专门培训并取得特种行业资格证书，才能从事相应的特种作业劳动。凡用人单位未履行培训义务而发生事故的，事故责任应由用人单位承担。《安全生产法》第23条规定："生产经营单位的特种作业人员必须按照国家有关规定经专门的安全作业培训，取得特种作业操作资格证书，方可上岗作业。"

（6）依法参加工伤社会保险，为劳动者缴纳保险费。《安全生产法》第43条规定："生产经营单位必须依法参加工伤社会保险，为从业人员缴纳保险费。"

2. 用人单位的权利

（1）有权依法制定内部劳动安全卫生规章，并要求劳动者必须遵守这些规章制度和操作规范。

（2）有权对企业内部的劳动安全卫生规章制度的执行实施监督检查，纠正违章操作行为。

（3）有权对违反劳动安全卫生规章制度并造成事故的劳动者给予纪律处罚。如《企业职工奖惩条例》第11条第3项规定，企业有权对玩忽职守，违反技术操作规程和安全规程，或违章指挥，造成事故，使人民生命、财产遭受损失的职工给予行政处分或经济处罚。

（三）劳动者的权利与义务

在劳动安全卫生法律制度中，无论是保护措施的落实还是保护目标的实现，最终都落实于劳动者。因此，劳动者在劳动安全卫生法律制度中，在享有最完整的权利的同时也承担着最重要的义务。[①] 劳动者享有的劳动安全卫生保护权利，可归纳为五个方面：

1. 获得各项保护条件和保护待遇的权利

劳动安全卫生法律制度的目的在于保护劳动者的生命安全和身体健康，以此为目的确定的用人单位的各项义务都直接在另一方面转化为劳动者的权利。如劳动者有获得符合劳动安全卫生条件的权利；有获得本岗位安全卫生知识、技术培训的权利；有获得劳动保护用品的权利；有获得定期健康检查的权利；有参加工伤保险和获得伤亡赔偿的权利等等。

2. 危险因素和应急措施的知情权

生产经营单位，特别是从事矿山、建筑、危险物品生产经营和公众聚集场所往往存在着一些对从业人员生命和健康带有危险、危害的因素。直接接触这些危险因素的从业人员往往是生产安全事故的直接受害者。许多生产安全事故造成从业人员严重伤亡的教训之一，就是从业人员不知道危险因素的存在和发生事故时应当如何采取应急措施。如果从业人员知道并且掌握有关安全知识和处理办法，就可以消除许多不安全因素和事故隐患，避免事故发生或者减少人身伤亡。《安全生产法》第36条规定："生产经营单位应当教育和督促从业人员严格执行本单位的安全生产规章制度和安全操作规程；并向从业人员如实告知作业场所和工作岗位存在的危险因素、防范措施以及事故应急措施。"《职业病防治法》第30条规定："用人单位与劳动者订立劳动合同时，应当将工作过程中可能产生的职业病危害及其后果、职业病防护措施和待遇等如实告知劳动者，并在劳动合同中写明，不得隐瞒或者欺骗。""劳动者在已订立劳动合同期间因工作岗位或工作内容变更，从事与所订立劳动合同中未告知存在职业病危害的作业时，用人单位应当依照前款规定，向劳动者履行如实告知的义务，并协商变更原劳动合同相关条款。"第32条规定："对从事接触职业病危害的作业的劳动者，用人单位应当按照国务院卫生行政部门的规定组织上岗前、在岗期间和离岗时的职业健康检查，

---

① 黄越钦著：《劳动法新论》，中国政法大学出版社2003年版，第437页。

并将检查结果如实告知劳动者。职业健康检查费用由用人单位承担。"

3. 拒绝权

在劳动安全卫生条件恶劣、隐患严重的情况下，劳动者有权拒绝从事该项工作或者有权撤离现场。《劳动法》第 56 条明确规定："劳动者对用人单位管理人员违章指挥、强令冒险作业，有权拒绝执行。"

4. 监督权

对企业及其管理者不执行劳动安全卫生规定，不提供法律规定的安全卫生条件，以及违章指挥，强令冒险作业等行为，有权提出批评、检举和控告。《劳动法》第 56 条第 2 款规定：劳动者"对危害生命安全和身体健康的行为，有权提出批评、检举和控告。"《安全生产法》第 46 条规定："生产经营单位不得因从业人员对本单位安全生产工作提出批评、检举、控告或者拒绝违章指挥、强令冒险作业而降低其工资、福利待遇或者解除与其订立的劳动合同。"

5. 紧急情况下的停止作业和紧急撤离权

由于生产经营场所不可避免地存在自然和人为的危险因素，经常会在生产经营作业过程中发生一些意外的或者人为的直接危及劳动者人身安全的危险情况，将会或者可能会对劳动者造成人身伤害。比如从事矿山、建筑、危险物品生产作业的劳动者，一旦发现将要发生透水、瓦斯爆炸、煤和瓦斯突出、冒顶、片帮，坠落、倒塌，危险物品泄漏、燃烧、爆炸等紧急情况，并且无法避免时，最大限度地保护现场作业人员的生命安全是第一位的，法律赋予现场作业人员停止作业和紧急撤离的权利。《安全生产法》第 47 条规定："从业人员发现直接危及人身安全的紧急情况时，有权停止作业或者在采取可能的应急措施后撤离作业场所。生产经营单位不得因从业人员在前款紧急情况下停止作业或者采取紧急撤离措施而降低其工资、福利等待遇或者解除与其订立的劳动合同。"

劳动者承担的劳动安全卫生义务，主要是严格遵守安全操作规程，执行企业内部规章制度和岗位责任制，同时，不断提高熟练程度和专业技术水平，防止因主观因素导致事故的发生。

【思考】劳动保护是否指对职工的全面保护?

第二节　劳动安全技术规程和卫生规程

一、劳动安全技术规程和卫生规程概述

劳动安全技术规程是指为防止和消除劳动者在生产和工作过程中的伤亡事故，保障劳动者的生命安全而依法制定的各项技术标准和法律规范。劳动安全技术规程以行业生产特点和工艺流程不同而加以区分。按产业性质划分有煤矿、冶金、化工、建筑、机器制造等安全技术规程；按机器设备性质划分有电器、起重、锅炉和压力容器、压力管道、焊接、机床等安全技术规程。

劳动卫生规程是指为了防止和减少有毒有害物质的危害，防止职业病的发生以保障劳动者在劳动过程中的身体健康而依法制定的各项技术标准和法律规范。劳动卫生规程按照有害物质的不同，有防止有毒物质危害、防止粉尘危害、防止噪声和强光危害、防止电磁辐射危害等卫生规程；按照职业病的种类不同，有尘肺病的防治规程等；另外还有有关卫生保健、防暑降温、防冻取暖和防潮湿等一般性规程。

二、工厂安全技术规程

工厂的生产活动，涉及来自各方面的不安全因素的危害，安全在避免危险中起着至关重要的作用，劳动安全技术规程是实现安全的保障。针对工厂的生产活动，我国颁布了一系列安全技术规程，主要内容包括：

（1）工厂工作场所或环境的安全技术规范，如《工厂安全卫生规程》、《铁路道口管理暂行规定》等。通过规定工厂区域和工作场所内安全标志、设施、各种机械位置以及光线、通道等方面的安全标准和指标，保证劳动者有一个安全的工作场所或工作环境。例如，工厂的人行道和车行道应该平坦、畅通，夜间要有足够的照明设备。道路和轨道交叉处必须有明显的警告标志、信号装置或者落杆。为生产需要所设的坑壕和池，应该有围栏或者盖板。原材料、成品、半成品和废料的堆放，应该不妨碍和装卸时候的便利和安全。厂区应该保持清洁。沟渠和排水道要定期疏浚。垃圾应该收集于有盖的垃圾箱内，并且定期清除。建筑物

必须坚固安全，如果有损坏或者危险的迹象，应该立即修理。

（2）机械设备安全技术方面的规范，如《生产设备安全卫生设计总则》。这些技术规范主要通过规定机械各危险部位的防护装置、压力机械安全装置、危险部位的安全指示装置的标准和要求，以减少危险事故的发生。

（3）电器设备方面的安全技术规范。包括电器设备质量安全，设备的安装、操作，线路的架设，定期的检修等方面的安全技术规范。例如，电网内外应该有护网和显明的警告标志。

（4）锅炉压力容器方面的安全技术规范，如《压力容器安全监察规程》等。具体内容包括压力容器的制造、运输、安装、使用、保养、维修等方面的安全技术规范。例如，锅炉与气瓶应该有安全装置，由经过专门训练并考试合格的专职人员操作。

（5）起重机械安全技术规范，如《起重机安全规程》等。内容包括起重机械设备安全技术规范、操作行为规范、安全标记和操作信号规范等。

三、建筑安装工程安全技术规程

建筑安装工程具有高空作业、露天作业、流动性大、劳动强度大和劳动条件差等特点。为了保障建筑工人的安全和健康，防止各类伤亡事故的发生，国家颁布了《建筑安装工程安全技术规程》，要求各施工单位严格执行。规定建筑企业在充分考虑施工安全的基础上，合理布置施工现场，妥善安排施工工艺和方法。重点对预防坍塌、土方塌陷、高处坠落，物体打击、触电、脚手架、土石方工程、机电设备及拆除工程方面做了明确规定。

四、矿山安全技术规程

矿山是安全事故发生率较高的劳动场所。为了保障矿山安全生产，保护劳动者的生命安全，国家制定了以《矿山安全法》为基础的一系列矿山劳动安全法律规范。这些法律规范的具体内容主要包括：

（1）矿山设计与建设的安全技术规范，包括矿井的通风系统和供风量、风质、风速；露天矿的边坡角度和台阶的宽度，供电系统，提升运输系统，防水、排水系统和防火、灭火系统，防瓦斯系统和防尘系统，以及有关矿山安全的其他项目。

（2）矿山开采方面的安全技术规范，包括矿山开采基本安全条件，地下开采矿山的安全条件，露天开采矿山的安全条件，乡镇矿山开采的安全条件等。

（3）矿山设备仪器方面的安全技术规范，包括矿用产品的国家安全标准或行业安全标准，矿山企业设备安全管理规程，矿山设备安全检查与维修规程等。

（4）作业场所方面的安全技术规范，包括保护地面建筑物及井筒的矿（岩）柱标准，地面建筑需设安全矿柱的规定，地面建筑物下开采的安全规定，井下境界和巷道矿（岩）柱标准，对于井下境界和巷道矿柱的保护规定等。

五、劳动卫生规程

（一）防止粉尘危害

粉尘是工业生产中对劳动者健康影响非常严重的有害物质，为此，国家制定了一系列有关防止粉尘危害的法规，如《工厂防止砂尘危害技术措施暂行办法》、《关于制定防毒防尘规划要求》、《国务院关于加强防尘防毒工作的决定》，等等。这些规定的主要内容包括：

（1）劳动场所中的各种生产性粉尘在空气中的含量不得超过规定标准；

（2）粉尘作业或扬尘点，必须采取密闭除尘等措施或实行湿式作业；

（3）严禁在没有防尘措施的情况下进行干式生产或干式凿岩；

（4）对接触砂尘的工人应发给防尘口罩、防尘工作服；

（5）应对从事粉尘作业的劳动者进行定期健康状况检查；

（6）对尘肺病患者应按规定给予治疗、疗养或调换工作等。

（二）防止有毒物质危害

为防止劳动者因从事有毒有害物质的劳动而发生职业性中毒，我国颁布了有关防止职业中毒的法律规范。如《关于防止酒精中毒的办法》、《橡胶业汽油中毒预防暂行办法》、《职业中毒和职业病报告试行办法》、《泊船、泊码头防油气中毒规定》等。这些规定的主要内容包括：

（1）规定有毒有害作业的范围工种；

（2）放置的有毒有害物质不得超过规定的最高容许浓度；

（3）对有毒有害的废气、废渣、废液，应进行综合利用和净化处理；

（4）对从事有毒有害工作的劳动者，应按规定给予防护用品；

（5）有毒有害物质的工作场所，应按规定设有防护救护设施或用具；

（6）对个别有毒有害工作岗位，劳动者应依照规定定期轮换；

（7）对遭受职业性毒害或患职业病的劳动者，应及时给予治疗、疗养和调换工作；

（8）对防护用品应定期检修、调换和做好消毒工作。

（三）防止噪声和强光刺激

劳动过程中的噪声和强光，对劳动者听觉和视觉会产生不良影响。为减少和消除这些不良影响，国务院颁布的《工厂安全卫生规程》对此做出了规定，主要内容包括：

（1）发生强烈噪音的生产应当尽量在设有消声设备的单独工作房中进行；

（2）对在有噪声、强光、辐射热和溅火花、碎片、刨屑场所操作的劳动者应提供和要求戴护耳器、防护镜、面具和帽盔等；

（3）工作地点的局部照明亮度应符合操作技术规范和劳动卫生规程的要求等。

（四）防暑降温和防冻取暖的法律规定

为了保护劳动者的身体健康，防止劳动场所过度高温或低温对劳动者健康的影响，《工厂安全卫生规程》、《防暑降温措施暂行办法》和国务院批转国家经济委员会《关于从事有毒有害、高温、井下作业工人的食品供应情况和意见报告》等都做出了具体规定，主要内容包括：

（1）室内工作地点的温度经常高于35℃，低于5℃的时候，应当采取降温取暖措施；

（2）采取技术措施疏散热源，合理布置热源，使用隔热材料、循环水冷却等方式降低高温；

（3）采取保健措施，实行健康检查，组织巡回医疗和防治观察，供应符合卫生要求的饮料；

（4）按规定要求提供防暑、防冻劳动保护用品等。

（五）工作场所的通风照明

《工厂安全卫生规程》、《矿山安全法》等规定，工厂、矿山在通风照明方面应达到法定的标准：

（1）矿井必须有完整合理的通风系统，在未形成设计规定要求的通风系统前，不准投入生产；

（2）通风设施应当达到规定的标准，如井下必须采取机械通风，风流、风质必须符合规定标准；

（3）通风系统的运转、使用管理必须有专人负责；

（4）工作场所和通道的光线应当充足，局部照明的光度应当符合操作要求，通道应该有足够的照明，窗户要经常擦拭，启闭装置应该灵活，人工照明设施应保持清洁完好等。

（六）个人防护用品和保健的法律规定

为了保护劳动者的安全与健康，合理发放和使用个人防护用品，劳动部于1963年公布了《国营企业职工个人防护用品发放标准》，对防护用品的发放原则和范围，以及发放种类和工种、具体标准等做了全面系统的规定。1963年3月18日国务院批转国家经委《关于从事有毒、有害、高温、井下工作人员食品供应情况和意见的报告》，随后，劳动部、卫生部、商业部、粮食部、财政部、国家统计局、中华全国总工会又联合发出《实行保健食品制度的通知》，较为全面和系统地规定了保健制度的范围、原则、标准和具体发放办法。

（七）职业病防治及处理的法律规定

职业病，是指劳动者在职业活动中，因接触粉尘、放射性物质和其他有毒、有害物质等因素而引起的疾病。为了防止职业危害和预防职业病，我国先后制定了一系列关于职业病防治及处理的规定，如《中华人民共和国尘肺病防治条例》、《职业病范围和职业病患者处理办法的规定》、《职工工伤与职业病致残程度鉴定标准》、《职业病防治法》等。这些规定的主要内容包括：

（1）规定了我国职业病的具体范围。根据1987年《职业病范围和职业病患者处理办法的规定》，我国法定的职业病有9大类，共99种。2002年4月18日，卫生部、劳动和社会保障部根据《职业病防治法》第2条规定了新的《职业病目录》。将职业病范围确定为10大类共115种。各地区、部门需要增补的职业病，应报经卫生部审批。

（2）职业病的确定应按卫生部颁发的《职业病诊断管理办法》及有关规定执行。凡被确定为职业病的，应由诊断机构发给《职业病诊断证明》。

（3）规定了职业病应当享受的待遇，包括医疗待遇、疗养待遇、调整工作、调换工作岗位等。

《职业病防治法》对职业病的前期预防、劳动过程中的防护与管理、职业病诊断与职业病病人保障、职业病的监督检查和法律责任等问题均做了十分具体的规定，这将对我国的职业病防治工作产生重大的影响。

【案例 7 - 1】 企业必须为劳动者提供必要防护用品

东北某采石场，冬天到了，冰天雪地，职工仍然要到野外作业。职工觉得像是做苦工似的，要求单位提供防寒服。但是场长说，由于今年采石场没有营利，场领导决定把防寒用品给取消了。要求大家将就一年，明年效益好了再补发。

评析：根据《劳动法》有关规定，用人单位必须向劳动者提供"必要的劳动防护用品"。必要的劳动防护用品指职工在从事某项工作时，为保证其健康与安全，所应提供的基本的劳动保护用品。用人单位必须按照国家有关规定发放劳动防护用品。发放劳动防护用品应当根据职工劳动条件发放，属于在生产过程中保护工人的安全与健康的防护用品，必须发给职工本人。

劳动防护用品不是职工福利，它是针对劳动过程中劳动安全生产的需要规定的。它是保护劳动者在劳动生产过程中安全与健康的一种预防性的辅助措施。因此，企业必须遵照国家有关规定来发放劳动防护用品。

第三节　劳动安全和卫生管理制度

劳动安全和卫生管理制度是国家、各级管理机关和用人单位依法制定的保护劳动者在劳动过程中的生命安全与身体健康的各项管理措施的总称。它是企业管理制度的重要组成部分，主要包括安全生产责任制度、劳动安全卫生许可制度、安全教育制度、伤亡事故统计报告和处理制度等。

一、安全生产责任制度

安全生产责任制度是按照生产方针和"管生产的同时必须管安全"的原则，依法将各级人民政府及其职能部门、用人单位、用人单位负责人员和在特殊岗位工作的劳动者和安全检查人员的责任加以明确规定的一种制度。它的主要内容是：企业领导对企业的安全工作负总的组织领导责任；各级工程技术人员和生产班级负责人在自己的职责范围内对安全工作负相应责任；各生产部门、机械设备、劳动工资、财务会计、保卫供应等部门应对其所管辖范围内的安全技术、劳动保护负直接责任；劳动保护专职管理机构应在企业领导的指挥下，具体负责组织领导并监督检查企业有关部门的安全技术、劳动保护工作；企业职工应各级参加各种安全生产活动，自觉遵守各种安全生产规章制度，主动提出改进安全生产建议，爱护和正确使用安全设备和个人防护用品等。

二、劳动安全教育制度

任何一项安全措施或安全卫生规范最终都要通过用人单位及职工的行为才能实现，因此，任何一种有效的劳动安全制度都不能不将安全教育作为其基本内容。在许多国家，提高公众对劳动安全与卫生的认识，是劳动行政管理系统和用工方最基本的职责。对劳动者进行劳动安全教育的方式有很多，可以通过舆论提供劳动安全与卫生方面的信息、评论和意见，通过公共教育和职业培训，以及利用报刊、电影、电视、墙报、展览会、博物馆等方式，提高公众对劳动安全与卫生的认识，通过"安全周"、"安全月"、安全竞赛，以及宣传典型案例等活动，树立全社会的安全卫生意识。

我国一贯十分重视安全卫生教育，几乎每一项有关安全卫生法规的颁布，劳动行政管理部门都要组织广泛的宣传教育活动。例如，1993 年 3 月 17 日劳动部办公厅发出《关于开展〈矿山安全法〉宣传月活动的通知》，专门部署了全国性的"安全月"活动；1992 年劳动部发出的《关于将安全培训工作纳入企业领导干部培训计划的通知》，明确规定了在培训中应增加"安全生产"专题。从内容方面讲，安全教育包括：政治思想、劳动纪律观念、职业道德、劳动安全与卫生基础知识、劳动安全与卫生法规、劳动安全卫生规范和规程等。从教育方式上讲，包括对新上岗的工人实行入厂教育、车间教育、班组教育的所谓三级安全教育，对特殊工作岗位人员的专业安全技术培训教育，对管理人员和安全检查人员的安全卫生知识、专业基础知识及其责任的教育，对新工艺、新机器、新原料等的使用，实行安全卫生性能方面的教育，对一般职工进行岗位责任制和操作规范的教育等。《安全生产法》第 21 条、第 22 条对职工安全生产教育做了明确具体的规定。

三、劳动安全卫生许可制度

现行法律、行政法规对安全生产条件较差、重大安全生产隐患较多、重大特大生产安全事故高发的煤矿和非煤矿山、建筑施工、危险化学品、烟花爆竹、民用爆破器材等高危行业的生产经营单位设定和实施安全生产行政许可。实施行政许可的范围涵盖了高危行业生产经营单位的主要生产经营活动。按照安全生产行政许可的主体及其活动的范围划分，煤矿有采矿许可、安全许可、生产许可、经营许可和矿长资格许可、矿长安全资格许可；非煤矿山有采矿许可、安全许可和矿长安全资格许可，建筑施工有施工单位资质许可、安全许可、施工许可；危险化学品有生产、储存企业设立审批，安全许可，生产许可，经营许可，运输许可，危险化学品登记；烟花爆竹有生产许可、经营许可、运输许可、燃放许可；民用爆破器材有安全许可、生产许可、储存许可、销售和购买许可、使用许可等。

四、伤亡事故统计报告和处理制度

伤亡事故统计报告和处理制度是指企业对职工在劳动过程中的伤亡进行报告、调查、处理和统计的制度。该制度的主要法律依据是 1991 年 5 月 1 日开始实施的《企业职工伤亡事故报告和处理规定》。伤亡事故是指职工在劳动过程中发生的人身伤害、急性中毒事故。按伤害程度进行分类：轻伤是指损失工作日为 1 个以上 105 个以下的失能伤害；重伤是指损失工作日在 105 个以上的失能伤害。按事故严重程度分类：轻伤事故是指只有轻伤的事故；重伤事故是指有重伤没有死亡的事故；死亡事故是指一次死亡 1 ~ 2 人的事故；重大伤亡事故是指一次死亡 3 ~ 9 人的事故；特大伤亡事故是指一次死亡 10 人以上的事故。

伤亡事故发生后，负伤者或者事故现场有关人员应当立即直接或逐级报告企业负责人。企业负责人接到重伤、死亡、重大死亡事故报告后，应当立即报告企业主管部门和企业所在地劳动部门、公安部门、人民检察院、工会、企业主管部门和劳动部门接到死亡、重大死亡事故报告后，应当立即按系统逐级上报；死亡事故报到省、自治区、直辖市主管部门和劳动部门；发生死亡、重大死亡事故的企业应当保护事故现场，并迅速采取必要措施抢救人员和财产，防止事故扩大。

轻伤、重伤事故，由企业负责人或者其指定人员组织生产、技术、安全等有关人员以及工会成员参加的事故调查组，进行调查；死亡事故，由企业主管部门会同企业所在地设区的市劳动部门、公安部门、工会组成事故调查组，进行调查；重大死亡事故，按照企业的隶属关系，由省、自治区、直辖市企业主管部门或者国务院有关主管部门会同同级劳动部门、公安部门、监察部门、工会组成事故调查组进行调查。死亡事故和重大死亡事故调查组应当邀请人民检察院派员参加，还可邀请其他部门的人员和有关专家参加。事故调查组负责查明事故发生原因、过程和人员伤亡、经济损失情况；确定事故责任者；提出事故处理意见和防范措施的建议；写出事故调查报告。

事故调查组提出的事故处理意见和防范措施建议，由发生事故的企业及其主管部门负责处理。因忽视安全生产、违章指挥、违章作业、玩忽职守或者发现事故隐患、危害情况而不采取有效措施以致造成伤亡事故的，由企业主管部门或者企业按照国家有关规定，对企业负责人和直接责任人员给予行政处分；构成犯罪的，由司法机关依法追究刑事责任。

第四节　女职工和未成年工的特殊劳动保护

一、女职工的特殊劳动保护

（一）女职工特殊劳动保护的概念与特征

女职工特殊劳动保护又称"母性保护"，是指根据女职工身体结构、生理特点和哺育子女的需要，对其在劳动过程中的安全健康所采取的有别于男子的保护。

女职工特殊保护是劳动保护的重要组成部分。它除了具有劳动保护的共同特征外，还有自己独有的下列特征：

1. 具有保护女性特殊需要的特性

根据妇女劳动卫生学，女性身体结构及生理机能与男性有所不同，妇女的体力、耐力一般比男子差，特别是妇女有月经、妊娠、哺乳、绝经等生理现象，需要保护。因此，女职工劳动保护具有保护女性特殊需要的特性。

2. 具有保护女职工和下一代的特性

女职工负有哺育下一代的特殊任务，对女职工实行特殊劳动保护，不仅是保护女职工的人身安全和身体健康，而且关系到下一代的身体健康和民族优秀体质的延续。

3. 具有有别于男子的特殊保护的特性

即对女职工在劳动过程中的安全和健康，在给予男女职工都可享有的一般性保护的同时，还要给予女职工才可享有的特殊保护。

（二）女职工特殊保护规定

1. 平等就业

《宪法》和《劳动法》均对保护妇女合法权益做出基本原则性规定，并由相关法律法规作出具体规定，如《妇女权益保护法》中对各级政府部门保护妇女权益的职责、对防止就业歧视，加强妇女劳动和社会保障等方面进一步明确规定，如规定女性享有同男性平等就业的权利。用人单位在录用员工时，除非法律明确禁止招收女工，一律不得以性别为由拒绝录用妇女或提高对妇女的录用标准。凡是有适合妇女从事劳动的岗位，用人单位不得拒绝招收女职工。用人单位在录用女职工时，应当依法与其签订劳动合同，其中不得规定限制女职工结婚、生育的内容。用人单位在执行国家退休制度时，不得以性别为由歧视妇女。

2. 男女同工同酬

用人单位对于付出了同等劳动的劳动者，均不得给予不同的劳动报酬。用人单位在分配单位福利，晋职、晋级、晋岗、评定专业技术职务等领域，在工资的定级、升级和工资调整等事项中，均不得男女有别，实行差别对待。

如果用人单位有违反上述男女同工同酬，侵犯妇女合法权益的行为，由其上级管理部门责令改正，并可根据具体情形，对直接责任者给予行政处分。

3. 女职工禁忌劳动范围

为保护女职身心健康及其子女的正常发育和成长，1990 年 1 月劳动部制定并颁布了《女职工禁忌劳动范围的规定》，明确规定禁忌女职工从事下列作业：

（1）矿山井下作业；

（2）森林业伐木、归楞及流放作业；

（3）《体力劳动强度分级》国家标准（GB 3869—83）中第Ⅳ级体力劳动强度的作业，即 8 小时工作日平均耗能值为 2700 大卡/人，劳动时间率为 77%，净劳动时间为 370 分钟，相当于"很重"强度劳动的作业；

（4）连续负重（指每小时负重次数在 6 次以上）每次负重超过 20 公斤，间断负重每次负重超过 25 公斤的作业；

（5）已婚待孕女职工禁忌从事铅、汞、镉等作业场所属于《有毒作业分级》国家标准（GB 12331—90）中第Ⅲ、Ⅳ级的作业。

4. 女职工"四期"保护

女职工在经期、孕期、产期和哺乳期是生理机能较正常身体状况下更脆弱的特殊时期，这与女职工自身健康或胎儿婴儿的身体健康密切相关，需要国家以法律法规形式加以保护。

（1）月经期保护。女职工在月经期间，所在单位不得安排其从事高空、低温、冷水和国家规定的第三级体力劳动强度的劳动。

根据《女职工禁忌劳动范围的规定》，女职工在月经期间禁忌从事下列劳动：食品冷冻库内及冷水等低温作业；《体力劳动强度分级》标准中第三级体力劳动强度的作业；《高处作业分级》标准中第二级（含二级）以上的作业，即5米高以上的高处作业。

患有重度痛经及月经过多的女职工，经医疗或妇幼保健机构确诊后，月经期间可适当给予1~2天的休假。

（2）怀孕期保护。国务院颁布的《女职工劳动保护规定》第4条规定："不得在女职工怀孕期、产期、哺乳期降低其基本工资，或者解除劳动合同。"第7条规定："女职工在怀孕期间，所在单位不得安排其从事国家规定的第三级体力劳动强度的劳动和孕期禁忌从事的劳动，不得在正常劳动日以外延长劳动时间；对不能胜任原劳动的，应当根据医务部门的证明，予以减轻劳动量或者安排其他劳动。怀孕7个月以上（含7个月）的女职工，一般不得安排其从事夜班劳动；在劳动时间内应当安排一定的休息时间。怀孕的女职工，在劳动时间内进行产前检查，应当算作劳动时间。"

已婚待孕女职工禁忌从事铅、汞、镉等作业场所属于《有毒作业分级》国家标准（GB 12331—90）中第Ⅲ、Ⅳ级的作业。

怀孕女职工禁忌从事的劳动范围包括：①作业场所空气中铅及其化合物、汞、镉、铵、砷、氯化物、氮氧化物、一氧化碳、二硫化碳、乙内酰胺、氯丁二烯、氯乙烯、环氧乙烷、苯胺、甲醛等有毒物质浓度超过国家卫生标准的作业；②制药作业中从事抗癌药物及乙烯雌酚生产的作业；③作业场所放射性物质超过《放射防护规定》中规定剂量的作业；④人力进行的土方和石方作业；⑤《体力劳动强度分级》标准中第Ⅲ级体力强度的作业；⑥伴有全身强烈振动的作业，如风钻、捣固机、锻造等作业及拖拉机加强等；⑦工作中需要频繁弯腰、攀高、下蹲的作业，如焊接作业；⑧《高处作业分级》标准所规定的高处作业。

（3）生育期保护。《劳动法》第62条规定："女职工生育享受不少于90天的产假。"产假可分为产前假和产后假两部分。产前假15天，系指预产期前15

天的休假。产后假 75 天，系指生育后的 75 天休假。国家规定产假 90 天，是为了能保证妇女恢复身体健康。

女职工产假期间的工资、奖金及其他福利待遇与正常工作时相同，不受任何影响。

《劳动法》第 29 条规定，女职工在孕期、产期、哺乳期内，用人单位不得依据《劳动法》第 26、第 27 条解除与女职工的劳动合同关系。

用人单位应当向当地社会保险经办机构办理生育保险登记手续，并按规定申报缴纳生育保险费。女职工分娩后，可以享受生育保险待遇，其内容包括：生育保险津贴，生育医疗费、计划生育手术费等。

（4）哺乳期保护。有不满 1 周岁婴儿的女职工，其所在单位应当在每班劳动时间内给予其两次哺乳（含人工喂养）时间，每次 30 分钟。多胞胎生育的，每多哺乳 1 个婴儿，每次哺乳时间增加 30 分钟。女职工每班劳动时间内的两次哺乳时间，可以合并使用，哺乳时间和在本单位内哺乳往返途中的时间，算作劳动时间。

女职工在哺乳期内，所在单位不得安排其从事国家规定的第Ⅲ体力劳动强度的劳动和哺乳期禁忌从事的劳动，不得延长其劳动时间，一般不得安排其从事夜班劳动。

根据《女职工禁忌劳动范围的规定》第 7 条规定，乳母禁忌从事的劳动范围包括：作业场所空气中铅及其化合物、汞及其化合物、苯、镉、铍、砷、氰化物、氮氧化物、一氧化碳、二硫化碳、氯、乙内酰胺、氯丁二烯、氯乙烯、环氧乙烷、苯胺、甲醛等有毒物质浓度超过国家卫生标准的作业；《体力劳动强度分级》标准中第Ⅲ级体力劳动强度的作业；作业场所空气中锰、氟、溴、甲醇、有机磷化合物、有机氯化合物的浓度超过国家卫生标准的作业。

（5）女职工劳动保护设施。女职工比较多的单位应当按照国家规定，以自办或者联办的形式，逐步建立女职工卫生室、孕妇休息室、哺乳室、托儿所、幼儿园等设施，并妥善解决女职工在生理卫生、哺乳、照料婴儿方面的困难。

【案例 7-2】企业应该负有保护女职工"四期"的法定义务

女工美美是某厂的电焊工，与丈夫结婚三载，终于怀有身孕，两个月后，她丈夫考虑到美美在厂里从事电焊工作，需要经常弯腰、下蹲等动作，可能对胎儿不利，于是对美美说："你应该向厂里反映一下自己的情况，让领导给你换个别的工作。"可是，美美是个腼腆而心地善良的姑娘，她想到厂里的电焊工作是活儿多人少，如果自己再不干了，肯定要影响生产任务的完成，于是，跟丈夫说："我现在还没关系，等过几个月，身子不方便了再说吧。"

怀孕4个月后，美美向领导提出了调换工作的要求，领导以电焊工作人少任务重为理由不同意，但答应再过两三个月后给她调换工作岗位。

回到家，美美把此事告诉了丈夫，丈夫听后非常生气，第二天就来到厂里，对厂领导说："美美已经怀孕4个多月了，不能再干那种频繁弯腰、下蹲的电焊工作了。"

"刚4个月，别太娇气了，等再干两三个月我们肯定给她调工作。"厂领导漫不经心地说道。

"再干两三个月可不行，要是流了产怎么办？你们负得了责吗?!"这位丈夫有点儿气愤了。

"不管你怎么说，反正厂里现在生产上离不开她，就是不能给她调换工作。"厂领导一点儿也不示弱。

评析：国家一向十分重视对女职工的劳动保护，制定了一系列的法律法规，特别是对处在孕期的女工，尤为如此。因为对她们的保护，不但关系到其自身的健康，而且还关系到下一代的健康问题。劳动法中明文规定：不得安排女职工在怀孕期间从事孕期禁忌从事的劳动。

什么是孕期禁忌从事的劳动呢？劳动部在《女职工禁忌劳动范围的规定》中做了明确的规定，其中就包括"工作中需要频繁弯腰、攀高、下蹲的作业，如焊接作业"。也就是说，像电焊工作这种需要经常弯腰、下蹲的劳动是属于孕期禁忌从事的劳动。所以，美美要求调换工作岗位是合法的，厂方应立即为其调整工作岗位，不能以任何理由，进行拖延或者拒绝。

二、未成年工的特殊保护

（一）未成年工劳动特殊保护的概念和特征

未成年工劳动特殊保护，是指根据未成年工生长发育的特点及其接受义务教育的需要，对其在劳动法律关系中所应享有特殊权益的保护。其中包括限制就业年龄、限制工作时间、禁止从事某些作业、定期进行健康检查等特殊保护。

1. 保护对象是未成年工

未成年工与未成年人或童工不同。未成年人是指未满18岁的公民。童工是指未满16周岁，与单位或个人发生劳动关系，从事有经济收入的劳动或者从事个体劳动的少年、儿童。未成年工虽属于未成年人范畴，但他（她）并不是一般意义的未成年人，也不是童工。

未成年工是具有劳动权利能力和劳动行为能力的劳动者，能够充当劳动法律关系的主体。但是并非所有未成年人都能充当劳动法律关系主体。特别是童工未达到法定就业年龄，不具有劳动权利能力和劳动行为能力，不能充当劳动法律关系主体。未成年工充当劳动法律关系主体，享有与成年工不同的特殊权益，受法律特别保护。

2. 保护内容具有特殊性

未成年工在劳动中与用人单位依法形成诸多权利义务关系，未成年工享有的权益很多，但属于特殊保护的内容则由立法加以特别规定。因此，未成年工特殊劳动保护具有特殊性。

3. 保护方法具有适应性

未成年工正处在生长发育时期，人体器官尚未定型，身体一般不高，体力较弱，抵抗力不强，缺乏耐力，睡眠较多。这就决定必须根据未成工生长发育的特点，采取适宜的措施保护其在劳动过程中的安全和健康。

（二）未成年工特殊劳动保护规定

我国对未成年工特殊保护的立法主要有：《劳动法》、《未成年人保护法》、《禁止使用童工规定》、《未成年工特殊保护规定》等。有关未成年工特殊劳动保护的内容主要有：

1. 限制就业年龄

我国法定最低就业年龄为 16 周岁。

《劳动法》第 15 条规定：禁止用人单位招用未满 16 周岁的未成年人。《禁止使用童工规定》还对职业介绍机构、不满 16 周岁未成年人的监护人等规定了禁止使用童工的义务。"禁止任何单位或个人为不满 16 周岁的未成年人介绍就业。禁止不满 16 周岁的未成年人开业从事个体经营活动。""不满 16 周岁的未成年人的父母或者其他监护人应当保护其身心健康，保障其接受义务教育的权利，不得允许其被用人单位非法招用。"

特殊行业，即文艺、体育和特种工艺单位，确需招用未满 16 周岁的未成年人的，"必须依照国家有关规定，履行审批手续，并保障其接受义务教育的权利。"

2. 禁忌从事的劳动范围

未成年工禁忌从事的劳动范围主要有：

（1）《生产性粉尘作业危害程度分级》国家标准中第一级以上的粉尘作业；

（2）《有毒作业分级》国家标准中第一级以上的有毒作业；

（3）《高处作业分级》国家标准中第二级以上的高处作业；

（4）《冷水作业分级》国家标准中第二级以上的有毒作业；

（5）《高温作业分级》国家标准中第三级以上的有毒作业；

（6）《低温作业分级》国家标准中第三级以上的有毒作业；

（7）《体力劳动强度分级》国家标准中第四级以上的有毒作业；

（8）矿山井下及矿山地面采石作业；

（9）森林业中的伐木、流放及守林作业；

（10）工作场所接触放射性物质的作业；

（11）有易燃易爆、化学性烧伤和热烧伤等危险性大的作业；

（12）地质勘探和资源勘探的野外作业；

（13）潜水、涵洞、涵道作业和海拔 3000 以上的高原作业（不包括世居高原者）；

（14）连续负重每小时在 6 次以上并每次超过 20 千克，间断负重每次超过 25 千克的作业；

（15）使用凿岩机、捣固机、气镐、气铲、铆钉机、电锤的作业；

（16）工作中需要长时间保持低头、弯腰、上举、下蹲等强迫体位和动作频率每分钟大于 50 次的流水线作业；

（17）锅炉司炉。

未成年工患有某种疾病或具有某些生理缺陷（非残疾型）时，用人单位不得安排其从事以下范围的劳动：

（1）《高处作业分级》国家标准中第一级以上的高处作业；

（2）《低温作业分级》国家标准中第二级以上的低温作业；

（3）《高温作业分级》国家标准中第二级以上的高温作业；

（4）《体力劳动强度分级》国家标准中第三级以上体力劳动强度的作业；

（5）接触铅、苯、汞、甲醛、二硫化碳等易引起过敏反应的作业。

3. 定期健康检查

《劳动法》规定，用人单位应当对未成年工定期进行健康检查。根据《未成年工特殊保护规定》的要求，用人单位在下列时间应该组织对未成年工进行健康检查：安排工作岗位之前；工作满 1 年；年满 18 周岁，距前一次的体检时间已经超过半年。

应当按国家制定的《未成年工健康检查表》列出的项目进行未成年工的健康检查。在检查结果明确后，用人单位应根据未成年工的健康检查结果安排其从事适合的劳动，对不能胜任原劳动岗位的，应根据医务部门的证明，予以减轻劳动量或安排其他劳动。

4. 登记制度

国家规定对未成年工的使用和特殊保护实行登记制度。用人单位招收使用未成年工，除符合一般用工要求外，还须向所在地的县级以上劳动行政部门办理登记。劳动行政部门根据《未成年工健康检查表》、《未成年工登记表》，按《劳动法》和《未成年工特殊保护规定》的有关规定，审核体检情况和拟安排的劳动范围，核发《未成年工登记证》。未成年工须持《未成年工登记证》上岗。未成年工登记证由国务院劳动行政部门统一印制。

【思考】用人单位非法招用童工的，应承担什么法律责任？

【作业题】

1. 请谈谈劳动保护的重要性。
2. 怀孕女职工禁忌从事的劳动范围有哪些？
3. 单位能否安排孕期、哺乳期的女职工加班加点？
4. 女职工在"三期"内，用人单位能否单方面解除劳动合同？
5. 未成年工禁忌从事的劳动范围有哪些？
6. 未成年工健康检查有何规定？

第八章 就业促进制度

【本章导读】

为促进就业，发展和谐劳动关系，推动经济发展同扩大就业良性互动，实现社会和谐稳定，建立就业促进制度。本章主要立足于《就业促进法》，结合其他相关法律法规规定，阐述了就业促进立法的背景与原则，保障公平就业的含义和法律规定，介绍了有关就业服务的内容，分析了就业服务管理的方式和措施，以及职业教育的开展和职业培训的形式，并结合我国实际，介绍了有关就业援助的对象和就业援助的方式。本章重点是就业促进的原则和政府责任，职业中介机构的有关内容，以及职业培训的形式和就业援助的对象。通过本章的学习，掌握我国关于就业促进的法律规定，进一步了解我国关于促进社会发展、建立和谐社会在促进就业方面所采取的举措。

【**重点**】 就业的内涵、就业促进的原则、政府促进就业的措施。

【**难点**】 就业促进的原则、劳动者就业权的合法实现。

第一节 就业与就业促进

一、就业的内涵

就业，是指具有劳动能力的劳动者在法定劳动年龄内自愿从事某种具有一定劳动报酬或者经营收入的社会劳动①。从劳动者的权利角度而言，《宪法》规定了公民的劳动权，劳动者依法享有的劳动权只有通过劳动才能实现。在就业之前，劳动权只是一种主观权利；通过就业，劳动者与生产资料相结合，劳动权才能成为客观现实的权利。就业主体不单指劳动法上的劳动者，还应包括需要通过

---

① 参见关怀主编：《劳动法》，中国人民大学出版社 2001 年版，第 102 页。

建立劳动关系以获得劳动报酬为目的的劳动者和并不需要通过建立劳动关系以获得经营收入为目的的自主创业者。

从法律上把握就业的含义应明确下述要点：

（1）就业主体必须符合法定的就业年龄。劳动年龄是法律确认公民享有就业的主体资格的基本标志。按照我国法律规定，年满 16 周岁的公民，才具有就业的资格。退休年龄男性为 60 周岁，女性为 55 周岁。在某些法定特殊情况下，劳动年龄可依法定程序提前或者推后。国际劳工组织、世界各国都对劳动者的就业最低年龄和就业最高年龄作了严格的规定。只有在法律规定的年龄段内，劳动者才具有就业的资格，否则便不能就业。

（2）就业主体必须有劳动行为能力。劳动能力属于自身生理因素，而不由法律规定。根据自然人的生理状况，就业主体的劳动能力一般表现为三种情况，即有完全劳动能力、有部分劳动能力和无劳动能力。具体来说，因生理状况不能劳动的，视为无劳动能力的人；因生理状况不能提供正常劳动，但又没有完全丧失劳动能力的，视为有部分劳动能力的人；身体健康、智力健全的人则是有完全劳动能力的人。只有达到法定年龄，具有劳动能力或者部分劳动能力的人，才能成为就业的主体。反之，达不到法定年龄，即使是具有劳动能力的人，也不能成为就业的主体。同时，无劳动能力的人，无论是生来就没有，还是后来因丧失劳动能力而离开劳动岗位的，均不具备就业主体资格。

（3）就业必须是出于就业主体的自愿。劳动是公民的一项基本权利，既可以行使，也可以放弃，完全取决于公民自己的意志。我国劳动法规定，订立劳动合同，应当遵循合法、公平、平等自愿、协商一致、诚实信用的原则。采取欺诈、威胁等违反劳动者自愿的手段订立的劳动合同属无效的劳动合同，从订立的时候起，就没有法律约束力。1930 年国际劳工组织第 29 号《强迫劳动公约》和 1957 年第 105 号《废除强迫劳动公约》，要求批准国有义务在尽可能短的时间内，做到禁止所有形式的强迫或强制性劳动。

（4）就业必须是一种能够为社会创造财富或者有益于社会的劳动。就业主体必须从事法律允许的有益于社会的劳动，这是就业主体的劳动能否得到社会承认和法律保护的客观依据。违反法律规定和社会公共利益、社会公序良俗的，不能作为就业的内容。例如，从事卖淫、贩毒、打手、聚众赌博、参加黑社会组织、传销等活动，都不是就业。

（5）就业必须使就业主体获得一定的劳动报酬或者经营收入。

（6）社会必须有劳动需求。就业是将处于相对分离的劳动力和生产资料有效的结合在一起，以实现劳动的过程。就业并非就业主体自身所能完成的，还需要有劳动需求存在。经济学原理表明，"就业是将生产的三个要素——自然（土地、物质要素）、劳动和资本放在一起，进行有效的组合。没有这三要素的结合，生产就不能进行。"① 当劳动力资源供给数量大于其实际需求量时，必定在社会中出现失业现象。就业主体即使满足了上述条件仍然找不到工作，甚至一些已就业的就业主体会失去工作。所以，当劳动力资源过剩时，必然造成一部分劳动力不能被利用，这部分就业主体也就不能实现就业，继而引发诸多社会问题和民生问题。就业问题不仅是劳动者自身的问题，不能完全由市场调节，政府在就业主体的就业过程中也应承担必要的社会责任。②

二、就业促进

就业促进是国家采取的帮助公民实现就业的一系列政策措施的总称。

（一）就业促进目标

就业乃民生之本。《就业促进法》第 1 条规定，"为了促进就业，促进经济发展与扩大就业相协调，促进社会和谐稳定，制定本法。"就业促进的目标是实现充分就业。充分就业并不是人人都有就业岗位，在充分就业状态下仍然存在一定数量的结构性失业和摩擦性失业，即因技术进步、产业结构、劳动年龄和需求偏好变化而引起的职业转换过程中的暂时性失业，这种失业具有一定的自然合理性，属于劳动力人口的正常流动，是优化人力资源配置的动态调整过程，是经济发展和社会进步的需要，充分就业被认为是人力资源有效率配置的优化状态。实现充分就业就成为社会发展的重大关键问题，政府就有责任有义务在充分就业领域大有作为，充分就业就成为政府职能结构中最重要的构成要件，也是任何国家政府宏观调控的首选目标。我国政府就业促进的主要任务是：（1）通过反周期的扩张性宏观经济政策来提高有效需求，以增加就业机会来消灭周期性失业；（2）通过实行城乡统筹的就业政策，建立健全城乡劳动者平等就业的制度，引导农村富余劳动力有序转移就业来消灭市场分割性失业；（3）通过采取有效的就业服务、职业教育和培训措施使摩擦性失业、结构性失业降到最优的水平（达到最优的自然失业率水平）。

---

① 姚裕群：《市场经济条件下的就业理论和就业促进》，中国劳动出版社 1996 年版，第 70 页。
② 黎建飞：《劳动法的理论与实践》，中国人民公安大学出版社 2004 年版，第 204 页。

（二）积极的就业政策

1. 积极的就业政策的含义

积极的就业政策，是指我国政府坚持通过发展经济、调整经济结构、深化改革、协调发展城乡经济以及完善社会保障体系促进就业，并采取各种有效措施，千方百计增加就业，扩大就业规模，努力把失业率控制在社会可承受的限度内。

2. 积极就业政策体系的内容

我国积极就业政策体系主要有五方面的内容：

（1）在经济发展和结构调整中广开就业门路。具体包括调整产业结构、大力发展第三产业；调整所有制结构，鼓励发展就业容量大的个体、私营、外商投资、股份合作等多种所有制经济；调整企业结构，大力发展中小企业；充分发挥劳动力资源优势，积极发展劳动密集型产业和企业等。

（2）运用财税、金融等政策扶持再就业。具体扶持政策有税费减免、小额贷款、社保补贴等。

（3）改进和完善就业服务体系，加强劳动市场信息化建设。包括建立健全公共就业服务制度，加强劳动力市场信息化建设，加强高技能人才培养等。

（4）加强对就业的管理和对失业的控制。包括把增加就业岗位和控制失业率作为国家和地区宏观调控指标，各级政府对就业和再就业工作负主要责任，加大再就业资金投入，建立失业预警机制等。

（5）继续巩固"两个确保"①，做好社会保障工作。

（三）就业促进方针

根据《就业促进法》第二条的规定，我国的就业方针是"劳动者自主择业、市场调节就业、政府促进就业"。劳动者自主择业是指劳动者个人是市场就业的主体，有《宪法》赋予的就业的权利和择业的权利。市场调节就业是指通过培育与发展劳动力市场，以市场机制为配置劳动力资源的基础性调节手段，实现用人单位和劳动者的双向选择。政府促进就业是指政府通过宏观经济与就业协调发展

---

① "两个确保"是指确保国有企业下岗职工的基本生活；确保企业离退休人员基本养老金按时足额发放，绝不能发生新的拖欠（引自《国务院办公厅关于进一步做好国有企业下岗职工基本生活保障和企业离退休人员养老金发放工作有关问题的通知》）。

的政策，发展经济，包括第三产业、个体私营经济，增加就业岗位；实行积极的就业服务，扩大投入，健全和发展就业服务体系；采取必要措施，帮助下岗职工和其他特殊群体实现就业。

（四）就业促进的法律原则

1. 非歧视原则

非歧视原则，或者公平就业原则，是通过实行劳动者平等就业权与自主择业权来体现。劳动者的劳动就业权是法律所赋予的权利，为了保障劳动就业权的实现，需要贯彻平等就业原则。劳动就业权是指具有劳动权利能力和劳动行为能力的有劳动愿望的劳动者依法从事有劳动报酬或者经营收入的劳动的权利。劳动就业权在各项劳动权利中居于首要地位，是劳动者赖以生存的权利，是各国宪法确认和保护公民的一项重要基本权利。平等就业原则包含三层含义：

（1）任何公民都有平等地享有就业的权利和资格，不因民族、种族、性别、年龄、文化、宗教信仰、经济能力等而受到限制；

（2）在应聘某一职位时，任何公民都平等的参与竞争，任何人不得享有特权，也不得对任何人予以歧视；

（3）平等不等于同等，平等是指对于符合要求、符合特殊职位条件的人，应给予他们平等的机会，而不是不论条件如何都同等对待。

根据平等就业原则的要求，除了一些特殊行业对就业有一定的特殊限制外，大部分职业与年龄、身高、容貌、性别、地域、户籍、学历等因素并无太多的关系，有关系的只是具体岗位需要的专业素质以及技术条件。只要求职者具备了所需的专业素质就可以参与岗位的平等竞争。

自主择业，是指公民可以根据自己的兴趣，自主选择不同行业、不同岗位的权利，任何单位和个人不得干涉。

【案例 8-1】 要敢于向就业性别歧视说不[①]

小赵曾是某高校一名女研究生，现在一家 IT 企业工作，由于工作出色，颇受领导赏识和同事好评。但想起自己在求职过程中受到的歧视，小赵还是感慨万千。她曾经去过一个招聘会现场，一百多家单位招聘，竟然一份简历也没有投出去。因为很多单位在招聘海报上明确说明仅限男生，其余单位即使不明确标示，

---

① 郑超：《只招男性不招女性，再提"女士免谈"罚款 1 万元》，载于《北京娱乐信报》，2002 年 6 月 11 日。

对于女生也大都含蓄拒绝，"我们单位经常会出差，你一个女生禁不起出差的折腾，还是另谋高就吧"。"我们单位经常加班，而且以往招的人大都是男生，你如果进我们单位工作会不适应的"。虽然也有少数单位有招女生意向，但开出的条件很是苛刻，比如在三年之内不许结婚，即使结婚也不能生育。

问题：用人单位的做法是否合法？

2. 照顾特殊就业群体就业的原则

就业中的特殊群体主要有：非因个人主观原因处于不利者，包括文化、技能条件较差者；妇女；学校毕业后尚无工作经历和技能的青年；中老年无技能者；残疾人等。这些群体是政府扶助的重点对象，尤其是残疾人是各个国家和社会持久扶助的就业对象。各国政府为了帮助本国或本地区最困难的失业人群，针对他们的具体情况，制订有关措施，进行了各方面的扶助。在坚持劳动就业权利人人平等的前提下，对特殊群体的劳动者就业实行就业保障政策；在坚持劳动就业市场原则的基础上，对少数的劳动者就业群体实行政策性保护。

政府的保障措施有：（1）安置就业，即政府要求用人单位安置就业困难人员，承担社会责任。如依据《残疾人保障法》的有关规定，对于国家分配的高等学校、中等专业学校、技工学校的残疾毕业生，有关单位不得因其残疾而拒绝接收；拒绝接收的，当事人可以要求有关部门处理，有关部门应当责令该单位接收。机关、团体、企业事业组织、城乡经济组织，要按照有关规定的比例安排残疾人就业。（2）优先录用，即在同等条件下，对特殊就业群体实行优先招聘。如民族自治地方的用人单位在招收人员时，要优先招收少数民族人员。民族自治地方编制内的干部和职工自然减员、缺额及国家当年新增用人指标由民族自治地方通过考核予以补充，对少数民族人员优先录用。（3）集中就业，即为特殊就业群体建立专门企业，让其集中在专门企业内就业。如福利企业就是集中安排残疾人就业的具有福利性质的特殊生产单位。（4）政策优惠，即在政策上给特殊群体就业者以优惠。如"4050"人员从事灵活就业的，可申请社会保险补贴，经复核后将补贴资金直接支付给本人。

《就业促进法》体现了保护弱势劳动者就业的原则，将行之有效地"按比例就业"等措施用于女性就业、初次就业等特殊群体，对于利用劳动力市场供大于求的现实而在法律之外另设就业条件的用人单位，追究其经济和行政责任。

3. 市场调节就业与宏观调控相结合的原则

在市场经济体制中，一方面，劳动力是一种特殊商品，劳动力资源只有通过劳动力市场供求双方的选择，在价值规律和竞争机制的作用下，才能够得到优化配置；另一方面，以市场调节作为劳动力资源配置的手段，虽然能自发地倾向于效率和鼓励强者，却不能自发地实现公平和保护弱者，因而需要国家运用政策进行引导和调节，以保障社会公平和保护弱者。因此，社会主义市场经济体制中劳动就业制度的模式，应当是国家宏观调控下的劳动力市场资源配置模式。在此模式中，把市场调节作为劳动力资源的基础性配置机制，使劳动者和用人单位在劳动力市场上自主地双向选择；国家依法运用政策、计划、经济杠杆、行政监督等手段，对劳动力资源市场配置实行间接调控为主的宏观调控，促进经济和社会发展，创造就业条件，扩大就业机会，力争充分实现就业目标以及与其他宏观目标相协调。

需要强调的是，市场调节是基础性配置机制，宏观调控和政府促进就业也要遵循市场规律，如政府开发（购买）就业岗位，购买培训成果都要通过市场进行。政府促进就业的政策和公共就业服务也都要遵循市场规律，要有助于调动、激发劳动者自主就业、自主创业的积极性。市场调节与宏观调控必然要有机结合，其基础就是市场机制。因此，上述原则也可以简称为"市场导向就业原则"。

4. 城乡统筹就业的原则

我国在城乡二元经济结构的基础上存在着二元就业机制，国家一直实行城乡有别、城乡分割的就业政策。在市场化、工业化、城市化并存的进程中，必然要打破这种局面，以城乡统筹发展为目标，以城乡劳动者就业为对象，以城乡统一劳动力市场为空间，来制定就业政策、法规和规划，实施就业调控，追求城镇就业稳定发展与农村剩余劳动力向非农产业和城镇转移的协调。尤其是立法所规定的各项就业促进措施，都应当统一适用于城乡。当前反就业歧视的重点应当是反城乡劳动者就业歧视。但值得注意的是，城乡二元经济结构的体制、经济、技术等方面的原因至今尚未消除，就业政策上的城乡分立现象仍然存在，虽然中央政策中已出现淡化城乡差别、实现城乡统筹就业和统一城乡劳动力市场的趋向，却仍然障碍重重，尤其是地方壁垒森严。在可预见的将来，面向占中国总人口73%的农业人口，特别是面向农村剩余劳动力和城镇中有限的劳动力吸纳能力，城乡就业政策差别只可能淡化而不可能消除，因此，城乡统筹就业是一个渐进式的过程。

《就业促进法》体现了城乡统筹就业的原则，规定"国家实行城乡统筹的就业政策，建立健全城乡劳动者平等就业的制度，引导农业富余劳动力有序转移就业。县级以上地方人民政府推进小城镇建设和加快县域经济发展，引导农业富余劳动力就地就近转移就业；在制定小城镇规划时，将本地区农业富余劳动力转移就业作为重要内容。县级以上地方人民政府引导农业富余劳动力有序向城市异地转移就业；劳动力输出地和输入地人民政府应当互相配合，改善农村劳动者进城就业的环境和条件。""国家支持区域经济发展，鼓励区域协作，统筹协调不同地区就业的均衡增长。国家支持民族地区发展经济，扩大就业。""各级人民政府统筹做好城镇新增劳动力就业、农业富余劳动力转移就业和失业人员就业工作。"

第二节　就业促进的主体

为实现充分就业目标，《就业促进法》中明确规定了就业促进的义务主体、承担义务的内容，以及法律监督和法律责任。根据学者们的解读，总体而言，《就业促进法》草案的最主要特点，是规定了政府、企业和社会促进就业的责任，体现了义务本位法的特点。

一、就业促进的义务主体

（一）政府

就业促进是政府的最基本职责，政府是促进就业的最主要责任主体。在《就业促进法》中，用大量的义务性的规范规定了政府和国家对于就业促进的制度建设责任、公共服务职责和社会管理职责。《就业促进法》突出了就业工作的地位，明确了政府责任。法律明确规定，国家把扩大就业放在经济社会发展的突出位置，实施积极的就业政策，坚持劳动者自主择业、市场调节就业、政府促进就业的方针，多渠道扩大就业；县级以上人民政府把扩大就业作为经济和社会发展的重要目标，纳入国民经济和社会发展规划；各级人民政府和有关部门建立促进就业的目标责任制度，进行考核和监督。这些要求，过去体现在中央的决定和国务院的政策文件中，现在通过法律确定下来，实现了就业工作重要地位和政府工作责任的法制化。

（二）用人单位

就业促进是用人单位，尤其是企业应当负担的社会责任。用人单位，从法律规定的形式上来讲，包括中华人民共和国境内的企业、劳务派遣机构、个体经济组织、民办非企业单位等组织，与劳动者建立劳动关系的国家机关、事业单位、社会团体等。其中，企业作为市场经济中最活跃的市场主体，也是最主要、最重要的用人单位，对于就业促进承担重要的职责。

（三）社会组织

其他社会组织包括人力资源市场中介机构、职业教育和培训机构以及相关的社会团体。从对《就业促进法》的分析可知，人力资源市场是全国人大法律委员会协调各方面意见后确定的表述，是对现有的各级各类劳动力市场、人才市场、毕业生就业市场等的总称；人力资源市场中介机构包括公共就业服务机构、职业中介机构；职业教育和培训机构是指从事职业教育和培训的各类职业院校、职业技能培训机构和用人单位等；相关的社会团体主要包括工会、共青团、妇联、残联及其他社会组织。以上社会组织对于劳动者的职业技能的形成、培养，劳动者和用人单位的就业对接等方面承担着重要的职能和作用，他们同样也是就业促进的义务主体。

二、就业促进的权利主体

（一）就业促进权利主体范围的界定

就业促进的主体主要是劳动者，但不单纯指劳动法上的劳动者，而应包括需要通过建立劳动关系以获得劳动报酬为目的的劳动者和并不需要通过建立劳动关系以获得经营收入为目的的自主创业者、自谋职业者[①]。只不过就业主体主要是劳动者，自主创业者、自谋职业者只是少数而已。

（二）就业促进权利主体的条件

如前所述，就业促进权利主体应满足如下条件：（1）就业主体必须符合法定的就业年龄；（2）就业主体必须有劳动行为能力；（3）就业必须是出于就业主体的自愿；（4）就业必须是一种能够为社会创造财富或者有益于社会的劳动；（5）就业必须使就业主体获得一定的劳动报酬或者经营收入；（6）社会必须有劳动需求。

[①]　如上海市、成都市等地方均出台对马路设摊施行"解禁"的政策措施，这也是对于自主创业者、自谋职业者的就业促进措施。

（三） 就业促进权利主体的义务

我国采取的就业方针是"劳动者自主择业、市场调节就业、政府促进就业"。这就表明，促进充分就业是劳动者的权利，同时，劳动者也有义务和责任，且在社会主义现阶段，劳动作为人民谋生的手段，劳动者首先凭借个人努力获得就业机会。只有在具有就业意愿和能力的劳动者不能通过个人自主努力获得工作机会的情况下，国家和社会才承担相应的义务和责任。劳动者应当改变计划经济时期遗留下来的等、靠、要等思想观念，积极通过自身努力，以个人的知识、技能或者手段争取实现就业。

三、 政府就业促进的法定职责

就业促进是国家采取的帮助公民实现劳动就业的一系列措施的总称。现代社会中几乎各国的经济政策都致力于解决就业问题。减少失业、促进就业是世界各国共同努力的目标。各国政府在就业促进中的责任包括：尽力降低社会的失业率，尽量达到充分就业；通过监督与干预，建立公平竞争的就业环境；扶助特殊社会群体就业，对失业者给予救济；建立公共就业介绍体制，为社会成员免费提供有效的就业服务。

国际劳工组织 1964 年通过的《关于就业政策的公约和建议书》中，明确指出："每一个会员国都应当为了鼓励经济增长和发展、提高生活水平、满足对劳动力的需求以及克服失业与就业不足而宣布和执行一项积极的政策，促进充分的、生产性的和自由选择的就业，并把它作为一个重大的奋斗目标。这项政策的目的是要确保所有可以工作并在寻找工作的人都有工作可做，而且这样的工作应当尽可能是生产性的；还要保证人人享有选择职业的自由，并且有尽可能充分的机会获得为了做适合于他的工作而需要的资格以及得以实现人尽其才，而不论他是什么种族、肤色、性别、宗教、政治观点、民族血统或社会出身。"20 世纪 70年代中期，举行了世界就业、收入分配和社会进步以及国际劳动分工会议，对就业状况的关心延伸到了"贫困"问题，即大量的工人虽有职业但其收入不足以维持最低水平的生活。会议宣言指出促进就业和满足每一个国家人民的基本需要应当是国家发展计划和发展政策的优先目标，呼吁各国政府要检查和变动各自的发展政策，以确保人民的充分就业和获得最低限度的食物、住房等基本生活需要。

世界上许多国家都有此类规定。如美国把充分就业作为政府对宏观经济干预和调节的目标。1964 年通过的《就业法》规定，国家有责任保持高水平的就业、生产和贸易能力。1978 年的《充分就业与平衡发展法案》，要求为所有的求职者提供就业的可能性。美国还建立了失业率和膨胀率期望指标体系，作为制定政策的参考。德国首先通过法律和政策对解雇进行严格的限制。在 1969 年 8 月 25 日颁发的《解雇保护法》中，"一般解雇保护"包括了"无正当理由解雇"和"更改性解雇"，如雇员认为解雇不具备正当理由，可在解雇后一周内向企业委员会提出异议。如企业委员会认为异议有理，则应努力与雇主协商。根据雇员和雇主的要求，企业委员会可就异议向他们发表书面意见。雇员也可在解雇后三周之内向劳动法院提起诉讼，请求法院确认这一解雇无效。其次，资金保障也是德国政府就业促进政策的体现，法律规定在政府预算中，拨付专款用于职业介绍和咨询、创造工作岗位、职业培训过程中失业者的补贴等。①

在我国，政府促进就业不仅是保障劳动者就业权实现的内在要求，也是国家保障公民生存权的重要举措。近年来，随着劳动力市场发育程度的提高，大量就业问题实际上已由劳动力市场自身解决。尽管如此，中国劳动力市场的建设仍存在诸多制度性障碍。如市场的多重分割阻碍了劳动力自由流动；市场运行机制不完善、管理制度不健全，造成劳动者就业机会不平等；加之市场功能本身的缺陷，如劳动歧视普遍存在等问题，无法通过市场本身予以解决，需要政府主动进行干预。对此，我国《劳动法》对促进就业作了专章的规定。

在《就业促进法》中，政府的就业促进责任以法律的形式加以确定，在借鉴国外的经验和相关的国际公约基础上，明确了中央与地方在促进就业工作中的责任，规定国家对促进就业工作给予政策支持，国务院有关部门要加强对促进就业工作的指导和监督，县级以上地方人民政府应当根据本地区的实际情况，采取各种措施，做好促进就业工作。《就业促进法》共分九章，从政策支持、公平就业、就业服务和管理、职业教育和培训、就业援助、监督检查和法律责任等方面规定了政府的就业促进职责。包括十项内容：

（1）建立就业促进工作协调机制。我国的充分就业调控任务十分艰巨，就业群体多样化，就业促进工作涉及多方面，需要若干部门来齐抓共管，因此，需要构建就业促进工作协调机制。《就业促进法》在总结实践经验的基础上，通过法律的形式明确了我国的就业促进工作协调机制。国务院建立了全国促进就业工作协调机制，研究就业工作中的重大问题，协调推动全国的促进就业工作。国务院

---

① http://news.xinhuanet.com/theory/2007－03/12/content_ 5833316.htm，《就业促进法中的政府责任与法律原则》。

劳动行政部门具体负责全国的促进就业工作。省、自治区、直辖市人民政府根据促进就业工作的需要，建立促进就业工作协调机制，协调解决本行政区域就业工作中的重大问题。县级以上人民政府有关部门按照各自的职责分工，共同做好促进就业工作。

（2）建立就业工作目标责任制度。县级以上人民政府把扩大就业作为经济和社会发展的重要目标，纳入国民经济和社会发展规划，并制定促进就业的中长期规划和年度工作计划。各级人民政府和有关部门应当建立促进就业的目标责任制度。县级以上人民政府按照促进就业目标责任制的要求，对所属的有关部门和下一级人民政府进行考核和监督。

（3）制定实施有利于就业促进的经济政策和社会政策。县级以上人民政府通过发展经济和调整产业结构、规范人力资源市场、完善就业服务、加强职业教育和培训、提供就业援助等措施，创造就业条件，扩大就业。

（4）推进公平就业。各级人民政府应依法保障劳动者具有平等就业和自主择业的权利，创造公平就业的环境，消除就业歧视。

（5）加强就业服务和管理。县级以上人民政府培育和完善统一开放、竞争有序的人力资源市场，促进劳动力供给和需求的有效匹配，建立健全公共就业服务体系，为劳动者就业提供服务；制定政策并采取措施，建立健全就业援助制度，对就业困难人员给予扶持和援助。

（6）大力开展职业培训。国家依法发展职业教育，鼓励开展职业培训，促进劳动者提高职业技能，增强就业能力和创业能力。县级以上人民政府根据经济社会发展和市场需求，制定并实施职业能力开发计划。县级以上人民政府加强统筹协调，鼓励和支持各类职业院校、职业技能培训机构和用人单位依法开展就业前培训、在职培训、再就业培训和创业培训；鼓励劳动者参加各种形式的培训，有关部门根据市场需求和产业发展方向，鼓励、指导企业加强职业教育和培训。

（7）建立健全失业保险制度。国家建立健全失业保险制度，依法确保失业人员的基本生活，并利用多种渠道促进其实现再就业。

（8）开展就业和失业调查统计工作。

（9）建立健全就业援助制度。各级人民政府建立健全就业援助制度，采取税费减免、贷款贴息、社会保险补贴、岗位补贴等办法，通过公益性岗位安置等途径，对就业困难人员实行优先扶持和重点帮助。地方各级人民政府和有关部门应当加强对失业人员从事个体经营的指导，提供政策咨询、就业培训和开业指导等服务。

（10）通过政府引导发挥各方面的就业促进作用。各级人民政府和有关部门应当对在就业促进中做出显著成绩和突出贡献的单位和个人、社会团体等给予表彰和奖励，发挥工会、共青团、残联、用人单位和其他社会组织在就业促进中的积极作用。

四、用人单位的就业促进职责

就业促进是用人单位的重要社会责任之一。《就业促进法》第八条规定，"用人单位依法享有自主用人的权利。用人单位应当依照本法以及其他法律、法规的规定，保障劳动者的合法权益。"用人单位应当依据与劳动者签订的劳动合同，依据通过民主程序制定的规章制度行使用工自主权。用人单位除了承担促进就业的社会责任之外，还要承担依法保障劳动者合法权益的法律义务。劳动者的合法权益，主要是指我国《劳动法》规定的平等就业和选择职业的权利、取得劳动报酬的权利、休息休假的权利、获得劳动安全卫生保护的权利、接受职业技能培训的权利、享受社会保险和福利的权利、提请劳动争议处理的权利和享有法律法规规定的其他权利。

【案例8－2】就业性别歧视不合法①

"我们这个岗位只招男性不招女性"，记者在人才市场采访时发现，一些用人单位在招聘时，一些岗位男性、女性都可胜任，但在其招聘条件上却标明只招男性，不招女性。这家公司一位负责招聘的先生解释说，公司里有一些岗位女性不适合做，男性比较合适，是招男性还是招女性，公司是经过考虑的，比如这个行政主管，并不一定非得要求是男性，可公司以前的好几位行政主管都是女性，在工作中出现不少负面影响，公司决定还是招一名男性比较合适。但这位先生拒绝解释女性担任行政主管会出现什么具体的负面影响。这位先生承认，他知道招聘广告中不准出现拒绝招聘女性的规定，但他解释，如果不注明性别，在录用时，还是直接说明性别比较合适。

本案例中，该用人单位在行使自主经营权、用工自主权的同时，构成了就业歧视，侵犯了劳动者的平等就业权。那么，实践中当这两种权利行使发生冲突时，应如何解决？

---

① http：//www. bjld. gov. cn/tszl/ldzcalydp/201001/17819. html. 北京人力资源与社会保障网站。

第三节　政府就业促进的主要措施

一、构建就业促进政策支持体系

保障充分就业目标的实现，除了实施贯彻积极的就业促进政策外，还需要产业政策、财政政策、税收政策、金融政策等协调匹配，建立完善的就业促进政策支持体系。为了建立就业促进的长效机制，《就业促进法》将经过实践检验行之有效的政策措施上升为法律规范，并按照就业促进的工作要求，以第二章专章的方式规定了较为完整的政策支持体系，包括七个方面：

（一）实行有利于就业促进的产业政策

县级以上人民政府应当将扩大就业作为重要职责，统筹协调产业政策与就业政策。鼓励各类企业在法律、法规规定的范围内，通过兴办产业或者拓展经营，增加就业岗位。国家鼓励发展劳动密集型产业、服务业，扶持中小企业多渠道、多方式增加就业岗位。国家鼓励、支持、引导非公有制经济发展，扩大就业，增加就业岗位。政府在安排政府投资和确定重大建设项目时，应当发挥投资和重大建设项目带动就业的作用，增加就业岗位。

（二）建立政府财政投入的保障机制

国家实行有利于促进就业的财政政策，在财政预算中安排就业专项资金用于促进就业工作，并对公共就业服务、职业培训的资金安排使用提出要求。国家实行有利于促进就业的财政政策，加大资金投入，改善就业环境，扩大就业。县级以上人民政府应当根据就业状况和就业工作目标，在财政预算中安排就业专项资金用于促进就业工作。就业专项资金用于职业介绍、职业培训、公益性岗位、职业技能鉴定、特定就业政策和社会保险等的补贴，小额贷款担保基金和微利项目的小额担保贷款贴息，以及扶持公共就业服务等。这不仅保证了就业工作的资金投入，并且规范了就业资金的使用和管理。

（三）实行有利于就业促进的税收政策

国家鼓励企业增加就业岗位，扶持失业人员和残疾人就业，对下列企业、人员依法给予税收优惠：吸纳符合国家规定条件的失业人员达到规定要求的企业；失业人员创办的中小企业；安置残疾人员达到规定比例或者集中使用残疾人的企业；从事个体经营的符合国家规定条件的失业人员；从事个体经营的残疾人以及国务院规定给予税收优惠的其他企业、人员。同时，对于从事个体经营的失业人员和残疾人，有关部门应当在经营场地等方面给予照顾，免除行政事业性收费。

（四）实行有利于就业促进的金融政策

国家实行有利于促进就业的金融政策，增加中小企业的融资渠道；鼓励金融机构改进金融服务，加大对中小企业的信贷支持，并对自主创业人员在一定期限内给予小额信贷等扶持。

（五）实行统筹就业政策

（1）实行城乡统筹就业政策。国家实行城乡统筹的就业政策，建立健全城乡劳动者平等就业的制度，引导农业富余劳动力有序转移就业。县级以上地方人民政府推进小城镇建设和加快县域经济发展，引导农业富余劳动力就地就近转移就业；在制定小城镇规划时，将本地区农业富余劳动力转移就业作为重要内容。县级以上地方人民政府引导农业富余劳动力有序向城市异地转移就业；劳动力输出地和输入地人民政府应当互相配合，改善农村劳动者进城就业的环境和条件。

（2）实行区域统筹就业政策。国家支持区域经济发展，鼓励区域协作，统筹协调不同地区就业的均衡增长。国家支持民族地区发展经济，扩大就业。

（3）实行不同群体统筹就业政策。各级人民政府统筹做好城镇新增劳动力就业、农业富余劳动力转移就业和失业人员就业工作。目前的重点工作是做好大学生、农民工、复转军人、残疾人等群体的就业工作。

（六）实行有利于灵活就业的劳动和社会保险政策

各级人民政府采取措施，逐步完善和实施与非全日制用工等灵活就业相适应的劳动和社会保险政策，完善跨地区养老保险的转移接续工作，为灵活就业人员提供帮助和服务。

（七）实行失业保险就业促进政策

地方各级人民政府和有关部门应当加强对失业人员从事个体经营的指导，提供政策咨询、就业培训和开业指导等服务，在维持失业人员基本生活的同时，应积极促进其实现再就业。

二、保障公平就业

(一) 公平就业

国际劳工组织 1988 年通过的《关于促进就业和失业保护的公约》第 8 条规定，每一成员应在符合国家法律和惯例的条件下，努力制订特别计划促进额外就业机会和就业帮助，向特定的、在谋求持久就业方面有困难或可能有困难的处境不利者，例如妇女、青年工人、残疾人、老年工人、长期失业者、合法居住在该国的移徙工人以及受到结构性变化影响的工人，提供自由选择的生产性就业。因此，公平就业含有两层意思：一种是机会公平，就是为劳动者提供平等的就业机会和公平的就业条件；另一种是结果公平，为了追求实质意义上的平等，对那些就业困难人员提供特殊的扶持和援助。

促进公平就业，政府的义务主要有两方面：一是要创造公平就业环境，致力于消除就业歧视；二是要制订政策和采取措施对就业困难人员给予扶持和援助。

政府有促进公平就业的义务，首先是因为，政府应当承担促进公平就业、消除就业歧视的责任，禁止和消除就业歧视已经成为国际人权法普遍接受的原则，体现在许多国际人权文件中，如联合国《世界人权宣言》、《经济、社会和文化权利公约》等。在我国，《劳动法》、《残疾人保障法》、《妇女权益保障法》等也都作了禁止就业歧视的规定。

(二) 就业歧视与平等就业

1. 就业歧视

就业歧视，依照国际劳工组织《1958 年消除就业和职业歧视公约》第 1 条的规定，"歧视"一词，是指政府或私人组织基于人的某些先天性的与能力不相关因素做出的任何区别、排除、限制或优惠。这种区别、排除、限制或优惠对公民在政治、经济、社会、文化或其他公共生活领域中的基本权利具有消除或减损的危害。我国劳动立法与公约的精神是一致的，在相关的一些劳动法规中都规定了"不得实施就业歧视"。

至于哪些规定是就业歧视，在《1958 年消除就业和职业歧视公约》中，对就业歧视进行了一些列举。当然，就业歧视是一个发展着的概念，歧视的概念已经逐渐包括了下列观点：不合理的同样对待对某些群体产生不利，它与不合理的区别对待同样有害，应予以禁止。因此，关于歧视有两个重要概念：直接歧视和间接歧视。直接歧视也称为差别对待，是最早的反歧视法设计的一种形式，我国目前立法主要是针对这种形式。其立法基础是形式平等，即相同情况应该相同对待，这种非歧视的理解是各国宪法久已确立的平等原则的延伸。直接歧视通过明确宣布基于立法所保护的特征对个人作出区别对待是专断的，不能接受的，在公平就业方面倡导为劳动者提供平等的就业机会和公平的就业条件。直接歧视对于处理极端的和显而易见的歧视形式非常有效。间接歧视是指表面上看似中性的规定和标准，将使个人处于与他人相比十分不利的地位，除非这种规定、标准或实践是基于合法的目的并有客观的法律理由，而且实现该目的的手段是必要的和适当的。间接歧视的概念对于就业的政策和实践具有重要影响。目前我国立法中尚未有间接歧视的规定，但是，从欧盟各国的发展实践来看，随着禁止就业歧视观念的深入，间接歧视也必将成为我国立法研究的话题。

目前我国就业形势十分严峻，劳动就业市场上的性别歧视、身高歧视、年龄歧视、学历歧视等现象屡见不鲜。某些用人单位明目张胆的在招聘广告中对劳动者的歧视比比皆是，这些直接的就业歧视让劳动者深恶痛绝。

2. 平等的就业机会和公平的就业条件

关于何谓"平等的就业机会和公平的就业条件"，一般理解，就是要保证就业形式上的平等，禁止同样情况不同的对待，禁止给予立法所保护的诸如民族、种族、性别、宗教信仰等特征对个人进行不公平的对待。但在实践中各种情况十分复杂，怎样认定用人单位或者职业中介机构提供了平等的就业机会和公平的就业条件呢？依照《1958 年消除就业和职业歧视公约》，采用排除法来确定是否存在就业歧视，公约关于歧视的例外规定有：（1）特定职业基于其内在需要的任何区别、排斥或优惠不应视为歧视；（2）针对有正当理由被怀疑为或证实参与了有损国家安全活动的个人所采取的任何措施，不应视为歧视，只是有关个人应有权向按照国家规定建立的主管机构提出申诉；（3）国际劳工大会通过的其他公约和建议书规定的保护或援助的特殊措施不应视为歧视；（4）凡会员国经与有代表性的雇主组织和工人组织协商，确定的为适合某些人员特殊需要而制定的其他专门措施应不被视为歧视，这些人员由于诸如性别、年龄、残疾、家庭负担，或社会或文化地位等原因而一般被认为需要特殊保护或援助。

（三）《就业促进法》关于公平就业的具体规定

（1）用人单位招用人员、职业中介机构从事职业中介活动，应当向劳动者提供平等的就业机会和公平的就业条件，不得实施就业歧视。

（2）国家保障妇女享有与男子平等的劳动权利。用人单位招用人员，除国家规定的不适合妇女的工种或者岗位外，不得以性别为由拒绝录用妇女或者提高对妇女的录用标准。用人单位录用女职工，不得在劳动合同中规定限制女职工结婚、生育的内容。

（3）各民族劳动者享有平等的劳动权利。用人单位招用人员，应当依法对少数民族劳动者给予适当照顾。

（4）国家保障残疾人的劳动权利。各级人民政府应当对残疾人就业统筹规划，为残疾人创造就业条件。用人单位招用人员，不得歧视残疾人。

（5）用人单位招用人员，不得以是传染病病原携带者为由拒绝录用。但是，经医学鉴定传染病病原携带者在治愈前或者排除传染嫌疑前，不得从事法律、行政法规和国务院卫生行政部门规定禁止从事的易使传染病扩散的工作。

（6）农村劳动者进城就业享有与城镇劳动者平等的劳动权利，不得对农村劳动者进城就业设置歧视性限制。

三、就业服务与管理制度

（一）就业服务的内容

就业服务是指政府职能部门对于求职人员提供各项帮助和服务。在我国劳动力资源严重供过于求的情况下，搞好就业服务是保障社会成员充分就业的重要条件。

就业服务主要包括：

（1）职业介绍。为劳动供求双方相互选择，实现就业而提供的各类职业介绍服务。办好职业介绍机构，形成全国职业介绍体系，为劳动力供求双方提供服务。

（2）转业训练。为提高劳动者职业技术和就业能力的多层次、多形式的就业训练和转业训练服务。办好就业训练中心和各种职业训练班，扩大就业机会。

（3）生产自救。组织劳动者开展生产自救和创业的劳动就业服务企业。管好、用好就业经费，促进集体经济和培训事业的发展。

（4）失业救济。为保障失业者基本生活和帮助其再就业的失业保险服务。建立和完善失业保险金制度，为失业人员提供必要的社会救济。

就业服务涉及面很广，涉及劳动者开始求职到进行培训以及失业后寻求帮助的各个环节，而且这些工作彼此之间又不是孤立的，而是相互密切联系。就业服务在适应社会发展的过程中形成了就业服务体系。

在实践中，经常面临劳动者和岗位由于信息不对称造成的劳动力市场的无序和浪费。因此，政府发展公共就业服务，建立和完善公共就业服务体系，是十分必要的。公共就业服务体系的职能主要在于：一方面，为劳动者和用人单位的求职、招聘提供公共服务；另一方面，为就业困难群众提供多样化、全方位的就业服务，帮助他们实现就业。这就需要一个及时准确而全面的信息平台和全方位的中介服务。

（二）人力资源市场信息网络的建设

1989 年以来，劳动部开始在 60 个城市进行人力资源市场信息微机管理试点，初步建立了职业介绍信息规范。经过不到 20 年的发展，人力资源市场的建设取得了很大进展。人力资源市场的建设，对解决就业问题、建立市场就业机制以及实现政府宏观决策科学化提供了重要依据。即建立健全人力资源市场信息网络，整合就业信息资源，形成各地区统一并与全国联网的就业发布渠道，在全国真正形成就业代码规范、区域性就业信息与全国就业信息互动的机制，实现供求双方信息资源共享。具体有以下规定：

（1）构建"市—乡镇—街道（社区）"就业信息系统网络。在政务统一网络基础平台上，拓宽和延伸就业服务网络的覆盖广度和深度，将社区服务站和职业中介纳入到系统中来，实现网络互联、信息共享、安全可靠、完整统一的劳动就业信息服务网络；

（2）强化规划指导和业务、技术的规范。各地信息网的建设必须实行统一规范，执行统一的业务规范和信息分类标准；

（3）提供形式更加丰富多样的就业服务手段，如提供短信服务，随时随地向求职者和用人单位传递经过用户定制的就业信息，提供视频招聘服务，用人单位可在网上直接与求职者面对面的沟通，减少就业成本提高面试效率，以及其他有效服务方式；

（4）完善失业监测预警体系，以失业监测预警模型为核心，建立动态、应急预案处理机制，形成完善的失业状况的预警预测体系，判定不同的失业警情及时发出失业警报信号，为政府领导决策提供依据，达到缓解失业压力和保持社会稳定的目的；

（5）构建地区范围信息实时共享的人力资源信息网络，通过网络把市场就业信息与失业保险、工资价位、职业培训、创建和谐等工作有机衔接起来，使之更加人性化、个性化，整体提高劳动就业服务工作的服务功能和社会保障功能，加快推进劳动就业服务系统信息化建设。

总之，人力资源市场信息服务体系的建设要遵循信息工程的理论和方法进行系统建设，严格按照"统一规划、统一标准、城市建网、网络互联、分级使用、分步实施"的指导方针实施。即"自上而下统一规划，自下而上建设实施。"城市网络以人力资源供求信息为核心，分步实施失业保险和职业培训等其他功能。在全国统一标准和初步建成城市网络的基础上，逐步实现省内和全国的网际互联，最终建成中国人力资源市场信息服务体系。

（三）职业中介机构

职业中介机构作为独立经营的实体，在市场经济条件下，受利益的驱动，具有很强的自发性和盲目性。为规范职业中介机构的职业中介行为，维护正常的人力资源市场程序，保障求职者和用人单位的合法权益，《就业促进法》对职业中介机构的职业中介活动进行了规定。职业中介机构分为非营利性职业中介机构和营利性职业中介机构。非营利性职业中介机构包括公共职业中介机构和其他非营利性职业中介机构，公共职业中介机构是指各级劳动保障行政部门举办的，承担公共就业服务职能的公益性服务机构。其他非营利性职业中介机构是指由法人、其他组织和公民个人举办的，从事非营利性职业中介活动的服务机构。营利性职业中介机构是指由法人、其他组织和公民个人举办的从事营利性职业中介活动的机构。

1. 职业中介活动遵循的法律原则

（1）合法原则。合法原则是指职业中介机构从事职业中介活动必须遵守法律、法规，在法律、法规允许的范围内活动。具体包含以下几层含义：①职业中介机构从事职业中介活动要遵守宪法和全国人民代表大会及其常务委员会制定的各项基本法和单行法，如《宪法》、《民法通则》、《劳动法》、《劳动合同法》、《消费者权益保护法》等；②职业中介机构从事职业中介活动还要遵守行政法规和地方性法规。如《企业登记条例》、《企业会计准则》等；③职业中介机构从事职业中介活动还要在不与宪法、法律、行政法规相抵触的前提下遵守本行政区域内实施的规范性文件，如天津、太原、云南分别制定的《就业管理条例》等。另外，国家有关主管部门，针对人力资源市场的管理出台的一些专门规章，如《劳动力市场管理规定》、《中外合资中外合作职业介绍机构设立管理暂行规定》、《境外就业中介管理规定》、《人才市场管理规定》等，其中也对职业中介机构作了专门规定。

职业中介机构在遵守国家相关法律、法规的基础上，合法运行，这样既是对就业人员权益的保障，也规范了劳动力市场秩序，同时也为职业中介机构的发展创造了良好的竞争平台。

（2）诚实信用原则。诚实信用原则是市场经济条件下一切活动的基本原则，也是一项社会道德准则。诚信原则从最早的罗马法起源，经过大陆法系国家的发展，诚实信用原则成为整个民事、商事以及服务贸易、居间服务等活动的准则。

诚实信用原则要求职业中介机构在从事职业中介活动时，应当重合同守信用，提供服务要按质论价。职业中介机构也应当自重、自爱、自觉遵守诚实信用原则，对提高自身形象，增强竞争力，具有积极的意义。

（3）公平原则。公平原则作为职业中介机构从事职业中介活动的一项基本原则，主要体现为以下要求：职业中介机构为求职者和用人单位提供职业中介服务时，应当公平公正地对待双方当事人，不得屈从于用人单位用工的不合理甚至不合法要求，给应聘者设定苛刻的条件和标准，损害求职者的合法权益；职业中介机构从事职业中介活动，应当向广大劳动者提供平等的就业机会和公平的就业条件，应该以岗位条件为基础对专业和能力设定合理要求，为劳动者提供信息。不应该谋私利，损害求职者的公平权益。

（4）公开原则。公开原则具体有四方面的要求：职业中介机构应当公开其招聘程序；如实公开用人单位提供的岗位需求信息；公开岗位应聘的条件和标准；公开招聘过程和结果，对于不予聘用的求职者，应当以适当的方式告知其不予聘用的理由。

【案例 8 – 3】 职介机构不得扣押求职者证件①

吴天浩是一名来自山东的农民工，今年3月他独自来到北京打工，在六里桥附近她遇到一名自称职介工作人员的男子，并被他带到了一家职业介绍所内。在大概询问了小吴的基本情况后，这名工作人员表示可以马上给他安排一份保安的工作，但需要他缴纳 800 元的职业介绍费。当小吴表示身上只带了 500 元现金之后，工作人员又要求他留下身份证做抵押，等有了钱再回来拿回身份证。问该职业介绍所的行为是否合法？

2. 设立职业中介机构应当具备的条件

根据《就业促进法》第 40 条规定，设立职业中介机构应当具备以下条件：

---

① http://www.bjld.gov.cn/tszl/ldzcalydp/201001/17812.html. 北京人力资源与社会保障局网站

（1）有明确的章程和管理制度。职业中介机构的章程是记载职业中介机构组织规范及行为准则的法律文件，其内容应当符合国家法律、法规和政策的规定，并载明：宗旨；名称和住所；经济性质；注册资金数额及其来源；经营范围和经营方式；组织机构及其职权；法定代表人产生的程序和职权范围；财务管理制度和利润分配形式；劳动用工制度；章程修改程序；终止程序；其他事项。另外，职业中介机构设立时应当制定有关机构设置、人员配置、业务程序等方面的完备的管理制度。

（2）有开展业务必备的固定场所、办公设施和一定数额的开办资金。

（3）有一定数量的具备相应职业资格的专职工作人员。

（4）法律、法规规定的其他条件。

另外，其他有关法律、法规可能对职业中介机构的设立条件作出补充或者细化规定，这些条件在职业中介机构设立时也应该具备。

3. 职业中介机构设立许可和登记

国务院 2004 年颁布的《国务院对确需保留的行政审批项目设定行政许可的决定》（国务院令第 412 号）明确规定职业介绍机构资格认定由地方人民政府劳动行政部门进行，设立人才中介服务机构及其业务范围审批由县级以上人民政府人事行政部门进行。而非经营性的职业中介机构纳入公共就业服务体系进行规范。

经过劳动行政部门或者人事部门许可的职业中介机构，应当办理法人登记。其登记机关是工商行政部门，办理登记的依据是《企业法人登记管理条例》。其登记注册的主要事项有：企业法人名称、住所、经营场所、法定代表人、经济性质、经营范围、经营方式、注册资金、从业人数、经营期限、分支机构。

4. 规范职业中介机构的行为

为了进一步规范职业中介机构的职业中介活动，有关法律、法规对职业中介机构的职业中介活动进行了规范。《行政许可法》、《国务院对确需保留的行政审批项目设定行政许可的决定》、《劳动力市场管理规定》、《人才市场管理规定》、《境外就业中介管理规定》、《就业促进法》等都作了规定。《就业促进法》第 41 条规定了职业中介机构不得有下列行为：提供虚假就业信息；为无合法证照的用人单位提供职业中介服务；伪造、涂改、转让职业中介许可证；扣押劳动者的居民身份证和其他证件，或者向劳动者收取押金；其他违反法律、法规规定的行为。

5. 除外规定

因外商投资职业中介机构和向劳动者提供境外就业服务的职业中介机构的特殊性，劳动和社会保障部和国家工商总局于 2001 年联合颁布了《中外合资中外合作职业介绍机构设立管理暂行规定》，对外商投资职业中介机构的设立做了专门规定。其中规定：劳动保障行政部门、外经贸行政部门（现在为商务部）和工商行政管理部门在各自职权范围内负责中外合资、中外合作职业介绍机构的审批、登记、管理和监察检查工作。设立中外合资、中外合作职业介绍机构应当经省级人民政府劳动保障行政部门和省级人民政府外经贸行政部门批准，并到企业住所地国家工商行政管理总局授权的地方工商行政管理局进行登记注册。不得设立外商独资职业介绍机构。

劳动和社会保障部、公安部及国家工商总局于 2002 年联合颁布了《境外就业中介管理规定》，其中规定，境外就业中介实行备用金制度，备用金不低于 50 万元。对境外就业中介机构的经营和管理等也作了规定。

（四）就业服务的管理制度

针对我国目前劳动力供大于求的局面，为了预防较大规模的失业，促进就业，就业服务部门采取各种措施，以维护社会稳定发展。

1. 失业预警制度

建立失业预警制度是进行失业调控的一项内容，而失业调控是政府解决失业问题的重要手段。建立失业预警制度，应该从以下方面做起：

（1）应当建立和完善劳动力调查统计制度和就业、失业状况调查统计体系，实行规范的、科学的失业登记办法。发挥街道、社区劳动保障工作平台的作用，对劳动力市场中就业、失业人员状况的变化趋势，进行动态分析检测。在对失业率、长期失业人员比例、失业人员增幅、享受失业保险待遇人数、失业保险基金收支、就业形势等因素进行综合分析的基础上，根据就业和失业变化，合理确定失业预警线。

（2）落实失业调控方案，制订应急预案和相应措施（包括金融、财政、税收、物价、发展规划、产业规划、人口规划等方面的政策），以应对可能出现的就业局势不稳定问题。

2. 建立劳动力调查统计制度

劳动力调查统计制度是国家劳动就业管理的重要内容，是了解和掌握我国劳动力现状和发展趋势，进行劳动力市场分析、劳动就业失业情况监测监控的主要手段，是政府劳动就业行政管理决策依据之一。

（1）劳动力调查的对象和方式。劳动力调查采用抽样调查方式，组织调查员入户对 16 周岁以上人口的就业状况进行调查。从 2005 年开始，每季度进行一次调查。

（2）劳动力调查的内容。劳动力调查的内容主要有：调查对象的年龄、性别、居住地、受教育程度、就业状况、所从事的职业和所在的行业、工作时间、失业原因、失业时间、收入以及参加社会保障情况等。

3. 建立就业登记、失业登记制度

国家建立就业登记和失业登记制度的目的是通过就业登记和失业登记，准确掌握劳动力供求状况，实现劳动就业社会化管理，保证就业服务各项工作的实施，为国家掌握社会失业状况，适时推行和调整就业政策，提供第一手信息资料。

根据劳动和社会保障部《关于进一步加强劳动力市场建设完善就业服务体系的意见》规定，以及《国务院批转劳动和社会保障事业发展"十一五"规划纲要的通知》和其他有关规定等，建立覆盖各类失业人员的失业登记制度，完善城镇失业登记办法，把各类学校未就业毕业生、企事业单位就业转失业人员、自谋职业的复员退伍军人，以及失地无业农民和其他失业人员全部纳入失业登记范围，建立覆盖城镇各类失业人员的失业登记制度。

四、职业教育和培训

（一）职业教育的概述

1. 职业教育的含义

根据《职业教育法》的规定，广义的职业教育，包括职业学校教育和职业培训。职业学校教育，包括初等、中等、高等职业学校教育。职业培训包括就业前培训、专业培训、在岗培训、转岗培训、再就业培训及其他职业性培训。狭义的职业教育，就是指职业学校教育，与职业培训相并列。职业教育和培训是促进就业工作中的重要一环，因此，《就业促进法》设专章对职业教育和培训作了规定。开展职业教育和职业培训，必须依法进行。

2. 职业能力开发计划

为了大力发展职业教育和职业培训，我国《职业教育法》对职业教育工作的管理职责分工作了规定。首先，国务院教育行政部门负责职业教育工作的统筹规划，综合协调、宏观管理工作。其次，国务院教育行政部门、劳动行政部门和其他有关部门在国务院规定职责范围内，分别负责有关的职业教育工作。再次，县级以上地方各级人民政府应当加强对本行政区域内职业教育工作的领导、统筹协调和督导评估工作。职业教育具有较强的地方性，我国经济社会发展的不平衡性以及不同区域在经济、产业结构上的差异，决定了不同地区职业教育层次结构、专业结构、服务对象的不同，因此要使职业教育符合实际的需要，就必须降低管理重心，充分发挥地方人民政府的积极性，突出地方人民政府的责任和作用，促进职业教育的发展。

根据《职业教育法》的规定，地方人民政府应当把职业教育纳入当地经济和社会发展规划，在国家方针、政策指导下，对所辖区域内的职业教育工作进行组织、管理和领导。县级以上人民政府根据地区经济发展需求和就业再就业工作需要，制定职业能力开发计划，并将职业能力开发计划纳入地区经济社会发展规划中，为职业教育提供强有力的公共服务和良好的发展环境，引导职业教育健康协调可持续发展。职业能力开发计划要以提高劳动力的就业创造能力、岗位工作能力和职业转换能力为目标，规划指导各类职业培训的发展。

（二）职业培训的内容

职业培训与职业学校教育都是职业教育体系中的重要组成部分，但职业培训不同于职业学校教育，是职业学校教育所不能取代的。职业学校教育分为初等、中等、高等三个层次，有国家规定的学制，较为系统的教育，职业学校教育可以颁发学历证书。而职业培训方式比较灵活，没有国家规定的学制，只有培训证书而没有学历证书。国家实施职业学校教育与职业培训并举的政策。综合而言，我国的职业培训具有以下三方面内容：

第一，职业培训可以由多种机构实施，包括各类职业院校、职业技能培训机构和用人单位。我国的职业学校教育分为初等、中等、高等职业学校教育。各类职业院校的主要职责是承担各自相应的职业学校教育，但是各类职业院校有合格的教师、符合规定标准的教学场所、与职业教育相适应的设施和设备，在开展职业培训方面具有得天独厚的优势，因此，各类职业院校同时也承办职业培训活动。

职业技能培训机构是为了开展职业训练而专设的机构，设立形式多样，在职业培训工作中发挥着重要作用。同时，用人单位也对本单位的职工和准备录用的人员实施职业教育，因此，职业培训学校、职业技能培训机构、用人单位成为职业培训的主要机构。

第二，职业培训形式多样。职业培训是以就业、专业或者提高技能水平为目的的非学历职业教育活动。职业培训的形式可以多样，从性质划分，职业培训可以分为就业前培训、在职培训、再就业培训和创业培训。

就业前培训，又称岗前培训，是指第一次就业之前的劳动者，为使其获得从业能力而进行的职业知识、技能等的培训。就业前培训体现了"先培训、后就业；先培训，后上岗"的原则，既保证用人单位对岗位的要求，又使劳动者掌握了一定的从业技巧、必要的劳动技能。

在职培训，又称岗位培训，是对已经就业的劳动者按照岗位工作需要，以提高劳动者的政治思想水平、工作能力和生产技能为目标的定向培训。在职培训的主要目标是提高劳动者胜任本职工作的能力，提高工作效率。在职培训一般包括三个方面：一是按照岗位规范要求取得上岗、转岗、晋升等资格的达标培训；二是根据生产工作发展需要进行的各种适应性培训；三是提高培训，对已经胜任本岗位工作，又有进一步提高工作能力条件的在岗位人员进行的培训。

再就业培训，就是对已就业但后失业的劳动者，为提高其就业技能和就业能力，从而重新就业而进行的职业培训。我国在进行产业结构和企业组织结构调整的过程中，企业失业职工逐年增多，企业富余职工也大量增加，多数富余职工待岗放长假。失业和待岗劳动者是企业在深化改革中遇到的一大难题，为此国家实施了再就业工程。再就业工程包括利用各种就业服务设施和培训、安置基地，通过职业指导，为失业职工介绍职业信息和求职方法；通过开展转业训练，提高再就业的能力；通过提供求职面谈和工作试用，促进双向选择；通过兴办劳动就业服务企业，组织开展生产自救；通过政策指导，鼓励、支持失业职工和企业富余职工组织起来就业和自谋职业。再就业培训是再就业工程的重要组成部分，对失业和待岗劳动者重新走上工作岗位发挥了重要作用。

创业培训是对具有创业愿望和相应条件的人员所进行的开办小企业或自谋职业所必备的基础知识和必备能力的培训。创业培训的对象可以是下岗失业人员，也可以是院校毕业生、农村准备向非农业转移的人员或返乡创业人员。培训后实现创业分为创办企业和自谋职业两种形式。前者要在工商部门办理私营企业注册登记；后者是指在工商部门办理个体营业执照或在社区举办非正规就业组织。

第三，鼓励劳动者自身积极参加各种形式的培训。国家在创造职业培训的大环境、硬件设施、软件配套的情况下，要真正实现职业培训的目的，离不开劳动者本人的积极参与和努力学习。只有两者有机的结合，职业培训的目的才能更好地实现。

（三）劳动预备制度

1. 劳动预备制度的含义

劳动预备制度，是指对城乡新生劳动力，有计划、有步骤地实行追加一至三年的职业培训和相关教育，提高他们的组织能力，为其实现就业准备条件。

2. 劳动预备制度的对象

劳动预备制度的对象主要有三个方面：有劳动能力和就业意愿的城镇未能继续升学的初、高中毕业生；农村未能继续升学并准备从事非农产业工作或进城务工的初、高中毕业生；各地可以结合实际，引导组织准备从事农业生产劳动的初、高中毕业生以及城镇失业人员、企业下岗职工参加劳动制预备培训。

3. 劳动预备制度的职业培训形式

劳动预备制度中，职业培训形式主要有以下几种：

（1）应届初、高中毕业生参加劳动预备制培训以全日制为主，其他人员可采取非全日制、学分制与学时制相结合或参加远程培训等形式；

（2）参加一年以上劳动预备制培训的初中毕业生，学习期满，经考试合格可直接转为技工学校学生，学习期限连续计算；参加一年以上劳动预备制培训的高中毕业生可参加高级技工学校学习；

（3）对劳动预备制人员进行培训，在确保培训质量的前提下，可采取全日制、非全日制以及学分制与学时制相结合或远程培训等灵活多样的培训形式。

4. 劳动预备制度的内容

劳动预备制度中，职业教育和培训的内容主要有：根据劳动力市场需求，按照职业分类和职业技能标准，对劳动预备制人员进行职业培训和职业教育。职业学校要根据市场需求设置专业，课程和教材要增强专业适应性，具有职业教育特色，实行产教结合，培养学生具有必要的理论知识和较强的实践能力，具有熟练的职业技能和适应职业变化的能力。职业培训主要是进行职业技能和专业理论学习，并进行必要的文化知识学习和创业能力培训，同时进行职业道德、职业指导、法制观念等教育。

（四）职业资格证书制度

职业资格证书制度是劳动就业制度中的一项重要内容，也是一项特殊形式的国家考试制度。它是指按照国家制定的职业技能标准或任职资格条件，通过政府认定的考核鉴定机构，对劳动者的技能水平或职业资格进行客观公正、科学规范的评价和鉴定，对合格者授予相应的国家职业资格证书。职业资格证书是表明劳动者具有从事某一职业所必备的学识和技能的证明。它是劳动者求职、任职、开业的资格凭证，是用人单位招聘、录用劳动者的主要依据，也是境外就业、对外劳务合作人员办理技能水平公证的有效证件。

关于职业资格证书，《劳动法》第八章第 69 条规定："国家确定职业分类，对规定的职业制定职业技能标准，实行职业资格证书制度，由经过政府批准的考核鉴定机构负责对劳动者实施职业技能考核鉴定。"《职业教育法》第一章第 8 条明确指出："实施职业教育应当根据实际需要，同国家制定的职业分类和职业等级标准相适应，实行学历文凭、培训证书和职业资格证书制度。"这些法规确定了国家推行职业资格证书制度和开展职业技能鉴定的法律依据。

职业资格证书制度本质上是一项行政许可制度，是一项就业准入制度，如果没有取得相应的职业资格证书，就不能上岗执业。所谓就业准入是指根据《劳动法》和《职业教育法》的有关规定，对从事技术复杂、通用性广、涉及国家财产、人民生命安全和消费者利益的职业（工种）的劳动者，必须经过培训，并取得职业资格证书后，方可就业上岗。实行就业准入的职业范围由劳动和社会保障部确定并向社会发布。

截止到 2007 年 10 月底，劳动和社会保障部依据《中华人民共和国职业分类大典》确定了实行就业准入的 87 个职业目录。国家对实行就业准入进行了具体规定。目前职业资格证书分为五个等级：初级（国家职业资格五级）、中级（国家职业资格四级）、高级（国家职业资格三级）、技师（国家职业资格二级）和高级技师（国家职业资格一级）。

五、就业援助

（一）就业援助概述

1. 就业援助的对象

就业援助对象，即就业困难人员，就业援助制度就是要对就业困难人员实行优先扶持和重点帮助。根据《就业促进法》规定，就业困难人员是指因身体状况、技能水平、家庭因素、失去土地等原因难以实现就业，以及连续失业一定时间仍未能实现就业的人员。这些人员由于身体状况、家庭因素、失去土地等种种原因，在就业方面处于劣势，难以顺利实现就业。

由于就业困难是一个比较抽象、笼统的概念，不同的时期，不同的区域，就业困难人员的范围也是不同的。因此，关于就业困难人员应该结合本行政区域内的实际情况，作出具体的界定。

2. 就业援助的方法

就业援助的方法，即采取税费减免、贷款贴息、社会保险补贴、岗位补贴等办法，对就业困难人员实行就业援助。

税费减免，是指在一定期限一定限额内，减收或者免收就业困难人员从事个体经营应缴纳的税收以及各项行政事业收费。如《国务院关于进一步加强就业再就业工作的通知》（国发〔2005〕36号）等规定指出，对持有《再就业优惠证》人员从事个体经营的（国家限制的行业除外），在规定限额内依次减免营业税、城市维护建设税、教育费附加和个人所得税；并免收属于管理类、登记类和证照类的各项行政事业性收费，期限最长不超过三年。

贷款贴息，是指符合条件的就业困难人员贷款由政府对其利息部分给予补贴。

社会保险补贴是指对符合条件的就业困难人员参加社会保险的，政府对其社保缴费给予一定的补贴。岗位补贴是指政府开发的公益性岗位、机关事业单位工勤岗位、各类企业后勤服务岗位和街道社区组织开发的服务性岗位安排就业困难对象，并与其签订一定期限以上劳动合同的，根据补贴标准，按实际招用的人数给予岗位补贴，期限与劳动合同一致，且不超过国家或地方规定的最长期限。

3. 就业援助的途径

就业援助的途径，主要是公益性岗位安置等。由政府提供或开发一些公益性岗位，优先安置这些就业困难人员，使其实现就业。

（二）就业援助的措施

1. 为就业困难人员提供公益性岗位

公益性岗位是指由政府投资开发，享受一定的政策优惠、财政扶持，并以安排就业困难人员为主的工作岗位。公益性岗位具有三个特征：

（1）公益性岗位由政府投资开发；

（2）公益性岗位应当优先安排符合岗位条件的就业困难人员；

（3）对被安排在公益性岗位工作的人员，按照国家规定给予岗位补贴。如《国务院关于进一步加强就业再就业工作的通知》指出，在公益性岗位安排就业困难对象，并与其签订一年以上期限劳动合同的，按实际招用的人数，在相应期限内给予社会保险补贴。社会保险补贴标准按单位应为所招人员缴纳的养老、医疗和失业保险费计算。上述"4050"人员在公益性岗位工作超过三年的，社会保险补贴的期限可相应延长。

2. 针对就业困难人员提供的就业援助服务

针对就业困难人员的就业援助服务，《就业促进法》规定从两方面进行。一方面，地方各级人民政府直接进行援助服务工作。对就业困难人员，地方各级人民政府应提供针对性的就业服务和公益性岗位援助。其中，针对就业困难人员提供的就业服务主要包括职业介绍、职业指导、就业训练、社区就业岗位开发服务等。另一方面，地方各级人民政府鼓励社会力量为就业困难人员提供就业服务。政府应动员全社会力量，发展和规划各职业中介机构和劳务派遣、职业咨询指导、就业信息服务等社会化服务组织，鼓励社会各类职业中介机构为劳动者提供诚信、有效的就业服务，鼓励和支持各类培训机构，为就业困难人员提供技能培训，提高就业困难人员素质，培养适应企业需要的人才。

3. 促进残疾人就业的特别扶助措施

《残疾人保障法》规定，残疾人在政治、经济、文化、社会和家庭生活等方面享有同其他公民平等的权利。2007年5月1日起施行的《残疾人就业条例》规定，国家对残疾人就业实行集中就业与分散就业相结合的方针，促进残疾人就业。

残疾人是需要全社会关心和帮助的特殊困难群体。政府在促进残疾人就业工作中具有主导作用，各级人民政府应当采取措施，为残疾人就业创造条件。《残疾人就业条例》指出，县级以上人民政府应当将残疾人就业纳入国民经济和社会发展规划，并制定优惠政策和具体扶持保护措施，为残疾人就业创造条件。根据现有法律法规，政府在促进残疾人就业方面采取的措施，主要有：

（1）县级以上政府应当采取措施，拓宽残疾人就业渠道，开发适合残疾人就业的公益性岗位；县级以上地方政府发展社区服务事业，应当优先考虑残疾人就业；

（2）国家对集中使用残疾人的用人单位依法给予税收优惠，并在生产、经营、技术、资金、物资、场地使用等方面给予扶持；县级以上地方政府及其有关部门应当确定适合残疾人生产、经营的产品、项目，优先安排集中使用残疾人的用人单位生产或经营，并根据集中使用残疾人的用人单位的生产特点确定某些产品由其专产；政府采购，在同等条件下，应当优先购买集中使用残疾人的用人单位的产品或者服务；

（3）对残疾人从事个体经营的，应当依法给予税收优惠，有关部门应当在经营场地等方面给予照顾，并按照规定免收管理类、登记类和证照类的行政事业性收费；国家对自主择业、自主创业的残疾人在一定期限内给予小额信贷等扶持；

（4）地方各级政府应当多方面筹集资金，组织和扶持农村残疾人从事种植业、养殖业、手工业和其他形式的生产劳动；有关部门对从事农业生产劳动的农村残疾人，应当在生产服务、技术指导、农用物资供应、农副产品和信贷等方面给予帮助；

（5）残疾人就业保障金应当纳入财政预算，专项用于残疾人职业培训以及为残疾人提供就业服务和就业援助。

根据法律法规规定，用人单位应当按照一定比例安排残疾人就业，并为其提供适当的工种、岗位。用人单位安排残疾人就业的比例不得低于本单位在职职工总数的 1.5%。具体比例由省、自治区、直辖市人民政府根据本地区的实际情况而定。

4. 零就业家庭的就业援助

（1）零就业家庭的含义。零就业家庭是指城市家庭中，所有法定劳动年龄内、具有劳动能力和就业愿望的家庭成员均处于失业状态，且无经营性、投资性收入的家庭。零就业家庭的特点主要有：该家庭属于城市居民家庭；该家庭的家庭成员均处于失业状态，即该家庭的家庭成员处于法定劳动年龄，有就业意愿，却处于失业状态，法定就业年龄是指 16 周岁到法定退休年龄之间；该家庭无经营性、投资性收入，如房租、股金等。

（2）对零就业家庭就业援助的法律规定。《就业促进法》规定，县级以上地方人民政府采取多种就业形式，拓宽公益性岗位范围，开发就业岗位，确保城市有就业需求的家庭至少有一人实现就业。法定劳动年龄内的家庭人员均处于失业状况的城市居民家庭，可以向住所地街道、社区公共就业服务机构申请就业援助。街道、社区公共就业服务机构经确认属实的，应当为该家庭中至少一人提供适当的就业岗位。从法律规定中看出，零就业家庭的就业援助，应当在其家庭成员主动申请的基础上，经住所地街道、社区公共就业服务机构确认属实后实施。

（3）零就业家庭就业援助的退出制度。被认定的零就业家庭中有一人稳定就业或无正当理由不接受就业援助服务的，在一定期限后不再作为零就业家庭对待。

5. 资源开采型城市、独立工矿区就业援助制度的规定

（1）资源开采型城市、独立工矿区的含义。资源开采型城市是指依靠开发资源为主要职能建立起来的城市。一般是指依托矿产资源开发成立的城市。独立工矿区，多是距离城市一定距离，依靠矿产资源，开办工矿企业而发展起来的。资源开采型城市和独立工矿区大都有一个大型或特大型的国有资源型企业，该地区经济的发展、产业结构布局等受这些大型资源型企业的影响很深，大都存在经济结构单一、民营经济发展不充分、市场机制不健全等问题。

（2）资源开采型城市、独立工矿区就业援助的措施。我国一些资源开采型城市和独立工矿区由于资源枯竭、经济结构调整等原因，而引发的经济衰退、下岗失业人员较多、就业困难等问题，逐渐成为群体性、行业性、区域性的问题。解决这些问题，成为落实科学发展观、构建和谐社会的一项重要任务。政府要充分发挥在就业援助工作方面的重要作用，切实加强部门之间的配合，处理好各方面矛盾，研究适合促进这些地区就业困难人员就业的政策措施，全面落实各项优惠政策。如，积极提供政策咨询、职业指导、职业介绍、社保关系接续、劳动保障事务代理等服务。政府应针对资源枯竭、经济结构调整造成的就业困难人员的特点，大力收集适合的岗位信息，推动这些地区的就业困难人员与用人单位的对接，提高就业援助的针对性和实效性；大力购买适应市场就业和自主创业的培训项目，更好地组织就业困难人员开展就业培训和创业培训，进一步提高他们的职业道德素质、技能水平和创业意识，提高就业竞争能力和创业能力；及时为符合条件的就业困难人员按规定提供失业保险待遇、再就业优惠等。

【思考】政府促进大学生就业的措施有哪些？实施效果如何？

【作业题】

一、简答题

1. 简述就业促进的法律原则。

2. 如何实现公平就业？

3. 结合实际谈谈我国现行的就业援助制度。

4. 什么是劳动预备制度？劳动预备制度的对象有哪些？

5. 我国目前就业服务的管理制度有哪些？具体规定如何？

6. 我国就业援助的具体制度有哪些？

二、案例分析

一家公司在报上刊登招聘广告，重金聘请销售总监。在要求中，除了常见的学历和工作经验外，还有血型为 O 型或 B 型的要求。按照该公司人力资源部的解释"血型决定性格"，性格对事业的成功有重要的作用。而人的血型则决定着一个人的性格。血型为 O 型或 B 型的人，比较适合从事销售工作。

问：企业的这种做法是否属于就业歧视？

第九章　劳动争议处理制度

【本章导读】

本章主要根据《劳动法》及《劳动争议调解仲裁法》的规定，对劳动争议处理法的有关内容分四节介绍：即劳动争议处理概述；劳动争议调解；劳动争议仲裁；劳动争议诉讼。通过本章学习，理解掌握劳动争议的范围和分类；我国劳动争议处理方式；劳动争议的调解与仲裁的基本程序、组织机构以及劳动争议的调解与仲裁的时效等规定；熟悉劳动争议处理程序的规定，进行相关案例分析。

【重点】劳动争议处理的适用范围及处理劳动争议的原则。

【难点】劳动争议的调解与仲裁的基本程序、组织机构以及劳动争议的调解与仲裁的时效等规定。

第一节　劳动争议处理概述

一、劳动争议的概念

劳动争议，又称劳动纠纷，也称劳资争议或劳资纠纷，"是指劳动关系双方当事人之间因劳动权利和劳动义务所发生的争议。"

（1）劳动争议又有广义和狭义之分。广义的劳动争议，"是指以劳动关系为中心所发生的一切争议"，其中包括因劳动合同关系引发的雇主和劳动者或其团体间的争议、因劳动者保护或保险引发的雇主与劳动者或其团体之间的争议，以及雇主与受雇人或其团体因集体谈判所发生的争议。狭义的劳动争议则"仅以雇用人与受雇人或其团体间所发生之争议为限"。即只限于劳动者与雇主发生的争议。概括地说，广义的劳动争议涉及的是劳方、资方和政府三方的关系，是一种产业关系纠纷；而狭义的劳动争议则只涉及劳资双方。

（2）劳动争议的界定涉及三个要素，即劳动关系是基础，劳动关系当事人是主体，劳动权利义务是标的。这也是劳动争议和一般争议的本质区别。

二、劳动争议的法律特征

劳动争议的法律特征可以从以下几个方面理解：

第一，争议的产生是建立在劳动法律关系的基础之上的。劳动争议产生的前提必须是双方当事人之间存在着一定的劳动关系，否则就不存在劳动争议。这里的劳动关系，既包括劳动法律关系，也包括事实劳动关系。

第二，劳动争议双方当事人一方为用人单位，一方为劳动者。如果争议不是发生在用人单位与劳动者之间，而是发生在企业与企业之间、企业与国家机关之间，即使争议内容涉及劳动方面的问题，也不构成劳动争议。由于劳动争议往往涉及第三人的物质利益，如劳动者伤残、死亡后其近亲属由于抚养和继承问题成为劳动争议的一方主体，而作为用人单位一方，仅只是用人单位行政方，不包括用人单位的党团组织、工会组织等。

第三，劳动争议的标的是劳动权利和劳动义务。因企业开除、除名、辞退职工和职工辞职、自动离职所发生的争议；因执行国家有关工资、保险、福利、培训、劳动保护的规定发生的争议；因履行劳动合同发生的争议，包括因执行、变更、解除、终止劳动合同而发生的争议；法律、法规规定的其他涉及劳动权利和劳动义务的争议都应属于劳动争议。

【思考】社会保险劳动争议与社会保险行政争议的区别

三、劳动争议的特殊性

劳动争议作为一个独立概念，最早提出于产业革命时期。从广义上讲，劳动争议包括纵向劳动争议、横向劳动争议和边缘性劳动争议。纵向劳动争议指劳动者与管理机关（政府）之间的劳动行政争议；横向劳动争议是指发生在"平等主体"之间的劳动争议，如用人单位与劳动者之间的纠纷；边缘性劳动争议是指上述两种劳动争议之外的其他劳动争议，如劳动者团体（多为工会）之间或内部的争议。狭义的劳动争议仅指横向劳动争议，劳动争议处理机制调整的是狭义的劳动争议。

（一）劳动争议的分类

1. 个别争议与团体争议

"个别争议"（Individual Dispute）是指因劳动契约关系所生之个个雇用人与受雇人间之争议及关于权利之发生效力及消灭之问题。① "团体争议与个别争议不同，非为劳动契约上权利之争，乃为团体的利益之争。"②

我国现行劳动争议立法和实践也区分了个人争议和集体争议，个人争议一方当事人是劳动者个体，另一方是用人单位；而集体争议，是集体合同双方当事人之间的争议，其中一方是工会、职工代表或人数众多的职工，另外一方是用人单位。

2. 权利争议与利益争议

权利争议与利益争议也称法律争议与事实争议。所谓权利争议是指"既存劳动契约之履行所生之争议，属于法律问题，故有法律上争议之称。为其关于现存契约之解释，故有权利争议之名。"③ 所谓利益争议是指："非为现在权利之争议乃为团体协约订立之要求或其变更所生之纠纷。故争议之目的，在于有利的劳动条件的获得，即一种利益争议也。"④ 所有个人劳动争议都属于权利争议。而团体争议包括权利争议和利益争议。

上述劳动争议的不同分类不仅有利于理论上的分析，而且具有很强的实践意义。个别争议与团体争议，权利争议与利益争议因性质上的不同，而适用不同的救济程序。

（二）劳动争议诉讼与一般民事诉讼的差异

劳动争议诉讼之所以有独立于一般民事诉讼程序的必要，是因为劳动争议与一般民事争议相比，存在着显见的"异质性"，主要体现在：

（1）产生背景异质：劳动争议的发生以产业社会的形成为背景，没有产业社会便没有劳动争议，而一般民事纠纷自从法律初创便已存在；

---

① 史尚宽：《劳动法原论》，正大印书馆 1978 年版，第 241 页。
② 史尚宽：《劳动法原论》，正大印书馆 1978 年版，第 248 页。
③ 史尚宽：《劳动法原论》，正大印书馆 1978 年版，第 285 页。
④ 史尚宽：《劳动法原论》，正大印书馆 1978 年版，第 248 页。

（2）主体异质：劳动争议之当事人相对恒定，即雇用关系双方，争议的发生是因雇用关系而起，而一般民事纠纷，当事人的范围要宽泛得多；

（3）内容异质：劳动争议有权利争议与利益争议之别，而所有的民事纠纷都是权利争执；

（4）诉讼类型异质：劳动争议中集体争议的主体是单一的，而一般民事诉讼共同之诉的主体是多元的。

【案例9-1】

某公司为了扩大生产规模，公司董事会决定在2010年招收同一工种的新员工60名。该公司在发布的招聘广告中写明的招聘条件为"男工需具备高中以上学历，女工需具备本科以上学历"。女青年郑某到该公司应聘，她在各项考试中成绩优秀，但因只具备大专学历，被该公司拒绝录用。郑某申诉到劳动争议仲裁委员会，要求劳动争议仲裁委员会裁决该公司聘用自己。问题：

（1）本案例是属于权利争议或利益争议？

（2）劳动争议仲裁委员会应如何仲裁？法律依据是什么？

四、劳动争议受案范围

我国立法对劳动争议的受案范围做了一般例举式规定，又做了排除式规定，还做了个别规定。

（一）一般例举式规定

《中华人民共和国劳动争议调解仲裁法》第2条规定，中华人民共和国境内的用人单位与劳动者发生的下列劳动争议，适用本法：（1）因确认劳动关系发生的争议；（2）因订立、履行、变更、解除和终止劳动合同发生的争议；（3）因除名、辞退和辞职、离职发生的争议；（4）因工作时间、休息休假、社会保险、福利、培训以及劳动保护发生的争议；（5）因劳动报酬、工伤医疗费、经济补偿或者赔偿金等发生的争议；（6）法律、法规规定的其他劳动争议。

（二）排除式规定

《最高人民法院关于审理劳动争议案件适用法律若干问题的解释（二）》第7条规定，下列纠纷不属于劳动争议：（1）劳动者请求社会保险经办机构发放社会保险金的纠纷；（2）劳动者与用人单位因住房制度改革产生的公有住房转让纠纷；（3）劳动者对劳动能力鉴定委员会的伤残等级鉴定结论或者对职业病诊断鉴定委员会的职业病诊断鉴定结论的异议纠纷；（4）家庭或者个人与家政服务人员之间的纠纷；（5）个体工匠与帮工、学徒之间的纠纷；（6）农村承包经营户与受雇人之间的纠纷。

（三）个别规定

1. 社会保险争议

《最高人民法院关于审理劳动争议案件适用法律若干问题的解释（三）》第1条规定，劳动者以用人单位未为其办理社会保险手续，且社会保险经办机构不能补办导致其无法享受社会保险待遇为由，要求用人单位赔偿损失而发生争议的，人民法院应予受理。依此，用人单位、劳动者和社保机构就欠费等发生争议，是征收与缴纳之间的纠纷，属于行政管理的范畴，带有社会管理的性质，不是单一的劳动者与用人单位之间的社保争议。因此，对于那些已经由用人单位办理了社保手续，但因用人单位欠缴、拒缴社会保险费或者因缴费年限、缴费基数等发生的争议，应由社保管理部门解决处理，不应纳入人民法院受案范围。对于因用人单位没有为劳动者办理社会保险手续，且社会保险经办机构不能补办导致劳动者不能享受社会保险待遇，要求用人单位赔偿损失的，则属于典型的社保争议纠纷，人民法院应依法受理。

2. 企业改制引发的争议

《最高人民法院关于审理劳动争议案件适用法律若干问题的解释（三）》第2条规定，因企业自主进行改制引发的争议，人民法院应予受理。依此，企业职工下岗、整体拖欠职工工资是企业制度改革和劳动用工制度改革中出现的特殊现象、不是履行劳动合同中的问题，由此引发的纠纷，应当由政府有关部门按照企业改制的政策规定统筹解决，不属于劳动争议案件，不应以民事案件立案审理。随着我国经济体制改革的逐步深入，不论是国有企业还是民营企业，其改制已越来越呈现出多元化特征，而不局限于政府或相关部门主导。对于企业自主改制引发的争议处理，完全是在法律规定的层面上进行，因此，对于这部分劳动争议案件，人民法院责无旁贷，应依法予以受理。

3. 加付赔偿金争议

《最高人民法院关于审理劳动争议案件适用法律若干问题的解释（三）》第3

条规定，劳动者依据《劳动合同法》第85条规定①，向人民法院提起诉讼，要求用人单位支付加付赔偿金的，人民法院应予受理。加付赔偿金问题规定在《劳动合同法》第85条中，但对于加付赔偿金纠纷，司法实践中处于主流地位的观点却是应当去司法化，即不属于人民法院受案范围。对于《劳动合同法》第85条正确的理解应当是：对于用人单位拖欠劳动者劳动报酬、加班费或者经济补偿的，劳动者可以向法院起诉，要求用人单位支付劳动报酬、加班费或者经济补偿，同时也可以主张加付的赔偿金。但其加付的赔偿金如果想要获得法院的支持，必须有一个前提，即劳动者必须就用人单位拖欠其劳动报酬、加班费或者经济补偿的违法行为先向劳动行政部门投诉，劳动行政部门在责令用人单位限期支付后，用人单位仍未支付，此种情况下才存在加付赔偿金，如果未经过这一前提程序，劳动者直接主张加付赔偿金，人民法院是不予支持的。

4. 退休人员再就业争议

《最高人民法院关于审理劳动争议案件适用法律若干问题的解释（三）》第7条规定，用人单位与其招用的已经依法享受养老保险待遇或领取退休金的人员发生用工争议，向人民法院提起诉讼的，人民法院应当按劳务关系处理。本条规定界定了一些特殊人员的劳动关系和劳务关系。在社会实践中，一些人员具有某种特别身份和状态，比如退休后返聘、停薪留职、内退、下岗待业等，再次就业时其与新单位所形成的关系处于劳动关系的边缘状态。上海将这些特殊人员与新单位之间构成的社会关系认定为特殊劳动关系，只适用劳动法的三类基准保护：工作时间、劳动保护、最低工资规定，其他劳动权利义务的调整均需依照双方的约定。本次司法解释（三）对这些特殊人员的用工关系进行了明确的区分与认定，并因此明确了法院受理案件的法律适用标准。已经办理了退休手续并依法享受养老保险待遇或领取退休金的人员，在法律上已经丧失劳动者的主体资格，再次就业时已经不符合劳动关系的法律特征，本次司法解释（三）将这种退休返聘人员的用工关系认定为劳务关系，双方权利义务依约定调整，发生用工争议由法院直接受理，适用民事法律规范处理争议。停薪留职人员、未达到法定退休年龄的内退人员、下岗待岗人员以及企业经营性停产放长假人员这四类人员虽已离开工作

① 《劳动合同法》第85条规定，用人单位有下列情形之一的，由劳动行政部门责令限期支付劳动报酬、加班费或者经济补偿；劳动报酬低于当地最低工资标准的，应当支付其差额部分；逾期不支付的，责令用人单位按应付金额百分之五十以上百分之一百以下的标准向劳动者加付赔偿金：（1）未按照劳动合同的约定或者国家规定及时足额支付劳动者劳动报酬的；（2）低于当地最低工资标准支付劳动者工资的；（3）安排加班不支付加班费的；（4）解除或者终止劳动合同，未依照本法规定向劳动者支付经济补偿的。

岗位，但与原单位保留着某种身份上松散的隶属关系，其本身仍然具有法律上的劳动者主体资格，再次就业时其与新单位形成的用工关系符合劳动关系的法律特征。本次司法解释（三）将这四类人员的用工关系认定为劳动关系，但是这类人员是否完整适用劳动法律法规，有待进一步明确。

5. 停薪留职、内退、待岗及放长假人员再就业争议

《最高人民法院关于审理劳动争议案件适用法律若干问题的解释（三）》第 8 条规定，企业停薪留职人员、未达到法定退休年龄的内退人员、下岗待岗人员以及企业经营性停产放长假人员，因与新的用人单位发生用工争议，依法向人民法院提起诉讼的，人民法院应当按劳动关系处理。结合法律法规，规定了停薪留职人员、内退人员、下岗待岗人员、企业经营性停产放长假人员与新用人单位之间的用工关系应认定为劳动关系。相应地，劳动者与新的用人单位之间因劳动关系产生的争议也应当适用劳动法律、法规。具体来说，第一，新的用人单位有缴纳社会保险的义务。在停薪留职、提前退休、下岗待岗、企业经营性停产放长假等情形下，劳动者与新用人单位建立用工关系的，应当由新用人单位与劳动者按照相关规定缴纳社会保险费用。第二，发生工伤事故时新的用人单位有赔偿的义务。根据相关政策、法规依据可知，在劳动者于新用人单位工作期间发生工伤事故的，应当由新用人单位承担工伤待遇的各项义务。第三，在劳动合同解除或终止后新的用人单位有补偿的义务。在劳动者与新用人单位解除或终止劳动合同的，有关解除权的产生、行使以及解除或终止后的法律后果包括经济补偿金、赔偿金等事项，都应当适用《劳动法》和《劳动合同法》的相关规定。

【案例 9－2】

原告与被告于 2005 年 4 月 7 日签订工程承包合同，约定由被告承包原告宾馆工程的土建部分，采取包工不包料的发包方式，工程造价按每平方米 72 元计算。工程完工后，原告与被告因工程结算发生纠纷。被告以原告拖欠其劳动工资为由，申请劳动争议仲裁委员会仲裁。劳动争议仲裁委员会在原告缺席的情况下，根据被告方提交的工程造价单作出裁决，由原告支付被告工资 83068 元，及拖欠工资 25% 的经济补偿金 20767 元。

原告向人民法院起诉，提出原告与被告之间系承揽合同关系，而不是劳动关系，不属劳动仲裁范围，请求法院对其向被告支付工资 83068 元及经济补偿金 20767 元的裁决不予支持。法院在审理过程中查明原、被告之间是工程承揽合同关系，原告已支付工程款 210160 元，原、被告双方对鉴定机关就被告所承揽的工程的工程量没有异议，根据鉴定机关认定的工程量及原、被告双方约定的工程

单价，工程总价款为 244910 元。

法院在审理此案时，有几种不同意见。第一种意见认为，应判决撤销劳动仲裁裁决，由当事人另行起诉。第二种意见认为，本案案由仍应定为劳动争议纠纷，因为原告是以不服劳动仲裁裁决起诉的，当事人不服劳动争议裁决是法院受理此案的前提，如法院不以劳动争议为案由，将使法院的审理失去案件依据而不能立足。第三种意见认为，对劳动仲裁委员会作出的裁决，法院经审理查明当事人之间的纠纷不属劳动争议的，应当按照查明的法律关系和案件事实，根据相关法律规定作出实体处理。

问题：

你认为此案应如何处理？

五、劳动争议处理机制

根据《劳动法》、《企业劳动争议处理条例》和《劳动争议调解仲裁法》以及相关法律法规和司法解释的规定，我国的劳动争议处理制度实行"仲裁前置，一调一裁两审"制。劳动争议发生后，当事人可以向有调解权的调解组织申请调解；调解不成，可以向劳动争议仲裁委员会申请仲裁。当事人也可以直接向劳动争议仲裁委员会申请仲裁。对仲裁裁决不服，可以向人民法院起诉，适用两审终审制。其中调解非强制性，调解并不是必经程序，而仲裁是必经程序，非经仲裁不得进入诉讼程序。虽然《劳动争议调解仲裁法》规定了有条件的仲裁裁决为终局裁决，但并没有改变我国现行劳动争议处理体制的基本构架。

（一）调解

调解一般是处理劳动争议的第一个程序，但必须以当事人双方的自愿为申请前提。劳动争议发生后，一方或双方当事人不愿协商或者协商不成的，可以向调解组织申请调解。根据《劳动争议调解仲裁法》的规定："发生劳动争议，当事人可以到下列调解组织申请调解：企业劳动争议调解委员会，依法设立的基层人民调解组织，在乡镇、街道设立的具有劳动争议调解职能的组织。""企业劳动争议调解委员会由职工代表和企业代表组成。职工代表由工会成员担任或者由全体职工推举产生，企业代表由企业负责人指定。企业劳动争议调解委员会主任由工会成员或者双方推举的人员担任。"调解应当自当事人申请调解之日起 15 日内结束，到期未结束的，视为调解不成；经调解达成协议的，制作调解协议书。双方当事人应当自觉履行。如果当事人不愿调解或者调解不成的，或者达成调解协议以后又后悔的，对方当事人均可以在法定的期间内，向劳动争议仲裁委员会依法申请仲裁。

（二）仲裁

劳动争议仲裁是劳动争议处理的必经程序，也是诉讼的前置程序，实行强制原则。由一方当事人申请即可受理，并不以另一方当事人的同意为条件。当事人申请仲裁，应该从其知道或者应该知道权利被侵害之日起 1 年内提出书面申请，由劳动争议仲裁委员会对双方当事人之间的劳动争议进行调解和裁决。《劳动法》第 81 条规定："劳动争议仲裁委员会由劳动行政部门代表、同级工会代表、用人单位方面的代表组成。劳动争议仲裁委员会主任由劳动行政部门代表担任。"劳动争议仲裁处理劳动争议，应当组成仲裁庭。根据案件的复杂程度，仲裁庭可以由 1 名仲裁员独任审理或由 3 名仲裁员合议审理。劳动争议仲裁实行一次裁决，应当自劳动争议仲裁委员会受理申请之日起 45 日内结案；案情复杂需要延期的，经劳动争议仲裁委员会主任批准，可以适当延期，但是延长的期限不得超过 15日。对于仲裁裁决，一方当事人在法定期间内未向法院提起诉讼又不履行的，另一方当事人可以向法院申请强制执行。因此，仲裁尽管较调解具规范性，但与诉讼相比，却具有一定的灵活性，更能体现劳动争议当事人的高度意思自治和充分的自主权，使仲裁在解决劳动争议中日益发挥着重要作用。

（三）诉讼

在劳动争议处理过程中，诉讼是解决纠纷的最后阶段。劳动争议当事人如对仲裁委员会的仲裁裁决或不予受理案件通知书不服的，应当自收到裁决书或通知书之日起 15 日内向法院起诉；对劳动争议仲裁委员会不予受理或者逾期未作出决定的，申请人可以就该劳动争议事项向法院起诉。法院对劳动争议的审理，必须以当事人已经申请过仲裁为前提，如不经过仲裁程序，法院不予受理。根据最高人民法院的规定，劳动争议案件由民事审判庭依照《民事诉讼法》的规定程序审理，实行两审终审制，所作出的生效判决即为劳动争议的最终处理结果。

第二节　劳动争议调解

一、劳动争议调解概述

劳动争议调解是指在劳动争议处理机构的主持斡旋下，依照法律、法规、规章、政策和道德规范，在查明事实、明辨是非、分清责任的基础上，通过平等协商，劝说争议双方当事人互谅互让，达成协议，从而解决劳动争议的一种方式。劳动争议调解不同于劳动行政主管部门所进行的行政调解，与劳动争议仲裁程序和诉讼程序中的调解也有所不同，它是基层群众性组织所作的调解，是我国处理劳动争议的重要形式。劳动争议调解可分为广义的劳动争议调解和狭义的劳动争议调解。狭义的劳动争议调解仅指企业劳动争议调解委员会、依法设立的基层人民调解组织和在乡镇、街道设立的具有劳动争议调解职能的组织的调解。广义的劳动争议调解既包括企业劳动争议调解委员会、依法设立的基层人民调解组织和在乡镇、街道设立的具有劳动争议调解职能的组织的调解，又包括劳动争议仲裁机构的调解和法院审理劳动争议案件时所做的调解。

　　关于劳动争议调解的适用范围，《劳动争议调解仲裁法》没有做限制性规定，可以推出只要符合《劳动争议调解仲裁法》第 2 条规定的劳动争议都可适用调解，而且该法的第 42 条规定了劳动争议仲裁的调解前置。

二、劳动争议调解组织

　　我国现行劳动争议处理制度，主要是由法律、行政法规及规章和司法解释所规定。这些法规规定了目前我国劳动争议处理程序中最为常见的三类调解，确立了我国现行以企业调解为主渠道的调解模式。

1. 仲裁调解

　　仲裁调解是指劳动争议仲裁委员会受理劳动争议案件后，作出仲裁裁决前进行的协商、调和以解决劳动争议的活动和制度。仲裁调解必须在仲裁委、仲裁庭主持下进行。仲裁调解贯穿于劳动争议仲裁的全过程。仲裁调解达成后：第一，当事人不得再以同一理由向劳动争议仲裁委申诉；第二，当事人不得向法院起诉；第三，当事人可以请求法院强制执行。《中华人民共和国劳动争议处理条例》第 27 条中规定："仲裁庭处理劳动争议应当先行调解，在查明事实的基础上促使当事人双方自愿达成协议。"由此可见，调解是仲裁中的必经程序。

2. 法院调解

　　调解原则是我国民事诉讼活动的重要原则，贯穿于民事审判活动的全过程。法院调解可在诉讼终结前的任何阶段进行，在审判实践中大致可以分为庭前调解、庭审调解、庭后调解等。法院调解与劳动争议仲裁委调解基本相同，不同点在于，仲裁程序上的调解是仲裁的必经程序，而诉讼程序上的调解则不是必经程序。

3. 企业调解委员会的调解

《企业劳动争议处理条例》第 7 条中规定"企业可以设立劳动争议调解委员会，调解委员会负责调解本企业发生的劳动争议"。《中华人民共和国劳动法》对用人单位设立劳动争议调解委员会作出规定："在用人单位内，可以设立劳动争议调解委员会"，"用人单位与劳动者发生劳动争议，当事人可以依法申请调解、仲裁、提起诉讼，也可以协商解决。"因此，企业劳动争议调解委员会是依法设立的调解组织，也是调解本单位内部劳动争议的群众性组织。企业调解委员会的调解是可选择的程序。

此外，还有许多调解形式虽然未被法律所规定，但也在具体的劳动争议处理中发挥着一定的作用。这些形式主要有以下几种：

1. 行业性调解组织的调解

该调解委员会是由该行业的专业人员兼任，包含工会、用人单位代表的行业劳动争议调解组织。组建者认为，由于行业组织具有熟悉行业情况、与成员联系紧密的优势，由其来调解行业成员之间以及与行业有关的纠纷就较其他民间调解组织具有更大的优势。1995 年，上海市浦东新区个体劳动者协会、私营企业协会经司法行政部门批准，成立了全国第一家行业性调解委员会。2007 年 1 月，山西太原也成立了首家行业性人民调解委员会。

2. 区域性调解组织的调解

根据全国总工会 1995 年 8 月 17 日颁布的《工会参与劳动争议处理试行办法》第 17 条的规定，"工会可以在城镇和乡镇企业集中的地方设立区域性劳动争议调解指导委员会。区域性劳动争议调解指导委员会可以邀请劳动行政部门的代表和社会有关人士参加。区域性劳动争议调解指导委员会名单报上级地方总工会和劳动争议仲裁委员会备案。"第 18 条规定，"区域性劳动争议调解指导委员会指导本区域内劳动争议调解委员会的调解工作，并调解未设调解组织的用人单位的劳动争议。"2001 年 11 月 14 日，劳动和社会保障部、国家经济贸易委员会、中华全国总工会、中国企业联合会、中国企业家协会联合下发的《关于进一步加强劳动争议处理工作的通知》中规定，"在具备条件的地区，积极建立由地方工会组织、劳动保障部门、企业代表组织组成的区域性等劳动争议调解组织，主动开展调解工作，努力将劳动争议化解在当地。"

3. 行政性调解组织的调解

这种调解组织主要是由政府的职能部门成立，由政府职能部门来担任调解者。典型的如上海市在市、区县设立的外劳力调解委员会。在上海，外地从业人员和本单位发生纠纷后，要先经过其所在区的外地劳动力劳务纠纷调解委员会的调解程序，才能进入劳动仲裁程序。当外地从业人员在经过外劳力调解委员会的调解程序后，直接向法院起诉时，法院也会立案，但这立案是以劳务纠纷的形式立案，而非将其看作劳动争议案件。需要说明的是，根据上海市高级人民法院《关于审理劳动争议案件若干问题的解答》规定，从 2006 年底开始，上海已经取消了外劳力劳动纠纷必须先进行行政调解的规定，但外劳力的调解机构仍予以保留。

4. 信访组织的调解

信访制度是一项具有中国特色的政治参与和权利救济的制度，争议当事人通过向政府上访、反映问题，通过政府的力量来解决纠纷。国务院颁布的《信访条例》第 2 条规定，"本条例所称信访，是指公民、法人或者其他组织采用书信、电子邮件、传真、电话、走访等形式，向各级人民政府、县级以上人民政府工作部门反映情况，提出建议、意见或者投诉请求，依法由有关行政机关处理的活动。"第 13 条规定，"设区的市、县两级人民政府可以根据信访工作的实际需要，建立政府主导、社会参与、有利于迅速解决纠纷的工作机制。信访工作机构应当组织相关社会团体、法律援助机构、相关专业人员、社会志愿者等共同参与，运用咨询、教育、协商、调解、听证等方法，依法、及时、合理处理信访人的投诉请求。"因此，从实质上来说，信访也担负着调解劳动争议的工作。而实践中，很大一部分劳动争议也是通过信访来解决的。

三、劳动争议调解的效力

《劳动争议调解仲裁法》第 14 条规定，"经调解达成协议的，应当制作调解协议书。调解协议书由双方当事人签名或者盖章，经调解员签名并加盖调解组织印章后生效，对双方当事人具有约束力，当事人应当履行。"这条法律规定只指出了调解协议对双方当事人有约束力，但是什么样的约束力，靠什么来保证这种约束力的存在，不履行调解协议会有什么样的法律后果，《劳动争议调解仲裁法》却没有相应的规定，也就是说没有明确劳动争议调解协议的法律效力。虽然《劳动争议调解仲裁法》在第 16 条中赋予了部分具有金钱给付内容的调解协议申请支付令的权利，但对于整体的劳动争议调解协议的法律效力却没有明确。《中华人民共和国劳动争议调解仲裁法》第 17 条规定，"劳动者依据《劳动合同法》第三十条第二款和调解仲裁法第十六条规定向人民法院申请支付令，符合民事诉讼法第十七章督促程序规定的，人民法院应予受理。依据《劳动合同法》第 30 条第二款规定申请支付令被人民法院裁定终结督促程序后，劳动者就劳动争议事项直接向人民法院起诉的，人民法院应当告知其先向劳动人事争议仲裁委员会申请仲裁。依据调解仲裁法第十六条规定申请支付令被人民法院裁定终结督促程序后，劳动者依据调解协议直接向人民法院提起诉讼的，人民法院应予受理。"本条规定的是劳动者申请支付令的法律处理程序。支付令是法院依照民事诉讼法规定的督促程序，根据债权人的申请，向债务人发出的限期履行给付金钱或有价证券的法律文书。用人单位拖欠或未及时足额支付劳动报酬以及工伤医疗费、经济补偿或者赔偿金，具有金钱给付性质，符合申请支付令的法定条件。法院依法审查，劳动者的申请符合法定条件的，应当依法受理并向用人单位发出支付令。用人单位在收到支付令起 15 日内不提出异议又不履行支付令的，劳动者可直接申请法院强制执行。用人单位就支付令提出书面异议的，法院应当裁定终结督促程序，支付令自行失效，劳动者可以提起劳动仲裁申请或劳动诉讼。法院裁定终结督促程序后，劳动者申请支付令的法律依据不同，寻求救济的法律保护途径也不同。劳动者依据《劳动合同法》第 30 条向用人单位主张劳动报酬而申请支付令的，法院裁定终结督促程序后，劳动者就劳动争议事项寻求法律保护的，应当向劳动人事争议仲裁委员会申请劳动仲裁。劳动者直接向法院提起诉讼的，法院应当告知其先申请劳动仲裁，经过仲裁前置程序，法院才立案受理。依据调解仲裁法，劳动争议当事人经各种调解组织就劳动报酬、工伤医疗费、经济补偿或者赔偿金事项达成的调解协议，属于具有金钱给付性质的债权债务关系，不再具有劳动争议的性质。劳动者依据调解协议直接向法院提起诉讼的，法院应当依法受理，按照民事案件进行审理。

【思考】 经调解组织调解后达成的协议是否具有强制执行力？

第三节 劳动争议仲裁

一、劳动争议仲裁概述

劳动争议仲裁作为处理劳动争议最基本的法律制度，在各市场经济国家已普遍建立。它是指劳动争议当事人自愿向法定的专门处理劳动争议的机构提出申请，由其依法就劳动争议的事实与责任做出对双方当事人具有约束力的判断和裁决的活动。我国目前的劳动争议仲裁是一种行政仲裁，即由国家授权的劳动争议仲裁委员会，行使国家仲裁权，对劳动争议当事人之间的争议依法进行的仲裁，它体现了国家的意志。而仲裁与调解相比，具有一定的强制力，接近于法院的审判，因此，也更能满足人们对于"公正"的要求。同时与诉讼相比，仲裁具有快速、方便、低成本等适合劳动争议的特点。所以，我国劳动争议仲裁制度设计上，把仲裁作为劳动争议处理的必经程序，构建了以仲裁为中心的格局。

二、劳动争议仲裁机构

（一）劳动争议仲裁委员会

劳动争议仲裁委员会是国家授权，依法独立处理劳动争议案件的专门机构。县、市、市辖区应当设立仲裁委员会。地方各级仲裁委员会向同级政府负责并报告工作。仲裁委员会由劳动行政部门、同级工会和用人单位代表或政府指定的经济综合管理部门的代表组成，主任由劳动行政部门负责人担任，副主任由仲裁委员会委员协商产生，三方代表人数相等且总和必须是单数。仲裁委员会召开会议决定有关事项时应有 2/3 以上的委员参加，并且应当按照少数服从多数的原则作出决定。

（二）劳动争议仲裁委员会办事机构

劳动行政主管部门的劳动争议处理机构是仲裁委员会的办事机构，负责办理仲裁委员会的日常事务。仲裁委员会办事机构在仲裁委员会领导下，负责劳动争议处理的日常工作，主要职责是：承办处理劳动争议案件的日常工作；根据仲裁委员会的授权，负责管理仲裁员，组成仲裁庭；管理仲裁委员会的文书、档案、印鉴；负责劳动争议及其处理方面的法律、法规和政策咨询；向仲裁委员会汇报、请示工作；办理仲裁委员会授权或交办的其他事项。

（三）劳动争议仲裁庭

仲裁委员会处理劳动争议，实行仲裁员、仲裁庭制度。仲裁委员会处理劳动争议，应当组成仲裁庭。仲裁庭由三名仲裁员组成。仲裁庭在仲裁委员会领导下处理劳动争议案件，实行一案一庭制。仲裁庭组成不符合规定的，由仲裁委员会予以撤销，重新组成仲裁庭。这是仲裁委员会处理劳动争议案件的基本组织形式。仲裁委员会处理劳动争议案件实行仲裁庭制度，即依照"一案一庭"的原则组成仲裁庭，受理劳动争议案件。仲裁庭对重大的或者疑难的劳动争议案件的处理，可以提交仲裁委员会讨论决定；仲裁委员会的决定，仲裁庭必须执行。仲裁庭处理劳动争议结案时，应报仲裁委员会主任审批；仲裁委员会主任认为有必要，也可提交仲裁委员会审批。仲裁庭制作的调解书或裁决书，由仲裁员署名，加盖仲裁委员会印章，以仲裁委员会名义送达双方当事人。

（四）劳动争议仲裁员

仲裁委员会处理劳动争议，实行仲裁员、仲裁庭制度。仲裁员包括专职仲裁员和兼职仲裁员。专职仲裁员由仲裁委员会从劳动行政部门内专门从事劳动争议处理工作，并具有仲裁员资格的人员中聘任；兼职仲裁员由仲裁委员会从具有仲裁员资格的劳动行政部门或其他行政部门工作人员或工会工作人员、专家、学者、律师中聘任。仲裁委员会成员均具有仲裁员资格，可由仲裁委员会聘为专职或兼职仲裁员。兼职仲裁员与专职仲裁员在执行公务时，享有同等权利；但兼职仲裁员从事仲裁活动应当征得所在单位同意，所在单位应当给予支持。仲裁员应具备法定条件并已依法取得仲裁员资格。

三、劳动争议仲裁的管辖

劳动争议仲裁管辖，是指确定劳动争议仲裁机构受理劳动争议案件的权限和范围，即各级或同级劳动争议仲裁机构受理劳动争议案件在职权范围上的具体分工。某一劳动争议仲裁机构对某一劳动争议案件进行处理的权限，称为劳动争议仲裁管辖权，也就是劳动争议仲裁受理权。《企业劳动争议处理条例》第 17 条规定，县、市辖区仲裁委员会负责本行政区域内发生的劳动争议。这在法律上称为地域管辖。地域管辖亦称地区管辖，是指劳动争议仲裁机关按空间范围确定受理劳动争议案件的分工，一般都是按照行政区划确定劳动争议仲裁机关对劳动争议案件的受理范围。劳动争议仲裁地域管辖与我国现行的民事诉讼地域管辖基本是一致的，这样对仲裁裁决不服的当事人，可以根据劳动法和民事诉讼法的规定向有管辖权的人民法院起诉，方便当事人就地就近解决劳动争议。地域管辖有一般地域管辖和特别地域管辖。如前所述的《企业劳动争议处理条例》第 17 条规定的管辖就是一般地域管辖，它是按照当事人的所在地划分案件管辖的。《企业劳动争议处理条例》第 18 条、《劳动争议仲裁委员会办案规则》第 8 条规定，发生劳动争议的单位与职工不在同一个仲裁委员会管辖区的，由职工当事人工资关系所在地的仲裁委员会受理。

这是劳动争议仲裁地域管辖的一种特别情况，称为特别地域管辖。特别地域管辖，是以劳动法律关系产生、变更和消灭的所在地作为标准划分管辖的，它是由于采用一般管辖的办法，不能适应当事人进行申诉又不便于仲裁机关进行仲裁情况下采用的一种明确管辖权的制度，如铁路、民航、交通等跨地区的企业和联合企业内发生劳动争议，就不宜适用一般管辖原则，而应由职工当事人工资关系所在地的劳动争议仲裁委员会管辖。《企业劳动争议处理条例》第 17 条还规定，"设区的市的仲裁委员会和市辖区的仲裁委员会受理劳动争议案件的范围，由省、自治区人民政府规定"。这在法律上称为级别管辖。级别管辖是指在劳动争议仲裁机关的组织系统内，确定上下级仲裁机关受理仲裁案件的权限划分。

目前，我国各省区根据《企业劳动争议处理条例》的授权，实行级别管辖的范围和划分不太一致。《劳动争议仲裁委员会办案规则》第 7 条规定，"仲裁委员会发现受理的案件不属于本会管辖的，应当移送有管辖权的仲裁委员会。仲裁委员会之间因管辖权发生争议，由双方协商解决；协商不成时，由共同的上级劳动行政主管部门指定管辖"。前者在法律上称移送管辖，后者则为指定管辖。从上述中可以看出，我国现行的劳动争议仲裁管辖有地域管辖、级别管辖、移送管辖和指定管辖，其中地域管辖是最基本的管辖。

四、劳动争议仲裁时效

为更好地保护当事人的合法权益，《劳动争议调解仲裁法》延长了劳动争议申请仲裁的时效期间，并增加规定了时效中止、中断制度。而且，就劳动争议的调解、仲裁，单独制定法律予以规定，这是劳动法律法规发展中的一个很大的跨越。也说明这几年劳动争议法律法规的发展相当迅速。《劳动争议调解仲裁法》

对劳动争议仲裁时效制度的规定，相比《劳动法》当中的有关规定，更趋专业化和全面。这样使得劳动争议当事人根据各自不同劳动争议的发生情况，适时选择适用劳动争议仲裁申请期间的一般规定、中断、中止等情况的规定，使劳动者的合法权益尽可能全面地得到法律的保障。

《中华人民共和国劳动争议调解仲裁法》第 27 条规定，"劳动争议申请仲裁的时效期间为一年，仲裁时效期间从当事人知道或者应当知道其权利被侵害之日起计算。"《劳动争议调解仲裁法》同时规定了一些例外情况。第 27 条同时规定"仲裁时效因当事人一方向对方当事人主张权利，或者向有关部门请求权利救济，或者对方当事人同意履行义务而中断。从中断时起，仲裁时效期间重新计算"。"因不可抗力或者有其他正当理由，当事人不能在一年的仲裁时效期间申请仲裁的，仲裁时效期间中止。从中止时效的原因消除之日起，仲裁时效期间继续计算"。"劳动关系存续期间因拖欠劳动报酬发生争议的，劳动者申请仲裁不受仲裁时效期间的限制，但是，劳动关系终止的，应当自劳动关系终止之日起一年内提出"。

五、劳动争议仲裁的程序

（一）申诉

劳动争议发生后，不愿自行协商解决或协商不成的，不愿申请调解或调解不成的，当事人均可在仲裁时效期间内，向有管辖权的仲裁委员会提出解决劳动争议的书面申请。申请书应按被诉人数提交副本。委托他人代理参加仲裁的，还需要提交授权委托书。

（二）受理

仲裁委员会办事机构接到申诉书后应依法进行审查。审查内容包括：申诉人是否与本案有直接利害关系，申请仲裁的争议是否属于劳动争议，是否属于仲裁委员会受理内容，是否属于本仲裁委员会管辖，申请书及有关材料是否齐备并符合要求，申诉时间是否符合仲裁时效规定。

（三）仲裁准备

仲裁委员会对决定受理的案件，应自立案之日起 7 日内依法组成仲裁庭。仲裁庭成员应认真审阅申诉、答辩材料，调查、搜集证据，查明争议事实，拟订处理方案。仲裁庭应当在开庭 4 日前将仲裁庭组成人员、开庭时间和地点，书面通知当事人。仲裁委员会成员和仲裁员以及书记员、鉴定人、勘验人、翻译人员中，有是当事人或其近亲属者，或与劳动争议有利害关系者，或与当事人有其他关系而可能影响公正仲裁者，应当回避。其中，既可以自行回避，也可以由当事人口头或书面申请其回避。仲裁委员会主任的回避由仲裁委员会决定，其他各种人员的回避由仲裁委员会主任决定。仲裁委员会或其主任对回避申请应在 7 日内作出决定，并以口头或书面方式通知当事人。

（四）调解

仲裁庭应当先行调解，即在查明事实的基础上促使双方当事人自愿达成协议，协议内容必须合法。经调解达成协议的，仲裁庭应当根据协议内容制作仲裁调解书，由双方当事人签字，仲裁员签名并加盖仲裁委员会印章后，送达双方当事人。调解书自送达之日起即具有法律效力。

（五）裁决

1. 裁决的前提

双方当事人经调解达不成协议，调解书送达前当事人反悔，或者当事人拒绝接收调解书，均为调解不成，应及时裁决。

2. 开庭裁决

仲裁庭开庭裁决，可根据案情查明仲裁参加人是否到庭，宣布仲裁纪律、开庭和案由及仲裁庭成员名单，告知当事人权利义务并询问是否申请回避，庭审调查，听取辩论和当事人最后陈述，当庭再行调解，休庭合议，复庭宣布裁决或延期裁决等各项程序。当事人接到开庭的通知书无正当理由拒不到庭或者未经仲裁庭同意中途退庭的，对申诉人按撤诉处理，对被诉人可缺席裁决。仲裁庭就裁决进行合议时，实行少数服从多数的原则，不同意见须如实记录。对管辖区内有重大影响的案件，以及经仲裁庭合议难做结论的疑难案件，仲裁庭可在查明事实后提交仲裁委员会决定。作出裁决前申诉人申请撤诉，仲裁庭须在 7 日内进行审查并决定撤诉是否成立。

3. 裁决的内容

仲裁庭作出裁决时，对涉及经济赔偿和补偿的争议标的可作变更裁决，对其他争议标的可在作出肯定或否定裁决的同时，另向当事人提出书面仲裁建议。

4. 制作并送达裁决书

仲裁庭作出裁决后应制作裁决书。裁决书应写明法定必备内容，由仲裁员署名，加盖仲裁委员会印章，送达双方当事人。当庭裁决的应在 7 日内发送裁决书，定期另庭裁决的当庭发给裁决书。《最高人民法院关于审理劳动争议案件适用法律若干问题的解释（三）》第 11 条规定，劳动争议仲裁委员会作出的调解书已经发生法律效力，一方当事人反悔提起诉讼的，人民法院不予受理；已经受理的，裁定驳回起诉。本条规定的是劳动仲裁的一调终局的法律效力。在劳动争议的仲裁阶段，仲裁员在事实调查与证据质证的基础上，已对案情有基本的法律判断。仲裁员提出对双方当事人的调解方案，或者当事人提出自己的调解方案，由仲裁院进行沟通协调，最终在仲裁员的主持下双方达成调解协议。在双方适当让步与妥协的基础上，达成的调解协议是双方当事人经过充分考虑后的真实意思表示，并经当事人签字后生效。劳动争议仲裁委员会根据当事人签署的调解协议制作调解书，并送达双方当事人。劳动争议仲裁委员会是具有公信力的三方机构，其制作的调解书具有法律效力，并且是终局的法律效力。当事人签署调解书就视为放弃法律诉权，必须执行调解书上的内容，一方不得以调解内容不完全符合法律标准而反悔向人民法院提起诉讼。一方不执行调解书上的内容的，另一方可向法院申请强制执行。法院对当事人提起的调解书反悔诉讼，应当不予受理，已经受理的裁定驳回起诉。

六、劳动争议仲裁裁决的效力

劳动争议仲裁裁决的生效时间分为两种，部分裁决一经作出立即生效，其他裁决待当事人自收到裁决书之日起 15 日内不起诉后生效。《劳动争议调解仲裁法》第 47 条规定，下列劳动争议，除本法另有规定之外，仲裁裁决为终局裁决，裁决书自作出之日起发生法律效力：（1）追索劳动报酬、工伤医疗费、经济补偿或者赔偿金，不超过当地月最低工资标准 12 个月金额的争议；（2）因执行国家的劳动标准在工作时间、休息休假、社会保险等方面发生的争议。不过，对于这些立即生效的裁决，劳动者一方仍有起诉的权利，可以自收到仲裁裁决书之日起 15 日内向人民法院提起诉讼。用人单位对这些事项无权起诉，但是有证据证明本法第 47 条规定的仲裁裁决有下列情形之一，可以自收到仲裁裁决书之日起 30 日内向劳动争议仲裁委员会所在地的中级人民法院申请撤销裁决：（1）适用法律、法规确有错误的；（2）劳动争议仲裁委员会无管辖权的；（3）违反法定程序的；（4）裁决所根据的证据是伪造的；（5）对方当事人隐瞒了足以影响公正裁决的证据的；（6）仲裁员在仲裁该案时有索贿受贿、徇私舞弊、枉法裁决行为的。人民法院经组成合议庭审查核实裁决有前款规定情形之一的，应当裁定撤销。仲裁裁决被人民法院裁定撤销的，当事人可以自收到裁定书之日起 15 日内就该劳动争议事项向人民法院提起诉讼。当事人对《劳动争议调解仲裁法》第 47 条规定以外的其他劳动争议案件的仲裁裁决不服的，可以自收到仲裁裁决书之日起 15 日内向人民法院提起诉讼；期满不起诉的，裁决书发生法律效力。

生效的仲裁调解书、裁决书对当事人具有法律约束力，当事人应当依照规定的期限履行。一方当事人逾期不履行的，另一方当事人可以依照民事诉讼法的有关规定向人民法院申请执行，受理申请的人民法院应当依法执行。

【案例 9-3】

戴某于 1995 年 7 月到 A 宾馆入职至今，已连续工作了 13 年。1999 年 7 月，A 宾馆为其办理了基本养老保险、工伤保险。2006 年 9 月，单位又为戴某办理了基本医疗保险的参保手续；2007 年 11 月，单位为戴某办理了生育保险参保手续。但一直以来，均未为戴某办理失业保险。2008 年 9 月，戴某向劳动争议仲裁委员会申请仲裁。11 月，仲裁委员会依法裁决如下：（1）A 宾馆为戴某补缴自 1995 年 7 月至 1999 年 6 月的基本养老保险，双方依法各自承担相应的社会保险费用；（2）A 宾馆为戴某补缴 1999 年 7 月至 2006 年 8 月的医疗保险、2004 年 1 月至 2007 年 10 月的生育保险、2001 年 5 月至今的失业保险。

A 宾馆对仲裁裁决不服，向法院提起诉讼。法院认为，A 宾馆提出的诉讼请求涉及的是养老保险、社会保险，不属于人民法院民事诉讼的受案范围，依法驳回了其起诉。

戴某认为法院驳回宾馆的起诉，劳动争议仲裁裁决应当有效，申请人民法院强制执行。

对这份劳动争议仲裁裁决是否有效存在不同意见：

第一种意见认为，本案的劳动争议仲裁裁决书根本就没有生效，不能作为人民法院强制执行的依据。理由是劳动争议调解仲裁法规定，劳动争议当事人对仲裁裁决不服的，可以自收到仲裁裁决书之日起 15 日内向人民法院提起诉讼。一方当事人在法定期限内不起诉又不履行仲裁裁决的，另一方当事人可以申请人民法院强制执行。也就是说，劳动争议仲裁裁决在当事人收到仲裁裁决之日起的 15 日内是属于效力待定，完全取决于当事人是否提起诉讼。一旦提起诉讼，劳动争议仲裁裁决就不能生效。因此，没有生效的劳动争议仲裁裁决书应当没有强制执行力。劳动者申请法院强制执行，法院可以不执行。

第二种意见认为，法院驳回当事人的诉讼，没有作出新的判决或者裁定，应当视同为法院对劳动争议没有实质审查。从保护劳动者权益角度出发，应当视同对方当事人没有提起诉讼，仲裁裁决书应当自动生效。法院应当将裁决视为合法有效的法律文书，劳动者可以申请人民法院强制执行。

第三种意见认为，对方当事人向法院提起诉讼，仲裁裁决属于效力待定。如果法院对争议事项依法进行审查，做出判决，仲裁裁决没有生效。如果法院对争议事项没有作出实体审查，只从时效等方面裁定驳回，应当视为对劳动争议纠纷没有处理，劳动争议仲裁裁决书自动生效。本案中的裁决书应当属于自动生效，可以作为人民法院强制执行的依据。

问题：

你认为此案应该如何处理？

第四节　劳动争议诉讼

一、劳动争议诉讼概述

劳动争议诉讼，是指劳动争议当事人对仲裁机构的裁决不服，持劳动争议裁决书依法向人民法院进行诉讼，要求保护其合法权益的一种劳动争议处理方式。这种诉讼形式是解决劳动争议的最后程序，也是对劳动争议的最终处理。

实行劳动争议诉讼制度，从根本上将劳动争议处理工作纳入了法制轨道，以法的强制性保证了劳动争议的彻底解决。同时，这一制度也初步形成了对劳动争议仲裁委员会的司法监督机制，对提高仲裁质量十分有利。此外，还较好地保护了当事人的诉讼权，给予不服仲裁裁决的当事人以求助于司法的权利。

二、劳动争议诉讼的管辖

在《劳动争议调解仲裁法》中第 21 条规定，"劳动争议仲裁委员会负责管辖本区域内发生的劳动争议。劳动争议由劳动合同履行地或者用人单位所在地的劳动争议仲裁委员会管辖。双方当事人分别向劳动合同履行地和用人单位所在地的劳动争议仲裁委员会申请仲裁的，由劳动合同履行地的劳动争议仲裁委员会管辖"。这明确地规定了劳动争议仲裁的区域管辖。最高人民法院发布的《关于审理劳动争议案件适用法律若干问题的解释》第 8 条规定，"劳动争议案件由用人单位所在地或者合同履行地的基层人民法院管辖。劳动合同履行地不明确的，由用人单位所在地基层人民法院管辖"。

三、劳动争议诉讼中的举证责任

我国对劳动争议诉讼没有制定专门的诉讼法，对劳动争议诉讼的举证责任配置也未作专门的区分。至今为止，劳动争议诉讼的举证责任分配基本适用的是民事诉讼法关于举证责任分配的规定。劳动争议诉讼举证责任分配的法律规范比较零散，主要散见于法律和司法解释之中。

《中华人民共和国劳动争议调解仲裁法》（以下简称《调解仲裁法》）于 2008 年 5 月 1 日实施。从该部法律的名称可以得知，其调整的劳动争议处理程序是调解和仲裁，并不涉及诉讼阶段。但由于实践中，劳动争议法律法规很不健全，法院在审理劳动争议案件时常常要参照仲裁委的规定，所以实践中该法对诉讼也有指导意义。该法第 6 条规定，"发生劳动争议，当事人对自己提出的主张，有责任提供证据。与争议事项有关的证据属于用人单位掌握管理的，用人单位应当提供；用人单位不提供的，应当承担不利后果。"该法既规定了劳动争议案件举证责任分配的一般规定，即"谁主张、谁举证"的原则，又规定了特殊情形，该法与《解释（一）》第 13 条相比，进一步扩大了劳动争议案件举证责任倒置的范围。这是一个新的突破，充分考虑到了劳动法律关系中双方当事人地位的不平等性，以归类的方式明确了举证责任的分配要考虑举证能力的强弱，英美法系"利益衡量说"中对"证据所持"因素的考量完全体现在该规定之中。

自《中华人民共和国劳动法》实施以来，最高人民法院前后出台了三部司法解释，分别是 2001 年 3 月 22 日通过、同年 4 月 30 日起施行的《最高人民法院关于审理劳动争议案件适用法律若干问题的解释（一）》（以下简称《解释（一）》），2006 年 7 月 10 日通过、同年 10 月 1 日起施行的《最高人民法院关于审理劳动争议案件适用法律若干问题的解释（二）》（以下简称《解释（二）》），2010 年 7 月 12 日通过、2010 年 9 月 14 日起施行的《最高人民法院关于审理劳动争议案件适用法律若干问题的解释（三）》（以下简称《解释（三）》）。其中《解释（一）》和《解释（三）》有涉及关于劳动争议诉讼举证责任分配的规定，其内容如下：

(一)《解释 (一)》规定的相关内容

《解释 (一)》第 13 条对劳动争议诉讼举证责任分配作出了规定，"因用人单位作出的开除、除名、辞退、解除劳动合同、减少劳动报酬、计算劳动者工作年限等决定而发生的劳动争议，用人单位负举证责任。"

此规定将举证责任分配给用人单位，充分考虑了举证责任在当事人之间的公平负担，符合劳动法关于维护劳动者作为弱势群体合法权益的价值取向。最高法院之所以作出此类规定，主要的考量因素是"证据所持或者证据距离"。按照《劳动法》规定，用人单位作出开除、除名等有损于劳动者权益的决定必须有正当的理由，因而用人单位明显属于证据的持有者，由其承担举证责任自然也就具有正当性。此外，从该项规定中还可以看到"方便"、"公平"等因素的作用，显然体现了英美法系的"利益衡量说"理论。

(二)《解释 (三)》规定的相关内容

《解释 (三)》第 9 条规定，劳动者主张加班费的，应当就加班事实的存在承担举证责任。但劳动者有证据证明用人单位掌握加班事实存在的证据，用人单位不提供的，由用人单位承担不利后果。这一规定分为两部分，前半部分也即第一句话采用了"谁主张，谁举证"的规范说的举证责任分配理论，后半部分对用人单位掌握加班事实存在证据的情况下进行了举证责任倒置的分配，依据了利益平衡说中"证据所持或证据距离、方便"因素或者危险领域说的举证责任分配理论。

由于劳动法的司法解释仅针对部分具体案件作出了举证责任分配规定，所以劳动争议诉讼的司法实践中经常适用《最高人民法院关于民事诉讼证据若干问题的规定》(以下简称《证据规则》)。

《证据规则》是针对《民事诉讼法》有关举证规则的展开规定，自 2002 年 4 月 1 日起施行。其中第 6 条重申了《解释 (一)》第 13 条的规定。《证据规则》第 2 条规定了民事诉讼举证责任分配的基本原则："当事人对自己提出的诉讼请求所依据的事实或者反驳对方诉讼请求所依据的事实有责任提供证据加以证明。没有证据或者证据不足以证明当事人的事实主张的由负有举证责任的当事人承担不利后果。"《证据规则》第 7 条又作出了授权性规定，"在法律没有具体规定，依本规定及其他司法解释无法确定举证责任承担时，人民法院可以根据公平原则和诚实信用原则，综合当事人举证能力等因素确定举证责任的承担。"

上述第 2 条关于民事诉讼举证责任分配的基本原则是"谁主张、谁举证"规则的具体化体现，对包括劳动争议在内的民事诉讼举证责任分配作出了统一的基本规则规定，并将举证责任分为行为责任和结果责任，较《民事诉讼法》的规定有很大的进步。第 7 条则是对人民法院自由裁量权的授权和限定，要求法院在分配举证责任时需要考量当事人的举证能力，即，如果负担证明责任的"提出证据者"从人力、物力、财力及专业知识、技术能力、检测手段等方面都不如相对方，而相对方收集证据的能力明显超过"提出主张者"，就应当适用证明责任分配的特殊规则，这在民诉中通常适用于医疗、环保纠纷，对于劳动争议案件也应当适用，因而用人单位完全可能成为举证能力强大的一方。该规定显然体现了英美法系的"利益衡量说"，这里的"利益"涵盖了当事人的举证能力；大陆法系的"危险领域说"在这里也能得到体现，因为用人单位和劳动者双方举证能力之所以存在差异，一个很大的原因就是双方地位的不平等性，使得某些领域成为用人单位掌握的"危险领域"，因此，此时将举证责任分配给用人单位就符合举证责任分配规则公平正义的价值取向。

【思考】人民法院审理劳动争议案件，举证责任如何认定？

四、劳动争议诉讼的程序

（一）起诉与受理

起诉，是指公民、法人或其他组织认为自己的或依法由自己管理、支配的劳动权益受到侵害或与他人发生争议，以自己的名义请求人民法院行使审判权以保护自己合法权益的诉讼行为。根据《企业劳动争议处理条例》的有关规定，当事人对仲裁裁决不服，可以在接到仲裁裁决书 15 日内向人民法院起诉。为了使处理劳动争议案件的工作得到落实，最高人民法院已经确定此类案件由各级人民法院的民事审判庭审理。

受理，是指人民法院对当事人的起诉经审查后，认为符合法定条件，决定立案审理，从而引起诉讼程序开始的诉讼行为。对于符合起诉条件的，人民法院必须受理，不得以任何理由拒绝或推诿。人民法院决定受理的案件，应当在当事人起诉的 7 日内立案，立案期间，自人民法院接到起诉状的次日计算：由上级人民法院转交下级人民法院，或者基层人民法院转交人民法庭受理的案件，从受诉人民法院或人民法院收到起诉状的次日计算；令原告补正起诉状欠缺的，从补正后交法院的次日起算。认为不符合起诉条件的，也应当在 7 日内裁定不予受理；原告对裁定不服的，可以提起上诉。

（二）准备与调查

这一阶段的任务，一是送达起诉状副本和答辩状副本。人民法院应当在立案之日起 5 日内将起诉状副本送被告，被告在收到之日起 15 日内提出答辩状；被告提出答辩状的，人民法院应当在收到之日起 5 日内将答辩状副本发送原告。被告不提出答辩状的，不影响人民法院审理。二是告知当事人诉讼权利和合议庭组成人员。人民法院对决定受理的案件，应当在受理案件通知书和应诉通知书中向当事人告知有关的诉讼权利义务，或者口头告知。合议庭组成人员确定后，应在 3 日内告知当事人。三是认真审核诉讼材料，调查收集必要的证据。这是审理前准备工作的一项重要内容，要坚持重证据，重调查研究，对与案件有关的事实要查清，与案件有关的数据要算准，对损失赔偿的金额要核清，对发生争议的前因后果要搞明，从而在查清事实，分清是非的基础上，准确地适用法律，保证劳动争议案件的公正处理和劳动争议诉讼的顺利进行。另外，对于必须共同进行诉讼的当事人没有参加诉讼的，人民法院应当通知其参加诉讼，这主要是基于当事人的申请而追加或人民法院依职权追加。

（三）调解与审判

审理劳动争议案件，一般应先行调解，但调解必须坚持双方自愿，不得强迫。当事人不同意进行调解的，不能强迫进行调解；当事人同意进行调解的，适用普通程序进行审理的案件，应当组成合议庭进行调解。而且，调解还须合法，调解协议的内容不得违反国家法律政策，不得损害国家利益和他人利益。

开庭审理，是人民法院在劳动争议诉讼当事人及其他诉讼参与人的参加下，依照法定形式和程序，在法庭上对劳动争议案件进行实体审理的诉讼活动过程。其主要任务在于审查、核实证据，查明案件事实，分清是非责任，正确适用法律，确认当事人之间的权利义务关系，保护合法的劳动权益，制裁违法行为，因此，是劳动争议诉讼中一个最基本、最主要的阶段，对于保证当事人充分行使诉讼权利，对于人民法院及时行使审判权，以及劳动争议案件的正确处理都有积极意义。

法庭调查应按下列顺序进行：当事人陈述，告知证人的权利义务，证人作证，宣读未到庭的证人证言；出示书证、物证和视听材料；宣读鉴定结论；宣读勘验笔录。

　　法庭辩论终结后，即进入评议宣判阶段。这是开庭审理的最后的阶段，也是对案件处理的最后结论。合议庭评议坚持民主集中制，实行少数服从多数的原则，并应秘密进行。评议情况由书记员制作笔录，由合议庭成员签名，以示负责。评议结束作出判断后，能够当庭宣判的，可以当庭宣判；不能当庭宣判的，也可以定期宣判。当庭宣判的，应当在 10 日内将判决书发送当事人；定期宣判的，宣判后应立即将判决书发给当事人。对公开审理或不公开审理的案件，一律公开判决，并告之当事人的上诉权利、上诉期限和上诉法院。

【案例 9 - 4】

　　李某于 2008 年 8 月 6 日被公司聘用，签订了 2 年的固定期限的劳动合同，经 3 个月试用合格，转为正式工。2009 年 4 月，李某结婚，同年 5 月，李某怀孕，10 月 10 日，公司以孕妇不能正常从事工作为由，解除与李某的劳动合同。11 月 1 日，李某向人民法院起诉，法院裁定不予受理。李某生完孩子后，于 2011 年 4 月 8 日，向劳动仲裁委员会申请仲裁，再次要求确定公司解除劳动合同行为无效，仲裁委员会查明事实后，裁决驳回仲裁请求。

　　问题：

　　结合《劳动合同法》以及《劳动争议调解仲裁法》的相关规定对案例进行分析。

【案例 9 - 5】

　　原告林某、胡某合伙投资数十万元共同创办了遂川县万福真空砖厂，经营空心砖的生产和销售业务。被告焦某受该厂雇佣，在该厂从事出窑工作。2005 年 3 月 16 日，被告焦某在砖厂工作时，被突然倒塌的窑体砸伤。事发后，双方就赔偿事宜经多次协商均未能达成协议。因此，被告焦某于同年 9 月 29 日向遂川县劳动争议仲裁委员会申请劳动仲裁。由于被告焦某受伤构成伤残，其申请的劳动能力鉴定尚未作出，故一时无法对该劳动争议作出终局裁决。鉴于焦某医疗之急需，遂川县劳动争议仲裁委员会以双方存在劳动关系为由，就焦某已发生的医疗费、交通费、误工护理费先行作出部分裁决，责令厂方予以先行赔偿。厂方不服，向遂川县法院起诉，要求撤销该部分仲裁裁决。

　　本案在审查立案过程中，合议庭就当事人不服劳动争议部分裁决能否单独向法院起诉这一问题产生分歧，出现两种意见。

　　第一种意见认为，当事人不服劳动争议部分裁决可以单独向法院提起诉讼。其理由：

　　（1）根据我国《劳动法》第 79 条"劳动争议发生后，当事人可以向本单位劳动争议调解委员会申请调解；调解不成，当事人一方要求仲裁的，可以向劳动争议仲裁委员会申请仲裁。当事人一方也可以直接向劳动争议仲裁委员会申请仲裁。对仲裁裁决不服的，可以向人民法院提起诉讼"，以及该法第83条"劳动争议当事人对仲裁裁决不服的，可以自收到仲裁裁决书之日起15日内向人民法院提起诉讼……"的规定，当事人享有起诉权。

（2）部分裁决与终局裁决同样对当事人的实体民事权利义务关系进行了调整和规制。如果当事人对部分裁决不服不能提起诉讼，只能等终局裁决作出后才能提起诉讼的话，不仅限制了当事人的诉讼权利，而且有违公平正义。

第二种意见认为，当事人不服劳动争议部分裁决不能单独向法院提起诉讼。其理由：

（1）我国《劳动法》中规定的仲裁裁决，应理解为指劳动争议仲裁委员会对整个劳动争议事项进行全面审查后作出的最后裁决，即终局裁决。劳动争议仲裁委员会对劳动争议的部分事项作出的部分裁决，显然不应包含在内。

（2）部分裁决是劳动争议仲裁委员会在劳动争议案件最终裁决作出之前，为保证职工一方当事人的基本生活和急需的医疗费用，要求企业预先支付职工一方工资、医疗费的仲裁措施。仅适用于当事人之间权利义务明确，用人单位有履行能力，不作部分裁决将严重影响劳动者一方生活、医疗的紧急情况，实质上类似于我国民事诉讼法中规定的先予执行措施。如果允许当事人对部分裁决提起诉讼，则部分裁决处于效力待定状态，无法通过执行而达到保证当事人基本生活和急需的医疗费用之目的，有违部分裁决制度设定的宗旨。所以，劳动部于1996年7月29日在《关于用人单位不服部分裁决申请复议期限问题的复函》中明确答复，由于部分裁决是在仲裁中遇到紧急情况的特殊处理措施，所以一经作出，则立即生效并开始执行。企业如不执行，职工一方可向人民法院申请强制执行。企业不服部分裁决的，不得单独就部分裁决向人民法院起诉。

（3）当事人对部分裁决不服不能单独向人民法院提起诉讼，并不意味着限制了当事人的诉讼权利。实际上，当事人对部分裁决不服寻求救济的途径有两条：一是根据上述《复函》的规定，当事人可在部分裁决送达之日起15日内向原劳动争议仲裁委员会申请复议一次，由原劳动争议仲裁委员会予以重新审查。二是待终局裁决作出后，依照劳动法的规定向人民法院提起诉讼，由人民法院对包括部分裁决在内的整个劳动争议裁决进行全面的司法审查。

问题：

你认为此案应该如何处理？

第十章 违反劳动法的责任

【本章导读】

违反劳动法的责任是劳动法律体系的重要组成部分，是劳动权充分实现的根本保证。通过本章教学，使学生全面、系统掌握劳动法的责任体系，理解劳动法责任的社会法特征，掌握用人单位的劳动法律责任，并能在实际中应用操作。

【重点】 1. 法律责任形式；2. 违反劳动合同的法律责任；3. 违反劳动基准法的责任。

【难点】 从社会法的视角，体会劳动法律责任的责任形式；结合目前实际，处理好维护劳动关系与劳动责任承担的问题。

第一节 违反劳动法责任概述

一、违反劳动法的责任概念

法律责任，是指行为人由于违法行为、违约行为或者由于法律规定而应承受的某种不利的法律后果[①]。与道义责任或其他责任相比，法律责任具有两个特点：第一，承担法律责任的最终依据必须是法律。承担法律责任的具体原因可能不同，但是最终依据必须是法律。第二，法律责任具有国家强制性，也即法律责任的履行由国家强制力保证，而道义责任或社会责任不由国家强制力来保证执行。当然，国家强制力一般情况下只有在责任人不能主动履行其法律责任时才会使用。违反法律义务就会产生法律责任，否则法律义务的设定就变得毫无意义。

一般认为，法律责任可以分为民事责任、刑事责任、行政责任和违宪责任。

---

① 沈宗灵著：《法理学》，北京大学出版社 2000 年版，第 505 页。

违反劳动法的法律责任，也称劳动法律责任，是用人单位、劳动者或者其他机关、团体、个人因违反劳动法律、法规的规定而应当承受的由法律规定的某种不利的法律后果。这里所说的劳动法，指广义上的劳动法，既包括《劳动法》及其相配套的规章制度，也包括《劳动合同法》、《工会法》、《矿山安全法》、《工伤保险条例》、《企业劳动争议处理条例》、《女职工劳动保护规定》、《禁止使用童工的规定》等。法律责任是体现法律规范的国家强制力的核心内容，只有规定了违反劳动法的责任，才能更好地保证劳动法的贯彻实施，保护劳动者的合法权益，促进经济发展和社会进步。

违反劳动法的责任具有以下特征：第一，法律责任的发生原因是违反劳动法的行为，既包括直接违反劳动法律规范的行为，也包括违反劳动合同、集体合同和内部劳动规章的行为。第二，法律责任的性质是违法行为人承担基于原义务的派生义务，即法律责任是国家对违反原义务者所强行追加的一种新义务。第三，法律责任的内容是违法行为人必须向违法行为相对人或国家给付一定财物和其他利益或者接受一定警诫和谴责。法律责任对违法行为人而言，是一种于己不利的法律后果，这也是对违法行为的一种法律否定。

二、违反劳动法责任的承担条件

（1）行为人具有责任能力。它通常包含在劳动法主体的法律资格之中，只要是具有劳动法主体资格的单位或个人，就认为具有责任能力。国家劳动行政管理部门及其工作人员也可作为责任主体，法律赋予其从事监督管理的职责，如果他们违反这一法定职责，也构成违反劳动法的责任。

（2）行为人在客观方面存在违反劳动法律法规的行为，包括作为和不作为。即行为人实施了违反劳动法规、劳动合同、集体合同或内部劳动规则规定或约定的义务。

（3）行为人的违法行为造成或足以造成一定的社会危害。这种侵害既可能表现为一种现实的财产方面的损失，也可能表现为一种非财产性权利的丧失；既可能是现实的损害，也可能是相对人处于遭受一定损失的危险之中。同时，行为人的社会危害必须达到一定的程度，已具有可制裁性。

（4）行为人主观方面有过错。即行为人实施违反劳动法律法规的行为在主观上存在故意或过失的心理状态。除法律另有规定之外，只有行为人主观上有过错，行为人才对其不法行为所造成的损害承担法律责任。无论是故意还是过失，行为人都应当承担违反法律的责任。

违反劳动法律法规的责任承担以过错为其基本要件之一，但并不是说所有劳动法律责任的承担均应以过错为要件，法律另有规定的应从其规定。劳动法从其劳动关系所具备的基本属性出发，对劳动者在劳动过程中的人身进行了重点保护，如在劳动过程中造成的人身意外伤害和职业病，在责任归责上则适用无过失责任原则。而适用这一原则的前提是存在劳动关系且适用对象只能是用人单位。劳动者、其他社会中介机构、政府职能部门的责任承担必须以过错归责为原则。

三、违反劳动法的责任特点及责任形式

（一）责任特点

劳动法领域的法律责任，就其整体而言，具有多元综合性。[①]（1）民事责任、行政责任、刑事责任三者有机结合；（2）责任结合形式体现国家干预和对劳动者的倾斜保护；（3）以劳动法律关系的权利义务作为基本线索。

（二）责任形式

我国《劳动法》第十二章对违法主体的违法行为规定的法律责任形式包括三种：

1. 行政责任

行政责任，是违法行为人依法应当承担的，由有关行政机关或违法行为人所在单位以行政处罚或纪律处分的方式予以追究的法律责任。

行政责任其形式可以分为以下几种：

（1）行政处罚。违反劳动法的行政处罚是由劳动行政部门或其他特定行政部门实施的针对用人单位违反劳动法的行为给予的一种制裁。其主要形式有警告、通报批评、责令改正、责令停止、查封、吊销许可证、吊销营业执照、拘留、罚款、停产整顿等。违反劳动法的行政处罚，大多由劳动行政部门实施，其中的吊销营业执照由工商行政部门实施，拘留、罚款等治安处罚由公安机关决定，停产整顿由政府决定。对具有数种违法行为实施行政处罚时，应分别决定处罚，合并执行。不能合并执行的，可以从重处罚。

（2）行政处分，也称纪律处分，是指对用人单位行政管理人员及其所属的工作人员、国家行政管理工作人员违反劳动法律、法规、规章，情节轻微，不够追

---

① 王全兴：《劳动法》，法律出版社 2004 年版，第 426 页。

究刑事责任而给予的一种行政制裁。① 违反劳动法的纪律处分主要有以下形式：警告、记过、记大过、降级、降职、撤职、留用察看、开除以及除名、强制辞退、罚款、扣发工资、停发工资、扣发奖金、停发奖金等。

（3）治安管理处罚。治安管理处罚是指行使治安管理处罚权的国家公安机关根据《中华人民共和国治安管理处罚法》的规定，给予用人单位的一种特殊的行政处罚。② 它一般分为警告、罚款、行政拘留、吊销公安机关发放的许可证等四种处罚。

2. 民事责任

民事责任，是行为人违反劳动法律法规而依法应当承担的，旨在补偿受害人的损失的法律责任形式。民事责任的违法行为人主要包括用人单位和劳动者，特殊情况下也包括国家有关行政机关。民事责任的承担方式主要有赔偿损失、经济补偿、强制履行合同、补发工资、补缴保险费、提供安全卫生条件等。劳动法中的民事责任，较一般民事责任具有法定性特征：一是赔偿数额的法定性较强；二是存在独特的经济补偿；三是以责令支付作为实现民事责任的主要方式，如补发工资、责令提供劳动安全条件等，这就使民事责任兼有行政责任实现方式的特色。

3. 刑事责任

刑事责任，是行为人违反劳动法律规定，造成严重后果，触犯我国刑法，构成犯罪所应承担的法律责任形式。它是劳动法法律责任形式中处罚性最严厉的一种。犯罪行为人主要是用人单位及其主要负责人、相关责任人，社会中介机构及其主要负责人、相关责任人，国家劳动行政主管部门的直接责任人员。既有法人犯罪，也有个人犯罪。对刑事责任的追究，在劳动法上与行政责任、民事责任不同的是通过劳动法指引的办法，援引我国刑法的相关总则与分则对犯罪进行处罚。违反劳动法律法规的主要犯罪有：重大安全事故罪、违章冒险作业罪、危险物品肇事罪、强迫劳动罪、妨碍执行公务罪、滥用职权罪、恶意欠薪犯罪等。

【案例 10－1】恶意欠薪问题③

据调查，仅 2008 年，广东省劳动保障监察机构共处理拖欠和克扣工资案件

---

① 关怀著：《劳动法》，中国人民大学出版社 2005 年第 2 版，第 318 页。

② 林清高著：《劳动法学》，东北财经大学出版社 2006 年版，第 257 页。

③ 江鸿：《"恶意欠薪罪"入刑法值得期待》，http：//community. chinahrd. net/forum. php？mod＝viewthread&tid＝257004。

达 2.59 万宗，其中恶性欠薪主要表现为：企业欠薪后转移、隐匿财产或者责任人逃匿；企业有能力支付工资而拒不支付劳动者工资，而且恶性欠薪案件通常涉及人数多、金额大，其对劳动者财产权的损害常常比盗窃、诈骗、侵占等犯罪行为的社会危害性更大。

一些恶意欠薪者，明明有能力给农民工发工资，却故意不发、长时间拖欠。致使一些农民工被迫走上堵路、跳楼等"犯法讨薪"之路，一些劳资关系纠纷已升级为关涉社会稳定的公共事件。

2010 年 7 月 21 日，在包（头）西（安）铁路线西安市临潼区务工的 118 名湖北籍农民工，连续数天讨薪未果后反遭 300 余名手持木棒的男子围殴，致使 30 余人受伤、9 人重伤。而在近期见诸报端的还有河南洛阳农民工非法讨薪被拘事件、长春市农民工讨薪挨打事件、河南农民工赵建英讨薪被打骨折事件及陕西农民工段天长讨薪被打身亡事件。

据全国总工会新闻发言人、宣教部部长李守镇介绍，截至目前，相关事件已得到妥善解决，一些违法嫌疑人被依法查处，多数农民工已拿到被拖欠工资。

思考：结合《刑法修正案（八）》，谈谈对恶意欠薪的解决。

第二节　用人单位的劳动法律责任

用人单位的劳动法律责任是指用人单位违反劳动法律、法规所应承担的不利法律后果。在劳动法律关系中，用人单位是当事人之一，与劳动者法律地位本应平等，但是其作为管理者，其所处地位显然又优于劳动者。因此，为了切实保护作为弱者的劳动者的合法权益，我国《劳动法》和《劳动合同法》分别在"法律责任"一章中重点规定了用人单位的法律责任。归纳起来，主要有以下规定：

一、用人单位制定的劳动规章制度违反劳动法律、法规的法律责任

随着社会化大生产的高速发展，劳动者数量剧增，劳动分工也日益精细。企业为了提高生产经营的效率，实施有效的经营管理，制定劳动者所普遍遵守的企业内部规章制度，实有必要。但是，所有的内部规章制度都不得与宪法、法律、法规等相抵触，否则，应当承担一定的法律责任。比如由劳动行政部门责令改正，给予警告；对劳动者造成损害的，应当承担赔偿责任。违法的劳动规章是无效的，自制定之日起就不能作为确定劳动者和用人单位之间的权利义务关系的

依据。

二、用人单位违反劳动基准法的法律责任

用人单位违反劳动基准法的法律责任，是指用人单位违反我国工时制度、工资制度、劳动安全卫生制度及妇女和未成年劳动用工保护制度的强制性规定而承担的责任。具体包括：

（一）用人单位违反工时、休息和休假制度的法律责任

根据我国《劳动法》、《国务院关于职工工作时间的规定》、《违反〈中华人民共和国劳动法〉行政处罚办法》的规定，用人单位违反规定，延长劳动工作时间的，由劳动行政部门给予警告、责令改正，并可以按每名劳动者每延长工作时间1小时罚款100元以下的标准处罚；用人单位每日延长劳动者工作时间超过了3小时或每月延长工作时间超过36小时的，劳动行政部门应当给予警告，责令改正，并可按每名劳动者每超过工作时间1小时罚款100元以下的标准处罚。

（二）用人单位违反工资制度的法律责任

根据我国劳动法律规定，工资应当以货币的形式按月足额支付给劳动者本人，不得克扣或无故拖欠劳动者工资，否则应当承担相应的法律责任。用人单位违反工资制度的行为主要有：（1）克扣工资。即用人单位无法律依据或劳动合同依据，不支付或不足额支付劳动者应得的工资。（2）无故拖欠工资。即用人单位无正当理由而未按法律法规或劳动合同的规定故意不按期支付劳动者的工资。（3）拒付加班加点工资。即用人单位未按有关规定支付劳动者的超额劳动报酬。（4）支付工资低于当地最低工资标准。即用人单位对在法定工作时间内提供正常劳动的劳动者所支付的工资，低于当地政府规定的最低工资标准。

按照《劳动合同法》的规定，用人单位因以上原因侵犯劳动者合法权益的，应当承担以下法律责任：责令支付劳动者的工资报酬或加班费，劳动报酬低于当地最低工资标准的，应当支付其差额部分；逾期不支付的，责令用人单位按应付金额50%以上100%以下的标准向劳动者加付赔偿金。另外依照《违反〈中华人民共和国劳动法〉行政处罚办法》的规定，还可以责令用人单位支付相当于违法未付工资报酬或最低工资额的1～5倍的赔偿金。

（三）用人单位违反劳动安全卫生法律规范的法律责任

违反劳动安全卫生法律规范的法律责任具有责任体系涉及范围广、责任方式多

样化等特点。根据《劳动法》的规定，用人单位在这方面的责任主要有：（1）用人单位的劳动安全设施和劳动卫生条件不符合国家规定或未向劳动者提供必要的劳动保护用品和劳动保护设施的，由劳动行政部门或者有关部门责令改正，可以处以罚款；情节严重的，报请县级以上人民政府决定责令停产整顿。（2）用人单位对事故隐患不采取措施，致使发生重大事故，造成劳动者生命和财产损失的，对责任人员按照刑法有关规定追究刑事责任。（3）用人单位强令劳动者违章冒险作业，发生重大伤亡事故，造成严重后果的，对责任人员依法追究刑事责任。

此外，我国政府还制定了《安全生产法》、《安全生产许可证条例》、《职业病防治法》、《使用有毒物品作业场所劳动保护条例》等一系列法律、法规，其中关于法律责任规定的主要内容有：

（1）违反《安全生产法》应承担的法律责任。如该法第84条规定，未经依法批准，擅自生产、经营、储存危险物品的，责令停止违法行为或者予以关闭，没收违法所得，违法所得10万元以上的，并处违法所得一倍以上五倍以下的罚款，没有违法所得或者违法所得不足10万元的，单处或者并处2万元以上10万元以下的罚款；造成严重后果，构成犯罪的，依照刑法有关规定追究刑事责任。

（2）违反《安全生产许可证条例》应承担的法律责任。例如，未取得安全生产许可证擅自进行生产的，责令停止生产，没收违法所得，并处10万元以上50万元以下的罚款；造成重大事故或者其他严重后果，构成犯罪的，依法追究刑事责任。

（3）违反《职业病防治法》应承担的法律责任。例如，用人单位有下列行为之一的，由卫生行政部门责令限期改正，给予警告，可以并处2万元以上5万元以下的罚款：①未按照规定及时、如实向卫生行政部门申报产生职业病危害的项目的；②未实施由专人负责的职业病危害因素日常监测，或者监测系统不能正常监测的；③订立或者变更劳动合同时，未告知劳动者职业病危害真实情况的；④未按照规定组织职业健康检查、建立职业健康监护档案或者未将检查结果如实告知劳动者的。用人单位违反《职业病防治法》规定，已经对劳动者生命健康造成严重损害的，由卫生行政部门责令停止产生职业病危害的作业，或者提请有关人民政府按照国务院规定的权限责令关闭，并处10万元以上30万元以下的罚款。

（4）违反《使用有毒物品作业场所劳动保护条例》应承担的法律责任。例如，用人单位违反本条例的规定，有下列情形之一的，由卫生行政部门给予警告，责令限期改正，处10万元以上50万元以下的罚款；逾期不改正的，提请有关人民政府按照国务院规定的权限责令停建、予以关闭；造成严重职业中毒危害或者导致职业中毒事故发生的，对负有责任的主管人员和其他直接责任人员依照刑法关于重大劳动安全事故罪或者其他罪的规定，依法追究刑事责任：①可能产生职业中毒危害的建设项目，未依照职业病防治法的规定进行职业中毒危害预评价，或者预评价未经卫生行政部门审核同意，擅自开工的；②职业卫生防护设施未与主体工程同时设计，同时施工，同时投入生产和使用的；③建设项目竣工，未进行职业中毒危害控制效果评价，或者未经卫生行政部门验收或者验收不合格，擅自投入使用的；④存在高毒作业的建设项目的防护设施设计未经卫生行政部门审查同意，擅自施工的。

（四）用人单位违反女职工和未成年工特殊劳动保护法的法律责任

违反女职工特殊劳动保护法的行为有：（1）违反法律法规中对女职工一般劳动禁忌范围的规定；（2）违反国家对女职工在"四期"（即经期、产期、孕期、哺乳期）的保护规定。

违反未成年工特殊劳动保护法的行为有：（1）安排未成年工从事国家规定的禁忌范围内的劳动；（2）违反对未成年工的工时保护规定；（3）未按规定对未成年工定期进行身体检查；（4）违反未成年工应持证上岗的规定。

违反女职工和未成年工特殊劳动保护法规定的法律责任包括：（1）责令改正。（2）罚款。经责令逾期未改正的，按每侵害 1 名女职工或未成年工权益罚款3000 元以下标准处罚。（3）身体损害赔偿。造成女职工或未成年工身体损害的，除按国家规定提供治疗期间的待遇外，还应当支付相当于其医疗费用 25% 的赔偿费用。（4）个人责任。对违法侵害女职工和未成年工劳动保护权益的单位负责人和直接责任人员，应根据情节轻重给予行政处分，构成犯罪的，依法追究刑事责任。

（五）用人单位非法招用童工的法律责任

童工是指未满 16 周岁的自然人。为了保护未成年人，我国《劳动法》第 94条规定："用人单位非法招用未满 16 周岁的未成年人的，由劳动行政部门责令改正，处以罚款；情节严重的，由工商行政管理部门吊销营业执照。"此外，国务院还于 2002 年 9 月 18 日修订公布了新的《禁止使用童工的规定》，其中详细的规定了用人单位非法使用童工的法律责任。例如，违反规定使用童工的单位或者个人，对被送回原居住地之前患病或者伤残的童工应当负责治疗，并承担治疗期间的全部医疗和生活费用。医疗终结，由县级劳动鉴定委员会确定其伤残程度，由使用童工的单位或者个人根据其伤残程度发给童工本人致残抚恤费。童工死亡的，使用童工的单位或者个人应当发给童工父母或者其他监护人丧葬补助费，并给予经济赔偿。对童工伤、残、死亡负有责任的单位和个人，由县级以上劳动行政部门给予行政处罚；构成犯罪的，由司法机关依法追究刑事责任。

（六）　用人单位采用非法手段强迫劳动者劳动的法律责任

根据《劳动合同法》的规定，用人单位有下列情形之一的，依法给予行政处罚；构成犯罪的，依法追究刑事责任；给劳动者造成损害的，应当承担赔偿责任：（1）以暴力、威胁或者非法限制人身自由的手段强迫劳动的；（2）违章指挥或者强令冒险作业危及劳动者人身安全的；（3）侮辱、体罚、殴打、非法搜查或者拘禁劳动者的；（4）劳动条件恶劣、环境污染严重，给劳动者身心健康造成严重损害的。根据《劳动法》的规定，用人单位以暴力、威胁或者非法限制人身自由的手段强迫劳动或者侮辱、体罚、殴打、非法搜查和拘禁劳动者的，由公安机关对责任人员处以十五日以下拘留、罚款或者警告；构成犯罪的，对责任人员依法追究刑事责任。

三、用人单位违反劳动合同的法律责任

根据我国《劳动合同法》的规定，用人单位违反劳动合同法律规范的法律责任主要有：

（1）用人单位未提供劳动合同必备条款或未将劳动合同文本交付劳动者的法律责任。用人单位提供的劳动合同文本未载明本法规定的劳动合同必备条款或者用人单位未将劳动合同文本交付劳动者的，由劳动行政部门责令改正；给劳动者造成损害的，应当承担赔偿责任。

（2）用人单位不与劳动者订立书面劳动合同的法律责任。用人单位自用工之日起超过1个月不满1年未与劳动者订立书面劳动合同的，应当向劳动者每月支付2倍的工资。用人单位违反规定不与劳动者订立无固定期限劳动合同的，自应当订立无固定期限劳动合同之日起向劳动者每月支付2倍的工资。

（3）用人单位违法约定试用期的法律责任。用人单位违反本法规定与劳动者约定试用期的，由劳动行政部门责令改正；违法约定的试用期已经履行的，由用人单位以劳动者试用期满月工资为标准，按已经履行的超过法定试用期的期间向劳动者支付赔偿金。

（4）用人单位违法扣押劳动者居民身份证等证件及以担保或者其他名义向劳动者收取财物的法律责任。用人单位违反本法规定，扣押劳动者居民身份证等证

件的，由劳动行政部门责令限期退还劳动者本人，并依照有关法律规定给予处罚。

用人单位违反本法规定，以担保或者其他名义向劳动者收取财物的，由劳动行政部门责令限期退还劳动者本人，并以每人 500 元以上 2000 元以下的标准处以罚款；给劳动者造成损害的，应当承担赔偿责任。

（5）因为用人单位的原因导致劳动合同无效时的法律责任。劳动合同被确认无效，给对方造成损害的，用人单位有过错的应当承担赔偿责任。以下劳动应当依法确认为无效劳动合同：以欺诈、胁迫的手段或者乘人之危，使对方在违背真实意思的情况下订立或者变更劳动合同的；用人单位免除自己的法定责任、排除劳动者权利的；违反法律、行政法规强制性规定的。

（6）用人单位违法解除或者终止劳动合同时的法律责任。用人单位违反本法规定解除或者终止劳动合同的，应当依照《劳动合同法》的有关经济补偿标准的规定向劳动者支付赔偿金，具体参见本书第三章内容。

（7）用人单位未依法出具书面证明的法律责任。用人单位违反本法规定未向劳动者出具解除或者终止劳动合同的书面证明，由劳动行政部门责令改正；给劳动者造成损害的，应当承担赔偿责任。劳动合同解除后，在出现法律法规规定的情形时，用人单位有义务为劳动者出具解除或者终止劳动合同的书面证明，如申请领取失业保险金的失业劳动者必须提供所在单位出具的解除或者终止劳动合同的书面证明。

（8）用人单位招用其他用人单位的劳动者的法律责任。用人单位招用与其他用人单位尚未解除或者终止劳动合同的劳动者，给其他用人单位造成损失的，应当承担连带赔偿责任。用人单位招用与其他用人单位尚未解除或者终止劳动合同的劳动者，理论上属于第三人侵犯劳动合同的情形，应当与劳动者承担连带赔偿责任，而且用人单位承担的是一种过错推定责任。

第三节　劳动者及劳动行政部门、有关部门及其工作人员违反劳动法的法律责任

一、劳动者违反劳动法的法律责任

根据我国《劳动法》和《劳动合同法》的有关规定，劳动者的劳动法律责任主要有以下几方面：

（一） 劳动者违法解除劳动合同的法律责任

劳动者违法解除劳动合同是指劳动者未按劳动法律法规规定的条件及程序以及未与用人单位协商，单方终止劳动合同关系的行为，也可以叫做违法辞职或自动离职。按照我国劳动法律的规定，劳动者有单方解除劳动合同的权利，但是应当遵循一定的程序，即劳动者提前 30 日以书面形式通知用人单位，可以解除劳动合同，劳动者在试用期内应提前 3 日通知用人单位，可以解除劳动合同。不遵守程序违法解除劳动合同的应当承担法律责任。其法律责任主要包括：（1）符合劳动合同的解除条件但不符合程序的，应当补办手续。（2）不符合合同解除条件的，如果用人单位提出继续履行合同的，劳动者应当继续履行。（3）劳动者违法解除劳动合同给用人单位造成损失的，应当承担损害赔偿责任。这种赔偿项目通常包括：招录劳动者的费用；为劳动者支付的培训费用；对用人单位的生产、经营造成的直接经济损失；劳动合同约定的其他赔偿费用。

（二） 劳动者违反约定的保密义务或竞业限制的法律责任

市场经济条件下，员工具有高流动性的特征，这种频繁流动使得企业的商业秘密保护显得尤为重要。于是劳动合同中往往约定：员工离开原企业后一定时间内不得到生产同类产品或经营同类业务且和原企业有直接竞争关系的单位任职，这便是竞业限制条款。违反竞业限制条款给用人单位造成损失的应当承担损害赔偿责任。另外，劳动合同中还约定：劳动者在工作期间或辞职后，不得泄露原单位的商业秘密，这便是劳动者的保密义务。劳动者违反保密义务，给用人单位造成损失的，不仅要责令其停止侵害，还应当向用人单位支付赔偿费用。如果违反约定的保密义务给用人单位造成重大损失的或者后果特别严重的，则可能构成侵害商业秘密罪，应当按照刑法的规定追究劳动者的刑事责任。

（三） 劳动者尚未解除劳动合同而与新的用人单位建立劳动关系的法律责任

在原劳动合同未解除或未终止前，劳动者与其他用人单位形成或通过劳动合同建立的劳动关系属于非法的用工关系。根据过错责任原则，如果由此给原用人单位造成损失的，劳动者与新的用人单位承担连带赔偿责任。

（四） 劳动者违反劳动纪律的法律责任

劳动者违反劳动纪律，按《企业职工奖惩条例》（1982 年 4 月 10 日国务院颁布）的规定，应当给予行政处分和经济处罚。行政处分包括警告、记过、记大过、降级、撤职、留用察看、开除等。在给予行政处分的同时，可以给予一次性罚款。如果劳动者违法情节和社会危害性严重，触犯刑法构成犯罪的，应当依法承担刑事责任，并且此时用人单位有权单方解除劳动合同。

二、政府有关部门的工作人员违反劳动法的法律责任

（一）渎职行为的法律责任

对政府有关部门的工作人员滥用职权、玩忽职守、徇私舞弊等渎职行为，劳动法律规定了明确的法律责任。例如，《劳动合同法》第 95 条规定：劳动行政部门和其他有关主管部门及其工作人员玩忽职守、不履行法定职责，或者违法行使职权，给劳动者或者用人单位造成损害的，应当承担赔偿责任；对直接负责的主管人员和其他直接责任人员，依法给予行政处分；构成犯罪的，依法追究刑事责任。《劳动法》第 103 条规定：劳动行政部门或者有关部门的工作人员滥用职权、玩忽职守、徇私舞弊，构成犯罪的，依法追究刑事责任；不构成犯罪的，给予行政处分。

（二）挪用社会保险基金的法律责任

国家工作人员和社会保险基金经办机构的工作人员违反社会保险基金"专款专用"原则的规定，挪用社会保险基金，构成犯罪的，依法追究刑事责任。

三、其他有关机构及其工作人员违反劳动法的法律责任

在劳动法律法规中，对其他有关劳动服务主体在就业培训、职业培训、劳动安全卫生服务等方面违反劳动法的行为，也规定了相应的法律责任。例如，《安全生产法》第 79 条：承担安全评价、认证、检测、检验工作的机构，出具虚假证明，构成犯罪的，依照刑法有关规定追究刑事责任；尚不够刑事处罚的，没收违法所得，违法所得在 5000 元以上的，并处违法所得 2 倍以上 5 倍以下的罚款，没有违法所得或者违法所得不足 5000 元的，单处或者并处 5000 元以上 20000 元以下的罚款，对其直接负责的主管人员和其他直接责任人员处 5000 元以上 50000 元以下的罚款；给他人造成损害的，与生产经营单位承担连带赔偿责任。对有前款违法行为的机构，撤销其相应资格。

☞ **案例分析**

张某自 2000 年进入位于高新区的山西某高科技产业公司后，便受到重用。作为企业高管，张某刚进公司时不但签订了《劳动合同》，而且还签了一份《保密合同》。保密条款约定：劳动者在任职期间或离职后 2 年内不得在竞业的单位上班；劳动者在受聘期间和离开单位 2 年内，不能披露掌握的公司信息，违者支付 5 万元，离职后 2 年内不到竞业单位工作，否则赔偿 12 万元。

这之后，2005 年 3 月 15 日，双方又将《劳动合同》续签至 2008 年 3 月 31 日。同年 6 月 13 日，公司与张某又签订了高层管理人员职责任务及权益保证书，将张某的任职时间变更为 2005 年 6 月 ~2010 年 12 月。期间，张某一直担任公司的高级管理人员。

2008 年 2 月底，该公司的竞争对手山西某电子科技公司总经理私下联系过张某，让其加入公司并担任常务副总。同年 4 月 1 日，张某以双方约定的劳动合同期限已经届满为由，擅自离开原来的单位，跳槽到该电子科技公司。

而原来的单位以张某未交回部分文件及劳动合同并未到期为由一直未给其办理离职手续。看到自己一手培养起来的高管投入对手怀抱，原单位坐不住了，一纸诉状将张某和某电子科技公司告上法院，要求两被告承担连带责任，赔偿损失 26 万元；此外还请求法院判令张某立即停止在电子科技公司任职。

思考：张某违反了什么约定？电子科技公司作为被告合法吗？

【思考题】

1. 承担违反劳动法责任，应具备哪些条件？
2. 违反劳动法的责任形式有哪些？
3. 用人单位违反劳动合同的法律责任有哪些？请举例说明。

社会保障法编

第十一章　社会保障法概述

【本章导读】

社会保障法有助于保障社会成员的基本生活水平、维护社会稳定、促进经济发展，是市场经济体制下不可或缺的重要法律制度。本章首先讲述社会保障及社会保障法的概念、特征、调整对象等基础理论，继而介绍了国外社会保障法和我国社会保障法的历史沿革。

【重点】国外社会保障法的历史沿革、我国社会保障法的历史沿革。

【难点】社会保障法的调整对象。

第一节　社会保障与社会保障立法的理论基础

一、社会保障

（一）社会保障的概念

社会保障（Social Security）一词最早出自美国 1935 年颁布的《社会保障法》，1952 年第 35 届国际劳工大会通过的《社会保障公约》规定了社会保障的基本准则，此后社会保障一词被世界各国普遍适用。由于各国的政治、经济、社会、法律、文化等多方面的不同，各国对社会保障的定义有所不同。以英国为代表的福利国家主要强调社会保障对全体国民的救助性功能，更多地将社会保障作为国民收入再分配的手段；以德国、美国为代表的传统型国家强调社会保障在市场经济中的功能，视其为一种社会安全网。① 国际劳工组织将社会保障解释为：

---

① 林嘉：《劳动法与社会保障法》，中国人民大学出版社 2009 年版，第 320 页。

社会为其成员提供一系列处置经济和社会灾难的公共措施，如抵御由于疾病、生育、工伤、失业、伤残、年老和死亡导致的收入锐减或丧失引起的灾难；以及对社会成员的医疗照顾和对有子女家庭津贴的提供。① 虽然不同主体对社会保障的定义不同，但它们之间有着共同的特点：社会保障是由立法建立并强制实施的；社会保障是由国家和社会提供的；社会保障的对象是基于某种原因陷入生活困难的社会成员；社会保障通过向被保障对象提供物质性帮助来维护社会公平和稳定发展。

我们一般认为，社会保障是指国家立法规定由国家和社会出面举办，对公民在年老、疾病、伤残、失业、生育、死亡、遭遇灾害、面临生活困难时给予物质帮助，保障其基本生活需要的制度。社会保障的本质是通过立法对国民收入进行分配和再分配，维护社会公平进而促进社会稳定发展。国际劳工组织通过的1952年《社会保障最低标准公约》（第102号公约）将社会保障项目分为9项，即医疗津贴、疾病津贴、失业津贴、工伤津贴、家庭津贴、生育津贴、残疾津贴、遗属津贴。在我国，社会保障由社会保险、社会救济、社会福利、优抚安置等组成。其中，社会保险是社会保障的核心内容。②

（二）社会保障的特征

1. 强制性

社会保障由国家立法规定，并由国家通过强制力保证实施。社会保障各方主体的程序性及实体性的权利和义务通过社会保障立法而制度化、明晰化。当达到法定条件时，义务主体必须按照法律规定履行义务，权利主体有权按照法律规定享有权利，当事主体没有选择的余地。社会保障立法，通过国家对社会经济的强制干预保证了社会保障的有效运作。

2. 社会性

社会保障是社会化大生产的产物，是全社会共同参加的事业。社会保障的保障对象和保障目的，及实现社会保障的方法和途径都具有社会性。工业社会以来产生的社会风险问题具有普遍性和严重性，当社会成员遭遇生、老、病、死、伤残、失业等各种风险时，其基本生活会受到严重影响且单凭个人力量无法解决。

---

① 参见国际劳工局社会保障司编著：*Introduction to Social Security*，1989年日内瓦，第2页。
② 郑尚元、李海明、扈春海：《劳动和社会保障法学》，中国政法大学出版社2008年版，第345页。

社会保障通过国家制定法律法规，集合全社会的力量确保遭遇风险的社会成员生存权的实现，最终实现社会公平和稳定发展。

3. 互助性

社会保障实质是国家对国民收入的再分配。国家通过立法，集聚社会力量，将个别社会成员面临的风险由缴纳社会保障费用的多数人分担，使国民收入在不同群体间转移。如健康者与病残者之间、富裕者与贫困者之间、后代人与前代人之间收入的转移，这种转移体现了社会成员之间的互助。

4. 保障性

社会保障由国家和社会为遭遇年老、疾病、失业等劳动风险的社会成员提供必要的物质帮助，以保障其基本生活需要。德国和美国等国家更是将社会保障视为社会安全网，保障社会成员基本生活的同时，进而保障整个国家经济安全和社会安全。

（三）社会保障的作用

工业革命后，随着工厂的建立和工商业的发展，历史进入社会化大生产阶段，与之相应的现代市场经济制度也开始建立并不断发展。市场经济作为适应社会化大生产的资源配置方式有效地促进了生产力的发展。然而，市场有局限性，事故、失业、贫困、疾病等社会问题，市场自身无法解决，只能借助国家的干预手段。社会保障制度应运而生，在解决普遍存在的社会问题中起了重要的作用。

1. 社会保障为社会成员提供生活保障，实现社会公平

生活中，社会成员都不可避免地会因遭遇年老、疾病、伤残、失业等社会风险而失去基本生活来源，陷入生存困境。社会保障制度集聚社会力量，为遭受风险的各类社会成员提供必要的生活保障，解决他们的生活困难。社会保障实质是通过国家对国民收入的再分配实现的，而国民收入的再分配调节了社会成员之间的收入差距，有助于实现社会公平。

2. 社会保障促进劳动力的再生产，保证社会再生产的进行

市场经济中，劳动力资源同样在竞争中遭遇优胜劣汰。当劳动者因竞争失利或经济萧条而被迫退出劳动岗位时，社会保障给予劳动者及其家属必要生活保障的同时，为劳动者提供培训机会，提高其劳动技能，为其再次就业创造机会。从

而维系了劳动力再生产，保证社会再生产的进行。

3. 社会保障维护社会稳定

社会保障为遭遇风险、陷入困境的社会成员提供必要的物质帮助，保障他们的基本生活需要，从而解除他们的后顾之忧，使人们产生安全感，而社会成员的安全感是社会稳定的基础。与此同时，社会保障的实现是对国民收入的再分配，能适当缩小各阶层社会成员的收入差距，避免贫富悬殊，协调社会关系，维护社会稳定。

4. 社会保障调节经济发展

社会总供给和总需求的平衡是经济稳定增长的基本要求。市场经济由于自身局限性，并不能自行保持社会供求总量平衡，国家的宏观调控必不可少。社会保障即具有调节社会供给总量平衡的作用。社会保障的支出随着市场经济的运行变化而增减。当经济高涨时，劳动者就业充分、收入较高，社会保障基金的收入增加而支出减少，一定程度遏制了因社会需要的急剧膨胀而引起的经济过热。当经济萧条时，失业增多、居民收入减少，社会保障基金的收入减少而支出增加，促使了社会总需求的相应扩大，有利于促进社会经济复苏。此外，为保障社会成员的基本利益，对社会保障基金增值保值势在必行，将规模庞大的社会保障基金予以科学合理投资，也体现了国家对经济的调节。

二、社会保障法

（一）社会保障法的概念

社会保障法是调整以国家、社会和全体社会成员为主体，为了保证社会成员的基本生活需要并不断提高其生活水平，以及解决某些特殊社会群体的生活困难而发生的经济扶助关系的法律规范的总和。社会保障法的内容很丰富，包括社会保险法、社会福利法、社会优抚法、社会救助法等。

（二）社会保障法的特征

社会保障法具有以下特征：

1. 社会保障法融公法和私法于一体

传统私法领域中的一些原则、规则在当代社会的实施中有时会严重影响到处于社会弱势地位的普通社会成员的利益。比如说，在完全的意思自治主导下，处于弱势地位的劳动者话语权的缺失；在劳动生产过程中，对劳动者伤害采用过错责任而造成的不正义等等。为弥补传统私法的不足，国家制定新的法律，采用公法的调整手段和方法干预私人领域。社会保障法正是国家利用公法手段干预私人领域的产物。由于这部分社会关系复杂，既包括平等私人主体之间的人身财产关系，也包括公权力服务、管理、监督相应主体的关系，因此社会保障法兼具公法和私法属性。

2. 社会保障法具有严格的强制性

社会保障法作为社会法，将私法和公法融为一体，其中公法性质部分带有明显的国家干预的性质。国家为了保障社会成员的基本生活而规定的一系列法律法规，从社会保障项目的确立、社会保障资金的筹集到社会保障金的发放及社会保障的适用主体都有明确的法律规定，任何单位和个人不能任意更改。

3. 社会保障法是实体法与程序法的统一

社会保障法既有实体性法律规范，也有程序性法律规范。社会保障法既规定了社会保障法律关系各主体的具体权利义务，也规定了各主体履行义务、享有权利和实施权力的程序和方式，以维持程序正常运转。

4. 社会保障法体现了特定的立法技术

社会保障的运营须以数理计算为基础，这使得社会保障法在立法上需要特定的技术。如"大数法则"和"平均数法则"在社会保障立法中会经常用于社会保险金的筹措。另外，工伤保险中，工伤保险费率的确定、养老保险费率的确定都需要用到数理技术。

（三）社会保障法的调整对象

社会保障法的调整对象是社会保障关系，即社会保障主体因参加社会保障活动而形成的社会关系。社会保障关系产生于社会保障活动过程中，围绕社会保障基金的筹集、支付、运营和监管而建立，所涉主体众多，是一种以人身关系为基础的财产关系。根据不同的标准，社会保障关系可作多种分类。依其内容不同，可分为社会保险关系、社会救助关系、社会福利关系，以及社会优抚关系；依社会保障的行为来划分，又可分为社会保障管理关系、社会保障资金筹集关系、社会保障给付关系、社会保障基金运营关系、社会保障监督关系等；依社会保障主体的不同，可分为被保障主体、受益主体、社会保障投保主体、社会保障经办主体、社会保障管理主体、社会保障监督主体、社会保障辅助主体及社会保障争议处理主体等主体之间形成的多种关系。①

第二节　国外社会保障立法的历史沿革

一、国外社会保障法的萌芽

现代社会保障制度的萌芽是英国的《济贫法》。在英国封建社会末期，随着资本主义的兴起，圈地运动导致大量失地农民涌向城镇。资本主义经济的自由竞争又使得一部分工商业企业破产。失业、流浪人口的增多，社会性的贫困成为国家经济停滞和社会动荡的主因，教会解决贫困问题又显得力不从心，英国政府不得不出面干预。1601 年，英国女王伊丽莎白颁行《济贫法》，政府干预，通过立法推行对贫困人口的救济，缓和社会矛盾，维护社会稳定。该法规定的救济对象有三种：有劳动能力的贫民、无劳动能力的贫民和无依无靠的孤儿。针对不同对象，采取不同措施，如为丧失劳动能力的人提供收容所；强迫有劳动能力的贫民劳动，解决贫民流浪问题。该法注重对不劳动者的惩罚，虽兼顾救济，但对接受救济者规定了苛刻的条件，且并非出于人权保障的目的，与现代意义的社会保障法有较大差距。但《济贫法》毕竟在人类历史上第一次以专门的法律形式对社会保障事项作了规定，它的实施对稳定社会秩序和促进资本主义经济的发展起到了重要的作用，为后起资本主义国家所重视和效仿。

二、国外社会保障法的产生

现代意义的社会保障法出现在 19 世纪末的德国。当时的德国经济萧条，劳动者生活贫困，社会主义思潮兴起，不断壮大的工人阶级与资本家之间的对抗严重，工人运动频发。激烈的社会矛盾，影响德国的经济发展和政治稳定。俾斯麦

---

① 郑尚元、李海明、扈春海著：《劳动和社会保障法学》，中国政法大学出版社 2008 年版，第 361 页。

政府在压制工人革命运动的同时，通过制定社会政策和社会立法来改革社会弊端，缓解劳资之间的矛盾。1883～1889 年间，德国先后颁布了《疾病保险法》、《工伤保险法》、《养老和伤残保险法》，这三部立法确立了社会保险法的基本思想。此后，德国又不断对社会保障立法进行了完善，1911 年，将上述三部社会保险立法合并，并增加遗属保险，形成了统一的《社会保险法典》，并于 1923 年颁布《矿工保险法》，1927 年颁布《职业介绍和失业保险法》，逐步建立起完备的社会保障体系。

德国的社会保障立法适应了工业化进程的需要，成为各国效仿的对象。西方国家在工业化进程中，都面临着相似的社会问题：生活无着的失业者和贫困者普遍存在、工人运动高涨、旧的社会政策失效等造成的社会不安定。德国之后，欧洲各国相继颁布了包括医疗、养老、失业、工伤等内容的社会保险法律，开始建立国家统一的社会保险制度。英国 1908 年的《养老金法》和 1911 年的《国民保险法》对国民养老保险、失业保险和医疗保险做出相关规定，标志着英国现代社会保障制度的建立。瑞典 1913 年的《全国养老金法》是瑞典最早的社会保障立法，1918 年的《工伤事故保险法》则意味着瑞典社会保障制度的形成。法国在第一次世界大战与第二次世界大战之间颁布了一系列社会保障立法，形成了法国社会保障制度的框架。意大利、奥地利、丹麦、挪威等国家也相继通过法律设立社会保险项目。苏联在废除沙俄时代的社会保险制度后，建立了包括法令、指令、条例等多种表现形式的"国家保险制度"。随后出现的东欧和亚洲的社会主义国家也都仿照苏联建立起自己的社会保障制度。世界范围内大规模、系统化的社会保障立法，标志着法律体系中新的门类社会保障法的形成。

三、国外社会保障法的发展

在美国，保守主义思潮一度盛行。保守主义者认为只要遵循传统价值观，以家庭自我保障为基础，以慈善事业为补充，通过市场经济的调节，社会成员就可以得到最有效的保障和发展，无需建立收入再分配的社会保障制度。[①] 1929 年爆发的席卷资本主义世界的经济危机导致美国大量工厂倒闭，经济萧条，失业人口和贫困居民流离失所，整个社会极不稳定。曾经盛行美国的、反对建立社会保障制度的保守主义思想受到冲击。1933 年，罗斯福就任美国总统后，为摆脱危机，重振美国经济，缓和劳资矛盾，开始实施新政，强调国家干预经济生活，发展社

---

① 　林嘉：《劳动法和社会保障法》，中国人民大学出版社 2009 年版，第 305 页。

会保障事业，实施社会救济、社会保险、社会福利等措施。1935 年，美国国会通过的《社会保障法》，标志着美国社会保障制度的正式确立，在世界社会保障立法史上也具有里程碑意义。该法规定的内容系统而全面，涉及社会保险、社会福利和社会救助等，是现代社会保障制度由社会保险向综合性社会保障发展跨出的重大一步。它还规定了联邦政府和其他主体应当承担的社会保障义务，确立了社会保障普遍性和社会性原则。该法对世界其他国家的社会保障制度产生了较大影响。据此，西方国家纷纷对原有的社会保障立法进行修订，社会保障作为一个基本法律制度逐渐被许多国家确立并实施。

四、国外社会保障法的完善

1941 年，英国成立社会保险和相关服务部际协调委员会，着手制定战后社会保障计划。经济学家贝弗里奇出任社会保险和相关服务部际协调委员会主席，负责对现行的国家社会保险方案及相关服务（包括工伤赔偿）进行调查，并就战后重建社会保障计划进行构思设计，提出具体方案和建议。第二年，贝弗里奇提交了题为《社会保险和相关服务》的报告，这就是著名的贝弗里奇报告。

报告以消灭贫困、疾病、肮脏、无知和懒散五大社会病害为目标，提出建立社会保障制度的一系列计划和建议，覆盖了从摇篮到坟墓的可预见的需要，制订了一个以社会保险为核心的社会保障计划。报告的内容主要包括：对英国当时保障制度所存在问题的分析；保险待遇标准、养老金制度的改革意见及伤残赔偿的途径；社会保险的缴费方案；社会保障计划；社会保障和社会政策。

1945 年英国工党上台后，基本接受了贝弗里奇报告的建议，并根据报告内容，进行了一系列社会保障立法，主要有：1945 年的《家庭补助法》，1946 年的《国民保险法》、《工业伤害保险法》和《国民健康服务法》，1948 年的《国民救济法》。1946 年颁布的《国民保险法》基本采取了报告的建议，在失业、生育、疾病、丧偶和退休等各项福利待遇方面，规定参保人因年龄、性别和婚姻及就业状况的不同而缴费比率不同，在业人员的待遇则按照同等比例确定。英国从此形成了包括失业、伤残、疾病、养老、死亡、家庭津贴等内容的福利国家型的社会保障体系。1948 年，英国首相艾德礼宣布英国已成为福利国家。贝弗里奇也因此被尊称为"福利国家之父"。

贝弗里奇确立了战后英国社会保障体系的基本框架，是一份较为完整的现代福利国家的蓝图。它影响到英国、欧洲乃至整个世界的社会保障制度建设和发展进程，被业内人士视为福利国家的奠基石和现代社会保障制度建设的里程碑，在社会保障发展史上具有划时代意义。英国福利国家社会保障制度的实施，对西欧许多国家产生了深刻的影响，瑞典、芬兰、挪威、法国、意大利等许多国家都致力于建设福利国家，效仿英国的模式来建立社会保障制度。

五、国外社会保障法的改革

社会保障制度在缓解劳资矛盾、保持社会稳定和促进经济发展等方面发挥了相当大的作用。但是，宽条件、广覆盖、高标准的过度社会保障使社会保障支出日益膨胀，财政不堪重负；福利的平均化和救济过度，又致使人们工作欲望变弱、对政府和社会的依赖心理加重，严重影响经济效率。20世纪70年代，发达资本主义国家的经济进入滞胀阶段，经济停滞不前、通货膨胀、失业、人口老化等因素更是导致社会保障面临困境。在这种背景下，人们开始反省高福利的社会保障，社会保障观念开始发生新的变化。为了适应社会发展的需要，社会保障法进入调整和改革阶段。各国对其社会保障法在保持基本制度不变的前提下，实施旨在增加社会保障金收入，减少社会保障金支出的改革措施。这些措施主要有：提高社会保险费率，广辟资金来源渠道，增加社会保障收入，如提高退休年龄以减少养老保险支出、增加养老保险基金收入；降低过高的社会保障标准，减少社会保障支出，如减少或取消对病人、孕妇、残废者、失业者的附加补助，降低退休金标准，减少失业救济金和住房、教育补贴；减少国家干预，强化市场机制对社会保障的调节作用，让私有企业在社会保障体系中发挥更重要的作用，以减轻政府的财政负担；将社会保障基金的现收现付制改为现收现付和个人资本积累相结合的混合制，以增强个人的自我保障意识和责任。这些措施不是对社会保障制度的削弱，更不是否定，而是人们根据社会发展需要，对社会保障制度做出的改革和调整。社会保障制度只有与当时的社会经济状况相适应，才能最大程度的发挥作用。随着经济社会的发展和变革，社会保障制度也将不断地变革和发展，日趋完善。

第三节　我国社会保障立法的历史沿革

我国自古以来就有社会保障的有关思想。封建王朝的历代统治者通过采取赈灾等措施来对抗自然破坏对人类造成的灾害，对维持人民生活和稳定社会秩序起到了一定的作用。20世纪20年代的北京政府及后来的南京国民政府都曾进行过一系列的社会保障立法。①但是，在我国真正现代意义上的社会保障立法产生于中华人民共和国建立以后。

一、社会保障法的创立

新中国成立后，中央政府即着手建立社会保障制度。1949 年《中国人民政治协商会议共同纲领》和 1954 年《宪法》为创建中国的社会保障制度提供了基本的法律依据。在新中国成立前期，我国围绕劳动关系，以社会保险为核心，颁布了一系列法律法规，初步构建起社会保障制度的基本框架。

1951 年 2 月 26 日政务院颁布了《中华人民共和国劳动保险条例》，并依其建立起包括养老、工伤、疾病、生育、遗属等内容的企业职工社会保险制度。我国还于 1956 年和 1957 年分别制定了《女职工保护条例（草案）》和《职业病范围和职业病患者处理办法的规定》。这些立法初步建立了我国企业职工的劳动保险制度。同时，国家机关工作人员的社会保险制度也以单行立法的形式逐步建立起来，如《革命工作人员伤亡褒恤暂行条例》、《国家工作人员实行公费医疗预防的指示》、《国家机关工作人员退休处理暂行办法》等。这些单行法规对国家机关工作人员的疾病、养老、生育、伤亡等项目的保险待遇做了规定。

除了上述社会保险立法外，在社会救济和社会优抚方面，国家也颁布了相应的法令。《关于救济失业工人的指示》、《农村灾荒救济粮款发放使用办法》、《职工生活困难补助办法》、《关于劳动就业问题的决定》及《革命残废军人优待抚恤暂行条例》等。这些规范性法律文件共同构成了新中国的社会保障基本制度，一定程度上满足了社会成员的基本生活需求。

二、社会保障法的调整

1957 年开始，随着社会主义经济建设全面开展，国家对一些不适应经济建设的社会保障制度进行了调整。主要内容有：《关于工人、职员退休处理的暂行规定》及其实施细则和《关于工人、职员退职处理的暂行规定》及其实施细则，统一了企业和国家机关的退休和退职制度；《关于改进公费医疗管理问题的通知》和《关于改进企业职工劳保医疗制度几个问题的通知》针对公费医疗和劳保医疗

---

① 王光彬：《中国社会保障法制史》，中国政法大学 2000 年博士学位论文。

中的浪费问题进行改革；《关于精减职工安置办法的若干规定》规定了被精减职工的社会保障待遇；《职业病范围和职业病患者处理办法的规定》，将危害工人健康、影响生产严重且职业化明显的 14 种职业病列入职业病名单；《批准工人、职员病、伤、生育假期的试行办法》制定了批准职工病、伤、生育假期办法；《关于国营、公私合营、合作社营、个体经营的企业和事业单位的学徒的学习期限和生活补贴的暂行规定》调整了学徒的社会保险待遇。这一时期的社会保障立法基本能做到统筹兼顾，对社会保障制度的调整和改革更符合中国实际的改变。

三、社会保障法的受挫

"文化大革命"期间，我国的社会保障工作遭受严重挫折，社会保障立法基本处于停滞状态，《社会保障法》被停止执行。从中央到地方的劳动保险管理机构被撤销或停止工作；企业职工社会保险费用统筹制度被废弃，社会保险成为"企业保险"，社会保险原有的统筹调剂功能遭废弃；社会优抚、社会福利、社会救济陷入困境，难以进行。这一时期的社会保障事业不仅没有进步，反而出现了倒退。

四、社会保障法的重构

1978 年以来，在改革开放政策的指导下，我国的政治经济形势发生了巨大的变化。社会保障制度作为国有企业改革的配套措施，在关系国有企业改革的各单项项目上进行了探索。主要表现为：《国民经济和社会发展第七个五年计划》提出"七五"期间要建立起具有中国特色的社会保障雏形，社会保障立法工作全面展开。养老保险方面，1991 年国务院发布《关于企业职工养老保险制度改革的决定》，提出了建立多层次养老保险的目标，明确基本养老保险实行社会统筹。失业保险方面，1993 年国务院颁布《国营企业职工待业保险暂行规定》，首次在我国建立了失业保险制度。医疗、工伤保险方面，国家开始在一些省市实行医疗制度改革试点，《工伤与职业病致残程度鉴定标准》在全国范围内明确了各项标准。与此同时，中央政府主导下在农村展开了大规模扶贫运动。这一时期的社会保障工作根据国企改革的需要，对社会保障制度进行重构，适应社会经济的发展。

五、社会保障法的改革和完善

随着经济体制改革的深化，我国明确了要建立适应社会主义市场经济的社会保障体系的总体目标。社会保障单项改革项目继续发展的同时，初步形成了我国社会保障制度改革的总体框架。1994 年全国人大常委会通过了《中华人民共和国劳动法》，专章规定了国家要建立养老保险、疾病保险、工伤保险、失业保险、生育保险等制度。在养老保险方面，确立了建立适应社会适用于城镇各类企业职工和个体劳动者，资金来源多渠道、保障方式多层次、社会统筹与个人账户相结合、权利与义务相对应、管理服务社会化的养老保险体系。在医疗保险制度方面，提出建立社会统筹医疗基金和个人账户相结合的制度，并使医疗保险制度逐步覆盖城镇所有劳动者。即城镇所有用人单位，包括企业、机关、事业单位、社会团体、民办非企业单位及其职工，都要参加基本医疗保险。而且，在全国范围内设立进行医疗保险制度改革的试点。失业保险方面，将失业保险的范围扩大到城镇企业事业单位及其职工。在生育保险方面，规定在企业实行职工生育保险制度。在工伤保险方面，规定各类企业及有雇工的个体工商户都应当参加工伤保险，工伤保险费由用人单位缴纳，职工个人不用缴纳。此外，在社会救助方面，国家开始更多地关注社会弱者，建立了城市居民最低生活保障制度。这一阶段的社会保障立法，主要是围绕市场经济制度的确立而展开的，基本建立起了城镇职工养老、医疗、失业、工伤、生育等社会保险制度和城市居民最低生活保障制度。

我国长期存在由城乡二元社会结构导致的农村社会保障制度薄弱的问题。在社会公平价值观的指引下，为了建立城乡统筹的社会保障制度，我国制定了《基本医疗卫生保健法》、《精神卫生法》、《社会救助法》、《慈善事业法》等法律。《社会保险法》并于 2010 年 10 月 28 日通过，且于 2011 年 7 月 1 日开始实施。该法在我国社会保障史上具有里程碑意义，它坚持广覆盖、多层次、保基本、可持续的方针，对养老保险、医疗保险、工伤保险、失业保险做了较为完善和全面的制度安排和规范规定，健全了社会保障体系，开创了社会保障的新时代。

【作业题】

问答题

1. 什么是社会保障，社会保障有哪些作用？
2. 简述社会保障法的概念和特征。
3. 社会保障法的调整对象是什么？
4. 简述国外社会保障立法的历史进程。
5. 简述我国社会保障立法的历史进程。

第十二章　社会保险法

【本章导读】

社会保险法是社会保障制度的主要内容，着力于保障和改善民生，维护公民的社会保险权益。本章在介绍社会保险的概念、特征、作用的基础上，分析了社会保险法的原则和社会保险法律关系。并根据现行《社会保险法》的规定，从社会保险基金的筹集和支付角度，分别介绍了养老保险制度、医疗保险制度、工伤保险制度、失业保险制度和生育保险制度。

【重点】 养老保险基金的筹集和支付、医疗保险基金的筹集和支付、工伤保险基金的筹集和支付、失业保险基金的筹集和支付、生育保险基金的筹集和支付。

【难点】 社会保险的基本原则，社会保险法律关系。

第一节　社会保险法概述

一、社会保险

（一）社会保险的概念

社会保险，是指国家通过立法强制建立的，通过社会筹资，对因生、老、病、死、伤、残、失业等原因而生活困难的劳动者及其家属提供物质帮助，以保证其基本生活的制度。在年老、疾病或丧失劳动能力的情况下，从国家和社会获得物质帮助的权利，是我国宪法赋予公民的基本权利。国家为此发展社会保险、社会救济和医疗卫生事业。《劳动法》明确规定，国家发展社会保险事业，建立社会保险制度，设立社会保险基金，使劳动者在年老患病、工伤、失业、生育等情况下获得帮助和补偿。《社会保险法》更是具体指出，国家通过建立基本养老保险、基本医疗保险、工伤保险、失业保险、生育保险等社会保险制度，以保障公民在年老、疾病、工伤、失业、生育等情况下依法从国家和社会获得物质帮助的权利。

（二）社会保险的特征

1. 社会性

社会保险的社会性主要体现在如下几个方面：（1）保险对象的社会性，即享受社会保险的对象具有广泛性，包括社会不同层次、不同行业、不同所有制形式和不同身份的所有劳动者。（2）保险目的的社会性，社会保险直接保障劳动者的基本生活，间接地维护社会稳定，促进经济发展。（3）保险组织和管理的社会性，社会保险制度由国家通过立法强制建立，为遭遇生、老、病、残、失业等社会风险的人提供物质帮助。保险基金的筹集、发放、调剂、管理和监督都由政府组织实施。

2. 互济性

社会保险在全社会范围内统一筹集资金，通过统筹管理和使用保险基金，解决少数人由于生、老、病、残、失业等特定情况下的生活困难问题。社会保险集合多数人的力量来均衡分担少数人遭遇的社会风险，体现了互济性。

3. 强制性

社会保险是由国家立法强制实施的保险，其强制性表现在保险项目、参保范围、缴费标准、保险待遇给付条件和标准都是由立法预先规定的。投保人、被保险人和保险人没有自由协商变更的权利。且当相关保险当事人不履行法律强制性规定，如用人单位拒绝为劳动者缴纳保险费时，依法还会受到相应的惩罚。

（三）社会保险的作用

1. 防范风险

社会保险在个体劳动者面临年老、疾病、工作、生育、失业等社会风险而生活困难时，提供物质帮助，让社会为个人风险买单，避免个人遭遇风险时因独木难支而陷于困境甚至绝境，保障其最基本的生存。

2. 维护稳定

通过社会保险，国家和社会承担起了个人无法承担的社会风险，增强了社会成员应付意外伤害和不测的能力。社会保险保障了社会成员的最基本生活需求，让社会成员产生安全感，缓和了社会矛盾，被称为是社会稳定的"调节器"。

3. 实现社会公平

市场经济条件下，社会成员自身素质和经济状况的不同会影响其收入的多少，最终导致社会贫富差距的产生。社会保险通过一定的缴费费率强制征收保险费，设立保险基金，对收入较低或失去收入来源的社会成员给予物质帮助，是对收入进行再分配的一种形式，有利于缩小贫富差距，实现社会实质公平。

4. 促进劳动力的再生产

社会保险对于那些暂时退出劳动岗位的社会成员，提供物质帮助，确保其基本的生活需要，使劳动力的供给和再生产成为可能。如失业保险待遇中的职业培训，有利于提高劳动者的职业素养，促进劳动者再就业。而生育保险待遇则使妇女劳动者安心生育，没有后顾之忧，激发了其参与工作的积极性。

二、社会保险法

（一）社会保险法的概念

社会保险法是调整社会保险活动中各方当事人权利义务的法律规范的总称，旨在调整社会保险的投保主体、被保险主体和受益人、经办主体、管理监督主体在社会保险参加、经办、管理和监督过程中的关系。我国的社会保险法包括养老保险法、失业保险法、工伤保险法、医疗保险法和生育保险法。

（二）社会保险法的基本原则

社会保险法的基本原则是体现社会保险法的精神和本质，贯穿于社会保险法的始终，并在整个社会保险法体系中起主导作用的根本准则。社会保险法的基本原则构成整个社会保险法律体系的神经中枢，对社会保险各环节进行宏观指导，并对具体规范起补充性作用。

1. 普遍性原则

法律面前人人平等。《宪法》第45条明确规定全体公民都享有得到物质帮助的权利。对遭遇劳动风险，生活困难的公民提供物质帮助也是市场经济条件下优化资源配置的必然要求。且只有真正实现了普遍性原则，才能更好地体现互助互济的优越性。从世界范围来看，一个国家的社会保险覆盖面与其经济发展水平相适应。受限于经济发展水平，我国的社会保险覆盖面还比较窄，本次社会保险立法提出"广覆盖"的立法精神，目的就在于扩大社会保险的实施范围，力求使之覆盖到所有公民，实现社会保险的普遍性原则。

2. 三方筹资原则

"'社会连带、互助共济、社会契约、社会共同责任'是社会保险制度产生的逻辑基础、制度理念和核心价值。"① "社会连带、互助共济是社会保险的灵魂和人性基础。医疗、养老等社会风险原本是个人和家庭承担的责任，只是市场经济削弱了个人和家庭的保障功能，需要政府和社会帮助而已。"② 综观世界各国社会保险基金的筹集方式，主要有以下几种：雇主全部负担；雇主、被保险人共同负担；雇主、被保险人及政府三方负担；被保险人和政府共同负担；政府全部负担等等。其中，三方负担的方式最切合上述理念，"劳动者为非劳动的家庭成员连带缴费；雇主为雇员连带缴费；国家为雇员及无能者连带缴费。将互助共济范围扩大至一个国家的范围，最大限度的分担和分散社会风险。"③

3. 基本生活保障原则

社会保险的本质在于将少数人的损失分摊给公众，实现互助共济，是对公民的基本生活提供物质帮助的制度。人的需求是多层次的，社会保险所能满足的是人的第一层次的需求。因此，社会保险法以保障人的基本生活为原则。过高的社会保障水平，会使社会成员滋生懒惰和依赖心理，抑制其工作积极性，导致经济效率的下降。而高水平的社会保障水平必须依赖于高水平的经济发展，否则会导致"福利危机"，国家和社会背上沉重的包袱，最终影响经济的发展，今日西方一些高福利国家的"福利病"就证实了这一点。所以，针对目前我国的经济发展水平，与我国社会保险立法"低水平、广覆盖"的精神相适应，社会保险法以保障人的基本生活为原则。当然，随着我国经济发展水平的提高，社会保险的水平也必然有所提高。

---

① 孙淑云：《社会保险理念下新型农村合作医疗制度的完善》，于载《民生·发展·社会法——中国法学会社会法学研究会 2011 年年会论文集》，第 752 页。
② 同上。
③ 同上。

4. 权利与义务相统一原则

"权利与义务作为法学的一对基本范畴，固然不可混淆，但又不可分割。没有无权利的义务，也没有无义务的权利。权利主体往往同时也是义务主体，法律的精神是需要义务的对应或对等……"① 据此，享受社会保险权利的同时，应当履行法定的社会保险义务。我国现行的经济条件下，政府拿不出足够的资金发展社会保险事业。社会成员如若不履行社会保险缴费义务，不仅自身的社会保险权利没有保证，整个社会保险也难以为继。因此，用人单位和劳动者个人只有尽到缴纳社会保险费的义务，才能享受社会保险待遇的权利。为了激励用人单位和劳动者履行社会保险义务的积极性，对用人单位工伤保险费用的收缴采用差别费率和浮动费率，将社会保险待遇与个人缴费和贡献大小挂钩等做法都体现了社会保险法律关系主体权利与义务相统一的原则。

（三）我国社会保险立法

社会保险法是指国家通过立法设立社会保险基金，使劳动者在暂时或永久丧失劳动能力以及失业时获得物质帮助和补偿的一种社会保障制度。经过四次审议之后，全国人大常委会于 2010 年 10 月 28 日下午高票通过了社会保险法，并于 2011 年 7 月 1 日开始实施。这是最高国家立法机关首次就社保制度进行立法。此次社会保险立法，坚持广覆盖、保基本、多层次、可持续的方针，在现有条件下，对基本养老保险、基本医疗保险、工伤保险、失业保险、生育保险等社会保险制度做出了较为全面和细致的规定。

三、社会保险法律关系

社会保险法律关系是由社会保险法调整而形成的参与社会保险活动的各方当事人之间的权利义务关系。具体包括社会保险资金筹集关系、社会保险待遇支付关系、社会保险监督关系等。狭义的社会保险法律关系则仅指社会保险基础法律关系，即社会保险的被保险人与保险人之间依法形成收取和缴纳社会保险费、支付和享受社会保险待遇的相互权利义务关系。从具体内容上看，主要包括征缴主体、雇主和雇员基于社会保险费用的征缴而产生的法律关系以及给付主体、给付辅助机构与被保险人（包括被保险人之外的其他保险对象）基于社会保险待遇给

---

① 卓泽渊主编：《法理学》，法律出版社 1998 年版，第 120 页。

付而发生的法律关系。

社会保险法律关系是由社会保险法调整而形成的参加社会保险各方主体之间的权利（权力）义务关系，是社会保险关系在法律上的反映。社会保险法律关系由社会保险法律关系的主体、社会保障法律关系的客体、社会保障法律关系的内容三要素构成。

（一）社会保险法律关系的主体①

社会保险法律关系的主体是指社会保险法律关系的参加者，即根据社会保险法的规定，享有社会保险权利（权力）和承担社会保险义务的当事人。根据各主体的法律地位的不同，我们可以将其划分为如下几类：

（1）投保主体，也即社会保险的缴费主体。根据险种的不同，缴费主体也不一样。在养老、医疗、失业保险法律关系中，用人单位和劳动者都是缴费主体；工伤、生育保险法律关系中，仅由用人单位承担缴费义务。根据法律规定，被保险主体也可以自己单独缴纳保险费，如灵活就业人员参加的医疗保险。此外，政府对社会保险基金负有财政补贴义务。

（2）被保险主体，是指根据法律规定在满足法定条件时有权享有社会保险待遇的自然人。从各国社会保险法的发展看，社会保险主体的范围经历了从小到大的过程。更有学者认为社会保险应当把它的保护范围扩大到全社会。我国的社保制度也采取广覆盖的方针，努力扩大社保的覆盖面，将尽可能多的社会成员纳入到社保制度中。

（3）社会保险的受益主体，是法律规定的被保险主体及与被保险主体有一定社会关系而享有保险利益的主体。根据我国法律的相关规定，被保险主体通常就是受益主体，如劳动合同关系中享受社会保险权利的劳动者。而被保险主体的配偶及其未成年子女也可作为受益主体，如参加基本养老保险的个人，因病或者非因工死亡的，其遗属可以领取丧葬补助金和抚恤金。

（4）社会保险经办主体，是指具体承办社会保险业务，即办理社会保险的登记、负责保险金的收缴和发放等事务的机构。社会保险经办机构主要有政府经办式和基金会式两种组织形式。政府经办式是由政府机关直接管理社会保险基金，并提供各种社会保险服务；基金会式是指成立独立的社会公益法人，负责社会保险基金的管理，并提供各种社会保险服务。在我国，社会保险经办机构是人力资源和社会保障部门所属的全额拨款事业单位，由统筹地区根据工作需要设立，分

---

① 参见郑尚元、扈春海、李海明著：《劳动和社会保障法》，中国政法大学出版社 2008 年版，第 385 页。

为中央、省、市、县四级，具体承办社会保险事务。

（5）社会保险管理主体指享有社会保险行政管理职权的国家行政机关。在我国，国务院设立人力资源和社会保障部，地方设立人力资源和社会保障厅，作为社会保险管理主体。此外，民政、卫生等方面的政府行政机关也承担一定的本部门分工范围内的社会保险管理工作。①

（6）社会保险监督主体是对社会保险经办主体、管理主体等实施社会保险法律情况进行全面监督的主体。社会保险涉及最广大人民的切身利益，必须保证其实施的合法性和效率性，必须对其加强监督。根据我国的法律规定，社会保险监督主体有各级人民代表大会常务委员会、审计、财政等行政机关、司法机关和其他各社会群体。

（7）社会保险辅助主体是指为辅助社会保险经办主体履行职责而参加社会保险法律关系的主体。在社会保险制度的运行中，有些环节专业性、技术性较强，需要专业的机构予以辅助。依据社会保障经办主体的委托、管理主体的授权或法律的规定，专业性的机构作为辅助主体已参与到社会保险活动中来。

【材料阅读】

社会保险基金的监督②

社会保险基金监督是对社会保险基金管理行为的监督。即依据国家有关法律、法规，对社会保险基金的预决算、基金收支、基金运营管理的合法性、真实性、有效性，依法实施的监督检查。

社会保险基金监督的目的：

1. 维护国家社会保险基金管理政策的贯彻执行，保障社会保险基金的正常运行，预防社会保险基金管理的各种风险；

2. 及时分析、综合反映和评价社会保险基金管理、运行状态与预期标准的偏差，及时分析研究偏差产生的原因及可能带来的损害，为政府制定和实施社会保险基金管理政策提供可靠的信息和依据；

3. 通过社会保险基金监督有效地制止和纠正违法、违规行为，增强社会保险基金管理运营机构的自我约束力。

社会保险基金监督的主要内容：

基金监督的主要内容是对基金征缴、基金支出和基金结余情况的监督检查，也可以说是对基金收入户、基金支出户和基金结余户（财政专户）的监督检查。

---

① 郑尚元：《劳动和社会保障法学》，北京师范大学出版社 2010 年第 2 版，第 258 页。

② 摘自中华人民共和国人力资源和社会保障部网站：http：//www. molss. gov. cn/gb/ywzn/node 5545. htm

1. 基金征缴监督。主要是监督企业缴费行为，有无少报参保人数，少报工资总额、故意少缴或不缴费；经办机构征缴的保险费是否及时足额缴入收入户管理，有无不入账，搞体外循环或被挤占挪用；收入户资金是否按规定及时足额转入财政专户等。

2. 基金支出监督。主要是经办机构是否按规定的项目、范围和标准支出基金，有无多支、少支或不支，有无挪用支出户基金；受益人有无骗取保险金行为等。

3. 结余基金（财政专户基金）监督。主要是有无挤占挪用基金、动用基金的行为；结余基金收益状况，是否合理安排存期以追求收益最大化；是否按规定及时足额拨入支出户等。

社会保险基金监督的方式：

基金监督的方式是指为履行基金监督职能，完成或达到基金监督任务或目的而采取的方式、方法。主要包括现场监督和非现场监督。

1. 现场监督。现场监督是监督机构实施有效监督的主要方法，也是社会保险基金监督过程至关重要的组成部分。现场监督是监督机构派人到被监督单位对基金管理水平、基金资产质量、基金收益水平、基金流动性等进行全面检查或专项检查。监督机构通过检查比较详尽地掌握有关基金运作的控制程序和相关信息，对其业务经营合规状况、内部控制和管理水平，以及基金流动性、安全性和效益性进行深入细致的了解，发现一些财务报表和业务资料中很难发现的隐蔽性问题，并对有关机构的资产财务状况和遵守法规政策情况作出客观的评价。现场监督主要包括日常监督（在日常业务活动中开展的定期或不定期的基金监督工作）、专项监督（针对某项具体问题而开展的基金监督）和挪用基金案件的检查处理。

2. 非现场监督。非现场监督是现场监督的基础，也是基金监督的重要方式之一。监督机构通过报表分析，对经办机构和有关机构管理运营基金的活动进行全面、动态的监控，了解基金管理的状况、存在问题和风险因素，发现异常情况及时采取防范和纠正措施。一般情况下，现场检查间隔时间较长，在此期间可能发生一些变化和问题，监督机构可以通过非现场监督，依靠经办机构和有关机构报送的数据，进行多方面的分析、测算并加以管制。非现场监督的目的主要是：发现那些目前管理运营状况尚好，但在短期或中期可能会出现问题的机构，防患于未然；密切监视已经发现问题的机构，不断获得管理运营信息，掌握改进情况，防止进一步恶化；评估整个基金管理运营系统的动态，通过对有关报表和报告的综合研究，分析基金管理运营的轨迹和趋势，为制定切实有效的基金政策和监督措施提供依据。

（二）社会保险法律关系的客体

法律关系客体是指法律关系中主体权利义务指向的对象，是法律关系三要素之一。法理学将法律关系的客体概括为：物、给付行为、智力成果、人格利益。社会保险法律关系的客体是指社会保险法律关系中各主体行为指向的对象，主要指各主体参与社会保险时的征缴、发放、监督、管理等行为。

（三）社会保险法律关系的内容

社会保险法律关系的内容是指社会保险法律关系主体在社会保险活动中依法所享有的权利义务。社会保险法作为社会法，呈现出公私兼容的属性。其核心内容在于两个方面：社会保险费用缴纳请求权、社会保险费用缴纳义务和社会保险待遇给付请求权、社会保险待遇给付义务。围绕该两项核心内容，社会保险法律关系主体根据各自在社会保险中的地位，分别享有公权利（力）义务或私权利义务。其中公权利（力）包括社会保险经办机构、社会保险管理机构所享有的行政职权、行政相对人所享有的权利，如社会保险经办机构针对用人单位拖延或拒绝缴费义务所享有的行政处罚权，用人单位等对于社会保险经办机构处罚不当而享有行政救济权。公义务包括社会保险经办机构和社会保险管理机构所承担的行政职责，如对社会保险基金的调剂、发放，以及行政相对人所承担的义务，如用人单位的缴费义务。而私权利义务是指劳动者与用人单位因社会保险费用的征缴而产生的权利义务以及被保险人与社会保险辅助机构之间的权利义务。

第二节　养老保险法律制度

一、养老保险的概念和作用

养老保险，是由国家通过法律强制实施的，劳动者在达到法定年龄后，由国家或社会依法给予一定物质帮助，以保障劳动者老年基本生活的一种社会保险法律制度。

随着工业化大生产和市场经济的发展，当劳动者年老丧失劳动能力时，面临着离开工作岗位，收入中断的问题。同时，自然经济时代大家庭的生活方式瓦解，家庭失去了养老功能。因此，解决老年人基本生活问题的养老保险应运而生。养老保险为老年人在丧失劳动能力，退出劳动领域后，提供满足其生活的基本物质帮助，实现"老有所养"的目标，有利于应对我国即将面临的人口老龄化问题。其次，养老保险有调节收入分配的作用。养老保险基金的筹集模式主要有现收现付式，完全积累式和部分积累式三种。现收现付式体现了同时代不同人群之间收入的再分配。完全积累式体现了对同一个人不同时代收入的再分配，而部分积累式则同时体现了对不同群体在不同时代收入分配的调节。可见，养老保险有助于实现在不同代际和不同群体之间收入的分配。

二、养老保险的覆盖范围

养老保险的覆盖范围即养老保险的保障对象范围，指法律规定有权享有养老保险的人群范围。根据我国《社会保险法》的相关规定，我国的养老保险制度由三部分组成，即职工基本养老保险制度、新型农村社会养老保险制度、城镇居民社会养老保险制度。下面，我们将分别从三个制度出发介绍我国养老保险的覆盖范围。

（一）职工基本养老保险的覆盖范围

职工基本养老保险制度是我国养老保险制度中规范比较全面的制度，在总结我国二十多年来养老保险制度改革经验的基础上，对职工基本养老保险制度的覆盖范围、基本模式、资金来源、待遇构成、享受条件和调整机制等作了规范，并规定了病残津贴和遗属抚恤制度。《社会保险法》第 10 条规定："职工应当参加基本养老保险，由用人单位和职工共同缴纳基本养老保险费。无雇工的个体工商户、未在用人单位参加基本养老保险的非全日制从业人员以及其他灵活就业人员可以参加基本养老保险，由个人缴纳基本养老保险费。公务员和参照公务员法管理的工作人员养老保险的办法由国务院规定。"职工基本养老保险的范围包括：（1）企业职工，《社会保险法》未对职工作明确的范围界定。根据国务院的有关规定，职工包括有城镇各类企业的职工，实行企业化管理的事业单位的职工，根据各地实际，还可包括社会力量所办学校等民办非企业单位的职工。（2）灵活就业人员，指非正规性就业、自雇型就业、自主就业、临时就业等灵活多样的形式实现就业的人员。灵活就业人员流动性大且收入不太稳定，可以自愿参加职工基本养老保险，但保险费也由个人全部承担。（3）事业单位职工，事业单位工作人员实行退休养老制度，费用由国家或者单位负担，个人不缴费，养老金标准以本人工资为基数，按照工龄长短计发。目前，事业单位工作人员养老保险制度改革与事业单位分类改革在山西、浙江、广东、上海、重庆地区正在配套推行。改革后，现有承担行政职能的事业单位执行公务员的养老保险制度，从事生产经营的事业单位执行企业职工养老保险制度，公益性事业单位实行单独的事业单位养老保险制度，制度模式与企业职工养老保险一样。公务员和参照《公务员法》管理的工作人员不参加职工基本养老保险，实行退休养老，费用由国家负担，个人不缴费，养老金标准以个人工资为基数，按工龄长短计发。

（二）农村基本养老保险的覆盖范围

新型农村社会养老保险在开展新型农村社会养老保险试点这一重大实践的基础上，对筹资方式、待遇组成及待遇给付条件等主要制度作出规范。早在 1991年，经国务院同意，民政部就开始选择部分县市进行农村社会养老保险试点。在总结经验的基础上，民政部于 1992 年 1 月正式下发了《县级农村社会养老保险基本方案》。由于是以个人缴费为主，财政没有补贴，待遇低，农民参保的积极性不高。从 2003 年，我国开始积极推动各地开展探索建立个人缴费、集体补助、政府补贴为筹资机制的新型农村社会养老保险试点。2009 年 9 月，国务院出台了《关于开展新型农村社会养老保险试点的指导意见》二，提出年满 16 周岁、未参加城镇职工基本养老保险的农村居民，可以自愿参加新型农村社会养老保险。现行《社会保险法》坚持之前的政策不变，力在建立覆盖城乡的养老保险制度，解决农村居民老有所养的问题，仍然坚持政府主导和农民自愿相结合的原则，鼓励农村居民普遍参保。

（三）城镇居民养老保险的覆盖范围

目前城镇居民社会养老保险还不是一项成熟的社会保险制度，没有全国统一的制度安排。一些地方正在探索建立的由城镇非就业居民参加的一项社会养老保险制度，在制度模式上也是实行个人账户与基础养老金相结合，筹资方式实行个人缴费、集体补助与政府补贴相结合。为了促进城镇居民社会养老保险制度的建立和完善，《社会保险法》规定国家授权省、自治区、直辖市人民政府根据实际情况，可以将城镇居民社会养老保险和新型农村社会养老保险合并实施，为逐步建立统筹城乡的养老保障体系奠定了法律基础。

三、养老保险基金的筹集

（一）养老保险基金的筹集方式

养老保险基金是劳动者享受养老保险待遇的物质基础，通过多渠道筹集，再通过社会统筹，将不同用人单位、劳动者和国家的资金统一集中。国际上，养老保险基金的筹资模式主要有三种，现收现付制、完全积累制和部分积累制。

（1）现收现付制，即基本养老保险费由雇主和雇员共同承担，保险费收入全部用于当期养老金的支付，以支定收，实现现收现付。

（2）完全积累制，即建立完全积累的个人账户，个人缴纳的养老保险费全部进入个人账户，资金用于投资以取得收益，个人退休后养老金的多少取决于其个人账户的积累额。

（3）部分积累制，即现收现付制和部分积累制相结合，在现收现付基础上，建立个人账户，实行部分积累。

我国采取部分积累制。基本养老保险基金分为两部分：一部分是用人单位缴纳的基本养老保险费计入养老统筹基金，用于支付职工退休时社会统筹部分养老金，实行现收现付；另一部分是个人缴纳的基本养老保险费计入个人账户，用于负担退休后个人账户养老金的支付。

（二）我国养老保险基金的来源

1. 职工基本养老保险基金的来源

我国基本养老保险基金主要由用人单位和个人缴费组成，此外国家和统筹地区政府也应给予一定的补贴。

用人单位按照国家规定的本单位职工工资总额的比例缴纳基本养老保险费，记入基本养老保险统筹基金。有的地方以企业工资总额为缴费基数，有的地方以全部职工缴费工资之和为基数。用人单位缴纳基本养老保险费的比例，一般不超过企业工资总额的20%，具体比例由省、自治区、直辖市人民政府确定。

职工个人按照本人缴费工资的8%缴费，记入个人账户，形成个人账户基金，用于退休后个人账户养老金的发放。

无雇工的个体工商户、未在用人单位参加基本养老保险的非全日制从业人员以及其他灵活就业人员参加基本养老保险的，缴费基数为国家规定当地上年度职工月平均工资，缴费比例为20%，其中8%计入个人账户。

2. 新型农村社会养老保险基金的来源

新型农村社会养老保险在筹资方式上实行个人缴费、集体补助、政府补贴相结合的模式。个人缴费标准目前设为每年100元、200元、300元、400元、500元5个档次，地方可以根据实际情况增设缴费档次。有条件的村集体应当对参保人缴费给予补助，鼓励其他经济组织、社会公益组织、个人为参保人缴费提供资助。政府对参保人缴费予以补贴，并为农村困难群体代缴全部或部分养老保险费。当参保人符合领取条件时，向其全额支付新农保基础养老金。

四、养老保险待遇的给付

（一）养老保险待遇的给付内容

1. 职工基本养老保险待遇的给付内容

（1）基本养老金，是指在劳动者年老或丧失劳动能力后，满足法定条件时，由基本养老保险基金以货币形式支付的经济待遇，用于保障职工退休后的基本生活。基本养老金由统筹养老金和个人账户养老金组成，根据个人累计缴费年限、缴费工资、当地职工平均工资、个人账户金额、城镇人口平均预期寿命等因素确定。其中，统筹养老金即实践中的基础养老金，是从基本养老保险统筹基金中支付给退休人员的养老金。为让退休人员也能享受经济发展成果，《社会保险法》规定基本养老金标准应随着经济发展逐步调整。基本养老待遇水平不仅取决于每个退休人员退休时的缴费基数和缴费年限，还要取决于职工平均工资增长情况和物价上涨情况。

根据2005年国务院发布的《关于完善企业职工基本养老保险制度的决定》和对基本养老金的计发，建立了"多工作、多缴费、多得养老金"的激励约束机制，并采取"新人新制度、老人老办法、中人逐步过渡"的方式。具体是："新人"指《国务院关于建立统一的企业职工基本养老保险制度的决定》实施后参加工作的参保人员。缴费年限（含视同缴费年限）累计满15年，退休后将按月发给基本养老金。他们的基本养老金由基础养老金和个人账户养老金组成。"中人"，《国务院关于建立统一的企业职工基本养老保险制度的决定》实施前参加工作，实施后退休的参保人员，缴费和视同缴费年限累计满15年的，退休后在发给基础养老金和个人账户养老金的基础上，再发给过渡性养老金。保证待遇水平合理衔接、新老政策平稳过渡。"老人"，《关于完善企业职工基本养老保险制度的决定》实施前已经离退休的参保人员。他们仍然按照国家原来的规定发给基本养老金，同时随基本养老金调整而增加养老保险待遇。

（2）死亡待遇。《社会保险法》第17条规定：因病或非因工死亡的，其遗属可以领取丧葬补助金和遗属抚恤金。可见，丧葬补助金和遗属抚恤金也是职工参保享受养老保险待遇的一部分。丧葬补助金，是职工死亡后安葬和处理后事的补助费用，目前全国没有统一标准。从某些地方规定来看，丧葬补助金一般按照职工死亡时当地职工月平均工资的一定月数计发。遗属抚恤金，是职工死亡后给予其家属的经济补偿和精神安慰。遗属抚恤金各地规定不一样，有的没有规定抚恤金，只规定按月发给遗属救济费；有的规定了一次性抚恤金，还规定按月发给遗属生活补助费。

（3）病残津贴。在未达到法定退休年龄时因病或者非因工致残完全丧失劳动能力的，可以领取病残津贴。病残津贴属于新制度，目前还没有相应的津贴标准，需要出台相应的配套规定。

2. 新型农村社会养老保险待遇的给付内容

（1）基础养老金。目前中央确定的基础养老金标准为每人每月55元，地方政府可以根据实际情况提高基础养老金标准，提高和增发的部分由地方政府支出。国家根据经济发展水平和物价情况逐步提高基础养老金标准。

（2）个人账户养老金。个人缴费，集体补助及其他经济组织、社会公益组织、个人对参保人缴费的资助，地方政府对参保人的缴费补贴，全部计入个人账户。个人账户储存额参考央行一年期存款利率计息。个人账户养老金的月计发标准为个人账户全部储存额除以139，与现行城镇职工基本养老保险个人账户养老金计发系数相同。参保人死亡的，个人账户中的资金余额，除政府补贴外，可以依法继承。

（二）养老保险待遇的给付条件

1. 职工享受养老保险待遇的条件

各国经济情况和养老保险制度模式不同，享受基本养老保险待遇的条件也不同。在一些国家，如挪威、丹麦等，个人不缴费，国民达到法定退休年龄就可以享受养老金待遇。但多数国家，个人缴费是享受养老保险待遇的前提。在我国，享受养老保险待遇必须符合以下两个条件：

（1）必须达到法定退休年龄。达到退休年龄是享受基本养老保险待遇的条件之一。退休年龄是根据劳动力资源的状况、人口平均预期寿命、劳动人口的抚养比以及养老保险基金的承担能力等多重因素确定。根据很多发达的工业国家的经验来看，退休年龄有提高的趋势。且国际劳工组织研究论证，退休年龄从60岁提高到65岁，可减少50%的退休金支付。由于延迟退休年龄涉及的问题比较复杂，加上我国目前劳动力资源充足，就业压力大，《社会保险法》没有明确法定退休年龄，目前退休年龄还是按照国家有关规定执行：男职工退休年龄为年满60周岁，女干部为55周岁，女工人为50岁；从事井下、高空、高温、特别繁重体力劳动或者其他有害身体健康的工作，男年满55周岁、女年满45周岁，连续工龄满10年的；男年满50周岁，女年满45周岁，连续工龄满10年，经医院证明，并经劳动鉴定委员会确认，完全丧失劳动能力的；因工致残，经医疗证明，并经劳动鉴定委员会确认，完全丧失劳动能力的。

（2）最低缴费年限为15年。缴费满15年是享受基本养老保险待遇的"门槛"。规定最低缴费年限，明确了个人的缴费责任，也保证了养老保险基金的支付能力。规定最低缴费年限为15年，并不是缴满15年就可以不缴费。只要与用人单位建立劳动关系，劳动者就应当按照国家规定履行缴费义务。个人退休后享受基本养老保险待遇与个人缴费年限直接相关，缴费年限越长、缴费基数越大，退休后领取的养老金就越多。

《社会保险法》还规定，退休时缴费不足15年的，可以选择缴费至满15年，按月享受基本养老保险待遇。也可以转入新型农村社会养老保险和城镇居民社会养老保险，按照国务院规定享受相应的养老保险待遇。

2. 农村养老金待遇领取条件

新农保制度实施时，已年满60周岁、未享受城镇职工基本养老保险待遇的，不用缴费，可以按月领取基础养老金，为体现传统家庭养老和相关法律规定的衔接，其符合参保条件的子女应当参保缴费。距领取年龄不足15年的，应按年缴费，可以补缴，累计缴费不超过15年。距领取年龄超过15年的，应按年缴费，累计缴费不少于15年。

五、基本养老保险关系的转移接续

人才的流动是市场经济资源配置的结果。而个人跨统筹地区就业，即参保职工在不同社会保险统筹基金的所在地之间流动就业，首先要面临的就是基本养老保险关系转移接续难的问题。在我国基本养老保险统筹层次不高的情况下，基本养老保险关系不能转移接续，缴费年限不能累计计算，会损害了参保人员的权利，直接影响职工参保的积极性，间接影响统一的人力资源市场的建立。为了保障参保人员的合法权益，促进人力资源的优化配置。在致力于提高基本养老保险的统筹层次的同时，借鉴欧盟国家经验的基础上，我国《社会保险法》规定，个人跨统筹地区就业的，其基本养老保险关系随本人转移，缴费年限累计计算，个人达到法定退休年龄时，基本养老金分段计算、统一支付。《城镇企业职工基本养老保险关系转移接续暂行办法》对跨统筹地区就业的参保人员基本养老保险关系的转移接续做了更为详细的规定。基本养老保险关系转移接续问题的解决，不仅有利于实现不同统筹地区养老保险制度之间的衔接，也有利于促进劳动力的自由流动。

第三节　医疗保险法律制度

一、医疗保险的概念和作用

医疗保险，是指劳动者患病或非因公负伤后，依法获得医疗救治方面物质帮助的一种社会保险制度。医疗保险有广义和狭义之分。广义的医疗保险不仅包括对治疗疾病所需医疗费用的补偿，也包括对由于疾病而导致的收入损失的补偿。狭义的医疗保险仅指治疗疾病所需医疗费用的保险。

疾病不仅危害着人们的身体健康，而且影响人们的正常生活和生产。医疗保险将劳动者个体由疾病风险导致的经济损失分摊给所有受同样风险威胁的成员，用集中起来的医疗保险基金来补偿由疾病所带来的经济损失，实现了风险转移。一方面，医疗保险通过在参保人之间分摊疾病费用风险，保障了患病劳动者身体的康复和生活的继续，有助于消除因疾病带来的社会矛盾，维护社会安定。另一方面，医疗保险通过征收医疗保险费和偿付医疗保险服务费用来调节收入差别，体现了社会公平性。此外，医疗保险解除了劳动者的后顾之忧，使其安心工作，也为劳动者的健康提供了保障，保证了劳动力正常再生产，利于提高劳动生产率，促进生产的发展。

二、我国医疗保险的覆盖范围

基本医疗保险制度的建设关系到全体国民的健康、生活质量和社会公平，是我国社会保险体系的重要组成部分。医疗保险的覆盖范围不仅表现为享受医疗保险待遇的群体范围，也体现了一个国家的社会福利水平。《社会保险法》在规定我国的基本医疗保险制度由职工基本医疗保险制度、新型农村合作医疗制度和城镇居民基本医疗保险制度三部分组成的同时，对三个医疗保险制度的覆盖范围也作出了明确规定。

（一）职工基本医疗保险的覆盖范围

在总结城镇职工基本医疗保险制度改革和实践经验的基础上，《社会保险法》明确规定了职工基本医疗保险制度的适用范围：

1. 在用人单位工作的职工。根据国务院《关于建立城镇职工基本医疗保险制度的决定》规定，城镇所有用人单位，包括企业（国有企业、集体企业、外商投资企业、私营企业等）、机关、事业单位、社会团体、民办非企业单位及其职工，都要参加基本医疗保险。就是说，机关事业单位和城镇、乡镇各类企业（既包括国有经济也包括非国有经济单位）及其职工都必须参加城镇职工基本医疗保险。

参保职工达到退休年龄时累计缴费达到国家规定年限的，退休后仍可享受基本医疗保险待遇，但无需再继续缴纳基本医疗保险费。参保职工退休时未达到国家规定的缴费年限的，可以缴费至国家规定的年限。

2. 无雇工的个体工商户、未在用人单位参加职工基本医疗保险的非全日制从业人员以及其他灵活就业人员，可以参加职工基本医疗保险，按照国家规定缴纳基本医疗保险费。很多灵活就业人员由于工作地点和时间不固定、收入不稳定等原因，参保缴费积极性不高，可以根据自己意愿选择参加或者不参加。

（二）新型农村合作医疗制度的覆盖范围

新型农村合作医疗，简称新农合，是专门为农村居民设立的一项基本医疗保险制度，所有农村居民都可以家庭为单位自愿参加。2003年1月，国务院办公厅转发卫生部、财政部、农业部《关于建立新型农村合作医疗制度意见》，决定从2003年开始按照"财政支持、农民自愿、政府组织"的原则组织进行试点。目前，新型农村合作医疗制度已在全国全面实施，覆盖了8.3亿农民。

（三）城镇居民基本医疗保险制度的覆盖范围

2007年起我国建立城镇居民基本医疗保险制度，覆盖城镇非从业人员，逐渐从试点走向全面建立。2007年7月，按照《国务院关于开展城镇居民基本医疗保险试点工作的指导意见》，城镇中不属于城镇职工基本医疗保险制度覆盖范围的中小学阶段的学生（包括职业高中、中专、技校学生）、少年儿童和其他非从业城镇居民，都可自愿参加城镇居民基本医疗保险。2008年10月《国务院办公厅关于将大学生纳入城镇居民基本医疗保险试点范围的指导意见》明确将各类全日制普通高等学校（包括民办高校）、科研院所（以下统称高校）中接受普通高等学历教育的全日制本专科生、全日制研究生纳入城镇居民基本医疗保险范围。至此，城镇居民基本医疗保险制度覆盖了城镇居民全体非从业人员。到2010年年底，城镇居民基本医疗保险制度参保人员已达1.9亿人。

三、医疗保险基金的筹集

医疗保险基金是依法向法定的组织和个人征收医疗保险费而集中起来的资金，是保障被保险人治疗疾病所需的医疗费用，是医疗保险制度的物质基础。医疗保险基金的来源主要有税收、雇主与被保险人缴费、财政补贴以及基金利息等。

（一）职工基本医疗保险基金的筹集

职工参加职工基本医疗保险，由用人单位和职工按照国家规定共同缴纳基本医疗保险费。用人单位缴费率应控制在职工工资总额的6%左右，职工缴费率一般为本人工资收入的2%。职工个人缴纳的基本医疗保险费，全部计入个人账户。用人单位缴纳的基本医疗保险费分为两部分，一部分用于建立统筹基金，一部分划入个人账户。随着经济发展，用人单位和职工缴费率可作相应调整。

无雇工的个体工商户、未在用人单位参加职工基本医疗保险的非全日制从业人员以及其他灵活就业人员参加职工基本医疗保险，由个人按照国家规定缴纳基本医疗保险费，缴费率原则上按照当地的缴费率确定，缴费基数可参照当地上年度职工年平均工资核定。

（二）新型农村合作医疗保险基金的筹集

国务院办公厅转发卫生等部门《关于建立新型农村合作医疗制度意见》规定，新型农村合作医疗制度实行个人缴费、集体扶持和政府资助相结合的筹资机制。个人适当缴费，有条件的乡村集体经济组织对本地新型农村合作医疗制度给予适当扶持，政府对所有参合农民给予适当补助，对于五保户等困难群体等的个人缴费部分再给予补贴。从实践结果来看，随着社会经济水平的发展，中央和地方财政补助标准在逐年提高，新型农村合作医疗筹资水平在逐步提高。

（三）城镇居民基本医疗保险基金的筹集

城镇居民基本医疗保险实行个人缴费和政府补贴相结合，有条件的用人单位可以对职工家属参保缴费给予补助，国家对个人缴费和单位补助资金制定税收鼓励政策。各地根据当地的经济发展水平及成年人和未成年人等不同人群的基本医疗消费需求，并考虑当地居民家庭和财政的负担能力，恰当确定总体筹资标准、财政补助标准和个人缴费标准。按照社会保险的基本原则，参保居民履行个人缴费义务。2008 年底将大学生并入城镇居民医疗保险体系后，规定大学生参加城镇居民基本医疗保险的个人缴费标准和政府补助标准，参照当地中小学生参加城镇居民基本医疗保险标准。为解决城市贫困人口的基本医疗保障问题，《社会保险法》改变了以往"社会保险局限于劳动关系"和"政府角色局限于社会救助"的传统模式①，规定政府给予享受最低生活保障的人、丧失劳动能力的重度残疾人、低收入家庭 60 周岁以上的老年人和未成年人个人缴费补贴。此外，当城镇居民医疗保险基金出现支付不足时，政府给予补贴。

四、医疗保险待遇的给付

（一）医疗保险待遇的支付范围

医疗保险的目的是保障被保险人患病时基本医疗费用的需要，但是医疗费用难以控制，基本医疗保险并不具有购买全部医疗服务的功能。只有符合基本医疗保险基金支付范围的医疗费用，才可以由基本医疗保险统筹基金或个人账户支付。在我国，符合国家规定的基本医疗保险药品目录、诊疗项目、医疗服务设施标准以及急诊、抢救的医疗费用，可以从基本医疗保险基金中支付。这些目录的数量、质量和价格制约被保险人的购买力和医疗保险的效率，因此在制定目录时要遵循科学、合理的原则，聘请医药学专家进行审定，并持续进行增加和筛选。

1. 基本医疗保险药品目录

药品目录指主要由医疗保险基金在定点医院和定点药店购买的药品。纳入《基本医疗保险药品目录》（简称《药品目录》）的药品，应是临床必需、安全有效、价格合理、使用方便、市场能够保证供应的药品，并具备下列条件之一：（1）《中华人民共和国药典》（现行版）收载的药品；（2）符合国家药品监督管理部门颁发标准的药品；（3）国家药品监督管理部门批准正式进口的药品。

---

① 杨燕绥：《社会保险法精释》，法律出版社 2011 年版，第 138 页。

2. 基本医疗保险诊疗项目范围

诊疗项目，是指主要由医疗保险基金购买的在定点医院使用的医疗服务设施，既包括医疗技术劳务项目，如诊疗费、手术费、麻醉费等。也包括采用医疗仪器、设备和医用材料进行的诊断、治疗项目，如与检验有关的化验仪器，B 超等诊断设备及医用材料。纳入国家基本医疗保险诊疗项目范围的诊疗项目必须符合以下条件：（1）临床诊疗必需、安全有效、费用适宜的诊疗项目；（2）由物价部门制定了收费标准的诊疗项目；（3）由定点医疗机构为参保人员提供的定点医疗服务范围内的诊疗项目。1999 年《关于城镇职工基本医疗保险诊疗项目管理的意见》规定了基本医疗保险不予支付费用的诊疗项目范围和基本医疗保险支付部分费用的诊疗项目范围。各地根据自身实际情况，参考国家基本医疗保险诊疗项目范围的规定，制定本地的基本医疗保险诊疗项目目录。

3. 基本医疗保险医疗服务设施

基本医疗保险医疗服务设施是指主要由医疗保险基金购买的，由定点医疗机构提供的，参保人员在接受诊断、治疗和护理过程中必需的生活服务设施。根据1999 年《关于确定城镇职工基本医疗保险医疗服务设施范围和支付标准的意见》，基本医疗保险医疗服务设施费用主要包括住院床位费及门（急）诊留观床位费。基本医疗保险基金不予支付的生活服务项目和服务设施费用，主要包括五大类：（转）诊交通费、急救车费；空调费、电视费、电话费、婴儿保温箱费、食品保温箱费、电炉费、电冰箱费及损坏公物赔偿费；陪护费、护工费、洗理费、门诊煎药费；膳食费；文娱活动费以及其他特需生活服务费用。

4. 急诊、抢救的医疗费用

急诊，是指医疗机构为急性病患者进行紧急治疗的门诊。抢救，是指在紧急危险情况下的迅速救护。急诊、抢救时，在定点医疗机构发生的符合基本医疗保险药品目录、诊疗项目、医疗服务设施标准的医疗费用，基本医疗保险基金应当按照国家规定支付。此外，国务院规定，在非定点医疗机构发生的急救、抢救的医疗费用及对急诊、抢救期间所需的超过药品目录范围的药品，也可以按照规定从基本医疗保险基金中支付。

从我国的实践来看，城镇居民基本医疗保险和职工基本医疗保险基本上执行相同的基本医疗保险药品目录、诊疗项目、医疗服务设施标准。新型农村合作医疗保险中可由农村合作医疗基金的支付范围、支付标准和额度，则由各县（市）

根据筹资总额，结合当地实际，科学合理地确定。

根据《社会保险法》第30条，如果出现下述四种情况的一种或多种，即使这部分医疗费用符合上述基本医疗保险项目，基本医疗保险也不应支付费用：（1）应当从工伤保险基金中支付的；（2）应当由第三人负担的；（3）应当由公共卫生负担的；（4）在境外就医的。

（二）医疗保险待遇的给付标准

1. 职工基本医疗保险的待遇标准

职工基本医疗保险的统筹基金和个人账户按照各自的支付范围，分别核算，不得互相挤占。个人账户，用于支付门诊费用、住院费用中个人自付部分以及在定点药店购物费用。统筹基金，用于支付住院医疗和部分门诊大病费用。统筹基金支付有起付标准和最高支付限额，起付标准原则上控制在当地职工年平均工资的10%左右，最高支付限额原则上控制在当地职工年平均工资的4倍左右。起付标准以下的医疗费用，从个人账户中支付或由个人自付。起付标准以上、最高支付限额以下的医疗费用，主要从统筹基金中支付。

2. 新型农村合作医疗待遇标准

新型农村合作医疗主要补助参保农民的大额医疗费用或住院医疗费用。有条件的地方，可实行大额医疗费用补助与小额医疗费用补助结合的办法。各县（市）根据筹资总额，结合当地实际，科学合理地确定农村合作医疗基金的支付范围、支付标准和额度。

3. 城镇居民基本医疗保险待遇标准

城镇居民基本医疗保险只建立统筹基金，不建立个人账户，基金主要用于住院医疗和部分门诊大病费用。基金支付比例原则上低于职工基本医疗保险，但高于新型农村合作医疗。

五、医疗保险关系的转移接续

医疗保险关系的转移接续关系到基本医疗保险缴费年限的积累和个人账户的余额的划转。在我国基本医疗保险统筹层次还比较低的条件下，如不建立医疗保险关系转移接续制度，劳动者的跨地区流动将造成很多人有多个医疗保险账户，却因不符合规定缴费年限，从而在退休后难以享受免缴费并继续获得医疗保险待遇的权利。为保障跨统筹地区就业的参保人的合法权益，《社会保险法》规定个人跨统筹地区就业的，其基本医疗保险关系随本人转移，缴费年限累计计算。《流动就业人员基本医疗保障关系转移接续暂行办法》对个人跨统筹地区就业的医疗保险关系转移接续做了较为详细的规定。

第四节　工伤保险法律制度

一、工伤保险的概念和作用

工伤保险，又称职业伤害保险，是指国家或社会对在工作中因遭受意外伤害或患职业病而造成死亡、暂时或者永久丧失劳动能力的劳动者及其亲属给予物质帮助的一项社会保险制度。工伤保险制度是社会化、工业化的产物，从 19 世纪 80 年代德国制定并实施《劳工灾害保险法》开始，经过一百多年的发展，工伤保险制度已经从单纯的事后经济补偿，逐步发展为集补偿、预防、康复为一体的社会保险系统。[①]

工伤保险的建立切合了其立法目的，具有经济补偿、工伤预防、职业康复和分散风险四项功能。首先，工伤保险有助于为遭遇工伤风险的劳动者提供经济补偿。工业社会机器的采用导致从事工作的风险变大，产生的职业伤害的后果也更加严重。工伤保险避免了传统侵权法的局限性，使得劳动者能获得及时有效的救治和经济补偿。其次，工伤保险通过缴费机制将企业的安全保护和经济利益相结合，促使企业加强劳动保护，同时在工伤保险基金中列出必要费用开展预防工作，有效地推动了工伤预防。再次，工伤保险基金的一部分支出用于为受害劳动者提供特殊医疗服务、训练和辅助器具，帮助其改善健康状况，恢复生活和劳动能力，促进了工伤康复工作的开展。最后，工伤保险通过风险共担和互助合作，分散了行业和企业风险，保证了企业生产活动的正常进行。

二、工伤保险的覆盖范围

工伤保险覆盖范围是指因工作遭遇工伤或患职业病而死亡、丧失或部分丧失

---

① 　郑尚元：《劳动和社会保障法学》，北京师范大学出版社 2010 年版，第 330 页。

劳动能力时，有权享受国家和社会提供物质帮助的劳动者范围。在我国，根据《社会保险法》和《工伤保险条例》，应当享受工伤保险待遇的劳动者包括：中华人民共和国境内的企业、事业单位、社会团体、民办非企业单位、基金会、律师事务所、会计师事务所等组织的职工和个体工商户的雇工。也就是说，纳入工伤保险范围的既包括在用人单位工作并签有劳动合同的全日制劳动者，也包括农民工、已建立劳动关系但未签订劳动合同的劳动者和非全日制从业人员。外国人在中国境内就业的，也应当参加工伤保险，由所在单位为其缴纳工伤保险费。国家机关、依照公务员法管理的事业单位、社会团体的职工工伤管理办法则另行制定。

三、工伤保险基金的筹集

（一）工伤保险基金的来源

工伤保险实行用人单位单方缴费制度，用人单位为本单位职工缴纳工伤保险费，职工不缴纳工伤保险费，职工在受到工伤事故伤害时由工伤保险基金为其支付相应的工伤保险待遇。

（二）工伤保险缴费费率

用人单位以本单位职工上年度月平均工资总额为缴费基数，根据社会保险经办机构确定的费率缴纳工伤保险费。工伤保险基金实行现收现付制，也就是将当期征缴的工伤保险费用于支付当期的各项工伤保险待遇及其他合法支出。因此，为满足各项工伤保险待遇及各项合法项目的支出，又不使基金有过多结余，工伤保险费率的科学、合理确定很有必要。工伤事故总体上有一定规律，在一个周期内，事故发生有稳定的概率。可对某个地区某一时段的工伤事故或者职业病的发生及其所需费用进行估算，并预估下一时段所需的资金量。同时，不同行业、同行业中不同企业工伤事故发生的概率和工伤保险基金的使用情况不同。为了促进用人单位强化工伤预防，做好安全生产和职业病防治工作，减少工伤事故和职业病的发生，各国工伤保险制度基本上都实行差别费率和浮动费率制度。我国的工伤保险制度也实行差别费率和浮动费率制度。

行业差别费率。不同的行业工伤事故的发生概率和严重程度差距较大，进而导致对工伤保险待遇支付的差距较大。同一行业内不同单位间工伤发生率及使用工伤保险基金的使用情况也存在差异。为了公平负担保险费用，促使事故多发的行业和企业改进生产条件、搞好安全生产，国家实行差别费率制度。根据不同行业的工伤风险程度确定行业的差别费率，并根据使用工伤保险基金、工伤发生率等情况在每个行业内确定若干费率档次。

浮动费率。为促进用人单位重视安全生产，强化工伤预防工作，降低用人单位工伤事故率，行业的差别费率确定后，统筹地区社会保险经办机构根据上年度用人单位工伤发生率和工伤保险基金使用情况，确定其在所属行业内相应的费率档次中适用的费率，作为单位缴费费率。

四、工伤保险待遇的给付内容

（一）工伤保险基金支付的项目

1. 工伤医疗待遇

（1）治疗工伤的医疗费用和康复费用。治疗工伤所需的挂号费、医疗费、药费、住院费等费用和进行康复性治疗的费用等可以从工伤保险基金支付。但应注意以下事项：首先，劳动者进行工伤治疗和康复性治疗时应当在签订服务协议的医疗机构就医，治疗工伤情况紧急时可以先到就近的医疗机构急救。其次，工伤和康复性治疗的费用应符合工伤保险诊疗项目目录、工伤保险药品目录和工伤保险住院服务标准。

（2）住院伙食补助费。劳动者治疗工伤需要住院的，由工伤保险基金按照规定支付补助其住院期间的伙食费。

（3）到统筹地区以外就医的交通食宿费。如果工伤职工需要到统筹地区以外就医，有医疗机构的转院证明，报经统筹地区社会保险经办机构同意，所需交通费、食宿费由工伤保险基金按标准支付。

（4）安装配置伤残辅助器具所需费用。工伤职工因日常生活或就业需要，经劳动能力鉴定委员会确认，可以安装矫形器、义肢、义眼、义齿和配置轮椅等辅助器具，所需费用按照国家规定的标准从工伤保险基金支付。配置辅助器具可能发生在工伤职工初次工伤医疗或者工伤复发经批准治疗的情形下，也可能发生在经批准进行的康复性治疗情形下。

（5）护理费。职工受到事故伤害或患职业病后，可能存在生活完全不能自理、生活大部分不能自理和生活部分不能自理的情况。经劳动能力鉴定委员会确认存在生活自理障碍的，根据其障碍登记，向生活不能自理的工伤职工支付的供其雇用生活护理人员的补助费。

2. 工伤伤残待遇

职工因工受伤或患职业病后，因伤害部位和伤害程度的不同，对其劳动功能和生活自理能力的影响不同。对于存在伤残的，根据《工伤保险条例》的规定，分为一到十级共十个伤残等级，一级最严重，十级最轻微。其中，一至四级属于完全丧失劳动能力，五至六级属于部分丧失劳动能力，七至十级属于部分丧失劳动能力。伤残职工均程度不同地丧失了劳动能力，而这一后果是由工伤造成的。工伤保险基金根据伤残等级，结合劳动者自身选择，给予伤残职工相应的工伤保险待遇。

（1）一次性医疗补助金。职工因工致残被鉴定为五至六级伤残的，本人提出与用人单位解除或终止劳动关系以及职工因工致残被鉴定为七至十级伤残的，劳动、聘用合同期满终止或工伤职工本人提出解除劳动、聘用合同的，工伤保险基金支付一次性工伤医疗补助金。

（2）一次性伤残补助金。职工因工致残并经劳动能力鉴定委员会评定伤残等级的，按照伤残等级，由工伤保险基金中向职工支付一次性伤残补助金，其数额为法律规定月数的本人工资（指职工因工受伤或者患职业病前 12 个月的平均月缴费工资）。职工负伤一次给一次补偿，而负伤后旧伤复发伤残等级发生变化的，不再支付一次性伤残补助金。按照最新政策，一次性伤残补助金根据伤残级别不同，分别为：一级伤残为 27 个月本人工资，二级伤残为 25 个月，三级伤残为 23 个月，四级伤残为 21 个月，五级伤残为 18 个月，六级为 16 个月，七级为 13 个月，八级为 11 个月，九级为 9 个月，十级为 7 个月。

（3）伤残津贴。职工被鉴定为一至四级伤残的属于丧失劳动能力的情形。该类工伤职工，与用人单位保留劳动关系，退出工作岗位。为保障其基本生活，由工伤保险基金按月支付其保障待遇，即伤残津贴。具体标准为：一级伤残为本人工资的 90%，二级伤残为 85%，三级为 80%，四级为 75%。伤残津贴实际数额低于当地最低工资标准的，由工伤保险基金补足差额。

职工因工致残被鉴定为一至四级伤残的，由用人单位和职工个人以伤残津贴为基数，继续缴纳基本医疗保险费。工伤职工达到退休年龄并办理退休手续后，符合领取基本养老保险待遇条件的，停发伤残津贴，按照国家有关规定享受基本养老保险待遇。基本养老保险待遇低于伤残津贴的，由工伤保险基金补足差额。

3. 工伤死亡待遇

（1）丧葬补助金。丧葬补助金是安葬工亡职工、处理后事的必需费用。职工因工即刻死亡的，伤残职工在停工留薪期内因工伤导致死亡的，一至四级伤残职工在停工留薪期满后死亡的，其近亲属可按照规定从工伤保险基金中领取丧葬补助金。丧葬补助金为 6 个月的统筹地区上年度职工月平均工资。

（2）供养亲属抚恤金。职工因工死亡，包括伤残鉴定为一至四级的工伤职工死亡，必须依靠其提供主要生活来源、无劳动能力的近亲属符合条件的应当享受供养亲属抚恤金待遇。按照因公死亡职工生前本人工资的一定比例计发，具体标准为：配偶每月 40%，其他亲属每人每月 30%，孤寡老人或者孤儿每人每月在上述标准的基础上增加 10%。各供养亲属的抚恤金之和不应高于工亡职工生前的工资。该项待遇为长期待遇，为了能够保持供养亲属的基本生活水平，各统筹地区要根据职工的平均工资和物价变化情况，适时调整。一旦供养亲属具备、恢复能力或者死亡的，供养亲属抚恤金即停止发放。

（3）因工死亡补助金。工亡补助金，是对工亡职工亲属以后生活的一次性补助。一次性工亡补助金的标准为上一年度全国城镇居民人均可支配收入的 20%。发放对象为工亡职工的近亲属，当有数个近亲属时，对于工伤职工生前对其尽了较多照顾义务的近亲属，应当予以照顾。

4. 其他费用

劳动能力鉴定费，劳动能力鉴定是职工配置辅助器具、享受生活护理费、延长停工留薪期、享受伤残待遇等的重要前提和必经程序。《工伤保险条例》没有明确规定劳动能力鉴定费的负担问题，《社会保险法》第 38 条规定了劳动能力鉴定费从工伤保险基金中支付，为劳动能力鉴定可持续发展奠定了基础。

5. 特殊情况下工伤保险待遇的先行支付和追偿

为保证工伤职工的医疗救治和基本生活需要。《社会保险法》还规定了两种工伤保险基金先行支付的情形。

（1）为用人单位的先行支付和追偿。参加工伤保险社会统筹，为本单位全部职工缴纳工伤保险费，是用人单位的法定强制性义务。如果用人单位未按规定缴纳工伤保险费，职工因工作原因受到事故伤害或患职业病的，用人单位应按照规定的工伤保险待遇项目和标准支付待遇。用人单位不支付的，从工伤保险基金中先行支付。从工伤保险基金中先行支付的工伤保险待遇应当由用人单位偿还。用人单位不偿还的，社会保险经办机构可以采取法定的强制措施进行追偿。

（2）为第三人的先行支付和追偿。由于第三人原因而造成的工伤，第三人不支付工伤医疗费用或者无法确定第三人的，由工伤保险基金先行支付。工伤保险基金先行支付后，有权向第三人追偿。

【案例】第三人原因造成工伤能否享受工伤保险待遇①

2005年5月8日，王某驾驶车辆给甲公司运输沙子，甲公司派其职工秦某在库内负责接待，王某用锤击打自卸车后门准备卸沙，在卸沙过程中该车前移，将站在车前的秦某撞伤，秦某随即被送往医院住院治疗。秦某先后花了治疗费115247.13元。之后，秦某向劳动和社会保障局申请工伤认定。王某的车辆已购买了第三者责任险，保险金额为100000元。秦某诉至法院，要求依法判决被告王某、保险公司赔偿治疗费人民币115247.13元，护理费13050元，交通费433元，伙食补助费1692元，营养费940元，残疾赔偿金41000元，精神损害抚慰金50000元，误工费9450元，合计231812.13元。一审法院认为，秦某与王某发生的撞伤事故是由被告王某操作不当引起的，判决二被告给付包括医疗费在内的共计人民币150812.13元，王某负担50812.13元，保险公司负担100000元。驳回秦某的其他诉讼请求。王某不服提出上诉称，秦某的115247.13元医疗费已通过工伤保险机构报销，上诉人不应再承担赔偿责任。二审法院经审理认为，秦某115247.13元医疗费已通过工伤保险机构赔偿，秦某要求上诉人及原审被告保险公司重复赔偿该笔费用，无法律依据，不予支持。遂撤销原判决，判决保险公司在保险额范围内赔偿秦某包括护理费、交通费、住院伙食补助费、营养费、精神损害抚慰金共计17549元。

思考：本案中的问题是第三人造成工伤的，工伤职工如何请求工伤保险待遇，能否同时请求第三人承担损害赔偿责任？

（二）由用人单位支付的工伤保险待遇项目

1. 停工留薪期待遇

职工因工伤事故或者患职业病需要暂停工作接受治疗的，实行工伤停工留薪期。在此期间，职工原工资福利待遇不变，由所在单位发给；生活不能自理需要护理的，由所在单位负责。停工留薪期一般不超过12个月，伤情严重或者情况特殊需要延长期限的，经设区的市级劳动能力鉴定委员会确认，可以适当延长，但最多可再延长12个月。

2. 五至六级工伤职工的伤残津贴

五至六级工伤职工大部分尚具有一定的劳动能力，用人单位应适当安排工

---

① 王超英、孔昌生：《中华人民共和国社会保险法释义与案例》，人民出版社2010年版，第241页。

作，发放工资。难以安排工作，本人又没有提出与用人单位解除或终止劳动关系的，由用人单位按月发给伤残津贴，五级伤残为本人工资的70%；六级伤残为本人工资的60%。伤残津贴实际金额低于当地最低工资标准的，由用人单位补足差额。

3. 一次性伤残就业补助金

五至六级工伤职工本人提出与用人单位解除或终止劳动关系的，以及伤残达到七至十级的工伤职工，劳动、聘用合同期满终止或工伤职工本人提出解除劳动、聘用合同的，应当由用人单位支付一次性伤残就业补助金。保障工伤职工在寻找到新的工作以前的基本生活。

工伤职工存在下列情况时，停止享受工伤保险待遇：（1）丧失享受待遇条件的；（2）拒不接受劳动能力鉴定的；（3）拒绝治疗的。

五、工伤损害赔偿的责任承担

工伤损害赔偿的责任承担是指工伤事故发生后，确定劳动者工伤损害的责任由谁承担的准则。在不同国家的不同历史时期，基于当时的经济和社会发展情况，有关工伤损害赔偿的责任承担规则不同，大致可分为如下五种：雇工个人承担责任、雇主过失承担责任、雇主无过失承担责任、雇主责任保险和无过失补偿的工伤保险。

雇工个人承担责任，雇工遭遇工伤事故所受损害都由其本人承担，这种归责原则不利于维护处于弱势方的雇工的利益，有悖正义。雇主过失承担责任，雇主仅就工伤事故的发生存在过错时才承担责任，但是举证证明雇主存在过错及其他一起工作的雇工不存在过错十分不易。雇主无过失承担责任，只要不是雇工的故意所为，无论雇主是否存在过失，都应该对雇工遭遇的工伤损害进行赔偿。这种责任承担方式强化了对遭遇工伤事故雇工权益的保护，但加重了雇主的责任，降低了雇主的竞争力，且雇工权益的实现完全依赖于雇主的赔偿能力，当雇主经济状况恶化时，会影响甚至导致雇工的损害赔偿请求不能实现。此三种制度都属于对民法中侵权责任法归责原则的具体应用。雇主责任保险，雇主订立保险合同，以其应对雇工承担的损害赔偿责任为标的。该制度将雇主的责任转移给保险公司，使工伤损害赔偿的责任分担社会化，不足是由于属于商业保险，雇工遭遇工伤事故，获赔难度大且待遇低。① 无过失补偿的工伤保险，工伤事故发生时，无

---

① 郑尚元主编：《劳动和社会保障法学》，北京师范大学出版社2010年第2版，第332～333页。

论是雇工还是雇主存在过错，对于给雇工造成的损害都应给予经济补偿，至此，工伤损害赔偿的责任承担规则实现了由侵权行为法到社会保险法的跨越，公权力的介入保证了劳动者权益实现的同时，也有利于雇主风险的分担。"综观世界各国立法的历史进程，现代劳工损害赔偿制度已经从一元机制发展为多元机制，经历了从传统侵权行为调整发展到社会保险法的综合调整。"① "更久远的未来法律的调整方式是难以预测的，但依据现有的对于劳动者工伤损害救济的立法与现实条件看，在可预见的将来，多元调整的机制将继续存在，侵权行为法、雇主责任保险、工伤保险等调整机制相互配合、相互协调、共同编织一个工伤事故受害劳动者权利救济之网，是理性的、现实地选择。"②

六、工伤认定和劳动能力鉴定

（一）工伤认定

工伤认定是职工享受工伤保险待遇的依据。随着职业伤害的增多，工伤事故的范围在不断扩大。除了工作原因直接造成伤害，某些工作原因间接造成的伤害及职业病也被划入工伤范围。职工因工作而受到伤害或患职业病后，必须及时提出工伤认定申请，否则可能使工伤职工的合法权益得不到维护。我国的《工伤保险条例》分别从应当认定为工伤、视同工伤、不得认定为工伤或视同工伤及工伤认定的程序四个方面，对工伤认定的实质性要件和程序性要件作出了规定。

1. 应当认定为工伤的情形

我国《工伤保险条例》第14条规定，职工有下列情形之一的，应当认定为工伤：（1）在工作时间和工作场所内，因工作原因受到事故伤害的；（2）工作时间前后在工作场所内，从事与工作有关的预备性或者收尾性工作受到事故伤害的；（3）在工作时间和工作场所内，因履行工作职责受到暴力等意外伤害的；（4）患职业病的；（5）因工外出期间，由于工作原因受到伤害或者发生事故下落不明的；（6）在上下班途中，受到非本人主要责任的交通事故或者城市轨道交通、客运轮渡、火车事故伤害的；（7）法律、行政法规规定应当认定为工伤的其他情形。

---

① 吕琳著：《劳工损害赔偿法律制度研究》，中国政法大学出版社2005年版，第59~60页。
② 郑尚元、扈春海、李海明著：《劳动和社会保障法》，中国政法大学出版社2008年版，第501页。

2. 视同工伤的情形

我国《工伤保险条例》第 15 条规定，职工有下列情形之一的，视同工伤：（1）在工作时间和工作岗位，突发疾病死亡或者在 48 小时之内经抢救无效死亡的；（2）在抢险救灾等维护国家利益、公共利益活动中受到伤害的；（3）职工原在军队服役，因战、因公负伤致残，已取得革命伤残军人证，到用人单位后旧伤复发的。职工有上述第（1）项、第（2）项情形的，按规定享受工伤保险待遇；职工有上述第（3）项情形的，按规定享受除一次性伤残补助金以外的工伤保险待遇。

3. 不得认定为工伤或视同工伤的情形

我国《工伤保险条例》第 16 条规定，职工有下列情形之一的，不得认定为工伤或者视同工伤：（1）故意犯罪的；（2）醉酒或者吸毒的；（3）自残或者自杀的。也就是说，即便职工符合《工伤保险条例》列举的应当认定为工伤的 7 类情形或应当视同工伤的 3 类情形，但是如果同时也符合本条规定的几类特殊情形，则优先适用本条规定，不得认定为工伤或者视同工伤。同时还应当予以明确的是，上述这些行为指的是伤亡职工本人的行为，且职工的伤亡与上述行为之间存在因果关系。假如是他人的上述行为导致职工伤亡或导致职工伤亡的原因并非职工所为上述行为，那么就可以排除适用本条规定。[1]

4. 工伤认定的程序

（1）申请。职工发生事故伤害或者按照《职业病防治法》规定被诊断、鉴定为职业病，所在单位应当自事故伤害发生之日或者被诊断、鉴定为职业病之日起 30 日内，向统筹地区社会保险行政部门提出工伤认定申请。遇有特殊情况，经报社会保险行政部门同意，申请时限可以适当延长。其中应当由省级社会保险行政部门进行工伤认定的事项，根据属地原则由用人单位所在地的设区的市级社会保险行政部门办理。用人单位未在上述规定的时限内提交工伤认定申请，在此期间发生符合《工伤保险条例》规定的工伤待遇等有关费用由该用人单位负担。

用人单位未按上述规定提出工伤认定申请的，工伤职工或者其近亲属、工会组织在事故伤害发生之日或者被诊断、鉴定为职业病之日起 1 年内，可以直接向用人单位所在地统筹地区社会保险行政部门提出工伤认定申请。

---

[1] 王超英、孔昌生：《中华人民共和国社会保险法释义与案例》，人民出版社 2010 年版，第 98 页。

提出工伤认定申请应当提交下列材料：①工伤认定申请表；②与用人单位存在劳动关系（包括事实劳动关系）的证明材料；③医疗诊断证明或者职业病诊断证明书（或者职业病诊断鉴定书）。其中工伤认定申请表应当包括事故发生的时间、地点、原因以及职工伤害程度等基本情况。工伤认定申请人提供材料不完整的，社会保险行政部门应当一次性书面告知工伤认定申请人需要补正的全部材料。申请人按照书面告知要求补正材料后，社会保险行政部门应当受理。

（2）审查。社会保险行政部门受理工伤认定申请后，根据审核需要可以对事故伤害进行调查核实，用人单位、职工、工会组织、医疗机构以及有关部门应当予以协助。职业病诊断和诊断争议的鉴定依照《职业病防治法》的有关规定执行。对依法取得职业病诊断证明书或者职业病诊断鉴定书的，社会保险行政部门不再进行调查核实。职工或者其近亲属认为是工伤，用人单位不认为是工伤的，由用人单位承担举证责任。

社会保险行政部门应当自受理工伤认定申请之日起60日内作出工伤认定的决定，并书面通知申请工伤认定的职工或者其近亲属和该职工所在单位。社会保险行政部门工作人员与工伤认定申请人有利害关系的，应当回避。

（二）劳动能力鉴定

劳动能力鉴定是指劳动功能障碍程度和生活自理障碍程度的等级鉴定。国家标准化管理委员会于2006年批准发布的《劳动能力鉴定职工工伤与职业病致残等级》（GB/T 16180－2006）对因工伤或患职业病的职工伤残后丧失劳动能力的程度和护理依赖程度进行等级鉴定做出了规定。据此，在我国劳动功能障碍分为十个伤残等级，最重的为一级，最轻的为十级。生活自理障碍分为三个等级：生活完全不能自理、生活大部分不能自理和生活部分不能自理。职工发生工伤，经治疗伤情相对稳定后存在残疾、影响劳动能力的，应当由专门机构按照如下程序进行劳动能力鉴定。

（1）申请。劳动能力鉴定由用人单位、工伤职工或者其近亲属向设区的市级劳动能力鉴定委员会提出申请，并提供工伤认定决定和职工工伤医疗的有关资料。

（2）审查。省、自治区、直辖市劳动能力鉴定委员会和设区的市级劳动能力鉴定委员会分别由省、自治区、直辖市和设区的市级社会保险行政部门、卫生行政部门、工会组织、经办机构代表以及用人单位代表组成。劳动能力鉴定委员会建立医疗卫生专家库。列入专家库的医疗卫生专业技术人员应当具备下列条件：具有医疗卫生高级专业技术职务任职资格；掌握劳动能力鉴定的相关知识；具有良好的职业品德。

设区的市级劳动能力鉴定委员会收到劳动能力鉴定申请后，应当从其建立的医疗卫生专家库中随机抽取 3 名或者 5 名相关专家组成专家组，由专家组提出鉴定意见。设区的市级劳动能力鉴定委员会根据专家组的鉴定意见作出工伤职工劳动能力鉴定结论；必要时，可以委托具备资格的医疗机构协助进行有关的诊断。设区的市级劳动能力鉴定委员会应当自收到劳动能力鉴定申请之日起 60 日内作出劳动能力鉴定结论，必要时，作出劳动能力鉴定结论的期限可以延长 30 日。劳动能力鉴定结论应当及时送达申请鉴定的单位和个人。申请鉴定的单位或者个人对设区的市级劳动能力鉴定委员会作出的鉴定结论不服的，可以在收到该鉴定结论之日起 15 日内向省、自治区、直辖市劳动能力鉴定委员会提出再次鉴定申请。省、自治区、直辖市劳动能力鉴定委员会作出的劳动能力鉴定结论为最终结论。劳动能力鉴定工作应当客观、公正。劳动能力鉴定委员会组成人员或者参加鉴定的专家与当事人有利害关系的，应当回避。

（3）复查。自劳动能力鉴定结论作出之日起 1 年后，工伤职工或者其近亲属、所在单位或者经办机构认为伤残情况发生变化的，可以申请劳动能力复查鉴定。

第五节　失业保险法律制度

一、失业保险的概念和作用

失业有很多种类，根据失业者主观愿意就业与否，可将失业分为自愿失业与非自愿失业。前者是指客观上有就业机会，但是劳动者主观上不愿就业；后者则是指劳动者主观上愿意就业，但是客观上无法获得就业机会。失业保险所要解决的是非自愿性失业者的生活保障问题。所以，失业保险中的失业是指具有劳动能力并有劳动意愿的劳动者得不到就业机会或者就业后又失去工作的状态。

失业保险是国家通过立法强制实行，建立失业保险基金，对非因本人意愿中断就业、失去工作的劳动者在一定时期提供基本生活保障及再就业服务的一项社会保险制度。失业是市场经济不可避免的现象。但失业会使失业者面临生存的困境，较高的失业率甚至会造成社会的动荡不安。失业保险成了对付失业的第一道防线：（1）失业保险为失业人员提供基本的生活保障。劳动是劳动者获得报酬的主要方式。失业会导致劳动者丧失主要的生活来源。失业保险的功能之一则是为失业人员提供物质帮助，解决其生活上的困难，为劳动者失业期间的生活提供基本的保障。（2）失业保险有利于促进就业。20 世纪下半叶以来，面对居高不下的失业率，各国开始改革失业保险法，将其立法目的从为失业者提供基本生活保障转向强调促进失业者就业。失业保险待遇中的职业培训、提供就业机会等措施有利于促进失业者的再就业。

二、失业保险的覆盖范围和基金的筹集

（一）失业保险的覆盖范围

失业保险的覆盖范围指依法享受失业保险待遇的对象和负有缴纳失业保险费的主体。根据自身的经济发展状况和保障能力来确定，各国的失业保险范围不尽相同。在我国，根据《失业保险条例》的规定，城镇企业事业单位失业人员依法享受失业保险待遇，城镇企业事业单位、城镇企业事业单位职工负有缴纳失业保险费的义务。此处城镇企业，指国有企业、城镇集体企业、外商投资企业、城镇私营企业以及其他城镇企业。省、自治区、直辖市人民政府根据当地实际情况，也可以将失业保险覆盖范围扩大适用于本行政区域内的社会团体及其专职人员、民办非企业单位及其职工、有雇工的城镇个体工商户及其雇工。

（二）失业保险基金的筹集

失业保险基金是失业人员享受失业保险待遇的物质基础。市场经济条件下，失业成为市场运行的必然产物。按照社会保险的基本原则，劳动者应为分担失业风险付出一定成本；失业是用人单位使用劳动力时优胜劣汰的后果，失业让用人单位使用劳动力方面有更大的选择权；国家有保障人民生活、维护社会安定的职能。因此，劳动者的失业风险应当由劳动者本人、用人单位和国家共同、合理地分担。在我国，根据《失业保险条例》第 5 条规定，失业保险基金由下列各项构成：城镇企业事业单位、城镇企业事业单位职工缴纳的失业保险费；失业保险基金的利息；财政补贴；依法纳入失业保险基金的其他资金。其中，参保单位和个人的缴费是失业保险基金的主要来源。城镇企业事业单位按照本单位工资总额的2% 缴纳失业保险费，城镇企业事业单位职工按照本人工资的1% 缴纳失业保险费。城镇企业事业单位招用的农民合同工本人不缴纳失业保险费。省、自治区、直辖市人民政府根据本行政区域失业人员数量和失业保险基金数额，报经国务院

批准，可以适当调整本行政区域失业保险费的费率。

三、失业保险待遇的给付

（一）失业保险待遇的给付条件

　　劳动者在遭遇劳动风险后，需符合条件，并履行特定的程序，向社会保险经办机构申请，才能享有失业保险待遇。在我国，失业劳动者符合下列条件的，可申请享受失业保险待遇，从失业保险基金中领取失业保险金：

1. 失业前用人单位和本人已经按照规定缴纳失业保险费满 1 年的

　　失业人员要领取失业保险金，首要条件是要履行缴费义务，即失业人员所在单位及其本人必须按照规定缴纳失业保险费，且累计缴费时间满 1 年。未参加工作，或参加工作已满 1 年以上，但用人单位和个人没有参加失业保险，或参加失业保险，但缴纳失业保险费未满 1 年的，失业后，不能享受失业保险待遇。这里所说的满 1 年是指累计缴费，可以将在不同用人单位的缴费时间累积起来计算。

2. 非因本人意愿中断就业的

　　从主观意愿出发，劳动者中断就业的原因分为两种：非自愿中断就业，即失业人员不愿意中断就业，但因本人无法控制的客观原因而被迫中断就业；自愿中断就业，即失业人员因自愿离职而导致失业。各国通行做法是将自愿中断就业的人员排除在享受失业保险待遇的范围之外。借鉴国际经验，《社会保险法》规定非因本人意愿中断就业的，才能享受失业保险待遇。对于非本人意愿中断就业的情形，《失业保险金申领发放办法》第 4 条做了相关规定，非因本人意愿中断就业的情形包括：终止劳动合同的；被用人单位解除劳动合同的；被用人单位开除或除名、辞退的；以根据《劳动法》第 32 条第 2 项、第 3 项的规定，用人单位以暴力、威胁或者非法限制人身自由的手段强迫劳动，或者未按照劳动合同约定支付劳动报酬或者提供劳动条件，劳动者与用人单位解除劳动合同的。

3. 已经进行失业登记，并有求职要求的

　　失业人员要享受失业保险待遇，除了上述条件，还应持有关材料及时到指定的公共就业服务机构办理失业登记。失业登记有利于相关部门掌握失业人员的基

本情况，确认其资格。失业人员进行失业登记时，须持本人身份证件和证明原身份的有关证据，以及与原单位终止、解除劳动关系或者解聘的证明。失业保险保障的对象，是有能力工作并愿意继续工作的劳动者。失业人员享受失业保险待遇，还必须要有求职要求。因此申领失业保险金的失业人员应积极寻找工作，参加职业培训、职业介绍等，争取尽快实现再就业。

失业人员凭失业登记证明和个人身份证明，到社会保险经办机构办理领取失业保险金的手续。失业保险金领取期限自办理失业登记之日起计算。当失业人员在领取失业保险金期间有下列情形之一的，停止领取失业保险金，并同时停止享受其他失业保险待遇：（1）重新就业的；（2）应征服兵役的；（3）移居境外的；（4）享受基本养老保险待遇的；（5）被判刑收监执行或者被劳动教养的；（6）无正当理由，拒不接受当地人民政府指定的部门或者机构介绍的工作的；（7）有法律、行政法规规定的其他情形的。

（二）失业保险待遇的内容

失业保险待遇的内容是指失业人员在法定期间可以享受到的各项权利。在我国，失业保险待遇由失业保险金、医疗补助金、丧葬补助金和抚恤金、职业培训和职业介绍补贴等构成。

（1）失业保险金是失业保险经办机构按规定支付给符合条件的失业人员的基本生活费用，是最主要的失业保险待遇，失业人员只有在领取失业保险金期间才能享受到其他各项失业待遇。

（2）医疗补助金，失业人员在领取失业保险金期间患病就医的，在失业保险经办机构领取的医疗费用的补助。

（3）一次性丧葬补助金和抚恤金，失业人员在领取失业保险金期间死亡的，参照当地在职职工死亡的规定，其家属可以领取一次性丧葬补助金和抚恤金。个人死亡同时符合领取基本养老保险一次性丧葬补助金、工伤保险丧葬补助金和失业保险丧葬补助金条件的，其家属只能选择领取其中一种。

（4）一次性生活补助，用人单位为招用的农民合同制工人连续缴纳失业保险费满1年的，劳动合同期满未续订或提前解除劳动合同的，由社会保险经办机构根据其工作时间长短，对农民合同制工人支付一次性生活补助。

（5）职业培训和职业介绍补贴。为了鼓励和帮助失业人员尽快实现再就业，《失业保险条例》在支出项目规定了就业服务。即从失业保险基金中支付的为失业人员提供培训和介绍职业费用。

（三）失业保险待遇的给付期限

失业保险待遇的给付期限是针对失业保险金而言的。为体现享受权利和履行义务方面的对应原则，社会保险法将失业人员领取失业保险金的期限与其缴纳失业保险费的年限挂钩，规定失业人员领取失业保险金的期限由失业人员失业前用人单位和本人的累计缴费确定，并规定了领取失业保险金的不同上限：（1）累计缴费时间满 1 年不足 5 年的，最长能够领取 12 个月的失业保险金；（2）累计缴费时间满 5 年不足 10 年的，最长能够领取 18 个月的失业保险金；（3）累计缴费时间 10 年以上的，最长能够领取 24 个月的失业保险金。重新就业后，再次失业的，缴费时间重新计算，领取失业保险金的期限与前次失业应当领取而尚未领取的失业保险金的期限合并计算，最长不超过 24 个月。

（四）失业保险待遇的标准

失业保险金是指社会保险经办机构为了保障失业人员的基本生活，依法支付给符合条件的失业人员的基本生活费用。社会保险法将失业保险金的发放标准与城市居民最低生活保障标准挂钩，即不得低于城市居民最低生活保障标准，也就是国家为救济收入难以维持其基本生活需求的居民而制定的一种社会救济标准。由于各地社会经济发展水平存在较大差异，省、自治区、直辖市人民政府根据当地的实际情况自行确定城市居民最低生活保障发放标准。因此，各地的失业保险金标准也随各地城市居民最低生活保障标准调整。

【思考题】

《失业保险条例》规定失业保险金的标准，按照高于城市居民最低生活保障标准的水平支付。在《社会保险法》立法过程中，由于就失业保险金"低于当地最低工资标准"这点有意见和分歧，最终只规定失业保险金的标准不得低于城市居民最低生活保障标准。你认为，失业保险金的标准是否应该有最高额和最低额的限制，如何确定更科学合理呢？

四、失业保险关系的转移接续

目前，失业保险的统筹层级在市县级政府，跨市县就业的参保人员会遇到失业保险关系的转移接续问题。职工跨统筹地区就业后，原来失业保险关系所在地的社会保险经办机构应当按照规定将其失业保险关系转至迁入地，迁入地的社会保险经办机构应当接受，并办理接续手续。失业人员领取失业保险金的期限与其缴费年限紧密相关，因此，职工跨统筹地区就业的，其失业保险关系随本人转移，缴费年限累计计算。

第六节　生育保险法律制度

一、生育保险的概念和作用

生育保险是指职业妇女因生育而暂时中断劳动，由国家或单位为其提供生活保障和物质帮助的一项社会保险制度。其宗旨在于通过向生育女职工提供医疗保健、生育津贴、产假等待遇，有效降低妇女生育期间的风险，保障她们因生育而暂时丧失劳动能力时的基本生活，帮助生育女职工恢复劳动能力，重返工作岗位，并使婴儿得到必要的照顾和哺育。各国生育保险的项目、条件和标准基于各国的经济状况的不同而不尽相同。一些发达国家除了提供生育津贴、医疗服务和产假等方面的待遇外，还为孕妇、婴儿提供生活用品等。基于经济社会发展水平，我国的生育保险仅提供基本的、必要的、合理的生活保障和医疗需要。

生育保险作为社会保险的重要组成部分，为女性职工生育期间提供生活保障和物质帮助的同时，还具有其他重要的社会功能。（1）促进公平就业，提高妇女参与社会的积极性。职业妇女因生育而停止工作，如果这期间的生活费用和生育医疗费用都由其用人单位承担，无疑加大了用人单位的成本，导致其排斥招用妇女。生育保险制度的实施，通过将妇女生育负担由用人单位责任转化为全社会责任，通过均衡用人单位之间的负担，减轻用人单位招用妇女的成本，促进消除就业性别歧视，对促进妇女就业具有积极影响。实行生育保险，国家通过立法从制度上保障职业女性在生育子女时，不会因此而导致失业，并得到相应的补偿，解除女职工的后顾之忧，提高了广大妇女参与社会活动的积极性。（2）有利于提高人口素质。生育保险保证了低收入产妇在产前能到医疗机构进行有关身体指征的检测，分娩时到正规医疗机构生产，既有利于保证女职工的身体健康，也有利于保障下一代的健康出生，从而促进优生优育，提高人口质量。

二、生育保险的覆盖范围和基金的筹集

（一）生育保险的覆盖范围

根据国务院 1988 年颁布的《女职工劳动保护规定》，生育保险的覆盖范围包

括国家机关、人民团体、企业和事业单位。根据劳动部《企业职工生育保险试行办法》规定，生育保险的覆盖范围包括城镇企业及其职工。我国现行的《社会保险法》明确规定：职工应当参加生育保险。即所有用人单位都要参加生育保险，生育保险覆盖范围扩展到了所有用人单位。

（二）生育保险基金的筹集

生育保险根据"以支定收，收支基本平衡"的原则筹集资金。用人单位按照工资总额的一定比例向社保经办机构缴纳生育保险费，建立生育保险基金。生育保险费的提取比例由当地政府根据计划内生育人数和生育津贴、生育医疗费等项费用确定，并可根据费用支出情况适时调整，但最高不得超过工资总额的1%。职工不缴纳生育保险费。

实践中，生育保险基金的筹集途径有三种：一是用人单位按照职工工资总额的一定比例缴纳生育保险费。二是国家机关、事业单位参保，资金来源于财政拨款。这部分人员仅享受医疗待遇，生育津贴部分由原工资渠道解决。三是用人单位按照每人每月固定的绝对额缴纳生育保险费。此办法主要在山西、河北等少部分地区实行，是生育保险开展早期的做法。①

三、生育保险待遇的给付

（一）生育保险待遇的给付内容

（1）生育医疗费用，主要包括生育女职工因怀孕、生育发生的检查费、接生费、手术费、住院费、药费等生育医疗费用，计划生育的医疗费用和法律、法规规定的其他项目费用。

（2）生育津贴，是指根据国家法律、法规规定对职业妇女因生育而离开工作岗位，给予的生活费用。女职工在生育期间离开工作岗位，不能正常工作，生育津贴是对女职工基本生活的保障。可以享受生育津贴的情形有：女职工生育享受产假的，享受计划生育手术休假的，法律法规规定的其他情形。目前，我国生育津贴的支付方式和支付标准分两种情况：一是在实行生育保险社会统筹的地区，由生育保险基金按本单位上年度职工月平均工资的标准支付，支付期限一般与产假期限相一致，期限不少于 90 天；二是在没有开展生育保险社会统筹的地区，生育

---

① 尹蔚民：《社会保险法讲座》，中国劳动和社会保障出版社 2011 年版，第 156 页。

津贴由本单位支付，标准为女职工生育之前的基本工资，期限一般不少于90天。

（3）产假，是妇女劳动者指女职工在分娩前、分娩中和分娩后的一定时间内享有的带薪假期。目的在于保护妇女劳动者的身体健康、恢复其工作能力及满足其照顾婴儿的需要。《劳动法》第62条规定，女职工生育享受不少于90天的产假。在此基础上，大部分省对晚育（晚育，就是适当推迟婚后初育的年龄，即妇女24周岁以上生育子女的）的妇女规定了晚育假，即在法定产假的基础上给予适当延长产假的奖励，大致为10～30天，有些地方规定45～90天。难产、多胞胎生育，每多生育一个婴儿增加产假15天。女职工怀孕不满4个月流产的，产假为15～30天怀孕满4个月以上流产的，产假为42天，产假期间工资照发。有的地区规定，允许女职工生育后，给予男职工一定假期，一般为7～10天，以照顾生育后的妻子，假期工资照发。

另外，公民为实行计划生育而采取避孕、节育手术的，可享受国家规定的计划生育手术休假。各地根据计划生育手术种类的不同，规定不同的休假期。

（二）生育保险待遇的给付条件

根据我国《社会保险法》规定，生育保险的覆盖范围扩展到了所有用人单位。但在此范围内的妇女还必须符合一定的条件才能现实地享受生育保险待遇。

（1）用人单位已经缴纳生育保险费。社会保险基金的存在是社会保险制度赖以实现的物质基础。为有足够的生育保险基金来保障职工生育保险权利的实现，其用人单位必须履行法定的义务，缴纳生育保险费。换句话说，只有用人单位依法缴纳了生育保险费，其职工才能享受生育保险待遇。《社会保险法》还规定职工未就业配偶按照国家规定享受生育医疗费用待遇，所需资金从生育保险基金中支付。

（2）符合计划生育政策。将生育保险与计划生育政策相配套，有利于强化职工的计划生育意识，促进计划生育政策的落实。因此，女职工享受生育保险待遇必须符合婚姻法和计划生育政策的规定，即达到法定结婚年龄的已婚职工且符合国家计划生育政策，不符合法定年龄的女职工生育和非计划生育者，一般不得享受生育保险待遇。

【作业题】

一、问答题

1. 试述社会保险的概念及其特征。

2. 试述社会保险法的基本原则。

3. 试述社会保险法律关系。

4. 试述养老保险的给付条件。

5. 试述医疗保险的给付待遇和给付标准。

6. 试述工伤保险待遇的给付项目。

二、案例分析

1. 王某和其所在的国有企业在 1997 年参加了养老保险计划。2003 年，他所在的国有企业改制，他和未达到退休年龄的职工与《企业改制安置办公室》订立了自谋职业的确认书，领取了一笔辞退补偿金。此后他曾三次再就业，并继续缴费 3 年。2010 年 9 月，他被确诊为肺癌中期，需要住院治疗，本来就不富裕的家庭，变得更加困难。根据《社会保险法》，王某可以主张怎样的养老保险待遇呢？假如，王某已经停止医疗保险缴费 1 年，可否继续享受医疗保险待遇？我国法律怎样规定的，有何不足？（摘自杨燕绥著：《社会保险法精释》，法律出版社 2011 年版，第 106 页。）

2. 王某高中毕业后去某市打工，所在单位为其缴纳了包括生育保险在内的"五险一金"。后经人介绍，与同乡女子结婚。夫妻均为农村户口。两年后在家务农的妻子怀孕了（依法办理了准生证），希望能到王某工作所在市进行孕期检查和生育。根据《社会保险法》，请问王某夫妇能否享受生育保险待遇的所有项目？

第十三章　社会救助法

【本章导读】

公民享有社会救助是法律规定的一项基本权利，社会救助是政府的一项法定责任。社会救助制度作为社会保障制度中起"保底"作用的重要内容，被称为经济发展的"减震器"和解决贫困问题的"最后一道安全网"。我国还没有专门的社会救助法，有关社会救助的法律分散规定在各个部门法律中，或以"通知"、"条例"等行政法规、部门规章形式出现。

本章分两节介绍：第一节社会救助法概述，主要包括社会救助和社会救助法的概念、社会救助法的立法、社会救助法的基本原则；第二节社会救助法具体法律制度，主要内容有居民最低社会保障制度，包含医疗救助、住房救助、教育救助、法律援助和司法救助等专项救助制度、自然灾害救助制度和临时救助制度。

【重点】社会救助具体法律制度。

【难点】社会救助立法现状和存在问题。

第一节　社会救助法相关概念、立法与基本原则

一、社会救助法相关概念之厘清

（一）何谓社会救助

国外大多数发达国家认为社会救助一般包括社会保障政策中所有需要经过家庭经济情况调查才给付利益的内容，主要是指收入支持保障，即对那些没有工作又不能享受国家社会保险的人，经过家庭经济情况调查之后，给予相应的救助。①

---

① Carol Walke：Managing Poverty：The Limits of Social Assistance. London & New York：Routledge，1993：P. 2.

这个定义指出家庭经济情况调查是获取社会救助的必备途径。国内目前学者们界定角度不同，例如，时正新认为社会救助指人们在不能维持其最低限度的生活水平，根据有关的法律规定，有权依照法定程序要求国家和社会按照法定标准向其提供满足其最低生活需要的资金、实物或服务，而国家和社会必须依法提供这种救助的一种社会保障制度。① 这一定义指出了社会救助的最低标准和法定程序，同时指明这是国家和社会的法定义务。曹明睿认为社会救助是国家和社会对长期或者临时陷入贫困的公民，通过动员国民收入的再分配，给予其最低生活保障并适当考虑其发展的一种对策和行动。② 此界定突出了国家和社会的主动保障性。目前已列入立法规划的 2008 年《中华人民共和国社会救助法（征求意见稿）》（以下简称《征求意见稿》）第 3 条指出："本法所称社会救助，是指国家和社会对依靠自身努力难以满足其生存基本需求的公民给予的物质帮助和服务。社会救助以居民最低生活保障为基本内容，并根据实际情况实施专项救助、自然灾害救助、临时救助以及国家确定的其他救助。"不难看出，《征求意见稿》指出社会救助的对象是依靠自身努力难以满足其生存基本需求的公民，救助主体是国家和社会，救助内容以居民最低生活保障为基本内容，并根据实际情况实施专项救助、自然灾害救助、临时救助以及国家确定的其他救助。比较而言，《征求意见稿》规定的全面一些。

（二）何谓社会救助法

社会救助法是指调整国家和社会对不能维持最低限度生活水平的人进行救助而产生的社会救助法律关系的法律规范的总和。其法律特征有：一是调整对象的独特性，社会救助是国家和社会对依靠自身努力难以满足其生存基本需求的公民给予的物质帮助和服务。其调整的是国家和社会对不能维持最低限度生活水平的人进行的社会救助活动，此类人指的是城乡各类困难群体，分为临时应急性救助对象和定期定量救助对象两大类，临时应急性救助对象指的是因临时性困难家庭，主要包括灾民或因意外或突发性疾病造成困难的家庭以及流浪乞讨人员；定期定量救助对象是指家庭长期困难短期内无法通过自身力量克服，需给予定期定量救助维持其基本生活的家庭（人员）；二是法律关系内容的特殊性，它调整的是国家和社会对不能维持最低生活水平的人进行社会救助的义务，以及不能维持其最低生活水平的人取得救助的权利；三是程序法定性，无论何种类型的社会救

---

① 时正新：《中国社会救助体系研究》，中国社会科学出版社 2002 年版，第 2～3 页。
② 曹明睿：《社会救助法律制度研究》，厦门大学出版社 2005 年版，第 28 页。

助，每一种都有法律规定的特定程序。程序不合法有违公平性原则。社会救助法的目的是通过对不能维持最低限度生活水平的人按法定程序和法定标准提供满足其最低生活需要的资金、实物或服务，以保障一切人的基本生活需要，维护人的尊严，保护人权，实现人类的共同发展。我们认为社会救助作为社会保障这张安全网中的最后一张网，它保障社会成员在遭遇不幸之时尚能维持最低的生活水平，保存其个体的存在，而不至于马上被淘汰出局，从而有别于一般动物遵循的残酷的优胜劣汰的生存竞争规律。一方面体现出人作为高级动物所具有的特殊的同情和温情；另一方面也有其社会和经济功效。社会救助的对象具有选择性，仅限于依自己能力不能维持生存，而又不能从其他方面获得维持其生存所必需的条件的人。救助主体是国家和社会，是国家和社会的一项基本义务；救助标准是最低层次的；也有一定期限性，如困难因素消失就结束。因而，社会救助法的存在是必要和必需的，它是社会救助事业的基本法，是社会救助工作的直接法律依据，也是社会救助制度建设的法律框架和支撑。社会救助法保证迅速及时地向一切需要社会救助的人提供充分救助；教育公民积极向上、努力工作；维护一切人享有的得到社会救助的权利，保护人权，保障社会主义事业的顺利进行。

二、社会救助立法概述

（一）国外主要发达国家社会救助法制度概述

西方发达国家将社会救助放在社会保障法体系当中，英国是全球最早建立社会救助制度的国家。早在 1601 年，英女王伊丽莎白一世就颁布了世界上第一部《济贫法》。1834 年维多利亚女王颁布了修正案，当时的社会救助价值观建立在人道主义的基础上，体现的是一种施恩思想。•1948 年《国民救助法》的出台，标志着 300 多年的《济贫法》退出历史舞台，同时也标志着国家全面承担起对贫困者的社会救助责任。自此，国家责任包括立法责任、财政责任、实施责任和管理监督责任等，成为英国社会保障制度的基本原则而不再发生反复和摇摆。①1986 年出台了《社会保障法》，该法案勾勒出了英国社会保障制度的主要框架。英国设立了社会保障部，统一管理社会保障事宜，避免了政出多门、多头管理的弊端。美国在 1935 年颁布实施了著名的《社会保障法》，其中将济贫措施改称为

---

① 杨思斌：《英国社会保障法的历史演变及其对中国的启示》，载于《中州学刊》2008 年 5 月 3 日，第 79～82 页。

"公共救助"，从而建立了世界上第一个较为完整的社会救助制度。救助主体为社会保障署。日本的生活保护制度是在 1868 年明治维新后逐渐建立起来的，1874年制定并实施了《恤救规则》，1932 年颁布实施了《救护法》，确立了现代社会救助法律制度，1950 年修订了《生活保护法》，颁布了《儿童福利法》和《残疾人福利法》，1961 年日本推行了"全民皆养老，国民皆保险"制度，又制定了《国民年金法》、《老年人福利法》、《母子福利法》。此六法统称为"福利六法体制"。不同国家由于其历史发展和经济背景不同，社会救助制度各具特色，英国救助立法历史悠久，美国的救助项目丰富而完善，日本既有救助的项目又有救助的设施。

（二）我国社会救助立法现状

在我国，社会救济思想古已有之，早在 2500 年前，孔子就主张"老有所终，壮有所用，幼有所长；鳏寡孤独废疾者皆有所养"，墨子说，"必使饥者得食，寒者得衣，劳者得息"，荀子提出"节用裕民，而善藏其余"、"岁虽凶败水旱，使百姓无冻馁之患"，可谓最古老的社会救济思想。1943 年，国民政府颁布了中国历史上第一部社会救助法律《社会救济法》，但是国民党统治时期，社会救济法没有也不可能得到认真的实施。新中国成立后的相当一段时间，中国社会救助工作主要是依靠政府及各项政策开展进行。社会救济不同于社会救助，近年来，为顺应社会救助制度发展的国际潮流，我国也将社会救济改为社会救助。2004 年党的十六届四中全会通过的《关于加强党的执政能力建设的决定》，规范了"社会救助"的概念，提出了"健全社会保险、社会救助、社会福利和慈善事业相衔接的社会保障体系"。①

就目前立法来说，1982 年《宪法》第 45 条规定："中华人民共和国公民在年老、疾病或者丧失劳动能力的情况下，有从国家和社会获得物质帮助的权利。国家发展为公民享受这些权利所需要的社会保险、社会救济和医疗卫生事业。国家和社会保障残废军人的生活，抚恤烈士家属，优待军人家属。国家和社会帮助安排盲、聋、哑和其他有残疾的公民的劳动、生活和教育。"宪法原则性地规定了公民的生存权与国家相关法定职责，这是社会救助机制实施的基础。有关社会救助的专门立法我国尚无，呈现出"分散式"立法体例。社会救助相关法制规定分散于各个部门法中，例如，2008 年修订的《中华人民共和国残疾人保障法》，2006 年修订的《中华人民共和国未成年人保护法》，1994 年通过的《中华人民

---

① 杨思斌：《中国社会救助立法研究》，工人出版社 2009 年版。

共和国劳动法》，1996 年通过的《中华人民共和国老年人权益保障法》，2008 年修订的《中华人民共和国防震减灾法》，2007 年通过的《中华人民共和国劳动合同法》等。有关社会救助法制除了分散规定在上述法律外，还以"通知"、"条例"等行政法规、部门规章形式出现，例如，1999 年 9 月国务院颁布的《城市居民最低生活保障条例》，标志着我国现阶段社会救助制度正式确立。此后相关行政法规相继出台，如 2003 年 6 月国务院通过《城市生活无着的流浪乞讨人员救助管理办法》、《法律援助条例》、2006 年通过《农村五保供养工作条例》、2007 年九部委发布《廉租房保障办法》、国务院于 2010 年 6 月 30 日通过《自然灾害救助条例》、2011 年 7 月 1 日起施行的《中华人民共和国社会保险法》等。

上述法律立法层次不高，有关立法内容不完善，主要体现在：社会救助的基本原则尚不明确，影响了社会救助功能的发挥；现行各项社会救助制度标准过于原则，各地制定具体救助标准时缺乏统一依据，随意性过大；对社会救助申请的审查程序不严格，申请人骗取社会救助待遇的现象时有发生；专项救助制度相对缺失。我国目前的城市社会救助制度以低保制度为主，而低保制度只能保障困难群体的基本生活问题，不能解决其他方面的特殊困难。由于我国立法没有对社会救助资金的来源作明确的规定，不利于保障社会救助所需资金。现行社会救助制度缺乏科学的准入和退出机制。家庭收入状况核实困难导致救助对象确定困难，甚至导致一些消极现象的出现，现实生活中，社会救助资金发放通常会出现重亲厚友、"应保"者不能"尽保"、挪用克扣救济款等现象。这与相应监督机制的缺失密切相关。2006 年发生的上海社保资金案就凸显出政府对社会保障资金的监管不到位问题，然而这只是冰山一角。社保资金的流失对社会救助资金的管理起到了警醒和鞭挞作用。

进入新世纪以来，特别是"十一五"时期，我国社会救助事业较以往有了很大进展。以城乡低保、农村五保、灾害救助为基础，以医疗救助、住房救助、教育救助、流浪人员救助等专项救助制度为辅助，以临时救助、优惠政策、社会互助和慈善捐赠为补充，与经济社会发展水平相适应的新型社会救助体系框架基本建立。"十一五"末，民政部门直接负责的常年救助对象已超过 8000 万人，比"十五"末增加了近 4000 万人；2010 年各级财政投入的城乡低保、农村五保和医疗救助资金达到 1220 亿元，较"十五"末增加了 932 亿元，增幅 324%。我们可喜的看到第八届、第十届人大常委会均将《中华人民共和国社会救济法》（当时的名字）列入五年立法规划。2008 年 8 月中国政府网发布关于《中华人民共和国社会救助法（征求意见稿）》公开征求意见通知，公开征集意见。可以说目前我国社会救助制度已步入体系化建设阶段。社会救助法是弱者的救助法，它在给人们以关怀和温馨的同时也最能体现法的本质。目前我国经济总量剧增同时社会问题凸显，自然灾害频繁，中国汶川、玉树地震、泥石流等自然灾害频出，社会救助道路依然任重而道远。

【案例 13 - 1】"卖身贴"事件

2005 年 9 月 15 日，网上出现了一张题目为《希望好心人可以救救我妈妈！我愿意付出一切代价》的"卖身帖"。经调查，发现这张帖子其实是某高校一名20 岁的大三女生李某所发，"卖身帖"在网络上也惊起不小的风浪，截至 2005年 9 月 16 日晚 9 点 37 分，浏览人数达到 3461 人次，回帖达 327 条，获得捐款10.5 万元，当然也有"乘人之危"的人企图让李某出卖身体以获得足够的金钱。网络的高效使李某很快就广泛地获得了公众的同情和援助，网友通过帖子了解到李某母女的不幸遭遇后慷慨解囊，可是有人对其家庭背景提出质疑，很快网络中出现所谓"独立调查人"，千里追踪"卖身救母"之事，实地对李某家的房产、家庭情况、捐款情况、其母的病情等作了调查，发现李某家并不贫穷，母亲是国家干部并且拥有医疗保障，家中有三处房产，"独立调查人"立即将调查结果公布于世。这些片面的调查，使得网友们更加愤怒，甚至有人向母女俩提出收回自己曾经的捐款，这位重病的母亲就在一片声讨声中伤心的去世了。之后等到真相大白时，大家才知道李某母女单纯依靠医疗保障已经负担不起沉重的医疗费，而所谓的房产也为治病全部转让，李某的母亲已经去世了，这么多人的努力也未能挽回一条宝贵的性命。

【思考】

1. 女大学生"卖身救母"这一事件意味着什么？你如何看待这类问题？

2. 如何避免媒体救助和自发救助过程中，因信息不对称、不完备而引发的矛盾与问题？

3. 近年来，因病致贫或因病返贫的现象不断发生，单纯的生活救助已经无法满足公民的需要，社会救助体系如何发展才能适应和满足社会的需要？

三、社会救助法的基本原则

美国著名法学家德沃金指出，"当我们说某一条原则是我们法律制度的原则时，它的全部含义是：在相关情况下，官员们在考虑决定一种方向时，必须考虑这一原则"。① 从上述我国立法现状中不难看出，目前有关社会救助法呈现分散

① 德沃金著：《认真对待权利》，信春鹰、吴玉章译，中国大百科全书出版社 1998 年版。

式立法模式，因此，有必要界定清楚社会救助法的基本原则，待法制统一后统一适用。社会救助法的基本原则是关于社会救助活动自身内在规律的科学总结，是社会救助立法精神的充分体现。它反映了当代人类对社会救助这种社会保障制度的目的理解和价值的追求。只有那些作用于社会救助的所有具体制度，贯穿于社会救助活动的所有过程，对社会救助活动具有普遍指导意义的原则，才是社会救助法的基本原则。①

（一）国家责任原则

社会救助的国家责任原则是国家应当采取积极措施推动社会救助工作，为社会救助提供制度供给、财政给付、监督管理等多方面的支持，保障社会救助事业的可持续发展，最终实现公民的社会救助权利。② 救助贫困群体，保障社会弱者的基本生活是国家和政府的法定义务，这就意味着国家从大到制度建设、小到具体保障措施等方面都应肩负起自己的责任。具体来说，国家承担的责任体现为以下几个方面：制度供给、财政责任、实施和监管责任、引导民间救助责任、宣传责任等。当然，国家承担主要责任的同时，其他社会主体的救助也不可缺少，他们在政府的倡导、组织和资助下，自愿参加社会捐赠和帮扶等，使得政府救助和其他社会主体救助相互补充，形成多元化的救助通道。

（二）保障基本生活原则

社会救助保障的是全体社会成员最基本的生活需要，是惠及全体社会成员的最低层次生活的需要，是保障人权的需要。人权首先是生存权，人人都有生存权利，当人们因种种原则面临生存危机时就应有权从国家和社会获得帮助，国家和社会也有义务保障这些人获得其基本生活所必需的生活资料。当人连生存都保证不了时谈何人权。而这一切只有通过实行社会救助来实现。但如何定位基本生活的标准，这应该是一个动态的概念，2011 年是物价高速膨胀的一年，2011 年 3月 2 日，国家发改委、民政部、财政部、人社部、统计局五部委联合下发通知，要求各地在 2011 年底前建立社会救助和保障标准与物价上涨挂钩的联动机制。按照要求，各地要以居民基本生活费用或居民消费价格指数月度涨幅作为依据，制定启动机制的临界条件，这一条件可参考当地政府每年提出的预期价格调控目标自行确定。实施的对象则主要包括优抚对象、城乡低保对象、农村五保供养对

---

① 林莉红、孔繁华：《社会救助法研究》，法律出版社 2008 年版。
② 杨思斌：《论社会救助法中的国家责任原则》，载于《山东社会科学》2010 年第 1 期，第 44 页。

象和领取失业保险金人员，各地可以根据实际情况，扩大保障范围，但不得缩小保障范围。

当然，保障贫困者"最基本"生活的同时也要避免"养懒汉"现象，这就需要救助部门对救助对象进行实地考察，今年是低保明年就不一定是，合理设定最低生活保障线，合理设置低保退出机制。

（三）公平、公正、公开原则

公平是指救助机关应一视同仁、无差别的对待救助对象，不歧视贫困群体，不得选择性给付。真正享受到这一权利的公民是那些低于贫困线的家庭，社会救助作为最后一道安全网，对保障对象的选择应实行无差别平等待遇原则。我国目前立法和实践明显存在城乡救助不公平现象，这当然与中国目前的经济发展水平低有直接关系，我们可喜地看到很多农村也开始推行农村最低生活保障制度，希望所有贫困家庭都能得到应有的救助。公正是救助机关合理、合法地实施救助行为，不同家庭对生活资源的需求也是不同的，社会救助贯彻公平原则，应从受助者的实际需要出发，实行分类救助和差额补助才能体现公正，为了保证公正原则的贯彻实施，告知和说明制度是不可少的。告知是救助主体及时将救助内容条件告知救助对象，对于不符合救助条件的应说明理由。公开是指将政府救助相关立法政策公开，有关救助的执法行为公开、救助经费使用情况公开和救助解决争议途径、程序、结果公开。

（四）及时性原则

及时性原则是指救助经费应及时给付到被救助人手中。这体现了行政法效率原则，例如，《城市居民最低生活保障条例》规定："管理审批机关应当自接到申请人提出申请之日起 30 日内办理审批手续。"当然，社会救助行为涉及被救助者的生存权，救助金是相对人的救急救命钱，虽说在法定期限内完成救助的审批行为不违法，但也不适当。例如一些紧急事项，如自然灾害等。如果救助机关总扣着 30 日去办，肯定也是不妥当的。

（五）补充性原则

补充性原则是指国家或政府对弱者承担次位的救助义务。生存权作为一项人权，要求公民个人承担救助资金的义务。公民个人陷入贫困的原因可能是个人原因也可能是社会原因，对于有劳动能力的首先应自救，避免将社会救助变成"养懒汉"制度。例如，我国《城市居民最低生活保障条例》第 3 条规定："城市居民最低生活保障制度遵循保障城市居民基本生活的原则，坚持国家保障与社会帮扶相结合、鼓励劳动自救的方针。"另外，家庭成员间互尽救助义务也很重要，强调家庭成员间的救助义务，关键是哪些家庭成员之间有救助义务，多数国家都会考虑申请人本人和配偶的现有财力，也有不少国家审查依据婚姻法中有赡养扶助义务的人的财力。我国在最低生活保障制度中采取两种做法：一是审查是否存在法定赡养扶助人有能力赡养扶助但没有履行，例如《杭州市城乡居民最低生活保障办法》第 11 条第 3 项规定，上述情况不予受理。二是在计算家庭收入时将法定义务人的收入计算在内，如《深圳市城乡居民最低生活保障办法》第 9 条。上述做法体现了自助和家庭互助是救助主要义务，而国家救助是补充性义务。

【案例 13 – 2】见死不救追责第一案　民政助理被判玩忽职守①

案情经过：2004 年 4 月 11 日早，蛟河市白石山镇二道河村村民，发现一奄奄一息流浪汉马上报告给了村党支部书记訾建章。訾建章马上告知民政局负责人孟庆富，孟请示领导后，领导让他送医院，他打电话给村党支部书记訾建章，表示让村里送，村书记表示没钱他不负责送。至此，如何救助流浪汉在孟庆富这里就没有了下文。孟庆富接受记者采访时坦言："我没有向民政局领导反馈村里不送流浪汉去医院的情况，也没有亲自到现场对流浪汉进行查看。"救助受伤流浪汉的事情当时就这样草草结束。两天后，村民们发现流浪汉在原地点已经死亡。蛟河市公安局法医鉴定：流浪汉因病、饿所致器官衰竭而死亡。

法院判决：蛟河市人民检察院指控孟庆富犯玩忽职守罪，于 7 月 28 日向蛟河市人民法院提起公诉，法院于当天立案，并于 8 月 20 日进行公开审理，8 月 26 日，蛟河市人民法院依照刑法相关规定作出一审判决：孟庆富犯玩忽职守罪免予刑事处罚。法院认为，孟庆富作为国家民政工作人员，不认真履行职责，没有将病危无着的流浪人员送往医院，造成流浪汉因病、饿所致器官衰竭而死亡的严重后果，他的行为已经构成玩忽职守罪，但情节轻微，认罪态度好，有悔罪表现，对孟庆富可以不予处以刑罚。

【思考】此案能体现相关当事人违背了社会救助法的哪些基本原则？本案中社会救助没有到位的原因是什么？

---

① http://news.sina.com.cn/c/2004 – 12 – 03/10394423065s.shtml.

第二节　社会救助法律制度

一、居民最低生活保障制度

(一) 居民最低生活保障制度概述

1. 居民最低生活保障制度的概念

居民最低生活保障制度指人均收入低于当地居民最低生活保障标准的，均有从当地政府获得基本生活物质帮助的权利的一种社会救助制度。由于中国特殊国情形成的"城乡二元制结构"，居民最低生活保障制度包括城市居民最低生活保障制度和农村居民最低生活保障制度。

2. 居民最低生活保障制度现状

目前，我国现行社会保障制度建设中，先城后乡、城强乡弱的保障理念造成了城乡制度各异、保障有别，甚至部分保障项目城有乡无，从居民最低生活保障制度来看，更是如此，1993 年 6 月 1 日上海市率先在全国建立了城市居民低保制度，1997 年 9 月 2 日，国务院发出了《关于在全国建立城市居民最低生活保障制度的通知》，1999 年 9 月 28 日，国务院颁布了《城市居民最低生活保障条例》（以下简称《条例》），在《条例》推动下，城市居民低保制度建设快速推进。而农村，1992 年，山西省左云县率先开展了农村居民低保制度试点工作，又在阳泉市 3 个区县扩大试点，1994 年上海市也批准在 3 个区试点，地方已开始试点，国务院于 2007 年 7 月 11 日发出了《关于在全国建立农村居民最低生活保障制度的通知》，对农村低保制度建设提出了明确的要求与具体标准；全国各地随之积极推进农村低保工作，建立和完善相关制度，农村低保自此正式在全国农村全面推进。当年底，就有 3500 多万农村居民享受低保待遇。① 根据 2011 年《民政事业统计季报》显示，2011 年 1 季度，城镇最低生活保障支出 152.6 亿元，农村最低生活保障支出 144.8 亿元。城市居民最低生活保障人数 2305.4 万人、1144.1

---

① 公维才：《我国城乡居民最低生活保障制度一体化探讨》，载于《山东经济》2010 年第 4 期。

万户，农村最低生活保障人数 5214.6 万人、2539.7 万户。由此可见，国家对农村低保投入越来越大，但国家对城镇最低保障投入还是远远大于农村。

（二）居民最低生活保障制度的主要内容

1. 保障对象

《城市居民最低生活保障条例》（以下简称《条例》）第 2 条规定："持有非农业户口的城市居民，凡共同生活的家庭成员人均收入低于当地城市居民最低生活保障标准的，均有从当地人民政府获得基本生活物质帮助的权利。"2007 年《国务院关于在全国建立农村最低生活保障制度的通知》（以下简称《通知》）中规定："农村最低生活保障对象是家庭年人均纯收入低于当地最低生活保障标准的农村居民，主要是因病残、年老体弱、丧失劳动能力以及生存条件恶劣等原因造成生活常年困难的农村居民。"由此可见，关于居民最低生活保障对象有关规定体现在不同法律中，城市居民适用《条例》规定，农村居民适用《通知》规定，这与我国城乡二元分治格局、各地区经济社会发展的不平衡等因素有关。为此，旨在实现社会公平的社会救助制度，2008 年《社会救助法（征求意见稿）》第 11 条规定："对共同生活的家庭成员人均收入低于当地居民最低生活保障标准且家庭财产状况符合所在省、自治区、直辖市人民政府有关规定的家庭，由县级人民政府民政部门给予最低生活保障。"在此，确定保障对象的关键是其家庭人均收入是否低于最低生活保障线，确定收入的关键环节是收入调查，实践中，居村委会干部对收入的核实，主要是采取入户询问家庭状况，观察清点有无高档大件用品或豪华装修，走访相关的邻居、关系人、工作单位，取得登记对象提供其收入的书面证明。

2. 居民最低生活保障标准的确定

《条例》第 6 条规定："城市居民最低生活保障标准，按照当地维持城市居民基本生活所必需的衣、食、住费用，并适当考虑水电燃煤（燃气）费用以及未成年人的义务教育费用确定。"《通知》规定："农村最低生活保障标准由县级以上地方人民政府按照能够维持当地农村居民全年基本生活所必需的吃饭、穿衣、用水、用电等费用确定，并报上一级地方人民政府备案后公布执行。农村最低生活保障标准要随着当地生活必需品价格变化和人民生活水平提高适时进行调整。"实际上，城市低保制度较农村低保制度保障范围宽，故保障标准、实际补助也相对较高，2007～2009 年城乡保障标准及实际补助如表 13－1 所示。

表 13 —1　　　　　　　　　　2007～2009 年城乡保障标准及实际补助

内容 年份	城市低保（元/人·月）		农村低保（元/人·月）		城乡差距（%）	
	保障标准	实际补助	保障标准	实际补助		
2007	182.4	102.7	70	38.8	261	265
2008	205.3	143.7	82.3	50.4	249	285
2009	223.8	159	98.1	59	228	269

资料来源：《民政事业统计报》。

从表 13 - 1 不难看出，城乡低保标准差距还是很大，对于近期难以实现城乡低保制度并轨的大部分省市而言，必须在合理确定城乡低保标准的基础上，采取城乡低保标准挂钩的动态管理措施，逐步缩小城乡低保差距。2008 年《社会救助法（征求意见稿）》第 12 条规定更为详尽和具体，居民最低生活保障标准，由直辖市或者设区地市级人民政府参考上年度当地居民人均食品消费指标，并考虑必需的衣物、水电燃煤（燃气）等因素制定，在本行政区域内公布执行。居民最低生活保障标准由设区地市级人民政府制定的，在公布执行前应当报所在的省、自治区人民政府备案。

（三）居民最低生活保障待遇申领程序

《条例》第 7 条规定："申请享受城市居民最低生活保障待遇，由户主向户籍所在地的街道办事处或者镇人民政府提出书面申请，并出具有关证明材料，填写《城市居民最低生活保障待遇审批表》。城市居民最低生活保障待遇，由其所在地的街道办事处或者镇人民政府初审，并将有关材料和初审意见报送县级人民政府民政部门审批。"第 8 条规定：县级人民政府民政部门经审查，对符合享受城市居民最低生活保障待遇条件的家庭，应当区分下列不同情况批准其享受城市居民最低生……县级人民政府民政部门经审查，对不符合享受城市居民最低生活保障待遇条件的，应当书面通知申请人，并说明理由。管理审批机关应当自接到申请人提出申请之日起的 30 日内办结审批手续。城市居民最低生活保障待遇由管理审批机关以货币形式按月发放；必要时，也可以给付实物。《通知》规定了农村申请农村最低生活保障程序，一般由户主本人向户籍所在地的乡（镇）人民政府提出申请；村民委员会受乡（镇）人民政府委托，也可受理申请。受乡（镇）人民政府委托，在村党组织的领导下，村民委员会对申请人开展家庭经济状况调查、组织村民会议或村民代表会议民主评议后提出初步意见，报乡（镇）人民政府；乡（镇）人民政府审核后，报县级人民政府民政部门审批。乡（镇）

人民政府和县级人民政府民政部门要核查申请人的家庭收入，了解其家庭财产、劳动力状况和实际生活水平，并结合村民民主评议，提出审核、审批意见。在核算申请人家庭收入时，申请人家庭按国家规定所获得的优待抚恤金、计划生育奖励与扶助金以及教育、见义勇为等方面的奖励性补助，一般不计入家庭收入，具体核算办法由地方人民政府确定。《社会救助法（征求意见稿）》统一为"申请居民最低生活保障待遇，由户主向户籍所在地的乡、镇人民政府或者城市街道办事处提出，经审核后报县级人民政府民政部门批准。县级人民政府民政部门可以通过入户调查、邻里访问以及信函索证等方式对申请人的家庭收入、财产状况和实际生活水平进行调查核实。必要时，可以查询申请人在银行或者其他金融机构的存款或者持有有价证券等情况，申请人以及有关单位、组织或者个人应当配合调查，如实提供相关情况。享受居民最低生活保障待遇的家庭，由乡、镇人民政府或者城市街道办事处每月按标准发给最低生活保障金或者实物券，也可以给付实物。享受居民最低生活保障待遇的家庭收入和财产状况发生变化的，户主应当及时告知当地民政部门。民政部门应当对取得居民最低生活保障待遇的家庭的收入和财产状况进行核查，及时办理增发、减发或者停发居民最低生活保障待遇的手续。"

在整个社会保障制度中居民最低生活保障制度是最低层次的，保障对象范围广、保障标准也低，是政府为社会设立的最后一道"安全网"。最低生活保障制度也是其他社会保障措施所无法替代的。因此，建立最低生活保障制度对完善整个社会保障制度来说具有重大意义。

【案例13-3】

2010年6月24日《新华网》报道，2009年国家审计工作报告显示，有194个区县向不符合条件的6.29万户家庭发放城市最低生活保障补助3.3亿元。其中，向1.19万户登记拥有个人企业、车辆或2套以上住房的家庭发放7376.65万元；9个城市向705户不符合条件的家庭发放廉租住房租赁补贴86.89万元、分配廉租住房74套。

如，北京千万富翁夫妻8年领10多万低保金[1]

北京市宣武区广内街道的陈五喜，投资房地产挣下千万元资产，拥有多套房产，出入开着别克轿车，妻子钟素明戴着香港买的大钻戒，拎着十几万元的皮包，夫妻俩8年竟领了10多万元的低保金。

【思考】该案例反映了低保申领过程中的哪些问题？

① 来源：《法治周末报》2010年4月22日。

二、专项救助制度

（一）专项救助制度概述

居民最低生活保障线是居民的生存线，对贫困家庭来说，除了吃饱、穿暖以外，还有几项开支必不可少，如子女的教育费用、医疗费用、住房费用、就业费用、法律服务费用等。目前，我国关于专项救助的专门立法还没有，实践中，专项救助主要包括医疗救助、教育救助、住房救助、就业救助和法律救助等。2008年《社会救助法（征求意见稿）》第 16 条规定："对共同生活的家庭成员人均收入低于当地居民最低生活保障标准 2 倍且家庭财产状况符合所在省、自治区、直辖市人民政府有关规定的家庭，由县级以上地方人民政府有关主管部门根据需要给予教育、医疗、住房等专项救助。"第 17 条规定："申请专项救助，应当向乡、镇人民政府或者城市街道办事处提交医疗、教育、住房等相关情况的证明材料，经审核后上报县级人民政府相关专项救助管理部门审批。县级人民政府相关专项救助管理部门可以参照本法第 13 条第 2 款的规定，对申请人的收入和财产状况进行核查。享受专项救助的家庭的收入和财产状况发生变化的，应当及时告知相关专项救助管理部门，办理专项救助增发、减发或者停发的手续。"

（二）专项救助制度的主要内容

1. 医疗救助

医疗救助是政府通过提供财政和技术上的支持，及社会通过各种慈善行为，对贫困群体中因病而又无经济能力进行救治的群体，或因支付医疗费用数额庞大而陷入困境的群体，实施的专项帮助和经济支持，使他们获得必要的卫生服务，得以维持其基本生存能力，改善他们健康状况的一种医疗保障制度。对于贫困家庭来说，医疗费用开支是一项必不可少却又占据很大一部分的开支。医疗救助既是医疗保障体系中的重要补充，又是社会救助体系的重要内容。从 20 世纪 90 年代以来，部分省份如北京市和山东省，开始实施了医疗救助措施，2003 年，民政部、卫生部、财政部三部委联合下发了《关于实施农村医疗救助的意见》，对农村医疗救助做了细化规定，2005 年国务院办公厅转发了民政部、卫生部、财政部、劳动保障部《关于建立城市医疗救助制度试点工作意见》，提出用 2 年时间在各省区市部分县进行试点之后再用 2 ~ 3 年时间在全国建立起管理制度化、操作规范化的城市医疗救助制度。由于我国二元城乡经济结构，医疗救助也体现为农村医疗救助制度和城市医疗救助制度。随着经济社会的快速发展，我国医疗救助补助标准水平持续提高。2005 年，国家民政部门投入医疗救助 8.9 亿元，其中城市 3.2 亿元，农村 5.7 亿元，2009 年民政部共投入 93.9 亿元，其中城市 35.3 亿元，农村 58.6 亿元。《社会救助法（征求意见稿）》第 19 条："符合专项救助标准的家庭成员参加城镇居民基本医疗保险或者新型农村合作医疗支付参保费用有困难的，统筹地区人民政府应当给予帮助，对经城镇职工基本医疗保险、城镇居民基本医疗保险、新型农村合作医疗报销后个人负担医疗费用数额较大的，可以给予适当补助。"2009 年 4 月，国务院正式宣布了"深化医药卫生体制改革"的方案，其中的重点工程是扩大医疗保障的覆盖面，提出到 2011 年要让我国 90% 以上的人口都享有基本的医疗保险。但是，我们注意到：新医改并未对低保人群医保的特殊性给予重视，而是简单地通过政府保费补贴的形式将低保人群纳入现有的医保体系，如将城市低保人群纳入城市居民基本医疗保险，将农村五保户纳入新农合。[①]

2. 住房救助制度

住房救助也称通过廉租住房救助，是指政府向收入较低且住房困难的家庭，提供住房租金补贴或者以低廉的价格配租房屋的制度。随着经济的发展，高房价的市场下，对于低收入人群来说，通过自我购房已不可能。住房救助的目的是保证低收入家庭居有定所，开始作为最低生活保障的辅助措施，随着最低生活保障的逐步完善，住房救助已逐渐成为一项独立的专项救助制度。建设部、财政部、民政部、国土资源部、国家税务总局 2003 年 12 月 31 日颁布《城镇最低收入家庭廉租住房管理办法》，该管理办法规定了城镇廉租住房救助的条件、形式、救助标准和救助程序，成为全国城镇廉租住房建设的基本指导性规范。《社会救助法（征求意见稿）》第 20 条规定"符合专项救助标准的家庭住房困难的，县级人民政府应当按照规定通过提供廉租住房、住房租赁补贴、经济适用住房等方式予以保障，在寒冷地区还应当给予冬季取暖补助。"目前我国住房救助制度也实行城乡有别的政策，在城镇大规模开展住房救助的同时，农村的住房救助依然处于分散的起步阶段。这与我国计划经济体制有关，在计划经济体制下，城镇居民的住房都由单位解决，随着计划经济体制的解体，城镇居民开始通过市场买房，

---

① 杨玲、刘远立：《美国医疗救助制度及其启示》，载于《武汉大学学报（哲学社会科学版）》2010 年第 5 期。

农村居民在传统上就没有单位或集体可以依靠，住房靠村里分房，如果村里分不到房，救助显然成为问题。

3. 教育救助制度

教育救助指国家或社会团体、个人为保障适龄人口获得接受教育的机会，从物质和资金上对贫困地区和贫困学生在不同阶段提供援助的制度。其特点是通过减免、资助等方式帮助贫困人口完成相关阶段的学业，以提高其文化技能，最终解决他们的生计问题。2006 年 6 月 29 日《中华人民共和国义务教育法》从法律角度明确了"实施义务教育，不收学杂费"等。贫困家庭下一代的教育问题十分突出，教育救助也是一种社会救助，既有政府的救助也有社会的参与。如"希望工程"、"扶残助学"等。教育救助的目的就是保障贫困家庭子女的受教育权。"根据受助对象不同，教育救助可分作三个层次，一是对贫困家庭子女的整体救助；二是对贫困地区整体性救助；三是对贫困落后的国家救助。"[①] 主要通过减免学费和现金补贴方式进行救助。《社会救助法（征求意见稿）》第 18 条规定："符合专项救助标准的家庭子女，在义务教育阶段，县级以上地方人民政府应当免费提供教科书，补助寄宿生生活费；在中等、高等教育阶段，按照国家有关规定提供助学金等救助，有关教育机构可以酌情减免学费。学校及其他教育机构应当配合政府做好教育救助工作。"

4. 法律救助和司法救助制度

法律救助是指国家为了保证法律赋予公民的各项权利在现实生活中切实得以实现，对于需要法律救济手段捍卫自己的法定权利不受非法侵害，但又因经济困难无力支付法律服务费用的当事人提供免费、减费法律服务以保障其合法权益得以实现的一项法律制度。2003 年 7 月 21 日《法律援助条例》正式颁布，通过定位法律援助主体、范围、对象、程序和救济，标志着我国法律援助工作已全面开展。司法救助也是我国广义法律救助制度的组成部分，但与法律救助不同的是，司法救助提供主体是人民法院，只适用于民事、行政案件。2005 年 4 月 5 日最高院审判委员会第 1347 会议修订通过了《最高院关于对经济确有困难的当事人提供司法救助的规定》，根据该司法解释，司法救助指人民法院对于当事人为维护自己的合法权益，向人民法院提起民事、行政诉讼，但经济确有困难的，实行诉讼费用的缓交、减交、免交。《社会救助法（征求意见稿）》第 21 条规定"对符

---

① 任洁琼、陈阳：《教育救助》（上），载于《社会福利》2002 年第 11 期。

合专项救助标准的家庭的法律援助和司法救助，按照国家有关规定执行。"

【案例 13 -4】下列案件反映专项救助存在哪些问题？

例1：重庆农妇剖腹自医案

农妇吴远碧，于1989年随夫携儿带女进城打工，寻找"好生活"，不料却患上一种"怪病"，腹部积水，肚胀如鼓，第一次进医院，就花光了积蓄。出院不久，腹部积水又发作。为不拖累家庭，农妇挥刀自剖肚子自医，差点送命。吴远碧进城二十多年，年年起早贪黑地劳作于这座所寄居的城市，但户口壁垒使她没有享受到与这座城市发展速度相对称的社会保障。偶尔有个以户籍地为管理单位的"大病救助"机制，却因农妇患此"怪病"不属于大病救助目录，而且能治此病的医院不在管理单位的管辖区，管理单位也爱莫能助。媒体报道后，在有关领导关怀下，农妇被送入大医院救治。①

例2：曾凡盛、曾世辉将被害人王志辉殴打致重伤赔偿案②

2005年3月6日，曾凡盛、曾世辉将被害人王志辉殴打致重伤，为了医治，王志辉的妻子池源萍四处举债，后来王志辉在治疗过程中死亡。2007年2月6日，（2007）惠中法刑一终字第6号判决被告人曾凡盛、曾世辉赔偿附带民事诉讼原告人池源萍40多万元，池源萍根据判决提交了强制执行申请书，但是由于犯罪人无可供执行财产，池源萍没有得到任何赔偿。王志辉死后，留下两个小孩和两个八十多岁高龄的老人，失去了精神支柱、经济支柱的被害人家庭面临崩溃，池源萍不断向惠州各个司法部门上访将近3年，对此，市政法委及多个部门都参与过协助解决，但至今受害人仍无法得到经济上的补偿。

三、自然灾害救助制度

（一）自然灾害救助制度概述

人类有史以来自然灾害就无情地蹂躏着人类，人类也在与灾难抗争中不断地进步。中国70%以上的城市、50%以上的人口分布在气象、地震、地质和海洋等自然灾害严重的地区。以2008年为例，当年全国自然灾害频发，南方冻雨和雨灾，四川汶川地震。2011年更是灾难频发的一年，日本九级地震，引发海啸和核辐射，美国不断爆发的龙卷风，我国持续不断的旱灾，似乎全球都在一片灾难

---

① 2011年5月23日《华商报》。

② http：//zx. huizhou. gov. cn/viewdocument1. shtml？ method = viewArticle&id = ff80808121ec9608012287809cd4004c.

中。2011 年第一季度，我国受灾人口 1.7 亿人次，直接经济损失 480.5 亿元。

自然灾害救助简称救灾，是指国家和社会在公民遭受自然灾害袭击，生命财产和生活资料毁损时，提供物资和资金援救、扶持灾民的一种措施。作为社会救助的一种，它必须是在自然灾害发生并给公民造成灾荒时才发生作用。目前我国自然灾荒频繁，自然灾害救助任务艰巨。近年来，我国在灾害救助方面确实取得了较大的进步，1998 年 1 月出台了《中华人民共和国防洪法》，1998 年 3 月出台了《中华人民共和国防震减灾法》，2005 年 1 月，国务院将"中国国际减灾委员会"更名为"国家减灾委员会"，同年颁布了《国家自然灾害救助应急预案》、《国家地震应急预案》，2006 年 1 月 8 日国务院发布了《国家突发公共事件总体应急预案》，2011 年 11 月 1 日起施行《中华人民共和国突发事件应对法》。民政部和全国所有的省、市、自治区和大部分地市以及大部分县都建立了灾害应急预案体系，出现灾情都能按照预案启动应急救灾机制，开展救灾工作。再到 2007 年 12 月 17 日中国地震局正式颁布实施的《地震应急预案管理暂行办法》，国务院颁布的《自然灾害救助条例》（下简称《条例》）已自 2010 年 9 月 1 日起施行。这部条例为救灾的具体程序提供了指导性意见。以下就以《条例》为基准探讨自然灾害救助制度的主要内容。

（二）自然灾害救助制度的主要内容

1. 自然灾害救助的基本原则

《条例》第 2 条规定："自然灾害救助工作遵循以人为本、政府主导、分级管理、社会互助、灾民自救的原则。"自然灾害救助应坚持下列原则：第一，以人为本，最大限度地保护人民群众的生命和财产安全；第二，政府主导，分级管理，自然灾害救助工作实行各级人民政府行政领导负责制。国家减灾委员会负责组织、领导全国的自然灾害救助工作，协调开展重大自然灾害救助活动。国务院民政部门负责全国的自然灾害救助工作，承担国家减灾委员会的具体工作。国务院有关部门按照各自职责做好全国的自然灾害救助相关工作。县级以上地方人民政府或者人民政府的自然灾害救助应急综合协调机构，组织、协调本行政区域的自然灾害救助工作。县级以上地方人民政府民政部门负责本行政区域的自然灾害救助工作。县级以上地方人民政府有关部门按照各自职责做好本行政区域的自然灾害救助相关工作。县级以上人民政府应当将自然灾害救助工作纳入国民经济和社会发展规划，建立健全与自然灾害救助需求相适应的资金、物资保障机制，将人民政府安排的自然灾害救助资金和自然灾害救助工作经费纳入财政预算。村民委员会、居民委员会以及红十字会、慈善会和公募基金会等社会组织，依法协助人民政府开展自然灾害救助工作。第三，社会互助、灾民自救原则，依靠群众，充分发挥基层群众自治组织和公益性社会团体的作用。《条例》第3条规定："国家鼓励和引导单位和个人参与自然灾害救助捐赠、志愿服务等活动。"第6条规定："各级人民政府应当加强防灾减灾宣传教育，提高公民的防灾避险意识和自救互救能力。"

2. 自然灾害救助准备

县级以上地方人民政府及其有关部门应当根据有关法律、法规、规章，上级人民政府及其有关部门的应急预案以及本行政区域的自然灾害风险调查情况，制定相应的自然灾害救助应急预案。自然灾害救助应急预案应当包括下列内容：自然灾害救助应急组织指挥体系及其职责；自然灾害救助应急队伍；自然灾害救助应急资金、物资、设备；自然灾害的预警预报和灾情信息的报告、处理；自然灾害救助应急响应的等级和相应措施；灾后应急救助和居民住房恢复重建措施。县级以上人民政府应当建立健全自然灾害救助应急指挥技术支撑系统，并为自然灾害救助工作提供必要的交通、通信等装备。国家建立自然灾害救助物资储备制度，由国务院民政部门分别会同国务院财政部门、发展改革部门制定全国自然灾害救助物资储备规划和储备库规划，并组织实施。县级以上地方人民政府应当根据当地居民人口数量和分布等情况，利用公园、广场、体育场馆等公共设施，统筹规划设立应急避难场所，并设置明显标志。启动自然灾害预警响应或者应急响应，需要告知居民前往应急避难场所的，县级以上地方人民政府或者人民政府的自然灾害救助应急综合协调机构应当通过广播、电视、手机短信、电子显示屏、互联网等方式，及时公告应急避难场所的具体地址和到达路径。

3. 应急救助

县级以上人民政府或者人民政府的自然灾害救助应急综合协调机构应当根据自然灾害预警预报启动预警响应，采取相应措施，自然灾害发生并达到自然灾害救助应急预案启动条件的，县级以上人民政府或者人民政府的自然灾害救助应急综合协调机构应当及时启动自然灾害救助应急响应，采取相应措施；对应急救助物资，各交通运输主管部门应当组织优先运输。在自然灾害救助应急期间，县级以上地方人民政府或者人民政府的自然灾害救助应急综合协调机构可以在本行政区域内紧急征用物资、设备、交通运输工具和场地，自然灾害救助应急工作结束后应当及时归还，并按照国家有关规定给予补偿。

4. 灾后救助

受灾地区人民政府应当在确保安全的前提下，采取就地安置与异地安置、政府安置与自行安置相结合的方式，对受灾人员进行过渡性安置。就地安置应当选择在交通便利、便于恢复生产和生活的地点，并避开可能发生次生自然灾害的区域，尽量不占用或者少占用耕地。受灾地区人民政府应当鼓励并组织受灾群众自救互救，恢复重建。自然灾害危险消除后，受灾地区人民政府应当统筹研究制订居民住房恢复重建规划和优惠政策，组织重建或者修缮因灾损毁的居民住房，对恢复重建确有困难的家庭予以重点帮扶。居民住房恢复重建应当因地制宜、经济实用，确保房屋建设质量符合防灾减灾要求。受灾地区人民政府民政等部门应当向经审核确认的居民住房恢复重建补助对象发放补助资金和物资，住房城乡建设等部门应当为受灾人员重建或者修缮因灾损毁的居民住房提供必要的技术支持。居民住房恢复重建补助对象由受灾人员本人申请或者由村民小组、居民小组提名。经村民委员会、居民委员会民主评议，符合救助条件的，在自然村、社区范围内公示；无异议或者经村民委员会、居民委员会民主评议异议不成立的，由村民委员会、居民委员会将评议意见和有关材料提交乡镇人民政府、街道办事处审核，报县级人民政府民政等部门审批。

5. 救助款物管理

县级以上人民政府财政部门、民政部门负责自然灾害救助资金的分配、管理并监督使用情况。县级以上人民政府民政部门负责调拨、分配、管理自然灾害救助物资。人民政府采购用于自然灾害救助准备和灾后恢复重建的货物、工程和服务，依照有关政府采购和招标投标的法律规定组织实施。自然灾害应急救助和灾后恢复重建中涉及紧急抢救、紧急转移安置和临时性救助的紧急采购活动，按照国家有关规定执行。自然灾害救助款物专款（物）专用，无偿使用。定向捐赠的款物，应当按照捐赠人的意愿使用。政府部门接受的捐赠人无指定意向的款物，由县级以上人民政府民政部门统筹安排用于自然灾害救助；社会组织接受的捐赠人无指定意向的款物，由社会组织按照有关规定用于自然灾害救助。自然灾害救助款物应当用于受灾人员的紧急转移安置，基本生活救助，医疗救助，教育、医疗等公共服务设施和住房的恢复重建，自然灾害救助物资的采购、储存和运输，以及因灾遇难人员亲属的抚慰等项支出。受灾地区人民政府民政、财政等部门和有关社会组织应当通过报刊、广播、电视、互联网，主动向社会公开所接受的自然灾害救助款物和捐赠款物的来源、数量及其使用情况。受灾地区村民委员会、居民委员会应当公布救助对象及其接受救助款物数额和使用情况。县级人民政府应当建立健全自然灾害救助款物和捐赠款物的监督检查制度，并及时受理投诉和举报。县级以上人民政府监察机关、审计机关应当依法对自然灾害救助款物和捐赠款物的管理使用情况进行监督检查，民政、财政等部门和有关社会组织应当予以配合。

【案例 13 – 5】赈灾款去了哪里？

例1：美国总审计署的调查发现，在美国政府 2010 年对"卡特里娜"以及"丽塔"飓风灾害发放的赈灾款中，高达 14 亿美元的赈灾款被通过各种障眼法冒领，用于购买橄榄球赛门票，支付度假费用，甚至支付给了一名打离婚官司的律师。美国总审计署是美国的最高审计机构，它代表国会对联邦政府及其官员的财务活动进行审计监督。该机构通过秘密调查发现，负责赈灾的联邦应急管理局对发放赈灾款的管理一塌糊涂。联邦应急管理局表示他们已经破获了 1500 宗冒领赈灾款的案子，并且移交给了国土安全部检察长。这些案子涉及的金额达到 1680 万美元，而且该局正在尽力追讨被冒领的款项。但是美国总审计署表示有 95% 的理由确信被冒领的款项在 6 亿美元到 14 亿美元之间。①

例2：2008 年 6 月 12 日审计署关于汶川地震抗震救灾资金物资审计情况公告（第 1 号）发现的 3 起违法违规事件公告如下：（1）河南省安阳县工商业联合会主要负责人擅自将 27.11 万元捐赠资金用于购买救灾物资，其中涉嫌以权谋私；（2）中国工商银行绵阳涪城支行用"抗震救灾特别费"为本行职工购买名牌运动鞋；（3）在一些地方发生涉嫌利用手机短信骗取赈灾募捐款的问题。②

四、临时救助制度

（一）临时救助制度概述

临时救助是政府部门针对因意外或其他原因导致基本生活暂时出现较大困难的家庭给予的临时救助。对于临时救助目前没有专门法律或条例规定，民政部 2007 年 7 月 4 日颁布了《民政部关于进一步建立健全临时救助制度的通知》，提出了临时救助制度建立的一些基本原则和重要意义，但并没有界定临时救助的内涵和救助措施。2008 年《社会救助法（征求意见稿）》第 26 条较为清晰地界定了临时救助，即"对因交通事故等意外事件或者其他特殊原因，导致基本生活暂时出现较大困难的家庭，由县级以上地方人民政府民政部门给予资金、物资、服

① http：news. sina. com. cn/0/2006 – 06 – 15/08289. 2019/5. shtm.

② http：//www. xici. net/d72140563. htm，新华网北京，2008 年 6 月 12 日电。

务等临时救助。临时救助的标准和内容由省、自治区、直辖市人民政府确定。"临时救助类型主要体现为收容救助和其他类型的救助。本书将以收容救助为主要内容谈一下收容救助的现状和主要内容。

众所周知，"孙志刚案"引起了救助制度立法的一大改变，2003 年 6 月 20 日国务院颁布了《城市生活无着的流浪乞讨人员救助管理办法》（简称《救助管理办法》），7 月 21 日民政部公布了《救助管理办法实施细则》；上述立法取代了 1982 年的《城市流浪乞讨人员收容遣送办法》和《城市流浪乞讨人员收容遣送办法实施细则》。这两个规定都非常原则，前者只有 18 条，后者也仅有 24 条，不足以对收容救助制度作出全面规范。为了更好地实施收容救助，各地纷纷出台了地方政府规章和地方性法规，结合本地实际对收容救助制度作出具体规定。

（二）主要内容

我国收容救助制度确立了自愿救助原则和无偿救助原则。《救助管理办法》规定救助对象为"城市生活无着的流浪乞讨人员"，而《救助管理办法实施细则》对救助对象作了进一步规定，明确救助对象必须同时具备四个条件：一是自身无力解决食宿，二是无亲友可以投靠，三是不享受城市低保或者农村五保供养，四是正在城市流浪乞讨度日。上述四个条件应该同时具备。收容救助是一项临时性救助措施，主要是解决被收容对象暂时的困难，这一点不同于最低生活保障，因此，收容救助的期限规定的比较短，一般不超过 10 天，特殊情况需要延长的需要报上级民政主管部门备案。救助期限届满或者受助人得到妥善安置的，应尽快离站。对于救助的内容和标准，《救助管理办法》规定，救助站应当提供食物、住所、医疗和交通救助。收容救助是一种依申请的救助行为，以流浪乞讨人员的主动申请为前提。因此，收容救助的程序首先便是申请救助者应当主动申请并提供本人的相关情况，救助站应当告知其与救助需求相关的情况并予以登记，一般情况下 24 小时内要完成身份核实工作，对属于救助对象的，应当及时安排救助不得拒绝。收容救助是一项临时性的社会救助措施，这与其他社会救助制度在救助内容和方式上都有重大区别。建立这一临时性的救助制度，是考虑到流浪乞讨人员的特点以及我国的经济社会发展水平，要注意临时性救助与家庭保障和其他社会救助制度互补。

【作业题】

2003 年 4 月 25 日，《南方都市报》揭露了一起广州执法人员粗暴侵犯公民的人身权利致人死亡的案件，这个案件的主角就是"孙志刚"。2003 年 3 月 17 日晚 10 时许，喜欢上网的孙志刚离开与朋友合租的住房，准备到附近一家网吧去玩。走到天河区黄村大街时，孙志刚突然被广州市公安局天河区公安分局黄村街派出所的警察拦住了去路。由于身上没有带任何证件，孙志刚被带到了黄村街派出所。当晚，将近110人先后被带进这个派出所，其中30多人被收容。孙志刚的同学闻讯后赶到派出所，说明孙有身份证和工作单位，提出为其补办暂住证，并予以保领，当事警官仍拒绝放孙。3月18日凌晨2时左右，孙志刚被作为"无暂住证"、"无正当职业"、"无正常居所"等三无人员送到天河公安分局收容遣送中转站。9个小时后（即18日上午），孙志刚向中转站护师报告自己有心脏病，因为紧张而心慌、失眠，要求放他出去或住院治疗。当晚，孙志刚因"身体不适"被转往广州市收容人员救护站。3月20日凌晨1时多，孙志刚遭受被护工胁迫的其他收容人员的轮番殴打，于当日上午10时20分死亡。救护站死亡证明书上称其死因是"心脏病"。4月18日，中山大学中山医学院法医鉴定中心出具尸检检验鉴定书，结果表明，孙志刚死前72小时曾遭毒打。

请问：

1. 你如何看待"孙志刚"事件，它反映了什么问题？

2. 作为一名社会救助专员，你认为应当如何将《城市生活无着的流浪人员救助管理办法》与其他社会救助相衔接？

3. 《救助管理办法》规定了自愿救助原则和无偿救助原则，如果面对无偿的救助，多数流浪者选择说"不"怎么办？

第十四章　社会福利法

【本章导读】

　　社会福利是以提高公民的生活质量为目的的社会保障制度。其内容相当广泛，既包括全体社会成员的公共福利、职业福利、社区福利，还包括保障社会特定成员的专门福利。本章分为两节，对社会福利法的概念、特征、发展历史、基本原则等做了论述，并对公共福利法、职业福利法、特殊人群的福利法及社区福利法做了介绍。通过本章的学习，可以了解社会福利法的发展进程；掌握社会福利法的概念与特征，并理解特殊群体的社会法律制度。

　　【重点】社会福利的概念与特征、社会福利的基本原则、公共福利。

　　【难点】特殊群体福利法律制度，社区福利的特殊意义。

第一节　社会福利法概述

一、社会福利的概念与特征

（一）社会福利的概念

　　社会福利是以提高公民的生活质量为目的的社会保障制度，特别着眼于保障妇女、儿童、老人和残疾人等弱势人群的基本生活，改善这些群体的生活状况。

　　因为各国政治、经济与文化的差异及社会保障制度的内容不同，社会福利的内容也相对较为丰富，但可概括为广义和狭义两种。广义的社会福利是指政府和社会为保障和提高全社会的物质生活和精神生活而采取的卫生、环境、住房、教育、就业等方面的各种保障和服务措施的总称。狭义的社会福利是与社会保险、社会救助等并列的一种社会保障形式，是指国家和社会为维持和提高公民的一定生活质量而提供一定物质帮助，以满足公民的共同和特殊生活需要的社会保障制度。

（二）社会福利的特征

（1）保障目标的高层次性。与社会救济法不同，社会福利的保障目标，是为了让社会成员生活的更加美好，既包括物质方面的，也包括精神方面的。

（2）无对价性。社会福利是国家和社会单向提供的物质帮助。即国际和社会向公民提供社会福利待遇，一般无须公民对国家和社会履行相应义务或作出相应贡献为代价。

（3）对象的普遍性。社会福利惠及全民，不需具备特殊的条件、身份与处境等因素，任何人都可以享有。虽然有特殊群体的福利，比如老年人福利，但是仍然能体现普遍性，因为其成员享受福利待遇的机会是均等的。

（4）范围的广泛性。一向被誉为"从摇篮到坟墓"的社会福利，几乎涵盖了生活的方方面面，且随着经济的进一步发展，和人们生活水平的进一步提高与改善，社会福利涉及的范围还会随着增加。

（5）资金来源的单向性。与社会保险费用实行三方负担原则不同，社会福利的资金来源于国家和社会，社会成员享受各种社会福利而无须缴费或象征性地缴费。国家和社会负担社会福利的主要途径是税收，社会则以各单位的福利资金或各种社会捐助来负担。因此，国家预算拨款与社会捐助相结合，是社会福利资金来源的两种主要模式。

二、我国社会福利制度的发展

计划经济时代，我国建立了城乡二元经济结构和计划经济体制基础上的传统社会福利制度。其具有两大特点：一是实行城镇福利与乡村福利分立，政府对城镇福利的投入和组织多于乡村福利，城镇福利的水平高于乡村福利。二是微观福利为主。在城镇以职业福利为主，在乡村以农民集体福利为主，民政部门作为政府的社会福利主管部门所举办的社会福利项目，在城镇和乡村都具有辅助地位。这种传统的制度存在不公平、社会化程度低、效率低等诸多缺陷。建立市场经济体制后，我国的社会福利事业也相应地进行了改革。一是改变了职工福利基金的提取和使用方法，使福利基金的提取与企业效益挂钩；二是改革和发展了福利补贴，福利房制度；三是引导职工福利设施由封闭转向开放，社会福利体制由国家包办转向国际、集体、个人共同兴办。

进入 20 世纪 90 年代以后，我国社会福利制度加快立法进程，出台了一系列法律法规、包括《残疾人保障法》、《未成年人保护法》、《妇女权益保护法》、

《母婴保护法》、《老年人权益保护法》等，社会福利事业纳入法制化进程。民政部作为我国福利事业的主管机构，发布了《国家级福利院评定标准》、《社会福利基金使用管理暂行办法》、《社会福利机构管理暂行办法》、《福利企业资格认定办法》等规定，将我国的社会福利事业引向社会化。社会福利社会化是在社会主义市场经济条件下我国社会福利事业发展的必经之路，也是我国社会福利制度进一步改革和发展的方向。

三、社会福利法的基本原则

（一）社会公平与社会效率兼顾原则

竞争导致社会经济发展水平不一致，而分配不均则会拉大社会成员之间的收入差距，导致贫富的两极分化。因此，在社会福利事业的立法过程中，要正确体现公平与效率之间的关系。社会福利事业发展过程中的效率与公平问题，主要体现在两个方面：一是分配领域中的公平与效率的关系。社会成员之间收入差距过大，会导致分配上的不公平，为此，对于收入水平过高的劳动者，国家依法征收累进制的个人所得税，防止社会成员之间收入过分悬殊；同时，对于丧失劳动能力的社会成员，由国家提供必要的生活保障。通过合理的政策导向，可以调节社会成员因收入差距过大而可能引起的社会矛盾。二是在国家投入社会福利事业资金与其所能发挥的实际作用上，也有一个公平与效率的关系。也就是说，在社会福利事业内部，存在着一个投入产出的关系。在同等投入的情况下，如果社会福利事业体制本身有问题，比如工作效率低、规定不合理、管理不严等，就必然降低资金的使用效率，造成浪费，无法实现预期目标。因此，在社会主义市场经济活动中，只有建立公平与效率相统一的社会法制，才能创造出良好的经济竞争环境，保持社会的稳定。

（二）市场与政府的协调统一的原则

社会福利事业是以国家为主体而强制实施的政府行为，同时与市场有着紧密联系。在社会福利事业中，政府和市场既有失灵的一面，又有协调统一的一面：

（1）市场失灵的表现。市场并非万能，市场往往在以下领域失灵：一是收入分配存在缺陷。在市场经济条件下，收入在不同社会成员之间的分配是依据其拥有的生产要素市场的稀缺程度和要素价格，由于他们拥有的要素数量和质量不同，支配地位不同，他们的收入也就不平等。靠市场调节收入会产生一些不良后果，一方面，一部分人难以维持最低生活需要；另一方面，财富在一部分人手中积聚，穷者愈穷，富者愈富，既不利于劳动力的生产，也在很大程度上增加了社会的不安定因素。二是通货膨胀风险的存在。通货膨胀风险是困扰社会福利事业发展的主要障碍之一，在处置通货膨胀风险上，存在着无法忽视的市场失灵，因此，只有通过政府干预，才能够实现既定的社会福利事业的政策目标。三是信息沟通不够完备。民政福利资金如何投放，如何实现资金的保值与增值，这些都是与个人信息沟通不够完备相关联的。在趋利避害动机的驱动下，人们往往重视短期行为，而将风险储蓄推入不确定的境地。在上述市场"看不见的手"的牵制下，出现许多难以预测的因素，在无法有效地引导社会福利事业走向的情况下，需要通过政府"看得见的手"加以弥补。

（2）政府失灵的主要表现：一是社会福利事业运行机制的低效率，即机构不断膨胀，人员不断增加，管理费用的提取比例逐步提高，办事效率却越来越低。在委托代理制下，政府作为经济人，在趋利避害的引导下，会做出不理性的行为，尤其是在缺乏有效监督的条件下，不理性的行为更为突出。二是政府介入社会福利事业，独立从事社会福利事业，没有其他机构参与竞争，对社会福利事业基金的投入与产出效率无法进行横向比较，使得基金运营和管理经常处于低效率状态。

（3）市场与政府协调统一的具体作用。在社会福利事业发展过程中，市场和政府都不是万能的，要想发挥二者的作用，必须寻找政府与市场行为的均衡点。政府在社会福利事业的作用体现在三个方面：一是利用强制力为社会福利事业提供一个完备的法律框架；二是为各项社会福利事业进行政策选择和制度设计，如筹集模式、支付水准、保障项目和范围以及管理体制的选择；三是政府在某些方面必须直接介入，用政府强制力来保障社会福利事业的正常运行。政府介入的重要性在于其承担社会风险的能力大于市场。政府具有某些强制力，这种强制力能够确保政府可以在全社会范围内分散风险。其具体表现在：第一，政府有权征税以实现对社会风险的保险，并将其用于收入再分配，政府能够通过代际转移，使几代人共担风险；第二，政府可以使社会福利资金支出指数化，减轻通货膨胀对个人的威胁；第三，政府介入可以减少社会福利基金筹集和支付的成本和费用；第四，政府具有市场效率以外的调控作用。

这里必须强调指出的是：第一，社会福利事业引入市场的目的是为了引入竞争，让政府办事能够更有效率，但仍然要以政府为主体。第二，政府在运用社会福利事业实现公平时，应以程序化、法制化、科学化的方式参与调控市场运行，努力避免政府行为对市场本身正常运行的损害。第三，市场和政府在社会福利事业中日益共同发挥作用，但在实践中，政府和市场的均衡点只能不断接近，而不可能完全实现均衡。我们要努力寻找政府干预的适度点，让政府与市场在社会福利事业中实现有机结合。

（三）社会福利事业与经济发展协调发展的原则

社会福利事业是国家运用经济手段来解决社会事业发展中出现的各种社会问题的一项宏观调控措施，因此，要使社会福利事业能够顺利实施，必须以一定的经济发展水平为基础。社会福利事业与经济发展相协调表现在两个方面：一是经济发展决定着社会福利事业的发展水平。没有雄厚的财力与基金的积累，社会福利事业就不可能得到发展，财力愈雄厚，社会福利事业的发展水平就越高。二是社会福利事业的发展应有利于促进经济的发展。如果社会福利事业滞后于经济的发展，容易造成社会的不稳定，进而对经济的发展造成消极影响；如果社会福利事业超前于经济的发展，则必然造成国家无力承受并最终损害经济发展的后果。只有社会与经济协调发展，才有可能实现社会福利事业肩负的对稳定社会事业发展和促进经济发展这个双重任务。我国当前仍处于社会主义初级阶段，其基本国情是人口众多，经济还不很发达，因此，我们在构建民政福利体系时，必须要与基本国情相适应，而不能超越发展阶段。尤其要吸取国际上一些国家"从摇篮到坟墓"的高福利制度给国家经济造成沉重负担甚至制约经济发展的教训，集中力量解决人民群众的基本需求和维护社会稳定面临的重大问题。

（四）社会福利事业的权利与义务相协调原则

权利与义务相脱节是社会福利事业发展过程中的缺陷。在社会福利事业的运行过程中，必须坚持社会福利事业的权利与义务相统一的原则。在国家统筹型的社会福利事业中，个人基本上不负担任何缴费义务，只享受民政福利。权利与义务的分割，窒息了民政福利制度的活力，产生了许多问题。在民政福利制度的改革过程中，必须对权利和义务重新安排，把个人义务提高到较高水平。但是在民政福利领域，权利和义务不可能在个人层次上统一，只能在社会层次上做到一致。因此，需要具体分析国家、企事业单位和个人这三大主体，就这三者而言，对任何一方当事人来讲的权利，对另一方来讲就是义务。国家作为社会的组织者，对于民政福利这样一种凭借社会力量保证社会弱势人群基本生活，从而稳定社会秩序的民政福利制度，负有不可推卸的义务和责任，这对于弱势人群来说，就是其享有的权利。企业作为雇主，同样有为其弱势职工提供一部分社会福利资金的义务。弱势职工则不仅在其工作期间因病、因伤时享有医治和康复的权利，在其工作能力丧失后也享有取得一部分生活资料以保证基本生活的权利，而且有权对民政福利制度的运作进行监督和参与管理。

但是，必须看到，大部分民政福利项目，尤其是民政福利救济项目，由于风险共担性和济贫性的属性，往往表现为受益一方与支付一方在一定程度上的分离。这种分离有两种表现形式：一是从现有的或将来的民政福利项目获得利益的，往往集中在某一特定的群体，而支出费用都是普遍地加在公众身上；二是从现有的和将来的民政福利项目中获得利益的，是社会上的绝大多数人，而支付的却是少数人。这种权利和义务的非个人层次上的对应性，通常会导致人们热衷于扩大这些民政福利项目而不是去限制它。因为受益者有很高的积极性进行政治上有效的努力，支持并扩大这些民政福利项目。如果监督不力，可能造成民政福利的过度需求及公共支出的急剧膨胀。而且民政福利支出具有很强的"刚性"，一旦民政福利水平的基础线确定，只会上升而难以下降。因此，关键在于如何统一权利和义务，尽可能将二者的分离缩小，以利于提高社会福利事业的社会效率。

缓和权利与义务的分离，应当正确处理二者的关系：即个人必须履行劳动和缴费两大义务，但没有劳动能力的人可以不履行义务。没有劳动能力的人，包括尚未达到法定劳动年龄的和因种种原因失去劳动能力的人，不能要求其履行义务，必须保证他们享受民政福利的权利。有劳动能力的个人，必须按规定随时准备承担缴费的义务，从而使权利和义务在社会福利事业的整体层上对应起来，让利益机制在社会福利事业中发挥作用，限制社会福利事业的资金支出过快膨胀。也就说，在社会福利事业中，要享受有关社会福利事业的权利就必须承担起相应的缴费义务（不包括没有劳动能力的人），而履行了缴费的义务就应当享受相应的社会福利权利。享受社会福利事业者缴纳一定费用时，他处于权益主体的地位，享受法定的权益必须履行法定的义务。必须强调指出：只有通过自己的辛勤劳动，才能获得享受社会福利事业的权利，社会福利事业各种项目的确定，要尽量强调权利与义务统一，使社会成员享受民政福利待遇与其对社会的贡献联系在一起。

（五）统一性与多样性相结合的原则

社会化大生产要求社会福利事业必须实行社会化的统一管理。在社会主义市场经济活动中，市场将各行各业之间联系在一起，任何一个行业的发展状况都会直接或间接地影响其他行业的发展。因此，这就要求社会福利事业要在各方面条件相当，而且社会化程度较高的行业中实行统一的社会化管理，兼顾各行各业的利益，这样，既有利于各行各业在同一基础上竞争，也有利于劳动力的流动。同时，也要看到，由于各地区、各行业的发展不平衡，也要求社会福利事业必须实行多样化的管理方式。社会福利事业只有采取灵活多样的方式，才能使社会福利事业充分发挥其积极作用。当然，也必须看到，现阶段多样性的管理模式，必然向更高程度的社会化统一管理模式过渡，这是社会福利事业发展的必然趋势。这里必须强调指出的是，在坚持统一性和多样性相结合的同时，还必须坚持政府主导与社会参与的统一。社会福利事业是政府工作的重要职责之一，必须充分发挥政府的主导作用。同时，也要摒弃政府包办一切的计划经济观念，调动企业、个人的积极性，积极发挥社会团体、自治组织的作用，提高社会成员在政府的指导和帮助下，提高自我管理和互助互济的能力。中共中央《关于制定国民经济和社会事业发展第七个五年计划的建议》指出："社会保障工作要坚持社会化管理与单位管理相结合，以社会化管理为主的改革方向。社会保障机构要把社会保险、社会福利、社会救济工作统一管理起来，制定规划，综合协调。"根据这个指导思想，针对现行社会福利事业管理体制存在的问题，把社会福利事业列入社会事业发展计划需要做到"三个结合"、"三个为主"，即国家承担责任与社会承担责任相结合，以社会承担责任为主；社会化管理与单位管理相结合，以社会化管理为主；内部控制与外部控制为主，以内部控制为主。在"三个结合"和"三个为主"的基础上，使民政福利在列入社会事业发展计划后能够产生大的变化。

第二节　社会福利法律制度

一、社会福利法的概念

社会福利法是调整在实施社会福利过程中产生的社会关系的法律规范的总称。依据社会福利法调整的范围与对象的不同，可以将社会福利法分为公共福利法、专门福利法、职业福利法、社区服务法等。

二、公共福利法律制度

（一）公共福利的概念与特点

公共福利，是指国家和社会为满足全体社会成员的物质生活和精神生活基本需要而举办的公益性设施和提供的相关服务，公共福利的特点如下：

（1）对象的普遍性。公共福利所惠及的对象是全体社会成员。同时，针对特殊的人群，也有特殊的福利待遇，比如劳动者、老人、妇女与儿童等特殊群体。

（2）内容的广泛性。公共福利涉及社会成员生活的各个方面，涵盖了住房、教育、卫生、文体、教育与环境等等。

（3）资金来源的单一性。增强每个社会成员的幸福指数，实现社会的共同富裕，是国家义不容辞的责任，因此在公共福利中，国家无疑是最大的资金承担者。

（二）公共福利法律制度的主要内容

1. 教育福利法律制度

我国已经初步实行了基础教育、职业教育、成人教育、高等教育相互沟通、协调发展的教育体系。教育经费由国家保障，国家建立以财政拨款为主，其他多种渠道筹措教育经费为辅的体制。同时，我国鼓励自主创新，加大了对科技、知识产权资金投入的支持。

我国教育福利的主要内容：（1）九年制义务教育。国家保障所有适龄未成年人接受免费教育；（2）国家和社会通过设立奖学金、助学金、捐助教育基金等多种形式资助贫困学生；（3）对特殊困难家庭的子女和孤儿、无收养家庭的弃儿等的教育，给予减免学杂费和代支书籍费；（4）在中等以上学校设立助学金、奖学金和贷学金，给大中专学生以度假优惠购票待遇；（5）鼓励企业、社团、私人等社会力量办学，并给予政策优惠；（6）举办和扶持职业培训，提供职业培训津贴；（7）为接受教育者提供便利，如社会公共文化体育设施，历史文化古迹和革命纪念馆对学生实行优待或免费开放。国家鼓励社会团体、社会文化机构及其他社会组织和个人开展有益于受教育者身心健康的社会文化教育活动等。

为保障上述制度，目前，我国在教育福利方面的法律法规主要有：《中华人民共和国教育法》、《中华人民共和国教师法》、《中华人民共和国民办教育促进法》、《中华人民共和国国家通用语言文字法》、《中华人民共和国义务教育法》、《中华人民共和国高等教育法》、《中华人民共和国职业教育法》、《中华人民共和国学位条例》、《中华人民共和国民办教育促进法实施条例》、《中华人民共和国学位条例暂行实施办法》、《高等学校校园秩序管理若干规定》、《普通高等学校档案管理办法》、《教师资格条例》、《高等教育自学考试开考专业管理办法》、《中华人民共和国中外合作办学条例》、《幼儿园管理条例》、《学校卫生工作条例》、《扫除文盲工作条例》、《普通高等学校设置暂行条例》、《普通高等教育学历证书管理暂行规定》、《学校体育工作条例》、《国家教育考试违规处理办法》、《教育行政处罚暂行实施办法》、《中小学德育工作规程》、《流动儿童少年就学暂行办法》、《成人高等学校设置的暂行规定》、《高等职业学校设置标准》（暂行）、《研究生学籍管理规定》、《社会力量办学教学管理暂行规定》、《普通话水平测试管理规定》、《学校艺术教育工作规程》、《学生伤害事故处理办法》、《中小学校长培训规定》、《中小学教师继续教育规定》、《特殊教育学校暂行规定》、《教师和教育工作者奖励规定》、《关于授予具有研究生毕业同等学力人员硕士、博士学位的规定》、《普通高等学校毕业生就业工作暂行规定》、《广播电视大学暂行规定》、《高等学校培养第二学士学位生的试行办法》、《少年儿童校外教育机构工作规程》、《中小学校电化教育规程》、《高等教育自学考试实践性环节考核管理试行办法》、《高等教育自学考试命题工作规定》、《学校食堂与学生集体用餐卫生管理规定》、《中国汉语水平考试（HSK）办法》、《普通高等学校学生管理规定》、《高等学校招生全国统一考试管理处罚暂行规定》等。

2. 住房福利法律制度

住房福利是一种重要的公共福利，其目的是利用国家和社会的力量着重解决低收入家庭的住房问题。在我国社会主义市场经济条件下，有多种住房保障形式：村民在集体划分的"宅基地"上自行建房。市民则分类解决：高收入者面向市场购买商品住房；中低收入者购买经济适用住房或者购买"两限房"；最低收入者租住政府提供的廉租住房等。住房福利性质的措施主要有两种形式：一种是政府以直接或间接支付等形式提供住房补贴；另一种是国家要求住房建设机构划出一定数量的住房以低于市场价格售给低收入家庭，或者政府直接兴建住房，定向出售给低收入家庭。

目前，我国的住房福利保障制度有：（1）在农村，农民可以获得"宅基地"，可建设住房。（2）实行住房公积金制度，住房公积金由用人单位和职工共同出资建立，按照"个人存储，单位资助"的方式缴纳，实行专款专用；（3）提供经济适用住房。根据国务院的规定，经济适用房是指供中低收入家庭购买自住的优惠商品房，它由政府出资、扶持和组织建设，并按照保本微利原则确定政府指导价，使之与中低收入家庭的承受能力相适应。（4）提供廉租住房。即由政府或单位以低廉的租金向最低收入家庭出租。廉租住房可以从腾退旧公有住房中调剂解决，也可以由政府或单位出资兴建，其租金实行政府定价。（5）提供住房金融扶持。即发展住房公积金贷款与商业银行贷款相结合的组合住房贷款业务，优先发放经济适用房开发建设贷款，并为符合条件的城镇居民发放个人住房贷款。

比如，按揭买房。

　　我国的住房福利保障制度有：《中央补助廉租住房保障专项资金管理办法》、《关于保障性安居工程资金使用管理有关问题的通知》、《关于印发〈利用住房公积金发放保障性住房建设项目贷款相关业务会计核算办法〉的通知》、《财政部、国家税务总局关于支持公共租赁住房建设和运营有关税收优惠政策的通知》、《住房和城乡建设部等六部委关于做好住房保障规划编制工作的通知》、《住房和城乡建设部等七部委关于加快发展公共租赁住房的指导意见》、《国务院批转发展改革委关于2010年深化经济体制改革重点工作意见的通知》、《关于加强廉租住房管理有关问题的通知》、《住房和城乡建设部关于加强经济适用住房管理有关问题的通知》、《住房和城乡建设部关于做好城市和国有工矿棚户区改造规划编制工作的通知》、《关于切实落实相关财政政策积极推进城市和国有工矿棚户区改造工作的通知》、《住房和城乡建设部关于住房保障规范化管理检查情况的通报》、《关于推进城市和国有工矿棚户区改造工作的指导意见》、《2009～2011年廉租住房保障规划》、《关于印发2009～2011年廉租住房保障规划的通知》、《中国人民银行、中国银行业监督管理委员会关于印发经济适用住房开发贷款管理办法》、《廉租住房建设贷款管理办法》、《关于印发〈城市低收入家庭住房保障统计报表制度〉的通知》、《财政部、国家税务总局关于廉租住房经济适用住房和住房租赁有关税收政策的通知》、《财政部关于中央京外行政事业单位向无房和住房未达标离退休职工发放住房补贴有关事项》、《中央廉租住房保障专项补助资金实施办法》、《廉租住房保障资金管理办法》、《中央预算内投资对中西部财政困难地区新建廉租住房项目的支持办法》、《廉租住房保障办法》、《经济适用住房管理办法》、《财政部关于印发〈廉租住房保障资金管理办法〉的通知》、《建设部关于印发〈城镇廉租住房档案管理办法〉的通知》、《建设部关于印发〈城镇廉租住房工作规范化管理实施办法〉的通知》、《财政部、建设部、国土资源部关于切实落实城镇廉租住房保障资金的通知》、《关于调整个人住房公积金贷款利率的通知》、《城镇最低收入家庭廉租住房申请、审核及退出管理办法》、《城镇廉租住房租金管理办法》、《中央在京单位已购公有住房上市出售管理办法》、《建设部住房委员会关于转发〈关于做好中央在京单位已购公房上市出售〉工作有关问题的通知》、《国家计委、建设部关于印发经济适用住房价格管理办法的通知》、《关于发放购房补贴中几个具体问题的处理意见》、《国务院机关事务管理局等印发关于发放购房补贴中几个具体问题的处理意见》、《国务院关于修改〈住房公积金管理条例〉的决定》、《财政部关于颁发〈在京中央和国家机关事业单位职工购房补贴资金筹集、拨付和管理暂行管理办法〉的通知》、《建设部关于加强居民住宅区安全防范工作的协作配合切实保障居民居住安全的通知》、《国家康居示范工程管理办法》、《中央国家机关职工购房补贴资金专户管理及使用操作规程》、《在京中央和国家机关事业单位职工购房补贴资金专户管理及使用办法》、《在京中央和国家机关职工购房补贴资金专户管理及使用办法》、《在京中央和国家机关事业单位职工购房补贴资金筹集、拨付和管理暂行办法》、《关于印发〈移交政府安置的军队离退休干部住房保障改革实施办法〉的通知》、《关于印发军队转业干部住房保障办法的通知》、《关于在京中央和国家机关行政事业单位提高房租增发补贴的补充通知》、《军队经济适用住房建设管理办法》、《关于已购公有住房和经济适用住房上市出售若干问题的说明》、《已购公有住房和经济适用住房上市出售土地出让金和收益分配管理的若干规定》、《城镇廉租住房管理办法》、《已购公有住房和经济适用住房上市出售管理暂行办法》、《住房公积金管理条例》（已修订）、《关于支持科研院所、大专院校、文化团体和卫生机构利用单位自用土地建设经济适用住房的通知》、《关于继续做好 1998 年国家安居工程（经济适用房）实施工作的通知》、《关于进一步搞好公有住房出售工作有关问题的通知》、《国务院办公厅转发国务院住房制度改革领导小组关于加强住房公积金管理意见的通知》、《城镇经济适用住房建设管理办法》、《关于解决房改中发放住房补贴辐射问题的通知》。

3. 卫生福利法律制度

卫生福利也称为卫生保健福利，是国家和社会为保护和促进社会成员健康提供的公共福利。卫生福利的基本内容有：（1）国家和社会投资建立卫生保健机构，为社会成员的保健、预防、医疗和康复等提供便利；（2）提供内容众多、形式多样的卫生保健服务。卫生福利由卫生部负责，社会福利机构通过直接或间接的方式参与卫生福利的建设。因此，卫生福利具体包括医疗福利和保健福利两种。医疗福利，是指在为公民提供医疗方面的社会救助和社会保险的同时，为病患者恢复健康提供必要的医疗场所、医疗设施和医疗照顾，主要表现为政府运用财政支出和筹集社会资金来兴办公共医疗机构并改善其医疗条件，提高全社会的医疗服务能力和质量。保健福利，即初级卫生保健，是国家卫生系统和社会福利机构向全社会提供增进性、预防性、治疗性和综合性的促进人人健康的服务，其中包括增进必要的营养和供应充足的安全饮用水，提供清洁的卫生环境，开展妇幼保健和计划生育，主要传染病的预防接种，地方病的防治，糖尿病、心脑血管疾病的救助与防治、普及健康教育，提供基本药物等。

城镇职工有城市医疗保险，农民有合作医疗保险，加之大病防治支持，及器官捐赠、无偿献血等制度，我国人民卫生医疗条件得到了较为全面的保障。

4. 文化康乐福利法律制度

文化康乐福利是指国家和社会为满足社会成员的精神需要而兴办的具有福利性质的文体活动设施和提供的以非商业化经营文化康乐设施和服务为内容的公共福利。由国家和社会投资建立包括公园、图书馆、纪念馆、博物馆、展览馆、体育场、文化康乐设施和群众性体育运动设等设施，供全体社会成员享用。作为公共福利的文化康乐设施和服务，主要由国家出资兴办和管理，不以营利为目的，以免费或低收费形式向社会成员开放，使社会成员能普遍平等地享用。

5. 环境福利法律制度

环境福利是国家和社会为保护和改善环境、提高社会成员的生活质量而提供的公共福利。现代社会和经济高速发展，离不开环境福利的保障。环境福利的主要内容：（1）政府和社会出资建设环境保护设施和场所，如污水处理、垃圾处理设施、增建绿地、林地保护等，这些都是环境福利的主要表现形式。（2）提供环境保护服务，如开展环境保护教育，维护环境保护设施、提供有害物质回收服务等。

三、职业福利

（一）职业福利的概念与特征

职业福利，又称为集体福利或劳动福利，是指用人单位和有关社会服务机构为满足劳动者生活的共同需要和特殊需要，在工资和社会保险之外向职工及其亲属提供一定货币、实物、服务等形式的物质帮助。其中包括，为减少劳动者生活费用开支和减轻职工家务负担而提供的各种生活设施和服务；为活跃劳动者文化生活而提供的各种文化设施和服务。

特点：（1）职业性。职业福利以劳动就业为前提，其福利的对象是企业的劳动者，是劳动者劳动报酬的一种物质补偿，以劳动者提供劳动义务为前提。（2）均等性。即职业福利在职工之间的分配和享受，具有一定程度的机会均等和利益均沾的特点，每个职工都有享受本单位职工福利的均等权利，都能共同享受本单位分配的福利补贴和举办的各种福利事业。（3）自主性。职业福利属于企业自主福利的范畴，企业可以根据自身特点和具体情况，设计适合企业的职业福利制度，因而具有相对的独立自主性。（4）差异性。由于行业差异及企业自身的性质不同，经营理念、效益等方面的差异，职业福利的项目和水平在不同企业之间有或多或少的差别，这又导致了职业福利具有差异性的特点。(5) 集体性。即职业福利的主要形式是举办集体事业，职工主要是以集体消费或共同使用公共设施的方式分享职工福利。虽然某些职工福利项目要分配给个人，但这不是职工福利的主要部分。(6) 补充性。即职工福利是对按劳分配的补充。因为实行按劳分配，难以避免各个劳动者由于劳动能力、供养人口等因素的差别所导致的个人消费品满足程度不平等和部分职工生活困难，职工福利可以在一定程度上缓解按劳分配带来的生活富裕程度差别。所以，职工福利不是个人消费品分配的主要形式，而仅仅是工资的必要补充。

(二) 职业福利的基本内容

职业福利以满足职工的物质生活和精神生活需求为目标，从职业福利对象来看，可以分为职工集体福利和职工福利，在福利形式上，既包括建立集体福利设施，也包括提供福利服务和福利补贴。

1. 职工集体福利

集体福利是为满足本企业全体职工的普遍性或集体性的生活需要而提供的职业福利，内容主要有：一是为方便职工生活而举办的集体福利设施，如举办职工食堂，设立幼儿园、职工子弟学校，修建浴室、理发室，开办内部商店等；二是为活跃和丰富职工文化生活而建立的文化福利设施，如文化宫、俱乐部、图书馆、阅览室、游泳池、运动场等；三是提供福利服务，如提供班车接送服务等。

2. 职工个人福利补贴

职工个人福利补贴，是指由职工福利基金或其他有关经费开支的，主要以货币形式发放的，用于满足本企业职工个人生活需要而提供的职业福利补贴。我国立法中关于职工个人福利补贴的项目和标准的规定，对国家机关、事业单位和社会团体而言，属于强制性规范；对企业而言，一般属于任意性规范，因其在集体合同、内部劳动规则和劳动合同中被选择使用而具有约束力。目前，我国职工福利的内容主要有：职工探亲补贴、带薪休假制度、职工上下班交通费补贴、职工生活困难补贴、社会消费品价格补贴、独生子女补贴、婚丧假工资、年休假工资、职工互助互济金等项目。

(三) 职业福利基金

职工福利基金，是指用人单位依法筹集的专门用于职业福利的基金。

1. 职业福利基金的来源

职业福利所需的基金一部分来自于国家，但主要的部分来自于用人单位。企业的职工福利基金来源体现在以下几个方面：一是用人单位根据规定设立的职工福利基金；二是从单位行政经费、企业管理费和事业单位的事业费中提取的部分资金；三是从工会经费中提取的部分资金；四是各单位的职工福利设施自身的收入；五是依据《公司法》的规定，而提取的任意公积金并用于职工福利事业的部分。

2. 职业福利基金的保管和使用

保管职工福利基金是职工福利委员会的职责。其账务可委托用人单位财务部门管理，其现金应当按照国家关于现金管理的规定，存入银行，职工福利基金的使用应遵循国家法定的和职工福利委员会规定的使用范围和程序，实行专款专用。

3. 职业福利基金的保护

职业福利基金不同于一般企业财产，它与全体职工的基本利益密切相关，应当受到特别保护。立法规定的特别保护措施，主要有：（1）任何部门不得没收职业福利基金；（2）职业福利基金有优先受偿权，企业破产宣告时尚未依法提取的职业福利基金，应尽先依法足额提取；（3）不提取或少提取职业福利基金的，由主管部门责令补提，并对企业给予经济处罚，对责任人员给予行政处分；（4）因保管人过失致使职业福利基金遭受损失的，保管人应负赔偿责任；（5）对职业福利基金有贪污、侵占或者其他营私舞弊行为者，应从重追究刑事责任；（6）职业福利基金的收支，应受到有关部门和职工福利委员会的严格监督。

四、特殊群体福利制度

（一）残疾人福利

残疾人福利的对象是全社会的残疾人，即由于先天或后天原因而存在的生理或心理上的缺陷，造成生活、劳动、学习障碍的公民。为残疾人提供福利和权益保障，是世界各国的共同目标。我国历来重视残疾人事业，先后制定和出台了《残疾人保障法》（2008 年修订）、《残疾人教育条例》、《残疾人就业条例》等一系列法律法规，对残疾人提供多方面的权利保障，并将每年 5 月的第 3 个星期日定为全国残疾人日。残疾人的福利主要包括：（1）残疾人就业。我国实行集中安置与分散安置相结合的方针，采取优惠政策和扶持保护措施，通过多条渠道、多个层次、多种形式给残疾人创造就业条件、提升就业机会。国家保障残疾人劳动的权利；（2）残疾人康复福利。帮助残疾人康复，使其增强生活自理和适应能力、平等参与社会生活，是残疾人福利的目标之一；（3）残疾人特殊教育福利。通过开展针对残疾人的特殊教育，为残疾人接受教育和培训给予照顾和帮助，提高残疾人的文化素质和职业技能；（4）举办福利院和其他安置收养机构，按照规定安置收养残疾人，并逐步改善其生活，以使他们得到很好的照顾。

（二）老年人福利

老年人福利是指国家和社会为安定老人生活、维护老人健康、充实老人精神文化生活而采取的政策措施和服务。老年人福利的对象是全社会的老年人。根据我国《老年人权益保护法》第 2 条的规定，本法所称的老年人是指 60 周岁以上的公民。随着老龄化社会的加剧，老年人的生活、健康和参与社会发展的条件都发生了巨大的变化。现代社会的快节奏，越来越把养老问题社会化。因此，老年人福利的主要内容包括：（1）兴办养老院、福利院、老年公寓等机构，为离开家庭的老年人有组织和集中地提供衣、食、住、行、医等方面的服务。对无依无靠又无收入来源的老年人实行免费收养，对有收入来源的老年人可实行低费收养；（2）建立相应的医疗保健体系。最好是以医疗机构为基础，以社区为依托的医疗保健组织体系，配备必要的专业人员和设备，为老年人提供疗养、护理、健身指导等保健服务；（3）建立专门的老年活动中心，为老年人的文化、教育、体育等提供专门的场所与服务机构，并配备相应的人员与设施，组织和发展适合老年人特点的学习、文娱、体育等活动，改善和丰富老年人的精神生活；（4）加强尊老爱幼宣传教育，改变传统观念，把家庭问题社会化，尽可能地为老年人提供照顾和方便。

（三）儿童福利

儿童福利的对象是全社会的未成年人。儿童福利的目标，是解除家庭养育儿童方面的后顾之忧，实现优生、优育、优教，保障儿童身心健康和全面发展。发展儿童福利是国家义不容辞的责任。国家、社会、家庭应尽力为儿童营造更好的生活环境。我国儿童福利的内容有：（1）兴办专门的儿童收养机构，比如：福利

院、孤儿院、SOS儿童村等，集中收养孤儿、弃儿，为孤儿、弃儿提供养育、治疗、康复、教育等服务。同时，鼓励家庭领养、代养、收养孤儿、弃儿，并向这种家庭给予特殊的津贴与帮助；（2）兴办儿童医院或在全科医院中设立儿科，专门为儿童提供医疗服务；有组织地开展儿童保健工作，由专门设立的机构定期进行儿童健康检查、预防接种、防治常见病和多发病，保障儿童健康成长；（3）建立托儿所、幼儿园，为婴幼儿提供良好的生活条件和保育服务，建立儿童活动中心、少年宫、儿童公园等，为儿童活动和学习提供良好的场所和服务；（4）普及义务教育，保证每一个学龄儿童有受教育的机会，九年制义务教育的普及，对儿童教育起到了保障作用。留守儿童学校的建立，解决了农民工子女的许多主客观问题；（5）根据国家的人口政策，对独生子女实行现金补贴，鼓励优生优育，给广大孕龄妇女免费体检、普及医学常识并提供叶酸等药品，目的都在于保障妇女儿童的合法权益。

（四）妇女福利

妇女福利的对象是全社会的妇女。妇女由于在生理、心理上具有特殊性，而且在传宗接代上担任着重任，需要加以特别保护。妇女福利的主要内容包括：（1）生育福利，国家推行生育保险制度，提供生育津贴和生育医疗待遇，这部分已由我国的《社会保险法》做出规定；（2）母婴保健福利。建立妇女保健机构，为妇女提供保健服务。比如有女职工卫生室、妇幼保健站或者医院，为妇女提供专业的保障；（3）就业福利，对妇女提供与男子平等的就业机会，同时为其进行职业培训，职业介绍等服务；（4）文化康乐服务，国家和社会为妇女建立专门的活动中心，保障妇女进行文化、娱乐活动，以丰富其精神生活。

五、城市社区福利

（一）城市社区福利

城市社区福利是伴随着经济发展和社会进步在社区发展过程中产生的，是工业化和现代化的产物。我国的城市社区福利发展起步较晚，萌芽于20世纪50~60年代，兴起于20世纪80年代末。

社区福利有广义和狭义之分，狭义的社区福利主要指面向残障人士、老年人群、遭家庭暴力困扰的妇女、受侵害的少年儿童、处于困境中的外来人口等弱势群体提供的帮助和服务，以及面向那些回归社会的刑释人员、具有不良行为的青少年等社会边缘群体提供的有关帮助和服务，还包括为社区中烈士家属等提供的优抚性服务。广义的社区福利除上述内容以外，还包括以下内容：一是面向全体社区成员的便民利民服务，面向社区单位的社会化服务，以及面向下岗职工的再就业服务和社会保障的社会化服务；二是社区卫生，主要是社区的医疗、康复、保健、心理咨询和计划生育服务等；三是社区环境，主要是社区的绿化美化、环境卫生和环境保护等；四是社区文化，主要是社区群众型的文化、体育、教育、科普娱乐等活动，以及其他形式的精神文明建设活动；五是社区治安，主要是社区的安全保卫、民事调解和社会治安综合治理等。本部分将从广义的社区福利角度探讨社区福利模式。

（二）城市社区福利模式

1. 城市社区福利模式

社区福利模式指社区福利资金筹集、服务形式以及运作方式中带规律性的一般特征与共性。福利资金是来源于政府拨款、社会捐助，还是来源于社区居民自己筹集，服务形式是局限于政府干预、自上而下的传统方式，还是以居民需求为基础、自下而上开展丰富多彩的社区服务等，是区分不同社区福利模式的主要依据。目前，我国各地的城市社区建设已形成各具特色的社区发展模式，如"沈阳模式"、"江汉模式"、"上海模式"等。社区福利模式和社区发展模式既有区别，又有联系。区分社区发展模式的主要依据是社区管理体制，区分社区福利模式的主要依据是资金的来源渠道，但社区发展模式中也涉及资金筹集方式，社区福利模式也包括某种组织管理体系。具有相同资金筹集方式的不同社区发展模式可适用于相同的社区福利模式。

2. 市场偏重型社区福利模式

它以市场取向为主，提倡社区服务的市场化，同时兼顾孤寡老人、孤弃儿、残疾人、优抚对象等生理性弱势群体的利益。市场偏重型社区福利模式与市场化社区福利模式都强调市场调节在社区服务中的作用，但市场偏重型社区福利模式是与我国社会主义市场经济体制相联系的，社会主义市场经济离不开中央政府的宏观调控，因此，在实现社区福利市场化的同时，仍然要发挥宏观调控的优势，体现社会主义的优越性，一方面加强对市场行为的政策引导和监督，一方面通过资源再分配，保障弱势群体的基本生活。

3. 我国市场偏重型社区福利模式建立的现实基础

社会主义市场经济的逐步完善、国家政策导向和各种社会力量的广泛参与为我国市场偏重型社区福利模式的建立提供了现实基础。随着社会政治、经济体制改革的逐渐深入，社会主义市场经济体制日臻完善，第三产业的迅速发展带动了各种营利、非营利性组织的发展，并逐步向社区延伸，形成了广阔的社区福利服务供给市场。20世纪80年代社区福利快速发展以来，我国社会福利费用在国民生产总值中所占的比例不升反降，如80年代初中国的社会福利费用占国民生产总值的比例为0.05%～0.06%，而90年代下降为0.04%。这种资源配置的变化反映了我国政府的政策导向，即社区福利服务可以通过市场化、产业化自行解决资源问题。实行社区福利服务市场化的导向为市场偏重型社区福利模式的建立提供了政策依据。伴随着政府职能转变、重心下移，包括社区福利在内的社区建设吸引了越来越多社会力量的参与，这些社会力量既包括民政部、卫生部、劳动与社会保障部等所有承担社会职能的政府部门和各级地方政府，也包括社区居民委员会、社区建设管理协调委员会等社区的非政府组织，以及社区内外的企业、事业和非营利性机构，等等。中央政府是所有政府行动的核心，在社区福利向全国推开并进入社区建设的轨道中，起着决定性的作用。中央政府和各种社会力量的广泛参与为市场偏重型社区福利模式的建立提供了完整的制度体系，也为孤寡老人、残疾人、孤儿等弱势群体的生活保障提供了广阔的资金筹集渠道。

（三）我国市场偏重型社区福利模式的内容

市场偏重型社区福利模式是在党和政府的领导下，由民政部主管，以社区居民委员会为依托，以加强市场经济中的行业法规建设、完善社会保障制度为前提，将面向全体居民的便民利民服务和针对下岗职工等社会性弱势群体的社区福利项目推向市场，提高面向孤寡老人、孤儿弃儿、残疾人等生理性弱势群体的福利质量，协调政府、市场、社区三方面力量共同参与的社区福利模式。

1. 目标

建立市场偏重型社区福利模式的目标是转变政府职能，变政府在社区福利中的"划桨手"角色为"掌舵手"角色，摆脱我国社区福利服务对政府过分依赖的现状，实现社区绝大部分福利服务的市场化，集中力量搞好对社区内缺少进入市场人力资本的生理性弱势群体的保障服务，以体现社会主义市场经济的优越性。在实现社区福利服务市场化的过程中，一方面要将社区医疗卫生、商业网点、环境、文化娱乐、下岗人员等社区服务推向市场，一方面又要完善价格补偿制度，以体现社区服务的福利性。

市场偏重型社区福利模式是对我国社会保障制度的突破和发展，它打破了对所有社会困难群体实行救济服务的传统窠臼，引导社会性弱势群体逐步走向市场，自力更生，同时加强了对生理性弱势群体的保障力度，使国家的社会保障政策在社区范围内得到持续发展。

2. 实现途径

如前所述，我国城市社区福利包括：社区卫生服务中心、商业网点、环境服务、文化娱乐、下岗职工服务、老年人服务、残疾人服务、优抚服务等。建立市场偏重型社区福利模式，一方面强调居民的自我投资，使社区服务商业化，同时实现社区服务价格的社区补偿，体现社区服务的福利性特征；另一方面强调对孤寡老人、残疾人等的无偿服务和安置。具体表现如下：

（1）社区卫生服务中心。目前，尽管社区卫生服务站或社区卫生服务中心已在全国各大中城市得到了很大发展，但也面临困境。社区服务中心规模较小，绝大部分为专科、年轻的医生，上岗前仅接受了短期的全医培训，只能应付极为简单的常见疾病，远远不能满足居民的多种需求；城镇职工基本医疗保险改革后，社区卫生服务中心一般不被指定为定点医疗报销单位，大多数城镇老年人享有公费医疗保险，而老年患者为社区卫生服务中心的服务主体，但由于不能报销，老年患者只能舍近求远。种种原因导致了大多数社区卫生服务中心处境艰难，收入难以为继。为了摆脱这种困境，必须引入市场偏重型的社区福利模式。

首先，加强城镇职工基本医疗保险与社区卫生服务中心的衔接。城镇职工基本医疗保险由卫生行政部门主管，社区卫生服务中心是地级医院在所辖地区设立的派出机构，由社会保障行政部门主管，在《中共中央、国务院关于卫生改革与发展的决定》、《国务院关于建立城镇职工基本医疗保险制度的决定》、国务院办公厅转发国务院体改办等部门《关于城镇医药卫生体制改革的指导意见》等文件中，均有明确将社区卫生服务纳入基本医疗保险的政策。目前，在上海、武汉、深圳等城镇职工基本医疗保险、社区卫生服务发展较完善的城市社区，已实现了两者的有效衔接。但由于两者所属的行政主管部门不同，势必在资金的使用、支付、管理、人事协调等方面存在诸多弊端，因此，一方面要实行医疗保险和社区卫生服务机构的统一管理，一方面要拓宽社区服务中心参与医疗保险的服务项目。其次，加强社区卫生服务中心医务人员的培训，提高服务质量，并根据服务质量、服务设施考核其成为基本医疗保险定点单位的资格，以保证居民能享受到优质、可靠的社区服务。再次，降低社区卫生服务的整体价格，提高参保居民的个人支付比例。通过合理降低服务场所租金、工商税费比例等价格补偿手段，降低社区卫生服务的整体价格，可以保证社区外来人口、下岗失业人员、困难群体等不享受公费医疗的居民病有所医，体现社区服务的福利性；职工在传统单位体制下养成的公费医疗观念根深蒂固、有病没病上医院、一人包揽全家用药等，导致医疗费用居高不下。提高参保居民的个人支付比例可以调节收入差距，实现医疗资源的合理配置，逐步推行社区医疗服务的市场化，促进社会公平。

（2）商业网点。社区内的各种便民利民商业网点，绝大部分属个体、私人经营，是社区福利中市场行为的主体。社区对这类商业网点，通过降低税收、房租等方式给予价格补偿，使它们不完全等同于市场行为，体现了市场偏重型社区福利模式的内在要求。

（3）环境和文娱服务。免费提供的社区治安管理、环境卫生和绿化服务、图书室和市民学校、丰富多样的文娱活动、健身设施等，是社区归属感形成的主要动力，也是市民向往社区生活的主要原因。因此，搞好环境和文娱服务是社区建设的重要任务之一。通过对武汉市各社区的调查，我们发现这类服务现状大多不尽如人意。图书室和市民学校一般只在社区居委会或"星光老年之家"门口挂一块牌子，图书少，档次低，市民学校既无师资储备，也难以吸引学员参与。社区的治安和卫生状况也不容乐观。社区居委会只在节假日组织文娱活动，一般由社区内单位赞助，因此带有较强的政治性和广告宣传色彩，不能迎合大众口味。而居民大多自发组织娱乐团体，自筹资金和设备，经常在社区广场或空地举行丰富多彩的文娱活动，吸引许多居民参加和观赏。一方面是居民对文娱等服务的强烈需求，另一方面是已有社区服务由于资金短缺造成的局限性，因此，为了使社区环境和文娱服务持续健康发展，必须引入市场偏重型的发展模式。首先应对社区居民进行入户式调查，了解居民对环境和文娱服务的需求，以及对这些服务所能接受的价格范围；其次，根据居民需求，由居委会组织，兴办各种形式的环境和文娱服务，启动资金来源于行政拨款、社会募捐、社区有偿服务收入或居民自筹等。

（4）针对下岗人员的服务主要有职业培训、提供就业信息和安排就业等。我国城市社区一般设有职业培训中心，提供低偿或无偿服务；下岗人员在社区建立档案后，社区居委会有义务向他们提供各种社区内外的招聘信息，并在社区内挖掘工作岗位，优先安排社区内下岗居民再就业，享受税收和房租等优惠条件。以上政策存在诸多弊端。一方面，社区配备的职业培训中心缺乏竞争力，不能为居民提供有效服务，且这种设置有"社区办社会"之嫌。另一方面，我们不否认社区服务有着很大的就业安置潜力，但过分依赖社区解决再就业客观上滋长了居民的依赖和懒惰心理，从单位依赖向社区依赖的转变不利于社区服务的长远发展。建立市场偏重型社区福利模式，首先要求取消社区内的职业培训点，促进夜校、函授、技术学校、职业培训等行业的发展。其次，鼓励下岗职工在社区外谋职，不应使社区这一居住、生活共同体承载过多的社会负担。社区新增工作岗位的就业要引入竞争机制。

（5）救济服务。孤寡老人、孤弃儿、残疾人等社会救济人口是以国家救济为基础的，是社会保障事业的一个重要组成部分，体现着社会公平的原则和社会主义的优越性，也是市场偏重型社区福利模式的内在要求。市场偏重型社区福利模式一方面使政府和社区集中财力、物力和人力保障弱势群体的基本生活，另一方面通过有偿服务，扩大社区资金来源，提高救济服务质量。救济服务包括物质和精神两方面。除了政府救济，社区应根据自身财力给予经济补贴。坚持社区和家庭照顾相结合，有条件的社区可以兴办福利院，或者在区、街道政府的组织下，由几个社区共同兴办福利院，组织志愿者、社区内企事业单位等开展义务服务。社区还应为残疾人提供其力所能及的工作岗位，使其增加额外收入。除了物质照顾，精神关怀也很重要，目前美国、德国、法国、英国等福利国家的社区建设主要是强调对居民的"社区关怀"。

3. 政府、市场、社区三者的职能和地位

市场偏重型社区福利模式的实现，主要依靠政府、市场、社区三者的协调运作，统一规划。

政府在建立市场偏重型社区福利模式中主要起政策指导和启动资金投入的作用。其中，政策指导主要指中央和地方政府通过制定相关的政策和法规，规定政府、非政府组织和社区自治组织在建设社区福利中的职责范围，政社分开，统一思想，明确目标，鼓励和扶持社区服务产业化，激发全社会各种力量兴办社区服务，甚至出台有关办证、办照，提供服务场地和设施，优先贷款和减免税收等方面的优惠政策，为参与社区医疗卫生、养老保险、家政、环境卫生、保安等社区福利服务的市场主体提供宽松的发展环境，并指导民政部门等政府机构搞好对社区内生理性弱势群体的救济服务。政府的资金投入应占到社区福利启动资金的50%以上，随着社区福利逐渐过渡到市场，形成产业化模式，政府可逐步减少投资比例。

市场在建立市场偏重型社区福利模式中主要承担合理配置服务资源的功能。各种赢利性组织在进入社区服务之前，出于对成本－收益的计算，通过市场调

节，一般能实现服务资源的合理配置。由于市场经济的自发性和盲目性，必须加强对各种市场主体的政策引导和行业管理。

社区自治组织是建立市场偏重型社区福利模式的主要执行者，它一方面在政策法规和居民要求之间起到上传下达的作用，一方面在各种营利性和非营利性组织与居民需求之间起有效沟通的作用。社区居民委员会应成为搭建市场偏重型社区福利模式的主要平台，在社区福利建设中享有充分的自主权。社区居委会有权对参与社区服务的各种营利性和非营利性组织进行资格审查，并为它们提供服务场所和设施，监督其服务质量和价格，有义务通过降低场地租金和管理费、简化办证手续和费用等方式为参与社区服务的市场主体提供价格补偿。社区居委会还有义务动员和组织社区内居民和企业、志愿者队伍，开展对孤寡老人、残疾人等弱势群体的帮助和慰问活动，为他们建立个人救助账户，定期发放补助金，并依据社区的经济实力，低偿或无偿地为有条件的残疾人提供就业岗位。

市场偏重型社区福利模式是适应我国社会主义市场经济体制的新的社区福利发展模式，它既吸收了国外社区福利发展经验，又立足于我国城市社区发展现状；既将市场经济的竞争意识引入社区福利的运作体系，又兼顾对社会弱势群体的关怀，体现了社会主义的优越性。但由于我国城市社区发展尚不完善，仍存在以下问题，例如：社区居委会角色定位不清、居民参与意识不强、社区福利资金不足、制度和法规约束不力等，市场偏重型社区福利模式的实现必然受到一定影响。如何搞好配套体制改革，促进市场偏重型社区福利模式的顺利发展，应成为我们关注的重要问题之一。

【作业题】

一、简答题

1. 我国的社会福利制度还存在哪些不足，如何加以完善？

2. 试论社区服务在社会福利体系中的作用。

3. 论我国特殊群体社会福利制度的完善。

二、相关概念比较题：

社会福利法与社会优抚法的区别。

第十五章　社会优抚法

【本章导读】

　　社会优抚法是国家和社会对军人及其家属所提供的各种优待、抚恤、养老、就业安置等待遇和服务的社会保障制度，包括社会优待、社会抚恤和安置保障制度。社会优抚的建立有利于维护军人的合法权益，促进国防和军队现代化建设，维护社会稳定，推动经济发展和社会进步。

　　【重点】社会优抚法律制度设置的目的、社会优抚的概念与特征。

　　【难点】社会优抚法律制度与社会福利法律制度的区别。

第一节　社会优抚法概述

一、社会优抚的概念

　　社会优抚，是指国家和社会对特殊的社会群体给予一定的物质照顾、工作帮助和精神鼓励，以保障其生活不低于一般生活水平的社会保障制度。社会优抚是一种带有褒扬和抚恤性质的特殊社会保障制度。世界各国都根据自己的国情和需要，对一部分特殊的社会成员设置了特别的优抚制度。在我国，社会优抚制度主要是为了现役军人、退役军人及其家属而设置的一项社会保障制度。

二、社会优抚的特征

　　与其他的社会保障制度相比，社会优抚具有以下几点特征：

　　（1）社会优抚的对象是特定的。社会优抚是国家和社会对特殊的社会成员实施的一项制度，优抚对象是对国家有着特殊贡献的个人和家庭。根据我国现行法律规定，优抚对象主要是军人及其家属。军人家属是指军人的直系血亲、配偶、依赖军人生活的未满 16 岁的弟妹及军人自幼依靠其抚养长大，现在又需要依靠军人生活的其他亲友。

（2）社会优抚的责任主体是政府。社会优抚的任务是由政府来完成的，其资金来源于政府的财政支出。

（3）社会优抚具有褒扬性。社会优抚是政府对于那些做出自我牺牲和无私奉献的人及其家属给予的物质奖励、政治待遇和精神表彰，是对他们行为的褒扬。社会优抚是对被优抚人及家庭给予较高的物质待遇，以保障优抚对象的生活稍高于或者不低于当地群众的平均生活水平。

（4）社会优抚内容的综合性。社会优抚是特别针对具有特殊身份的人所设立，涵盖社会保险、社会救助和社会福利等内容，是一种综合性的社会保障制度。

三、优抚对象的对象

优抚对象主要包括以下人员：

（1）中国人民解放军现役军人和武警官兵；

（2）革命伤残军人；

（3）复员退伍军人；

（4）革命烈士家属；

（5）因公牺牲军人家属；

（6）病故军人家属；

（7）现役军人家属。

据有关资料统计，目前中国有优抚对象 4000 多万人，其中享有国家抚恤补助的各类优抚对象为 450 万人。

四、社会优抚和社会救助、社会福利的区别

1. 社会优抚与社会救助的区别

其一，对象不同。社会救助的对象是生活水平等于或低于法定的最低生活水平的个人和家庭；社会优抚的对象主要是法定的军人及其家属。

其二，目的不同。社会救助的目的是克服贫困；社会优抚的目的则是对优

对象给予物质奖励、政治待遇和精神表彰。

其三，标准不同。社会救助的标准是以维持法定最低生活水平为原则；社会优抚则是以法定标准为原则，一般优抚的要求要高于社会平均生活水平。

其四，范围不同。社会救助的弹性大，救助对象具有选择性，而救助的待遇具有变通性，贫困程度越大，受到的救助就越多；社会优抚的范围则有着明确的规定，弹性小。

2. 社会优抚与社会福利的区别

其一，对象不同。社会福利的对象具有普遍性，人人有份；社会优抚的对象则具有身份性，是特定的。

其二，目的不同。社会福利的目的是提高社会成员的生活质量；社会优抚的目的则是对优抚对象给予物质奖励、政治待遇和精神表彰。

其三，标准不同。社会福利的标准具有一致性，不因身份的不同而享有不同的待遇；社会优抚的标准则因优抚对象的贡献大小、职务、劳动能力和生活状况而具体确定。

其四，措施不同。社会福利的实施措施与社会优抚相比较，更具有服务性，重视提供服务和设施。

第二节　社会优抚法律制度概述

一、社会优抚法律制度的立法概况

新中国成立之初，中国颁布了一系列优抚优待的法规，如 1950 年颁布了《革命军人牺牲病故褒恤暂行条例》、《民兵民工伤亡褒恤暂行条例》、《革命残废军人优待抚恤暂行条例》等 5 个规定，建立起了以军人及其家属为对象的优抚制度。当时的规定主要涉及优待和抚恤问题，后来逐步扩展到安置、养老等措施和服务上。1981 年和 1982 年国务院和中央军委分别颁布了《关于军队干部退休的暂行规定》和《关于军队干部离职休养的暂行规定》，对军队干部离退休问题作了具体的规定。1984 年第六届全国人大二次会议上通过了《中华人民共和国兵役法》，其中对军人的抚恤、优待、退休养老、退役安置等问题作了具体规定，同时废除了 50 年代颁布的 5 个条例，建立了国家、社会、群众三结合的抚恤优待制度。

二、社会优抚法的主要内容

(一) 社会优抚的当事人

社会优抚的当事人包括社会优抚的发放人和社会优抚的对象。

我国社会优抚的发放人主要是政府和军队。二者各有分工，相互协调。政府作为社会优抚的发放人时，主要由各级政府民政部门进行。军队作为社会优抚的发放人时，主要由军队的政治部门和后勤部门负责。

我国社会优抚的对象主要有以下几类：(1) 现役军人，包括中华人民共和国解放军现役军官、文职干部、士兵和具有军籍的学员；(2) 革命伤残军人，包括伤残军人、伤残民兵、伤残民警；(3) 退役军人；(4) 烈属，即革命烈士家属；(5) 病故军人家属，即指在各个时间病故的革命军人的遗属；(6) 军属，即现役军人的家属；(7) 见义勇为人员。

(二) 社会优抚资金

按照资金来源的不同，社会优抚资金可以分为预算内优抚资金和预算外优抚资金。

(1) 预算内优抚资金，是指中央和地方财政拨给的用于优抚的专项资金。其包括：国家在收支平稳、略有节余的情况下结合社会优抚事业发展情况，根据历年社会优抚收支规律而编制的预算所拨给的资金以及根据形势变化，由中央和地方财政所追加的资金。其一般使用项目为：死亡军人优抚费、伤残军人优抚费、复员、退伍、转业、离退休军人的安置费、生活补助费等。

(2) 预算外优抚资金，是指由社会优抚管理机构根据党的方针、政策和财政制度，按照国家指定的收支范围自收自支、单独结算、自行管理的资金。其主要包括：统筹资金、社会资助资金、社会优抚事业单位上缴资金。

无论是预算内优抚资金还是预算外优抚资金，在使用管理上都应当遵照以下原则：其一，专款专用原则，即各项社会优抚资金都只能用于指定用途。其二，集中使用原则，即社会优抚资金应当按照社会需要进行安排，除专项资金外，其他的都应当用于社会最需要的地方。其三，群众路线原则，即社会优抚资金分配应当履行个人申请、群众评议、基层政府批准等手续，并提高民主的程度，接受群众的广泛监督。

（三）社会抚恤法律制度

社会抚恤，是指国家负责对符合法定条件的伤残人员或者死者的家属予以抚慰，并为保证其生活而提供的具有褒扬意义和补偿性质的抚恤金。按照抚恤事由和抚恤对象的不同，可将社会抚恤分为死亡抚恤和伤残抚恤。

死亡抚恤的对象是符合法定条件的死者遗属。死亡抚恤是国家对死者亲属所采取的物质抚慰形式，包括一次性抚恤和定期抚恤。一次性抚恤具有褒扬和补偿性质，主要用于帮助解决发生突发性生活困难的死者遗属的一种社会津贴；定期抚恤则是为了帮助解决长期生活困难而需要救助的国家补助，具有救助的性质。

伤残抚恤是指国家为了保障现役军人及其亲属的生活达到当地一定的水平，按照法定项目和标准提供一定资金和服务的特殊保障。伤残抚恤的事故范围只限于因伤致残、因公致残和因病致残三种。伤残抚恤的标准，要根据伤残原因及伤残等级等因素加以确定，并且还要根据伤残军人有无工作分别发给伤残保健金和伤残抚恤金。

（四）社会优待法律制度

社会优待，是指国家和社会按照法律规定和生活习惯，对现役军人及其家属提供的保障其一定生活水平和生活质量的资金和服务的优抚保障制度。

在我国，社会优待主要包括以下几种情况：

1. 现役军人优待

一些家人由于其亲人参军而会产生丧失劳动力、减少收入的情况，为了给予军人家人以安抚，我国实行现役军人家属享受优待金的制度。享受优待金后，如果生活还有困难的，我国还应当适当补助。此外，军人家属还享有其他方面的优待。如符合某类条件的军人家属在入托、入学、就业、住房、参军、看病及贷款和救助等方面均享有相当的优待。

2. 革命伤残军人优待

伤残军人在医疗方面的待遇主要有：领取伤残保健金的革命伤残人，享受其所在单位的医疗待遇；领取伤残抚恤金的二等乙级以上（含二等乙级）的革命伤残军人，享受卫生部门的公费医疗待遇；领取伤残抚恤金的三等革命伤残军人，由于伤口复发所需要的医疗费，由当地民政部门解决，因病所需医疗费用本人支付困难的，由当地民政部门酌情予以补助；因战因公致残，领取伤残抚恤金的革命军人伤口复发，经批准到外地治疗或安装假肢的，其交通、食宿费用和住院期间的伙食费用由民政部门给予适当补助，领取伤残补助金的革命伤残军人伤口复发，经批准到外地治疗或安装假肢的，其交通、食宿费用由所在单位按工伤待遇办理。

3. 复员、退伍军人优待

未参加工作的复员、退伍军人，在一定条件下，生活有困难的，由当地民政部门给予定期定量补助，并逐步改善他们的生活待遇。享受补助的条件具体是：孤老的；年老体弱的，丧失劳动能力，生活困难的；带病回乡，不能参加生产劳动，生活困难的。

4. 军人退役安置

军人退役安置，是指国家和社会依法向退出现役的军人提供资金和服务保障，使其适应社会生活的一种优抚保障制度。退役安置是为了解决军人退役后的生活方式和职业能力的"再社会化"的过程。安置的对象包括：转业的军官、志愿兵和退役的义务兵。退役安置制度不仅为退役军人提供了资金保障，还提供了社会服务保障。资金保障方面包括提供安置费、各级临时性生活津贴和生产性贷款；服务保障包括就业安置、就学安置、落户安置、职业培训、技术培训等。

随着社会主义市场经济体制的建立，企业、机关的用工制度发生了很大的变化，军人退役安置问题上也出现了很多新情况，过去采取的通过指令性计划来安置退役军人的做法已不能再适用了。由于企业有用工自主权，而国家机关也面临着机构调整，同时退役军人本身所具备的技能和综合素质与单位招工的要求有一定距离，这使得退役军人的安置更加困难。要解决这些问题，必须采取新的措施和办法，要对原有的退役军人安置制度进行改革，以适应新形势的变化。

5. 军人离退休安置

军人离退休安置，是指向直接从军队现役中离退休的军人提供的养老保险。其对象包括：离休、退休的军队干部，落实政策而退休的原军队干部，退休的志愿兵，退休的军队无军籍职工。其中，离退休干部除了一部分由军队安置外，其余的由民政部门接收安置。

三、抚恤制度

抚恤制度包括现役军人的死亡抚恤和伤残抚恤两种。

（一）死亡抚恤

死亡抚恤又分为以下几种：

1. 一次性抚恤金

现役军人死亡，根据死亡性质和本人死亡时的工资收入，由民政部门发给家属一次性抚恤金。立功和获得荣誉称号的现役军人死亡，根据其立功和荣誉称号的不同，可增发 5% ～35% 的抚恤金。

2. 定期抚恤金

革命烈士、因公牺牲军人、病故军人的家属按照规定的条件享受定期抚恤金。享受定期抚恤金的人员死亡时，加发半年的定期抚恤金，作为丧葬补助费。

（二）伤残抚恤

伤残抚恤包括以下内容：

1. 伤残等级

革命伤残军人的伤残等级，根据丧失劳动能力及影响生活能力的程度确定。因战、因公致残的伤残等级，分为特等、一等、二等甲级、二等乙级、三等甲级、三等乙级；因病致残的伤残等级，由军队规定的审批机关在医疗终结后负责评定伤残等级，发给《革命伤残军人证》。

2. 伤残抚属待遇

退出现役后没有参加工厂工作的革命伤残军人，由民政部门发给伤残抚恤金；退出现役后参加工厂工作，或者享受离休、退休待遇的革命伤残军人，由民政部门发给伤残保健金。继续在部队服役的革命伤残军人，由所在部队发给伤残保健金。伤残抚恤金的标准，根据伤残性质的伤残等级，参照中国一般职工的工资收入确定。退出现役的特等、一等革命伤残军人，由国家供养终身。因战致残的革命伤残军人在评残发证后，一年内因伤口复发死亡的，按照革命烈士的抚恤规定，发给其家属一次性抚恤金和定期抚恤金；一年后因伤口复发致残的，按照因公牺牲军人的抚恤规定，发给其家属一次性抚恤金和定期抚恤金。因战、因公致残的特等、一等革命伤残军人因病致残死亡后，其家属按照病故军人家属的抚恤规定享受定期抚恤金。

四、社会优抚的补助标准提高

2010 年 10 月 1 日起，残疾军人（含伤残人民警察、伤残国家机关工作人员、伤残民兵民工）残疾抚恤金标准，烈属（含因公牺牲军人遗属、病故军人遗属）定期抚恤金标准、在乡退伍红军老战士生活补助标准，在现行基础上分别提高 10%，在乡老复员军人定期定量补助在现行基础上每人每年提高 480 元，以上提标经费由中央财政承担。同时，此次国家还将享受待遇的带病回乡退伍军人、参战参试人员的生活补助标准由现行每人每月 200 元提高至 220 元，中央财政和地方财政按比例承担经费。

调整后，一级因战、因公、因病残疾军人抚恤金标准为每人每年 28690 元、27780 元、26870 元，分别比 2009 年提高了 2610 元、2530 元、2440 元，一级因战残疾抚恤金标准达到了 2009 年全国职工平均工资的 89%。

居住在城镇的烈属定期抚恤金标准提高到每人每年 8730 元，达到 2009 年全国城镇居民人均可支配收入的 51%；居住在农村的烈属提高到每人每年 5240 元，达到 2009 年全国农民人均纯收入的 102%。在乡退伍红军老战士及在乡西路军红军老战士和红军失散人员生活补助标准，分别提高到每人每年 19890 元、19890 元和 8600 元。

据介绍，这是自改革开放以来，国家第 17 次提高残疾军人残疾抚恤金标准，第 20 次提高烈属定期抚恤金标准和在乡退伍红军老战士生活补助标准。2011 年中央财政继续加大了资金支持力度，此次提标共新增经费 5.8 亿元，全年共安排抚恤补助经费 210.6 亿元，惠及 619 万优抚对象。

【作业题】

一、简答题

1. 我国社会优抚制度包括哪些内容？

2. 我国社会优抚制度存在哪些不足，如何加以完善？

二、论述题

试论我国社会优抚法律制度的特色。

参 考 文 献

1. 李景森、贾俊玲主编：《劳动法学》，北京大学出版社 2001 年版。

2. 王全兴主编：《劳动法》，法律出版社 2008 年版。

3. 常凯主编：《劳动法》，高等教育出版社 2011 年版。

4. 关怀主编：《劳动法》（第二版），中国人民大学出版社 2005 年版。

5. 王艳梅、王银芳主编：《劳动者权益保障百例解析》，机械工业出版社 2004 年版。

6. 余世平、刘新主编：《劳动法实务与案例评析》，中国工商出版社 2004 年版。

7. 王全兴：《劳动合同法条文精解》，中国法制出版社 2007 年版。

8. 常凯：《劳动关系学》，中国劳动社会保障出版社 2005 年版。

9. ［德］W. 杜茨，张国文译：《劳动法》，法律出版社 2005 年版。

10. 王家宠：《国际劳动公约概要》，中国劳动出版社 1991 年版。

11. ［日］大须贺明著，林浩译：《生存权论》，法律出版社 2001 年版。

12. 董保华：《劳动合同研究》，中国劳动社会保障出版社 2005 年版。

13. 董保华：《劳动关系调整的社会化与国际化》，上海交通大学出版社 2006 年版。

14. 范战江主编：《劳动法精要与依据指引》，人民出版社 2005 年版。

15. 王昌硕主编：《劳动法学案例教程》，知识产权出版社 2003 年版。

16. 王全兴主编：《劳动法学》，人民法院出版社、中国人民公安大学出版社 2005 年版。

17. 王权典、陈莉主编：《当代劳动法学概论》，华南理工大学出版社 2005 年版。

18. 黎建飞主编：《劳动法案例分析》，人民大学出版社 2007 年版。

19. 杨紫烜主编：《经济法》，北京大学出版社、高等教育出版社 1999 年版。

20. 许明月主编：《劳动法学》，重庆大学出版社 2003 年版。

21. 林清高主编：《劳动法学》，东北财经大学出版社 2006 年版。

22. 史尚宽著：《劳动法原论》，（台湾）正大印书馆 1997 年重刊。

23. 黄松有、黎建飞：《劳动合同法简明问答 312 问》，人民法院出版社 2007 年版。

24. 胡彩霄著：《劳动法精要》，中国政法大学出版社 2007 年版。

25. 左祥琦著：《学好用好〈劳动合同法〉》，北京大学出版社 2007 年版。

26. 刘玉民主编：《中华人民共和国劳动合同法案例精解》，人民法院出版社 2007 年版。

27. 蓝寿荣、郭英杰主编：《经济法概论》，清华大学出版社 2007 年版。

28. 信春鹰主编：《中华人民共和国就业促进法解读》，中国法制出版社 2007 年版。

29. 信春鹰主编：《中华人民共和国劳动合同法解读》，中国法制出版社 2007 年版。

30. 林燕玲：《国际劳动标准》，中国工人出版社 2002 年版。

31. 李雪平著：《多边贸易自由化与国际劳工权益保护：法律与政策分析》，武汉大学出版社 2007 年版。

32. 郑功成、郑宇硕主编：《全球化下的劳工与社会保障》，中国劳动社会保障出版社 2002 年版。

33. 肖江平主编：《经济法案例教程》，北京大学出版社 2004 年版。

34. 谢德成主编：《劳动法与社会保障法》，中国政法大学出版社 2005 年版。

35. 姚欢庆主编：《劳动法》，中国经济出版社 2003 年版。

36. 董朝阳主编：《经济法》，清华大学出版社 2007 年版。

37. 黎江虹主编：《经济法通论》，北京大学出版社 2006 年版。

38. 余卫明主编：《社会保障法学》，中国方正出版社 2002 年版。

39. 郭英杰、安淑珍主编：《劳动法》，经济科学出版社 2008 年版。

40. 时正新著：《中国社会救助体系研究》，中国社会科学出版社 2002 年版。

41. 曹明睿著：《社会救助法律制度研究》，厦门大学出版社 2005 年版。

42. 杨思斌著：《中国社会救助立法研究》，工人出版社 2009 年版。

43. 民政部社会工作司编：《救助社会工作研究》，中国时代经济出版社 2011 年版。

44. 林莉红、孔繁华：《社会救助法研究》，法律出版社 2008 年版。

45. 王齐彦著：《中国城乡社会救助体系建设研究》，人民出版社 2009 年版。

46. 王卫平、郭强著：《社会救助学》，群言出版社 2007 年版。

47. 胡务著：《社会救助概论》，北京大学出版社 2010 年版。

48. 贾楠主编：《中国社会救助报告》，中国时代经济出版社 2009 年版。

49. 宋晓梧：《中国社会保障制度改革》，清华大学出版社 2000 年版。

50. 聂和兴、张东江著：《中国军人社会保障制度研究》，解放军出版社 2000 年版。

51. ［德］彼得·特伦克—欣特贝格尔著，刘翠霄译：《残疾人法》，法律出版社 1999 年版。

52. 常凯：《劳动关系·劳动者·劳权——当代中国的劳动问题》，中国劳动出版社 1995 年版。

53. 王益英著：《外国劳工法与社会保障法》，中国人民大学出版社 2001 年版。

54. 王昌硕：《劳动和社会保障法学》，中国劳动社会保障出版社 2008 年版。

55. 张京萍主编：《社会保障法》，中国劳动社会保障出版社 2005 年版。

56. 郑尚元、李海明、扈春海主编：《劳动和社会保障法学》，中国政法大学出版社 2008 年版。

57. 巢健茜：《劳动和社会保障法》，科学出版社 2006 年版。

58. 王全兴：《劳动法》，法律出版社 1997 年版。